L'islamisme en face

DU MÊME AUTEUR

L'Islamisme au Maghreb, la voix du Sud, Karthala, Paris, 1988 (nouvelle édition : Petite bibliothèque Payot, Paris, 1995)

L'ISLAM
AUX ÉDITIONS LA DÉCOUVERTE

Ali ABDERRAZIQ, *L'islam et les fondements du pouvoir*, collection « Textes à l'appui / série islam et société », 1994.

Mohammed ABED AL-JABRI, *Introduction à la critique de la raison arabe*, collection « Textes à l'appui / série islam et société », 1994.

Rochdy ALILI, *Qu'est-ce que l'islam ?*, collection « Poches / Essais », 2000.

Michel CLÉVENOT (sous la direction de), *L'état des religions dans le monde*, collection « L'état du monde », 1987.

Anne-Marie DELCAMBRE, *L'Islam*, coll. « Repères », 2001.

Clifford GEERTZ, *Observer l'islam. Changements religieux en Indonésie et au Maroc*, collection « Textes à l'appui / série islam et société », 1992.

Burhan GHALIOUN, *Islam et politique. La modernité trahie*, collection « Textes à l'appui / série islam et société », 1997.

Camille et Yves LACOSTE (sous la direction de), *Maghreb, peuples et civilisation*, collection « Les Dossiers de L'état du monde », 1995.

Lady M. MONTAGU, *L'islam au péril des femmes*, collection « Poches / Littérature et voyages », 1991.

Muhammad SAÏD AL-ASHMAWY, *L'islamisme contre l'islam*, collection « Textes à l'appui / série islam et société », 1991.

Fouad ZAKARIYA, *Laïcité et islamisme. Les Arabes à l'heure du choix*, collection « Textes à l'appui / série islam et société », 1991.

François Burgat

L'islamisme en face

Édition 2002 mise à jour

La Découverte / Poche

Catalogage Électre-Bibliographie

BURGAT, François
L'islamisme en face . - Nouv. éd. - Paris : La Découverte, 2002
(La Découverte Poche ; 3. Essais)
ISBN 2-7071-3613-1

RAMEAU :	islam : aspect social
	islam et politique
DEWEY :	320.66 : Science politique (politique et gouvernement).
	Théories et idéologies à base religieuse
Public concerné :	Tout public

Si vous désirez être tenu régulièrement informé de nos parutions, il vous suffit d'envoyer vos nom et adresse au Éditions La Découverte, 9 *bis*, rue Abel-Hovelacque, 75013 Paris. Vous recevrez gratuitement notre bulletin trimestriel **A La Découverte**.

Pour Stéphane,
en souvenir de Gaza,
des Mm, des Jf
et des Cc.

Remerciements

L'auteur doit beaucoup à toutes sortes de gens. A ses proches, qui ont dû tester ses métaphores et supporter ses humeurs. Au CNRS, qui lui a donné, notamment au CEDEJ du Caire, une inestimable liberté de recherche. A tous ceux ensuite, d'Adel Hussein à Rached Ghannouchi, à Tareq al-Bishri et à beaucoup d'autres qui, depuis le terroir islamiste, ont accepté d'établir avec lui le dialogue qui a fourni à ce travail son matériau essentiel en même temps que sa raison d'exister.

Sa reconnaissance va aussi au petit nombre de ses collègues qui lui ont permis, ici ou là, de se sentir moins seul dans ce que ses hypothèses ont pu avoir un temps d'atypique, qu'ils l'aient précédé, accompagné ou seulement soutenu dans cette direction.

Reconnaissance encore à tous ceux qui ont traité le même sujet que lui avec d'autres sensibilités, d'autres hypothèses et parfois d'autres convictions. Dans une profession où l'on ne vit que de ses différences, c'est de leur contre-regard que l'auteur a nourri son... identité.

Mais l'essentiel de sa dette est ailleurs : qu'on lui permette ainsi de dire sa reconnaissance éternelle à tous ceux dont les haussements d'épaules entendus, le scepticisme amusé, les dénigrements ou les insinuations ironiques, les recommandations apitoyées et autres rideaux de fumée méthodologiques dressés en forme de conseils ont entretenu en lui, en même temps qu'une nécessaire prudence, une si formidable envie de continuer.

Mention toute particulière enfin à l'inclassable Ali Ben Si Ali, présent dans tout ce livre, parti trop vite grossir les rangs de ces milliers de morts algériens qui n'ont jamais mérité notre émoi.

Préface à l'édition 2002*

> « *Qui voudra [dès lors] se dire solidaire des égorgeurs, des violeurs et des assassins — surtout quand il s'agit de gens que l'on désigne, sans autre attendu historique, comme des "fous de l'islam", enveloppés et masqués sous le nom honni d'islamisme, symbole atavique de tous les fanatismes orientaux, bien fait pour donner à la haine raciste l'alibi indiscutable de la légitimité éthique et laïque ?* »
>
> Pierre Bourdieu [1]

> « *La question de l'islam comme force politique est une question essentielle pour notre époque et pour plusieurs années à venir. La première condition pour en traiter avec un minimum d'intelligence, c'est de ne pas commencer par y mettre de la haine.* »
>
> Michel Foucault [2]

* Outre cette préface inédite, cette nouvelle édition de *L'Islamisme en face* a fait l'objet des ajouts et modifications suivants : la postface à l'édition de 1996 a été remaniée pour devenir le chapitre 13 consacré à « La pérennité de la formule politique arabe » et une nouvelle postface a été ajoutée.

1. Commentant le rôle de Bernard-Henri Lévy dans la perception occidentale du conflit algérien. « L'intellectuel négatif », *Liber*, Paris, janvier 1998. Pierre Bourdieu expliquait : « Tout le dévouement de ceux qui ont été là, jour après jour, pendant des années, pour [...] essayer de s'informer et d'informer, de comprendre, de faire comprendre une réalité complexe, et qui ont combattu inlassablement, par des interventions publiques, des conférences de presse, des articles dans les journaux, pour arracher la crise algérienne aux visions unilatérales, tous ces intellectuels de tous les pays qui se sont unis pour combattre l'indifférence ou la xénophobie, pour rappeler au respect de la complexité du monde en dénouant les confusions, délibérément entretenues par certains, ont vu que tous ces efforts, accomplis en commun, pouvaient être détruits, anéantis, en deux temps, trois mouvements. Deux articles écrits au terme d'un voyage sous escorte, programmé, balisé, surveillé par les autorités algériennes ou l'armée, qui seront publiés dans le plus grand quotidien français, quoique bourrés de platitudes et d'erreurs et tout entiers orientés vers une confusion simpliste, bien faite pour donner satisfaction aux meilleurs et aux pires des sentiments, à l'apitoiement superficiel et à la haine raciste, maquillée en indignation humaine ; un meeting unanimiste regroupant tout le gratin de l'intelligentsia médiatique et des hommes politiques allant du libéral intégriste à l'écologiste opportuniste en passant par quelque socialiste en mal de portefeuille et par la passionaria des éradicateurs. Une émission de télévision parfaitement unilatérale sous des apparences de neutralité et le tour est joué. Le compteur est remis à zéro. L'intellectuel négatif a rempli sa mission. »

2. Michel FOUCAULT, *Dits et Écrits III*, Gallimard, Paris, 1996, p. 708.

Au Proche-Orient, l'usage de la violence a été le fait de toutes les idéologies et de toutes les religions[3]. De l'attentat de l'hôtel King David[4] de Jérusalem perpétré en 1947 par les dirigeants du futur État d'Israël (pour — déjà — « libérer la terre de Palestine ») à celui de la pizzeria de Tel-Aviv en août 2001, de l'invasion de l'Afghanistan par l'URSS en 1979 aux « sanctions » contre l'Irak de la libérale Amérique (pour qui la mort d'un demi-million d'enfants irakiens a certes représenté un « choix difficile » mais qui « en valait la peine[5] »), nombreux sont les régimes et les acteurs de tous bords qui ont pratiqué et légitimé la violence politique sous des formes diverses.

Au lendemain des attentats du 11 septembre 2001, chacun a voulu dénoncer, de façon légitime, l'horreur qui avait frappé les États-Unis. Bon nombre d'analystes occidentaux ont cependant oublié de rappeler la violence qui résulte, pour des millions d'Irakiens, de Palestiniens ou de Saoudiens, de la politique étrangère américaine dans la région. En se réfugiant dans l'histoire et les sources de la religion islamique, beaucoup ont omis de chercher l'origine trivialement politique de cette violence.

Aux origines du terrorisme

Une formule magique parvient en effet régulièrement à occulter les ressorts essentiels de cette « escalade » de la violence. Pour obtenir à moindre coût une explication définitive des tensions et autres malentendus qui affectent les relations de l'Occident avec le monde musulman, il lui suffit de qualifier ses adversaires d'« islamistes ». Les cerveaux peuvent alors cesser de fonctionner. Le règne des tripes commence. Sonne l'heure des experts, autoproclamés, en « criminologie », à qui revient le privilège d'expliquer le fonctionnement de toute une partie du monde. Peu importe que, de la langue à la culture en passant par l'histoire des sociétés concernées, ces curieux experts ignorent à peu près tout. L'inusable réfé-

3. « Les attentats du Hamas palestinien relèvent de l'"autodéfense". Tous les Arabes devraient pouvoir les assumer », déclarait par exemple le pape copte Chenouda III en avril 1997 au Caire.

4. L'explosion d'une bombe aveugle à l'Hôtel King David provoqua la mort de 91 personnes.

5. Déclaration de Madeleine Albright, « Sixty minutes », CBS, mai 1996.

rence à l'« islamisme » suffira à pallier leur ignorance ou leur mépris pour les motifs réels et complexes de la montée de la violence. Cette pirouette est bien évidemment dangereuse : elle interdit de comprendre de quel engrenage il faut précisément sortir.

Lorsque, après avoir présenté ses craintes ou ses fantasmes comme autant de prophéties, on se hâte de tout faire pour les transformer en réalités, on fait ce que la langue anglaise dénonce comme une *self-fulfilling prophecy*. Les prédictions guerrières que l'Occident médiatique et politique nous sert depuis trop longtemps en guise de programme de « lutte contre le terrorisme islamique » relèvent plus que jamais de cette dangereuse catégorie. Privé depuis la chute du mur de Berlin de ce que sa division en deux blocs pouvait avoir de régulateur, l'Occident réunifié ne se contente pas de dénoncer le potentiel de violence de la génération islamiste montante : il contribue surtout à le fabriquer, à l'entretenir et à l'amplifier. « Comment les islamistes entraîneront les démocraties dans la guerre », titrait, dès 1996, un hebdomadaire français friand de « lutte contre l'intégrisme ». Mais qui, aujourd'hui, pousse véritablement l'autre ?

Les modes d'action des courants islamistes ont en fait le plus souvent été « inspirés » très directement par ceux de leurs « interlocuteurs » politiques, locaux ou internationaux. Dans l'arène des luttes oppositionnelles internes à chaque État, ils se sont le plus souvent adaptés à la violence des régimes qu'ils contestaient. Chaque fois que la vie parlementaire a fait partie du champ du possible politique (en Jordanie, au Yémen, au Liban, au Koweït, etc.), ils s'y sont en revanche insérés sans choc majeur pour le système. Dans le conflit palestinien ou dans l'arène Nord-Sud, ils répondent à bien des égards à la violence du rapport de domination.

« Les islamistes sont des fauteurs de guerre ! », répètent les plus puissantes voix de nos médias avant de remplir leurs titres, couvertures et éditoriaux de provocations caractérisées à l'égard de la culture de toute une multitude. Nous ne cherchons qu'à « promouvoir la démocratie », martèlent les grands stratèges de notre « patrie des droits de l'homme » avant de cautionner les pires dérives militaires ou de signer avec les dictateurs de tous bords de juteux accords de défense qui serviront à perfectionner d'épouvantables machines répressives. « Aidez-nous à combattre les terroristes », implorent, d'Ariel Sharon à Abdelaziz Bouteflika, nos alliés « éradicateurs » avant que leurs policiers, geôliers et autres tortionnaires ne retournent alimenter la fureur de toute une génération de désespérés de la politique. Aidez-nous à « sauver la paix » ne cessent de répéter les pompiers pyromanes de la coalition occidentale avant de recommencer à fabriquer en Palestine, en Irak, en Arabie Saoudite, en Afghanistan ou ailleurs, à coups de bombes « intelligentes », d'occupations militaires, de colonisation, de « bouclages de territoires », d'embargos et autres perfusions de dictateurs, les désespoirs qui produiront la violence « islamique » de demain.

En Palestine, la machine américaine à fabriquer de la violence arabe et musulmane opère par intransigeance israélienne interposée. Devant l'incapacité avérée des États-Unis à s'ériger en modérateur crédible dans le conflit, l'exaspération de ceux que l'on a trop longtemps voulu discréditer en les qualifiant abusivement d'« ennemis de la paix » a gagné peu à peu tous les compartiments de la société palestinienne. En Irak, année après année, l'armée américaine procède plus directement « par-delà la violence d'une guerre initialement destinée à libérer le Koweït » à des frappes aériennes « stratégiques » dont on peine à comprendre la finalité. Elle maintient surtout un embargo aussi interminable que meurtrier. Les pertes humaines consécutives à cette asphyxie de la société irakienne, celles aussi qui résultent du gel de toute dynamique de démocratisation (dommage politique « collatéral » de cet embargo...) se comptent par centaines de milliers aujourd'hui. Ces adultes ou ces enfants sont pourtant aussi innocents que les travailleurs du World Trade Center, les officiers du Pentagone ou les marins du destroyer américain *Cole.*

Dans la péninsule arabique, comme dans un certain nombre d'autres États de la région, la violence américaine se manifeste par la pérennisation d'inusables dictatures. Le *deal* est alors de type quasi mafieux : des régimes corrompus et discrédités, parfaitement hermétiques aux valeurs de la grande démocratie américaine (qui se souvient que les femmes d'Arabie Saoudite n'ont pas le droit de conduire ?), sont conviés à acheter sa protection et sa complicité. Ils le font par d'énormes commandes d'armement, dont le financement se fait au détriment des plans de développement, ou par cette surproduction très paradoxale qui conduit à la baisse des cours de leur propre pétrole [6].

---

6. Voir sur ce point le témoignage solidement documenté d'un ancien ambassadeur

Si l'Occident est aujourd'hui confronté à un terrorisme « infra-étatique », c'est avant tout, nos grands stratèges oublient trop souvent de le dire, parce que, de longue date, les aspirations des citoyens arabes ne sont plus relayées par leurs régimes. Ce déni de représentation est le produit sans surprise de la pérennité artificielle de potentats militaires ou monarchiques. Or ceux-ci seraient parfaitement incapables de survivre à un scrutin autre que ceux qu'affectionnent « notre ami Ben Ali[7] » et bon nombre de ses homologues, s'ils ne bénéficiaient pas, au nom de leur « lutte contre le fondamentalisme », de l'appui inconditionnel de l'Occident.

Des islamistes pas si « fous de Dieu » que ça ?

Pourtant, peut-on à l'heure actuelle réduire l'« islamisme » au seul fondamentalisme religieux, qui plus est hostile à la laïcité et aux valeurs démocratiques ? Prenons telle ou telle interview d'Oussama Ben Laden, considéré aujourd'hui comme le plus dangereux d'entre eux[8]. Une première remarque s'impose : si la rhétorique religieuse est bien présente (« Cela est contraire à la loi musulmane », « Comme le dit le Saint Coran », etc.), les revendications et les ambitions des « fous de Dieu » sont d'ordre politique bien davantage que religieux : « Le premier de nos reproches au régime saoudien et à ceux de la Péninsule, c'est leur inféodation aux États-Unis » ; « Les prix actuels du pétrole [sont le produit] des pressions de l'administration américaine sur l'Arabie Saoudite pour saturer le marché et faire chuter les prix [...]. En dix ans, les États-Unis ont volé plusieurs milliards de dollars aux musulmans. » Déjà entendu ? Continuons. « A nos yeux, les États-Unis sont directement responsables de toutes les victimes de Palestine, du Liban ou de l'Irak. [...] Le gouvernement des États-Unis a abandonné tout sentiment humanitaire. Personne ne s'est plaint de l'Irak lorsqu'il utilisait des armes chimiques contre l'Iran [...]. Les attentats sont des

---

de France : Jean-Michel FOULQUIER, *La Dictature protégée*, Albin Michel, Paris, 1995.

7. Voir : Nicolas BEAU et Jean-Pierre TUQUOI, *Notre Ami Ben Ali*, La Découverte, Paris, 1999 (nouvelle édition, coll. « Poches/Essais », 2002).

8. Voir par exemple l'interview donnée à Peter Arnett et Graham Fuller dans dans 'Imâd NADHAF, *Oussama Ben Laden. « Un parmi un milliard »*, Mu'assasat al Imâne, Dar al Rashîd, Beyrouth, 1998 ; ou celle donnée à la chaîne Al Jazîra en 1998, reproduite dans Jamâl Abd al latîf ISMA'ÎL, *Ben Laden, Al Jazîra wa anâ*, S.E., 2001.

réactions à ces provocations, destinés à chasser [...] ces soldats américains qui arpentent fièrement notre pays, en uniforme, pendant que nos universitaires croupissent en prison. »

Oussama Ben Laden n'est-il vraiment qu'un « fou de Dieu » ? Dans le monde arabe et musulman, les courants islamistes sont tous marqués par leur environnement national. Mais ils sont également, ce livre entend le montrer, le produit d'une dynamique historique commune, pas si inédite que cela[9]. Bien davantage qu'une hypothétique « résurgence du religieux », nous voulons redire ici que la matrice de l'islamisme n'est autre que la reformulation, avec un lexique plus endogène, de la vieille dynamique nationaliste ou anti-impérialiste arabe. L'apport du passage au langage « religieux » a bien sûr été de faciliter la condamnation éthique d'un Occident perçu bien moins comme chrétien que comme... déchristianisé et matérialiste. Ressenti comme endogène, ce langage a de surcroît et surtout répondu au besoin des anciens colonisés de se (re)différencier de l'Occident — moins d'ailleurs que de le renier — et de lui redonner, en s'écartant de lui, tous les attributs de l'altérité. Comme on le verra, les raisons que donnent bon nombre de leaders « nassériens » ou « baasistes » de leur « reconversion » à l'univers de la pensée religieuse illustrent bien cette continuité : peu à peu, le lexique endogène de la culture musulmane héritée leur est apparu plus apte que les concepts importés du marxisme (qui inspiraient auparavant la gauche arabe) à exprimer leur ferveur nationaliste.

Cette « généalogie » de l'islamisme permet de mieux comprendre pourquoi la résurgence des catégories de la culture islamique n'a pas nourri une mais une infinie variété de projets politiques. Avec la victoire en Iran du président Khatami en 1997 et le renouvellement de sa majorité parlementaire, la « dictature théocratique » fondée par Khomeyni a tout de même fini par déboucher — a-t-on jamais pris le temps de le remarquer ? — sur la toute première alternance politique crédible sortie des urnes de cette région du monde, à des années-lumière de la pratique de tous ces généraux « modernistes » qui président aux destinées de l'Algérie, de l'Égypte ou de la Tunisie « laïques ». Dans la sphère des relations entre le Nord « judéo-chrétien » et le Sud « musulman », les mes-

9. Voir également François BURGAT, *L'Islamisme au Maghreb. La voix du Sud*, Karthala, Paris, 1988 (rééd., Payot, Paris, 1995).

sages des groupes qui ont opté pour l'« action directe » depuis le milieu des années quatre-vingt-dix confirment la centralité de l'hypothèse « anti-impérialiste » — mais, pour ne pas prendre le risque d'en « faire le jeu » ou peut-être aussi parce qu'ils ne sont pas toujours agréables à entendre, on a souvent omis d'en rendre publique la teneur.

La rhétorique islamiste sert bien aujourd'hui avant tout à dénoncer l'impasse dans laquelle se sont enfermées les relations de l'Occident en général et des États-Unis en particulier avec une large partie du monde musulman. L'alignement partial sur le camp israélien d'abord, le soutien accordé à tous ces régimes discrédités ensuite, si étrangers soient-ils au respect de l'éthique que l'arrogante Amérique prétend défendre, ont creusé le fossé des incompréhensions en tous genres. Ainsi sommes-nous arrivés aux terribles violences que l'on sait, contre les Israéliens d'abord, contre leurs protecteurs ensuite, jusqu'au cœur de leurs capitales économiques et politiques.

En finir avec les raccourcis

Si l'on accepte de prendre en compte cette essence avant tout nationaliste, anti-impérialiste et identitaire de l'islamisme, une série de conséquences s'impose à l'analyste comme au stratège.

A l'évidence, le lexique religieux a pu servir ici et là à cautionner la violence, mais il n'en est nullement à l'origine. Pas plus que la Bible ne saurait « expliquer » l'IRA, le Coran ne peut donc expliquer Ben Laden. L'islamologie est une science importante, pourvu que l'on se garde de l'utiliser pour comprendre les convulsions trivialement politiques du monde contemporain.

Mais on ne saurait non plus lire et comprendre le phénomène islamiste avec les catégories d'analyse des pathologies sociales ou politiques et des méthodes servant à les « soigner ». Trop d'éditoriaux mais également trop d'analyses, y compris académiques, ont emprunté et empruntent plus que jamais de tels raccourcis. Ainsi, les premières luttes anticoloniales avaient déjà provoqué en Occident des réactions plus émotionnelles que rationnelles, porteuses d'aggravations plus que de solutions. Pour ne rien dire de l'accueil réservé aux premiers « fellaghas » algériens, Gamal Abd al-Nasser, pour avoir osé nationaliser « notre » canal de Suez, fut comparé à Hitler[10] et devint, en 1956, la cible d'une première coalition des armées occidentales.

Autre conséquence, si nous admettons le caractère fonctionnel de l'interprétation en termes d'anti-impérialisme : une approche seulement socio-économique du phénomène islamiste ne permet absolument pas d'en dévoiler les ressorts essentiels. Si elle met en lumière certains facteurs adjuvants de la mobilisation, elle ne peut en saisir l'essence. Sur le fond, elle est en fait condamnée à ne pouvoir « révéler » que le caractère à la fois évolutif et diversifié de son assise sociale : les jeunes un jour, les déshérités, les intellectuels ou les bourgeois, pieux ou non, le lendemain, les militaires aussi, et même les militantes féministes, etc. Le profil, « surprenant » au regard des credos convenus, de la dernière génération des kamikazes, dont les horizons professionnel et social étaient loin d'être bouchés, vient une nouvelle fois de le confirmer[11].

Enfin, on a souvent considéré que tout discours usant du lexique musulman était incompatible avec ce que la modernité occidentale contient d'universel. Ce livre entend rappeler qu'en réalité l'attitude des courants islamistes sur ce terrain est changeante et nulle part monolithique. Ses franges véritablement « intégristes » ont souvent cédé à la facilité du rejet indiscriminé de l'apport occidental à la modernisation sociale ou politique sous le seul prétexte que cet apport s'était opéré au cours de la phase « impérialiste » de l'Occident et avec les catégories de son langage. Elles ne représentent pourtant qu'une minorité[12]. Derrière cette façade aussi réductrice

10. Comme l'est aujourd'hui Ben Laden : « Oussama Ben Laden présente de nombreux points de comparaison avec Hitler, mais le plus important, c'est leur génie très particulier et qui leur est commun : Hitler était un mauvais sujet qui avait un don extraordinaire pour comprendre la faiblesse des autres » (Alexandre Adler, interviewé par Michel Zerbib, « L'invité de la rédaction », Radio J, 20 septembre 2001).

11. Sans parler du milliardaire Ben Laden, le profil de son plus proche lieutenant, Aïmân Dhawahiri, leader en titre de la plus révolutionnaire des formations islamistes nées au bord du Nil, illustre mieux que de longs discours le danger de cette inusable lecture « économiciste ». Chirurgien de formation et marié à une philosophe, le leader de *Tanzîm Al Jihâd* est le fils d'un doyen de faculté et d'une professeur d'université. Ses ascendants familiaux soulignent également la fragilité de l'extrapolation, en politique, du cloisonnement, par ailleurs souvent utile, entre « les islams » » soufi, islamiste ou institutionnel. Par son père, Aïmân Dhawahiri est en effet le petit-fils d'un cheikh d'Al-Azhar et, par sa mère, d'un recteur de l'université du Caire, ambassadeur d'Égypte mais surtout cheikh de confrérie soufie.

12. À propos des Talibans, qui fournissent une illustration de ce courant, l'un des meilleurs analystes de l'Afghanistan a cru bon de préciser que « hormis peut être dans l'imaginaire des pays musulmans et occidentaux, ce qui n'est pas sans importance, [elle] ne semble pas annoncer d'autres révolutions du même type » (Gilles

qu'elle est médiatisée, l'alchimie islamiste est bien plus complexe. Les valeurs de la modernité sont sans doute bien moins répudiées que réécrites avec la terminologie du système symbolique musulman. Ce qui contribue davantage à étendre le champ de cette modernisation qu'à en interrompre ou à en perturber la progression. Dans le cas des femmes notamment, la poursuite des dynamiques de modernisation à l'intérieur du processus de réislamisation a été attestée de façon peu discutable et de fort longue date.

L'emploi du prisme du « péril intégriste » continue pourtant à monopoliser l'interprétation de la guerre civile algérienne ou du conflit israélo-arabe. Cette lecture, qui occulte les contradictions patentes de la politique étrangère de l'Occident (et la responsabilité de ses alliés arabes), interdit toute interprétation plus profane et, dès lors, plus réaliste de l'origine réelle de la violence et des moyens de la résorber. Cette « suridéologisation » enferme la perception de la mobilisation islamiste dans sa seule dimension religieuse alors qu'elle sert à l'évidence à véhiculer des revendications plus largement culturelles, mais également politiques (nationalistes, anti-impérialistes ou même « démocratiques »). En se confinant dans cette perspective trompeuse, l'Occident se prive de comprendre qu'une partie au moins des demandes présentées par la génération islamiste n'est pas plus illégitime que celles exprimées, en leur temps (et, *mutatis mutandis*, tout aussi violemment), par leurs pères nationalistes.

L'Occident aux pieds d'argile reçoit depuis peu des coups de plus en plus meurtriers. Chacun doit donc se préoccuper de la terrible escalade de leur efficacité et notre « contre-offensive » se doit ainsi d'être soigneusement pensée. D'où l'importance, à l'heure des explications et des stratégies, de faire taire les passions et d'autoriser les cerveaux à reprendre leur rang.

François Burgat
Sanaa, octobre 2001

DORRONSORO, *La Révolution afghane : des communistes aux tâlebân,* Karthala, coll. « Recherches internationales », Paris, 2000).

Introduction

Sur la méthode

L'Islamisme en face rend compte d'une recherche dont les premiers résultats ont été proposés dans *L'Islamisme au Maghreb : la voix du Sud* [1]. De ce premier livre, cet essai a conservé la problématique. Le fait que six années aient renouvelé — avec l'ouverture politique algérienne de 1989, la guerre du Golfe puis le déblocage des négociations israélo-arabes notamment — une partie de la toile de fond politique de la région incitait à relire les premières conclusions. Les remarques, souvent heureuses, adressées à l'ouvrage depuis la scène universitaire ou extra-universitaire, les réactions de l'« objet islamiste » également [2] se devaient d'être prises en compte et articulées à l'analyse. Il en allait de même des productions académiques qui occupent aujourd'hui le cœur de bon nombre de problématiques et à l'égard desquelles, sans esprit polémique, il était nécessaire de prendre clairement position.

Leur auteur partant s'installer au Caire, ses hypothèses de

---

1. Karthala, Paris, 1988 ; version remaniée et mise à jour chez Payot, Paris, 1995. Certains des développements de cet essai ont été présentés sous des formes plus ou moins proches dans des revues, des ouvrages collectifs ou des journaux, notamment dans l'*Encyclopædia Universalis*, *Universalia*, l'*Encyclopédie Quillet*, l'*Encyclopédie Larousse*, *L'État du monde*, *Le Monde*, *Le Monde diplomatique*, *Libération*, *Maghreb-Machreq*, *Passerelles*, *Relazioni Internazionali*, *Le Genre humain*, *Esprit*, *Géopolitique*, etc. ; ou encore dans la version anglaise augmentée de *L'Islamisme au Maghreb*, *The Islamic Movement in North Africa*, University of Texas Press, Austin, 1993 (trad. William Dowell).

2. Ce livre a plus largement que le premier bénéficié du contre-regard de l'« objet islamiste », notamment parce qu'une version augmentée de *L'Islamisme au Maghreb : la voix du Sud* a été publiée en langue arabe au Caire en 1992 (*Al Islâm al Siyâsî, Sawt al Genoub*, trad. Laurine Zikri et Nasr Hâmid Abû Zayd, Dar al-Alam al-Thalith, Le Caire, 1992, avec la collaboration du centre de traduction dirigé par Richard JACQUEMOND), donnant une visibilité accrue aux thèses de l'auteur et l'occasion de recueillir les réactions du lectorat arabophone.

recherche ont définitivement dépassé ensuite l'ancrage territorial de *L'Islamisme au Maghreb* pour se confronter, depuis l'Égypte, au Soudan, au Liban, à la Jordanie, au Yémen et au reste du monde arabe. Les contacts directs avec les acteurs de la scène islamiste qui avaient été au cœur de la méthode de *L'Islamisme au Maghreb* ont été une fois de plus préférés à la seule exégèse de leur production écrite. Même si la teneur de ces dialogues est moins systématiquement reproduite, le parti pris de donner avec le moins de médiation possible la parole à l'*Homo islamicus* est demeuré identique, tant son objectif — limiter le penchant à la diabolisation — paraît aujourd'hui encore loin d'avoir été atteint. Chaque fois que cela s'est révélé indispensable, certaines des formulations de notre première démarche ont été réintroduites.

Le fond de la thèse exprimée dans *L'Islamisme au Maghreb*, en effet, n'a pas véritablement changé. Quel est-il ?

Si lent et difficile soit-il, l'irrésistible processus de renouvellement du paysage politique arabe est inexorablement en passe de pousser au départ des équipes qui, depuis les indépendances, gèrent les destinées de cette région. De multiples indices, assortis de quelques constatations, incitent à penser que, bien loin de se résorber sous l'effet de cette délicate « transition démocratique », les forces issues de la mouvance islamiste ont toutes les chances d'y jouer un rôle de premier plan.

En Occident, mais également dans de larges compartiments de l'opinion arabe, la perception de cette nouvelle génération politique semble pourtant à ce jour relever presque exclusivement du registre de la pathologie sociale. Et la terminologie employée pour présenter à leurs partenaires obligés du nord de la Méditerranée les possibles majorités parlementaires du Sud ressemble encore à s'y méprendre à celle qui, près de quinze ans plus tôt, a servi à décrire le groupuscule des assassins d'Anouar el-Sadate.

Consciente ou non, cette assimilation est devenue un obstacle aussi sérieux à toute tentative de compréhension du phénomène islamiste que le serait la représentation de la gauche parlementaire européenne avec l'aide des instruments d'analyse construits sur l'exégèse des credo du groupe Action directe.

Ou bien la décolonisation a produit sur les rivages arabes de la Méditerranée une génération de fanatiques, et il convient alors de s'interroger sur la validité du discours qui a fondé cette décolonisation. Ou bien les forces politiques prêtes à sortir des urnes arabes ne sont pas réductibles à la vision simpliste qu'en a le regard occidental, et il est devenu urgent de s'en apercevoir. D'où vient cette récurrente difficulté de l'Occident à saisir les mutations de son environnement arabe ? Que recèle cette évolution essentielle pour l'équilibre méditerranéen et mondial ? C'est à la réponse à ce double questionnement que ce livre entend contribuer.

Sujet-objet : la « convergence » interdite ?

A-t-on le droit d'être d'« accord » avec celui dont on prétend décrire le comportement ? La rencontre entre tout ou partie du discours islamiste et les résultats de l'observation scientifique est-elle porteuse *ipso facto* du discrédit de ces résultats ? La « fréquentation » de son objet d'analyse perturbe-t-elle inévitablement les résultats d'une observation scientifique ?

Rappelons d'abord une évidence parfois méconnue. Tout au long de la décennie quatre-vingt, les acteurs de l'islam oppositionnel sont dans leur immense majorité demeurés plus familiers des analyses (ou plus souvent des anathèmes) des observateurs académiques occidentaux que de la forme de leur visage ou de celle de leurs micros. La plupart des milliers de pages noircies au cours de cette période sur le « retour de l'islam » l'ont été par des auteurs qui n'ont pas rencontré ceux dont ils avaient entrepris — pour l'expliquer au monde — de décrypter la mentalité. D'autres, auxquels l'auteur de ces pages a voulu très tôt appartenir, ont voulu collecter à la source les ingrédients de la rhétorique islamiste. Ils ont donc pris le parti d'établir systématiquement le contact avec ses producteurs.

Le bénéfice de cette démarche est multiple : découverte de matériaux vierges de toute médiation et de quelques informations inédites bien sûr. Mais l'essentiel n'est pas là : établir le contact avec son objet, lui accorder son respect et éventuellement mériter le sien, permet surtout de faire l'économie de ces fantasmes en tout genre que produisent les méconnaissances réciproques, entretenues parfois à tort au nom de la « science ». Le fait de connaître et de pouvoir intérioriser les angles d'observation de son objet d'étude permet d'enrichir les siens et de multiplier les pistes d'interprétation. Ces apports multiples conduisent inévitablement à intégrer une partie des représentations en vigueur ailleurs que sur la rive « orientaliste ». Cela se fait-il au détriment de l'analyse ?

Au nom des principes sacrés de l'épistémologie, on reproche souvent aux adeptes de cette « empathie participante », qui a pourtant déjà fait ses preuves, une circulation jugée complice avec le « discours de l'objet ». Qu'elle est longue la liste des péchés de ceux qui ont eu l'impudence de réduire l'indispensable « distance du regard scientifique » jusqu'à aller observer le loup au fond de sa tanière ! Ne sont-ils pas venus lui « accorder une caution scientifique » ? Pis, ne s'en font-ils pas les « avocats », les « porte-parole », les « tambours » et, pourquoi pas, les « complices » ? Ne se font-ils pas de surcroît « manipuler » ? Qu'en est-il vraiment de ces innombrables compromissions supposées ?

Sait-on vraiment que le contact direct avec un acteur politique permet de recueillir bien davantage que son discours ? Depuis l'apparence physique et vestimentaire de l'interlocuteur jusqu'au ton de sa voix, en passant par le cadre dans lequel il s'exprime, son environnement familial, les livres de sa bibliothèque ou les confidences de son voisin, un face-à-face donne bien davantage à percevoir ou à deviner que le seul sens limité produit par la juxtaposition des éléments de son discours, *a fortiori* lorsque celui-ci est figé dans le cadre étroit de l'écrit. L'univers des banlieues cairotes où se cachent les rescapés des innombrables rafles policières contre les activistes islamistes ou celui des villages du Saïd où est né le mouvement des Gemaate Islamiyya en disent aussi long sur la culture politique des disciples du cheikh Omar Abderrahmane que l'exégèse parisienne des *fatwa*, réelles ou supposées [3], de ce dernier. Le non-dit est parfois plus important que l'explicite, l'allusif plus significatif que l'énoncé. Une fois coupé le micro, un aparté sur la Coupe du monde de football et deux remarques sur le comportement de l'arbitre en disent souvent plus long sur la capacité d'un individu à intérioriser les exigences d'une culture pluraliste que le décryptage littéral de ses credo convenus sur la question.

Il est dommage qu'il soit nécessaire de le rappeler : si aberration méthodologique il y a eu, elle n'est pas venue de ceux qui ont pris le soin de rencontrer des islamistes avant d'en

---

3. Car les services secrets égyptiens semblent bien en avoir fabriqué un certain nombre (*cf.* leur liste *in* Kamel 'ISSAM, *Omar Abderrahmane : le séisme qui a secoué le monde*, Le Caire, octobre 1993, interdit à la vente).

parler ; elle a été le fait de tous ceux qui ont si longtemps cru pouvoir s'en dispenser.

Le statut scientifique d'un « discours » *stricto sensu* n'appelle en revanche que peu de débat : on ne saurait, c'est une évidence, « croire son objet sur parole ». La prudence extrême dans le traitement de ce discours, de l'objet en général, sur lui-même en particulier, fait donc bien partie des exigences de base de l'épistémologie bien comprise. Mais gardons-nous tout de même de faire de cet utile postulat méthodologique une lecture si stricte que dans chacune des enceintes où il serait question... d'orientalisme, d'Europe ou de cuisine française elle n'aboutisse à condamner orientalistes, Européens ou cuisiniers de l'Hexagone à demeurer au vestiaire ou à se limiter dans le débat qui les concerne au seul registre de la contemplation muette.

Il convient en revanche d'établir, ou de rappeler, la différence qui sépare le « discours » proprement dit des acteurs et les représentations à prétention académique émanant d'observateurs-acteurs membres d'un même groupe. Cette différence entre la manière d'un acteur de se situer par rapport à des valeurs considérées comme positives (« Je suis démocrate », « Notre parti est libéral ») et les analyses produites sur une communauté (ethnique, idéologique ou scientifique) par l'un de ses membres est en effet essentielle.

S'agissant des travaux académiques sur la mobilisation islamiste produits par des acteurs de cette mobilisation, la question de leur recevabilité scientifique ne devrait même pas être posée. Pas plus en tout cas que celle de savoir si un orientaliste est ou non crédible lorsqu'il analyse les conditions de son fonctionnement dans le champ scientifique, un Français s'il conceptualise la politique étrangère de la France, un journaliste lorsqu'il écrit l'histoire de son journal, etc. Cette question est tranchée de longue date et, n'en déplaise aux sempiternels pourfendeurs des possibles « complaisances à l'égard du discours de l'objet », elle ne peut l'être autrement que par l'affirmative.

S'agissant maintenant du « discours » *stricto sensu*, il devra bien évidemment être considéré comme tel : son ou ses auteurs seront jugés sur leurs actes plutôt que sur leurs paroles. Ces paroles, on prendra soin de ne jamais les ériger au rang de preuves. Le plus prudemment possible, on tentera au contraire de décoder chacun des présupposés qui en détermine l'exacte portée. Encore faut-il le faire en toutes circonstances et sans exclusive, ce qui n'est pas toujours le cas : trop souvent cette indispensable « obligation de réserve méthodologique » à l'égard du « discours de l'objet » fluctue en fonction du contenu de ce discours ou du degré de proximité et d'adhésion du récepteur.

Qu'un islamiste prenne position sur la démocratie, et le statut de son propos peut varier ainsi du tout au tout en fonction de son contenu. Si le Tunisien Rached Ghannouchi déclare que « la démocratie fait partie de l'univers de l'islam » ou qu'elle « en constitue l'une des valeurs de base », bien peu y verront la preuve d'une réelle conviction démocratique. On préférera n'y voir qu'un « discours », une position « de circonstance », quelque chose que l'on dit « parce qu'on a un intérêt à le dire à un moment donné mais dont on pourrait fort bien se départir le cas échéant dans un autre contexte », le « versant positif » d'un inévitable « double langage » qui serait l'apanage de tout adepte de l'islam politique en situation minoritaire. Cette dualité, soit dit en passant, ne sera même pas considérée comme révélatrice d'une ambivalence puisqu'il est implicite, dans ce genre de « démonstration », que seul le versant « négatif » du double langage a vocation à l'emporter. Il n'est donc même pas utile de répercuter de tels propos car on tomberait alors dans le « piège » de ce double discours. Louable prudence ! Lorsqu'il ne donnait pas à ses interlocuteurs la réponse « dure » qu'ils croyaient être en droit d'attendre d'un « chef intégriste », Abdelfatah Mourou (ex-secrétaire général du Mouvement de la tendance islamique en Tunisie) était ainsi régulièrement qualifié de « Monsieur Valium[4] ». Il en est de même pour l'Algérien Abbassi Madani, ou le Soudanais Hassan Tourabi, et bien d'autres dont les déclarations nuancées et modérées, qui ne se comptent pas, ont plus de difficulté à franchir la rampe des médias

4. *Cf.* par exemple Philippe Aziz, *Le Point*, 18 février 1991, p. 53 : « On l'appelle, à Tunis, Monsieur Valium : l'islamiste qui rassure et qui endort par ses propos modérés et son attachement à la légalité. [...] Ce qu'il dit est surprenant et fort peu orthodoxe de la part d'un dirigeant islamiste. » Dans *Les Sectes secrètes de l'islam, de l'ordre des assassins aux Frères musulmans* (Robert Laffont, Paris, 1983), le même spécialiste a proposé de longue date une grille d'analyse qui ne laisse pas place à ce genre de nuance : « Les dissensions qui déchirent actuellement le monde arabe s'expliquent en très large partie par l'action de ces minorités agissantes [...]. Les Frères musulmans, qui provoquent aujourd'hui des troubles incessants en Égypte, en Syrie et dans les autres pays arabes constituent une société secrète politique et religieuse dont l'action s'inspire directement de l'ancien ordre des assassins » (p. 8).

que celles de leurs collègues ou adversaires plus fidèles au rôle que ceux-ci entendent leur faire jouer.

Changeons maintenant de décor. Lorsque cette fois le leader du FIS algérien Ali Benhadj éprouve le besoin de se démarquer de la terminologie démocratique[5] (« Aujourd'hui, c'est une victoire de l'islam, pas de la démocratie », « La démocratie est contraire à l'islam ») ou de critiquer l'une quelconque des références perçues comme valorisantes par celui qui écoute, que se passe-t-il ? Son propos va curieusement perdre aussitôt sa qualité de « discours » : il ne s'agit plus de cet énoncé que son auteur « a intérêt à dire à cette heure mais dont il pourrait le cas échéant se démarquer dans un autre contexte ». Il ne s'agit plus de « mots » dont le caractère fugitif et circonstanciel doit être systématiquement pris en compte. Le « discours » accède ici directement à l'univers de la « preuve », et de la preuve intemporelle : puisqu'il l'a dit, c'est donc qu'il l'est. Lui et tous les siens ! Et de préférence pour toujours ! Foin de la prudence méthodologique si bruyamment sollicitée dans le premier cas de figure — qui devrait pourtant être particulièrement de mise pour décrypter ici la signification et la portée de ce besoin de distanciation ! Les islamistes disent que « l'islam, c'est l'islam », c'est-à-dire que la lecture qu'ils font aujourd'hui de la référence coranique est à l'abri de l'histoire : c'est la preuve que lesdits islamistes, de Casablanca à Téhéran et de 1979 à l'an 3000, « ne changeront jamais ». Ils disent qu'ils préfèrent « l'islam à la démocratie » : c'est la preuve qu'ils seront toujours des tyrans ! Ils disent qu'ils sont contre la laïcité : c'est la preuve qu'ils sont contre la raison et que, à l'ombre des minarets, l'obscurantisme gardera éternellement droit de cité ! Et ainsi de suite.

A l'évidence, le piège de la « trop grande proximité du discours de l'objet » fait bel et bien ici et là des ravages dans les analyses. Mais les victimes ne sont peut être pas toutes, toujours, celles que l'on croit.

---

5. Comme il le fait dans les morceaux choisis par Mohammed AHNAF, Bernard BOTIVEAU et Frank FRÉGOSI, *in L'Algérie par ses islamistes*, Karthala, Paris, 1991, un recueil dont Michel Camau a pris le soin de nous préciser en préface qu'il ne s'agissait pas d'un réquisitoire. On aurait pu s'y tromper.

L'« islamisme »... ni trop ni trop peu

La propension de l'Occident, de ses médias et de ses spécialistes à ne saisir le monde arabe qu'à travers le « prisme déformant de l'islamisme » a été souvent dénoncée. Tout a été dit, et fort bien, sur le danger que recouvre, dans l'approche sociopolitique de cette région, la surdétermination du référent religieux et, au-delà même de la question des minorités non musulmanes, l'« essentialisation » du dogme islamique en une clé de lecture unique des comportements individuels et collectifs. « Pour l'analyse de l'Orient arabe, plaide ainsi Georges Corm [6], la politologie occidentale doit se débarrasser de tous les voiles occultants de l'islamologie ou de l'orientalisme. Elle doit rétablir [...] l'histoire de peuples situés dans la géographie et dans l'histoire provinciale, [...] en finir avec l'abstraction islamique pour comprendre ces peuples dans leur spécificité humaine multidimensionnelle, celle de la langue, des mœurs et des coutumes, dans la diversité des terreaux ethniques et provinciaux. »

Qu'est-ce à dire ? Que les millions d'individus « musulmans » étant moins accessibles à l'observation que les versets de leur dogme, les barrières géographiques et linguistiques continuent à nourrir chez ses observateurs européens une tendance à surinvestir le référent religieux. L'exégèse des versets du Coran, c'est-à-dire l'idéal éthique auquel s'identifient plus ou moins étroitement les millions d'individus de religion ou de culture musulmane, d'un accès relativement aisé, prend ainsi souvent la place de l'investigation socio-économique et socio-historique, qui seule permettrait d'expliquer les attitudes de chacun de ces individus dans des contextes politiques déterminés. Il est plus facile d'étudier un islam intemporel et intangible que les mille et une manières de s'y rattacher. C'est là une dérive évidente qu'il est salutaire de continuer à dénoncer. Les sourates coraniques, mais tout autant celles des pères

---

6. Georges CORM, *L'Europe et l'Orient*, La Découverte, Paris, 1989, p. 378. Corm écrit également, et aussi justement : « On ne peut qu'être frappé de cet entêtement de l'Europe, depuis la naissance de la "question d'Orient" à la fin du XVIIIe siècle qui marque le déclin déjà consommé de l'Empire ottoman, à parler des peuples qui l'entourent au sud de la Méditerranée hors de toute territorialité géographique, historique, sociale : le "monde de l'islam", l'"islam", le "réveil de l'islam", les "peuples musulmans" mettent entre parenthèses de la géographie et de l'histoire, ainsi que des racines ethniques, Arabes maghrébins et machrékins, Turcs, Iraniens, Afghans » (p. 371).

spirituels de l'islamisme radical Ibn Taymiyya (1263-1326)[7] ou Sayyed Qutb (1906-1966)[8] ou d'autres credo doctrinaux réels ou supposés de tout ou partie des musulmans concernés, sont en fait chargées de rendre compte de situations que seule une observation du terrain respectueuse des innombrables paramètres de la sociologie politique permettrait d'approcher.

« Ah ! la fraîcheur et la sérénité de ces écrits indigènes dénués de toute fascination maladive ! » relève non sans raison Ghassan Salamé à la lecture d'un ouvrage collectif, *La Religion dans le monde arabe*, né de la plume d'auteurs venus de ce terroir : « Ni orientalisme à rebours, ni cette précipitation journalistique qui se pare de sentences à la Foucault, mais une observation aussi plurielle, tâtonnante, et certes insuffisante en plus d'un point, mais qui a le mérite de casser (sans avoir cherché à le faire) l'alliance sacrée qui unit l'islamisme le plus tapageur à l'orientalisme le plus folklorique dans une affirmation, historiquement fausse, idéologiquement chargée et intellectuellement éphémère de l'ontologisme musulman[9]. » Vivifiante critique. Est-il vrai pour autant que c'est la vieille ligne de démarcation entre *insiders* et *outsiders* qui sépare, en sciences sociales appliquées à l'aire arabe, les travaux estimables de ceux qui le sont moins ?

L'approche « arabe » de l'islamisme, mieux informée, plus proche du terrain, est moins naturellement victime du fantasme qui affecte une bonne partie de la production occidentale. Produite localement, son potentiel critique est de surcroît plus fort. Là où l'approximation occidentale ruine l'impact de la dénonciation des abus islamistes, la rigueur informée d'un Fouad Zakariya[10] donne par exemple un poids particulier à ses critiques. Cette précieuse proximité du terrain a néanmoins

---

7. *Cf.* notamment Henry LAOUST, *Essai sur les doctrines sociales et politiques de Taqi Eddin Ahmad b. Taymiyya*, « Recherches d'archéologie, de philologie et d'histoire, IX », Institut français d'archéologie orientale, Le Caire, 1939 ; MICHOT, « Textes spirituels d'Ibn Taymiyya I-XI », *in Le Musulman*, n° 11-25, juin 1990-février 1995, AEIF, Paris ; Emmanuel SIVAN, « Ibn Taymiyya : Father of the Islamic Revolution. Medieval Theology and Modern Politics », *in Encounter*, t. LX/v, 1983, p. 41-50 ; Bruno ÉTIENNE, *in* F. CHATELET et *al.*, *Dictionnaire des œuvres politiques*, PUF, Paris, 1986.

8. *Cf.* notamment Olivier CARRÉ, *Mystique et politique, lecture révolutionnaire du Coran par Sayyed Qutb, frère musulman radical*, Presses de la FNSP/Éditions du Cerf, Paris, 1984.

9. *Maghreb-Machreq-Monde arabe*, septembre 1990.

10. Fouad ZAKARIYA, *Laïcité et islamisme : les Arabes à l'heure du choix*, traduit de l'arabe et présenté par Richard JACQUEMOND, La Découverte-Dar al-Fikr, Paris-Le Caire, 1990.

un coût scientifique : son inscription dans le paysage politique, voire ethnique et religieux, peut être, elle aussi, source de distorsion. Lorsqu'il se refuse à déceler dans les pratiques vestimentaires des islamistes égyptiens la même symbolique identitaire qu'il reconnaît à celles de leurs homologues iraniens, Fouad Zakariya paie sans doute le prix de son inscription (courageuse au demeurant, mais là n'est pas la question) dans le débat politique égyptien. Les raccourcis souvent empruntés par les gauches arabes pour rendre compte du phénomène islamiste (fabrication de la CIA américaine pour abattre les nassérisme et autre baassisme), ou l'extrême réticence des Arabes non musulmans à accepter l'importance du coefficient identitaire de la rhétorique islamiste, n'ont sans doute pas grand-chose à envier aux *a priori* réducteurs qui affectent certains compartiments de notre production orientaliste[11].

Des voix tout particulièrement autorisées ont paru regretter enfin que les grands noms de l'islamologie française n'aient à ce jour donné naissance, en la personne des politologues travaillant sur le monde arabe, qu'à de ternes héritiers ; et que l'utilisation envahissante du paramètre islamiste masque la profondeur historique, la richesse spirituelle et la diversité de la pensée musulmane, risquant d'en transmettre, par islamistes interposés, une image dangereusement appauvrie. Pour les plus incisifs de ses pourfendeurs, ce « syndrome islamiste » de la politologie refléterait d'ailleurs le manque d'exigence intellectuelle de ses victimes, dont l'inculture fournirait en quelque sorte un écho amplificateur à celle de leur objet d'analyse. Est-ce bien le cas ?

Alors qu'elle occupait dans le système une place suffisamment centrale pour le contrôler, assurément, la grande génération de l'islamologie française n'a pas assuré sa reproduction. Mais le vrai débat est-il là : l'« islamisme » des années soixant-dix et quatre-vingt campe-t-il vraiment sur les terres scientifiques de l'islamologie ? Le décryptage de l'essentiel des turbulences générées par la montée en puissance des « islamistes » ne relève-t-il pas surtout de problématiques trivialement politiques, très éloignées des ambitions et des références de l'histoire longue de la pensée musulmane ? La clé

11. Mais c'est sans doute dans l'exceptionnelle justesse de ton des analyses de la classe politique française (face à la crise du Golfe par exemple) que nous offre l'*outsider* Ghassan Salamé que réside la meilleure démonstration des limites d'une telle classification.

de l'analyse du scrutin du 12 juin 1990 par lequel le FIS a affirmé en Algérie sa suprématie sur toute autre famille politique réside-t-elle véritablement au fond des traités d'islamologie ? Les observateurs de la scène politique arabe des années soixante durent expliquer pourquoi y fleurissaient d'innombrables dérivés du vieux socialisme scientifique européen. Ils ne se sont pas nécessairement sentis obligés, pour en débattre, d'investir toute l'histoire de la philosophie marxiste. Sur cette même scène politique, il revient aujourd'hui à leurs successeurs d'interpréter un renouveau de fortune du vocabulaire de l'islam. Cette mission n'implique pas nécessairement de mobiliser toutes les ressources de l'histoire de la pensée religieuse. Il ne vient à aucun politologue l'idée de nier que l'histoire de la pensée musulmane est manifestement plus riche, plus complexe, plus ambivalente que ce qu'en laissent penser les slogans islamistes. Nul d'entre eux n'a pas davantage l'ambition de porter sur les acteurs du jeu politique des appréciations de valeur, de décerner des médailles d'authenticité, de prononcer des exclusions (« Ils ne représentent pas le vrai islam ! »). Plus modestement, ils entendent décrypter les mécanismes de fonctionnement d'une *idéologie politique* — c'est-à-dire de la représentation par définition simplificatrice et déformante de la réalité historique et de tel ou tel corps de références qui y a vu le jour.

Une fois redit que les lois qui gouvernent la conduite de l'*Homo orientalis* sont inscrites dans les manuels de sociologie politique bien plus que dans les livres sacrés, rien ne saurait interdire en revanche d'améliorer ces livres de sociologie en les enrichissant de l'observation de terrains autres qu'occidentaux. Mais rien non plus ne saurait interdire de s'abstraire des limites des terroirs provinciaux, nationaux ou régionaux pour construire des grilles de lecture de la région arabe dans son ensemble. Le paradigme islamiste est de celles-là. Dans des contextes humains et géographiques exceptionnellement diversifiés, une même dynamique historique est bel et bien perceptible : elle pousse une partie des acteurs politiques à réintroduire dans le système de représentations les référents de la culture religieuse anciennement dominante. D'Alger à Amman en passant par Le Caire, elle donne aux formations qui exploitent cette attente sociale une capacité de communication et de mobilisation supérieure aux autres. Sans préjuger de l'existence et de la force d'autres dynamiques de transformations, sans sous-estimer non plus les formidables différences qui séparent la pensée d'Ali Benhadj de celle d'Ibn Khaldoun ou d'Ibn Sina, sans méconnaître la distance qui sépare les collines d'Amman de celles d'Alger, Bugeaud de Bonaparte, la colonisation française du mandat britannique, le trône hachémite du Front de libération nationale et les Frères musulmans du Front islamique de salut, il existe dans l'émergence d'une catégorie de forces politiques des convergences suffisamment explicites pour que l'observateur académique soit fondé à les construire dans une grille « islamiste » de lecture du politique arabe contemporain.

Ce livre entend, dans une première partie, inventorier la recette de l'alchimie mobilisatrice de l'islamisme après avoir désigné certains des obstacles à sa rationalisation par notre regard occidental. La deuxième partie vise, au détriment de l'essentialisme qui guette le regard extérieur, à restituer leur origine politique aux violences attribuées à l'expression politique de la « réislamisation ». La troisième partie, enfin, interroge la capacité de la poussée islamiste à s'articuler avec la dynamique de modernisation (démocratie, place de la femme, etc.) des sociétés qu'elle traverse.

I

Les itinéraires d'un malentendu

1

Les Arabes, des « fellaghas » aux « intégristes »

> « *L'un des deux visages de [l'Algérie], ce pays dur et même tragique, marqué par le vent du malheur, est obstinément tourné vers le bonheur, vers le soleil, vers la modernité et cela, en dépit de tout, s'appelle la France* [1]. »

En terre arabo-islamique, de quoi l'actualité politique est-elle faite ? Une fois cette question posée, est-il possible d'inscrire la quête d'une réponse dans une démarche cohérente ? En d'autres termes, existe-t-il un mode de lecture des manifestations récentes de l'évolution politique, économique et sociale d'un ensemble de terroirs aussi diversifiés que le Liban et l'Arabie Saoudite, le Yémen, l'Algérie, l'Égypte ou la Palestine ? Pour pénétrer le dédale des déterminations de la fugitive victoire du Front islamique de salut aux élections algériennes de décembre 1991 et de l'invasion en 1990 du Koweit par l'Irak, en passant par la réunification quelques mois plus tôt des deux républiques du Yémen, les ultimes soubresauts de la guerre du Liban, les attentats égyptiens contre les touristes ou le bellicisme supposé du Hamas palestinien, y a-t-il une commune porte d'entrée ?

Derrière les indéniables particularismes nationaux, pour qui cherche une clé de lecture transversale, l'histoire, à l'évidence,

1. *Le Monde*, 22 octobre 1990, tribune de Gisèle HALIMI, Alain CARIGNON et Dominique JAMET, qui ajoutent : « L'Algérie hésite à la croisée des chemins devant un choix douloureux. Ce peuple, ces hommes et ces femmes qui vivent déjà et frissonnent dans l'ombre noire de l'islam fondamentaliste et des jeunes en calotte sont bien loin d'être tout acquis ou même résignés au malheur, à la régression, à l'enfermement. »

est le point de passage obligé. Il est des lapalissades qu'il est bon de répéter : la compréhension de l'actualité politique, en terre arabe comme partout ailleurs, est tributaire de la maîtrise de son histoire. Histoire ancienne bien sûr, qui pose dans l'espace du politique les premières références et au cœur de l'identité collective ses repères symboliques les plus précieux. Histoire récente aussi et peut-être surtout : au-delà de la mémoire populaire, elle conditionne très directement les données politiques, économiques et sociales les plus immédiates. S'agissant du monde arabe, toutes deux sont pourtant mal connues et le plus souvent absentes de l'analyse de l'homme de la rue. Paradoxalement, celle-là, même réduite à quelques califes autoritaires parés d'arabesques et de harems, est moins lointaine que celle-ci, nourrie pourtant de péripéties bien plus accessibles. L'une, largement écrite, reste encore insuffisamment connue. L'autre, dont la proximité devrait faciliter l'accès, n'en est que plus significativement absente.

L'irruption de l'histoire

A sa relative ignorance, l'*Homo politicus occidentalis* a sans doute de solides excuses. Prolixe sur l'Empire romain, son école, longtemps, l'a été nettement moins sur l'Andalousie musulmane[2] et moins encore sur les circonstances exactes de l'instauration de l'ultime présence occidentale en terre arabe. Dans le meilleur des cas, l'impact de l'irruption commerciale ou militaire d'abord, politique et culturelle ensuite, de l'Occident sur les ruines de l'Empire ottoman lui a été présenté de manière unilatérale : pour souligner la dimension bénéfique des ruptures qu'elle a introduites au sein de sociétés assoupies ou pour mesurer le rythme des puissantes dynamiques de modernisation scientifique, politique et sociale que savants napoléoniens et militaires coloniaux, un peu partout en Orient, apportaient sur le revers de leurs selles[3].

---

2. *Cf.* notamment Alain DE LIBERA, « Comment l'Europe a découvert l'islam », *in Connaissance de l'islam*, Syros, Paris, 1992.

3. La présence occidentale directe en terre arabe.

ALGÉRIE : 1830-1962, 132 ans (France).

ÉMIRATS ARABES UNIS : 1892/1916-1971, 55/79 ans (Royaume-Uni).

ÉGYPTE : 1798-1801 (France), 1882-1936 (Royaume-Uni), 54 ans (sous tutelle ottomane de 1882 à 1914 ; protectorat à partir de 1914, avec une indépendance formelle en 1922 ; plus de vingt ans de présence militaire anglaise sur le canal de Suez, de 1936 à 1956).

Mais l'inconscient collectif occidental a moins naturellement intégré le revers négatif de ce choc des civilisations, et notamment les conditions exactes dans lesquelles les terres de colonisation ont été rendues disponibles, ou la manière dont les équilibres interethniques ou interconfessionnels ont été sollicités par le nouveau maître pour asseoir son contrôle. Et moins encore l'effet perturbant initié dans les profondeurs de ces sociétés par l'irrésistible marginalisation de leurs codes culturels et linguistiques.

Pourtant, c'est bien l'écho de cette « histoire » déjà ancienne mais pourtant si proche encore qui résonne sans doute aujourd'hui dans les titres de nos gazettes. L'inéluctable désengagement de l'Occident révèle la fragilité des rapports de force qu'expriment certaines frontières interétatiques et parfois, à l'intérieur de ces frontières (au Machreq plus particulièrement), des rapports interconfessionnels qui résultaient plus ou moins directement de son influence passée. La prise de distance de l'Occident rend perceptibles des distorsions créées parfois volontairement (pour justifier, faciliter ou accentuer sa présence) mais tout aussi bien indirectement, du seul fait de cette présence. Lorsque celle-ci s'atténue ou semble le faire, des dynamiques régionales figées dans le « ciment » occidental reprennent ainsi un cours qui pour ne pas être forcément plus « naturel » ni forcément « meilleur » n'en est pas moins... *différent.*

La poursuite de ce profond processus de « repositionnement » explique aussi la réémergence de références idéologiques que l'Occident a tant de difficulté à reconnaître. Plus encore que sa « politique arabe » du siècle écoulé, c'est le monopole universaliste de sa pensée politique qu'elles tentent de remettre en cause : l'« islamisme », le langage que le Sud méditerranéen tend de plus en plus souvent à opposer au

---

IRAK : 1920-1932, 12 ans (Royaume-Uni).
JORDANIE : 1922-1946, 24 ans (Royaume-Uni).
KOWEIT : 1899-1961, 62 ans (Royaume-Uni).
LIBAN : 1920-1946, 26 ans (France).
LIBYE : 1912-1951, 40 ans (Italie, mandat de l'ONU de 1943 à fin décembre 1951).
MAROC : 1911-1956, 45 ans (France).
MAURITANIE : 1907-1960, 53 ans (France).
SOUDAN : 1898-1956, 58 ans (Royaume-Uni).
SYRIE : 1920-1946, 26 ans (France).
TUNISIE : 1881-1956, 75 ans (France).
YÉMEN (Sud) : 1839-1967, 128 ans (Royaume-Uni).

Nord, exprime cette puissante dynamique qui traverse pour l'exorciser les anciens territoires de la domination occidentale.

Pour l'heure, ce phénomène en passe de produire des majorités parlementaires reste le plus souvent perçu en Occident comme relevant de « déviances » et autres impasses sociales ou politiques. Le discours appliqué à nos « intégristes » d'aujourd'hui, nouvelle version de nos « mauvais Arabes » nationalistes d'hier, ressemble à s'y méprendre à celui qui servit à décrire tous ceux que — sans plus de nuances — on qualifia longtemps de « fellaghas ». « Le plus gros de ses troupes, le FIS l'a recruté dans le vaste monde des marginaux », nous a t-on ainsi « expliqué[4] ». Est-ce si sûr ? Sinon, quelles sont les racines de cette difficulté récurrente à prendre la juste mesure des mutations de notre environnement ?

Deux épisodes emblématiques ont jalonné l'irruption du phénomène islamiste dans la conscience occidentale. Tous deux ont mis en scène la mort — physique ou politique — de leaders du tiers monde que leur comportement sur la scène internationale (plus que leurs pratiques politiques internes, sur lesquelles le regard occidental s'est montré beaucoup moins exigeant) avait fait percevoir comme les plus proches de nos références et de notre sensibilité. Sur les plaies encore douloureuses des déchirures nationalistes, Rezah Pahlavi, le chah d'Iran et Anouar el-Sadate, président de la République égyptienne, paraissaient, plus que leurs homologues du Sud, disposés à verser le baume du « rapprochement » et de la « compréhension ». Très significativement, tous deux avaient d'ailleurs cherché, l'un chez les Achéménides, l'autre chez les Pharaons, à asseoir leur légitimité par-delà la référence islamique, dans des civilisations bien trop anciennes pour que l'écho de confrontations avec la mémoire « chrétienne » ou « occidentale » puisse être présent dans la conscience collective.

Après les tempêtes des « nationalisations », au terme de coupables rapprochements avec nos ennemis communistes d'alors, le tiers monde remuant semblait par la grâce de ces nouveaux médiateurs, et le sourire de leurs épouses sur tant de couvertures de nos magazines, incarner l'espoir de la

4. « Le plus gros de ses troupes, le FIS l'a recruté dans le vaste monde des marginaux qui n'ont rien à perdre à lui donner ses chances, qui sont prêts à courir tous les risques » (Jacques DE BARRIN, « D'un totalitarisme à l'autre », *Le Monde*, 31 décembre 1991).

connivence retrouvée. Au prosoviétique qui avait nationalisé le canal de « notre » Ferdinand de Lesseps, grand ennemi de surcroît de notre allié israélien, succédait en la personne d'Anouar el-Sadate un entrepreneur libéral et pacifiste, consacré en 1977 « homme de l'année » par le premier magazine d'outre-Atlantique. En Iran, un actif partisan de la « révolution blanche » et de la culture industrielle avait remplacé un contestataire impertinent de l'ordre pétrolier américain. Sadate et le chah d'Iran furent sans doute en leur temps — et ce n'est pas bien sûr un hasard — les chefs d'État du tiers monde auxquels le public européen fut le plus attaché.

Après le renversement de Rezah Pahlavi en 1979, la dérive radicale de la première expression étatique de l'islamisme a rapidement occulté la signification de cette rupture : la coupure iranienne à l'égard des référents de la culture politique occidentale ne fit l'objet en Occident que d'une lecture unilatérale, qui refusa de prendre en compte tout ce que — « bon » ou « mauvais » — elle pouvait comporter de symbolique. Or, pour des millions d'individus, cet événement marquant l'aube du XVe siècle de l'Hégire (1979) a acquis aujourd'hui une autre dimension : celle d'un dépassement de ce que la prétention hégémonique de la culture occidentale pouvait avoir d'inhibant pour une civilisation qui ne l'avait pas produite.

Deux ans plus tard, en 1981, l'assassinat d'un nouveau chef d'État familier de nos écrans (qui avait eu de surcroît le courage d'accueillir ce chah déchu qu'aucun de ses anciens alliés occidentaux n'osait plus reconnaître) est venu parfaire une première impression déjà bien ancrée. Dans un contexte favorable à toutes les réductions, les premières observations académiques dont l'impact a dépassé le petit cercle des spécialistes ne vont pas produire de réelle rupture. Elles proposent alors une grille de lecture remarquablement adaptée à son objet d'analyse : l'expression radicale, dans un terroir social très fruste, de la poussée d'un courant politique. La thèse qui devient la référence médiatique de la scène orientaliste française [5] remplit fort bien son rôle d'introduction à l'expression révolutionnaire d'une partie du courant islamiste égyptien. Qu'elle s'impose dans les médias au détriment d'autres approches [6] ne tient pas

5. Gilles KEPEL, *Le Prophète et Pharaon*, La Découverte, Paris, 1984 (nouvelle édition : Le Seuil, Paris, 1994).

6. Au détriment notamment de deux productions « locales » dont l'approche est

tant à ses qualités — réelles au demeurant — ou à ses limites objectives qu'au fait qu'elle ne perturbe pas outre mesure l'attente inconsciente de l'opinion. Si le « Pharaon » Sadate, comme le nommaient ses ennemis, va être assez vite enterré, ses assassins et leur système de références vont en revanche perdurer comme clé d'explication du phénomène islamiste tout entier.

Depuis lors, pour l'essentiel, le regard occidental s'en est tenu là : au rang des épouvantails, l'islamisme a pris la place qu'avaient avant lui occupée les artisans des indépendances politiques et des luttes nationales. Et il ne l'a plus quittée. Il est devenu de plus en plus difficile de parler d'islamisme ailleurs que sur le cercueil d'un chef d'État — de préférence « sympathique » et « modernisateur » — assassiné par de vilains barbus. Lorsque, dix ans plus tard, G. Kepel relit son *Prophète et Pharaon* pour lui donner le souffle d'une nouvelle édition, il croit pouvoir trouver en la personne de Mohammed Boudiaf un successeur à Anouar el-Sadate et dans son assassinat la confirmation du seul paradigme de la « violence islamiste [7] ». Peut-on pourtant ignorer alors que le président algérien, « parti à la bataille en croyant que l'on pouvait s'y passer de l'armée [8] », est mort à l'initiative de ceux-là mêmes qui l'avaient porté au pouvoir ? Est-il tout autant possible de méconnaître la profondeur des dynamiques qui ont traversé le mouvement islamiste mondial entre l'assassinat de Sadate (6 octobre 1981) et celui de Boudiaf (30 juin 1992) ? Il faut croire que oui. Un islamiste, c'est donc bien quelqu'un qui prend des *fatwa* permettant de recourir au *Jihad* [9] et

sensiblement différente. Celle d'Olivier ROY d'abord, qui du fond de son Afghanistan (*L'Afghanistan, islam et modernité politique*, Le Seuil, Paris, 1985) nous apporte, en esquissant la problématique de la « réappropriation culturelle », une réelle percée théorique. Celle d'Olivier CARRÉ ensuite, qui fut, lors de la parution de ses *Radicalismes islamiques* (L'Harmattan, Paris, 1985, codirigé par Paul DUMONT), l'un des premiers à sortir la perception de l'islamisme moderne de l'ornière « pathologique » dominante. Carré assumait clairement alors l'idée que la dynamique de réislamisation n'était pas réductible à sa façade « réactionnaire » et donc pas *a priori* intrinsèquement négative. A l'extrême opposé, Gilles KEPEL traitera longtemps l'entier processus de réislamisation sur l'unique registre de l'« impasse » où vont se fourvoyer les « victimes » arabes de la « modernisation » (*cf.* notamment « Impasses arabes », *Le Monde*, mars 1991), thèse qui a jusqu'à ce jour la faveur du grand public. L'autre figure marquante de la scène orientaliste est Bruno ÉTIENNE, dont le rôle est toutefois différent, les analyses de *L'Islamisme radical* (Hachette, Paris, 1986) se laissant plus difficilement enfermer dans le moule d'une thèse unique.

7. Gilles KEPEL, *op. cit.*, nouvelle édition.

8. Selon l'expression d'un haut fonctionnaire algérien quelques mois après les faits (entretien avec l'auteur, décembre 1992).

9. *Cf.* Baudouin DUPRET, « Qualifier, disqualifier : de la fonction des mots dans

d'assassiner les présidents les plus sympathiques après les avoir déclarés « impies ». Le message, qui était simple, a été retenu. Et il n'a pas changé.

A ce premier filtre opacifiant s'est ajouté celui que les régimes arabes pro-occidentaux ont eux-mêmes placé entre la transformation du champ politique de leur pays et les observateurs étrangers. Dans un environnement non démocratique, et donc peu propice à la communication, les messages venus du fond des sociétés musulmanes n'ont longtemps passé la rampe des médias qu'à la condition d'être convertis en informations pathologiques. Les craquements dans l'assise des régimes « amis » de l'Occident ne lui sont parvenus que par l'écho déformé de la répression qu'ils exerçaient contre leurs opposants islamistes. En terre arabe, la diabolisation systématique de l'islam oppositionnel et la tentative de criminaliser chacune de ses manifestations sont en partie atténuées par l'image que les militants islamistes donnent d'eux-mêmes dans les mosquées, les associations et le mouvement syndical. Mais en Occident, la reproduction du discours de régimes aux abois tend de plus en plus à se substituer à l'analyse. Estampillée par une violence dont on s'apercevra un jour qu'elle fut plus souvent exercée par les régimes que contre eux, l'écume extrémiste de la mobilisation islamiste s'est donc naturellement imposée comme l'unique grille de lecture d'un phénomène qui était pourtant fort loin de lui être réductible.

Lorsque, le 5 juin 1989, Khomeyni est inhumé, ceux qui ont le privilège d'assister à la cérémonie sont formels : l'immense terre-plein sur lequel est exposé le cercueil est parcouru par une foule aussi dense qu'amorphe, écrasée de chaleur et de tristesse, que les pompiers de Téhéran ont pris l'initiative d'arroser pour limiter les risques d'insolation. Hormis cette diversion, seul, là-bas, un îlot humain s'agite. Sur un container, deux équipes de télévision ont trouvé refuge. Une fois encore, la prestidigitation entre en œuvre : l'objectif appelle, réclame, provoque. Qui filme ? Le régime ou l'étranger ? Qu'importe, dans les deux cas on ne saurait montrer, en si tragique circonstance, un visage d'un calme ambigu. Dans un rayon de quelques dizaines de mètres, les corps échauffés s'animent et, la fatigue aidant, l'excitation s'empare du petit

---

le discours sur l'Autre arabo-musulman », Espace arabesque (éd.), *La Peur et la séduction : l'autre dans l'imaginaire occidental et arabo-musulman*, Sabir, Bruxelles, 1992, p. 64-73.

groupe. Un zoom opportun permet tout à la fois de grossir les grimaces et de les isoler du reste de la foule, émue sans doute mais néanmoins parfaitement étrangère à cette hystérie de commande. Quel monteur résistera ensuite au plaisir de sélectionner de si belles images ? Quel directeur de rédaction courra le risque d'en laisser le privilège à une chaîne concurrente ?

S'agit-il de l'Algérie de 1990, où les Kalachnikov n'ont alors pas cours ? Qu'à cela ne tienne : quelques fusils chiito-libanais peuvent bien servir à « expliquer » l'islamisme algérois [10]. Quelques mois plus tôt, au lendemain de la victoire électorale du FIS aux élections locales, on cherchait avec angoisse, dans les couloirs de l'hôtel Saint-Georges à Alger « une femme qui a peur » : l'oiseau rare (plus que prévu, c'est bien là que le bât blesse) risquait de ne pas arriver « pour le 20 heures, coco ! ».

Et le système, grand consommateur de certitudes, broie les velléités de contre-regard. A 20 heures, en images, comment dit-on « nuance » ? Dans un (très long) sujet de deux minutes, comment dit-on Histoire ?

Le prisme déformant du regard extérieur

Pour communiquer avec un interlocuteur quel qu'il soit, on ne s'adresse pas à ses voisins et encore moins à ses ennemis, mais plus efficacement à lui-même et de préférence à sa tête plutôt qu'à ses pieds. Pourquoi, en matière d'islamisme, en est-il si souvent autrement ?

L'itinéraire de l'observateur étranger venu au Caire « comprendre l'islamisme » passe ainsi avec une régularité de métronome par un cocktail de médiateurs dont la proportion sinon le nombre est à peu près immuable : trois représentants du régime, car il faut bien connaître d'abord la version officielle. Trois chrétiens ensuite — ne sont-ils pas directement concernés ? Trois intellectuels de gauche enfin. A ces figures, souvent prestigieuses, de la classe politique arabe, tant de souvenirs complices ne nous unissent-ils pas ? Les plus intrépides s'organiseront enfin le frisson de la rencontre avec… un « islamiste [11] ». Les exigences du pluralisme sont ainsi respectées,

10. Une grande chaîne de télévision française s'est servi, en 1990, d'images d'archives du Liban pour illustrer une marche pacifique du FIS dans le centre d'Alger.

11. Les autorités égyptiennes ne s'y tromperont pas, qui, en juillet 1994, expul-

laissant le visiteur convaincu d'avoir construit sa connaissance sur un « large échantillon » de perceptions.

Il n'aura pourtant pris contact qu'avec trois grandes catégories d'adversaires politiques des islamistes et trois grandes catégories de discours disponibles pour les discréditer. Mais il partira surtout sans se douter que — en forçant à peine le trait — les neuf premiers dixièmes de son échantillon ne représentent vraisemblablement qu'un gros dixième de la population politique ; et qu'il n'est pas impensable que l'interlocuteur islamiste en représente pour sa part (très mal d'ailleurs) pas loin de 90 %. Que de pièges accumulés... !

En 1992, la crise algérienne verra cette distorsion médiatique portée à un degré jamais atteint. En quelques mois, science de la désinformation du côté algérien, naïveté et volonté politique du côté français se conjugueront pour permettre à une poignée de professionnels de la communication d'acquérir sur les écrans de nos télévisions un quasi-monopole de représentation de la population algérienne. Il faudra encore de longs mois pour qu'une partie de l'opinion commence à prendre conscience de l'ampleur de ce « Timisoara »-là.

Lorsque le contact parvient à s'établir plus directement avec les acteurs de l'islamisme, ils sont en général moins choisis en fonction de leur talent de communicateurs que de l'exotisme de leur apparence vestimentaire ou du radicalisme de leur discours. Devant le doigt islamiste montrant la lune, l'Occident préfère ne regarder que le doigt. Le littéralisme du plus radical des leaders du FIS algérien, Ali Benhadj, est ainsi plus prisé que la hauteur de vue de l'ingénieur Malek Bennabi, pourtant l'une de ses premières références intellectuelles. De même, on ne va plus voir tel porte-parole des Frères musulmans égyptiens à Assiout : il est « trop poli pour être honnête ». Et quand le dirigeant du FIS Abbassi Madani déclare qu'il considère le « choix de la langue d'éducation des enfants » comme « sacré » et appartenant tout entier à leurs parents, qu'il a lui-même fait élever ses enfants en langue française et qu'il lui paraît inconcevable de toucher à cette liberté essentielle [12], les dépêches de toutes les agences présentes s'en tiendront à la dénonciation ironique du fait que les enfants du

seront Ali Ben Si Ali : ce jeune journaliste algérien s'était fait la spécialité de faciliter les contacts des envoyés spéciaux de la presse étrangère avec un éventail d'interlocuteurs, notamment islamistes, éventail dangereusement diversifié aux yeux du régime.

12. Conférence de presse au siège du FIS, Alger, 14 juin 1990.

chantre de l'arabo-islamisme ont fait une partie de leur scolarité en langue étrangère. Les expressions les moins « répulsives » de l'islamisme seront ainsi systématiquement ignorées au profit des expressions jugées plus « authentiques » et surtout plus proches des attentes inconscientes de l'opinion.

Lorsque nous braquons nos caméras dans les villages de Haute-Égypte pour éclairer les écrans de nos salons de France, l'essentiel de la distance qui nous sépare de l'émetteur est pourtant sociale et culturelle avant d'être à proprement parler « politique ». Or, quand elles prétendent rendre compte de l'essence du mouvement islamiste, les télévisions préfèrent le plus souvent s'adresser aux marges les plus frustes de son support humain — paysan des recoins les plus conservateurs de la société égyptienne ou jeune banlieusard algérois expulsé de l'appareil scolaire —, sans prendre le temps de les resituer dans le contexte social et culturel dont ils sont le produit. La Cinq, ex-chaîne de télévision française, s'aventurait ainsi souvent au fond des bistrots de Marseille pour prendre le pouls des « partisans du FIS » : comme si une télévision arabe, pour informer ses auditeurs sur la vision de l'islam d'une grande formation politique française, choisissait de diffuser à une heure de grande écoute les propos enregistrés, à l'heure de l'apéritif, au fond de l'un de nos bistrots de banlieue. Les porte-parole autorisés des mouvements, capables d'atténuer ces distances, seront souvent jugés trop « diplomatiques » et disqualifiés lorsqu'ils ne correspondent pas à l'image qu'on attend d'eux.

L'exotisme est ainsi garanti. Mais la valeur de l'observation, qui conduit inconsciemment le téléspectateur à extrapoler une expression circonstancielle du phénomène à son essence, l'est peut-être moins. Le niveau d'altérité, déjà considérable du seul fait de la distance séparant les milieux culturels, est artificiellement amplifié. Le radicalisme des thèses de la branche la plus rurale du mouvement islamiste égyptien (la Gemaa Islamiyya, implantée surtout en Haute-Égypte) ou les manières frustes de ses militants ne peuvent pourtant s'expliquer *in abstracto*. La réserve naturelle de ces hommes devant les pratiques cairotes en matière de mixité serait par exemple largement partagée par des militants « laïques » aussi brutalement extraits d'un même terroir rural.

Mais les distorsions n'affectent pas que le regard audiovisuel et ses écrasantes exigences de brièveté. Et elles ne sont pas toutes inconscientes. Dans une grande revue illustrée friande de géopolitique, où l'auteur de ces lignes était prié de donner le tempo de la mobilisation islamiste en Égypte, audessus d'une demi-page blanche, prouvant que le manque de place n'était pas en cause, l'article a été purement et simplement amputé de toute référence à la répression. Et affublé, pour faire bonne mesure, d'une photographie de l'hôtel Sheraton détruit en 1990 par l'imprudence de l'un de ses serveurs sous la légende : « Les attentats sont aussi une façon de frapper l'opinion : témoin cet incendie meurtrier (19 morts) qui a détruit, le 17 mars 1990, l'hôtel Sheraton Heliopolis du Caire. » L'éditorial de ce « numéro spécial sur l'Égypte » chantait pourtant les louanges de... la « force irremplaçable du sacré ». Mais il s'agissait du « bon » sacré... pharaonique, sur lequel l'éditorialiste avait eu besoin de prendre appui pour mieux décrier les viles ambitions politiques de l'« islam intolérant ».

Si, de retour de Khartoum, l'envoyée spéciale d'une grande agence de presse conclut (en mai 1992) que le Soudan d'Omar al-Bachir et de Hassan Tourabi a peut-être hérité d'une équipe de dirigeants moins corrompus que leurs prédécesseurs, ses lecteurs n'en sauront jamais rien : sa dépêche, à deux reprises, sera amputée d'une telle incongruité. Qu'un de ses confrères ne trouve pas trace des milliers d'Iraniens que son magazine lui demande de traquer au Soudan ? Ledit magazine s'abstiendra non seulement de livrer ces conclusions si peu commerciales mais tout autant de publier quoi que ce soit d'autre (forcément plus nuancé) sur le pays où il a dépêché son envoyé spécial en quête... d'« information ». L'esprit d'une note de conjoncture économique, rédigée pour un bureau d'études français, sera dans le même ordre d'idée copieusement dénaturé avant d'être transmis à ses destinataires : la dimension confessionnelle des clivages politiques sera érigée unilatéralement en axe unique de lecture de la réalité soudanaise [13], et

13. La présence d'une communauté chrétienne représentant 8 % à 10 % de la population tend pernicieusement à déterminer l'entière lecture de la guerre civile en cours en lui conférant une dimension presque exclusivement confessionnelle qu'elle est en fait bien loin d'avoir : la relance du conflit a résulté en 1983 non point tant d'une résistance du « Sud chrétien » à l'islamisation des lois (intervenue *ultérieurement*) que d'un différend sur la maîtrise des ressources en hydrocarbures. Pourtant, la représentation du conflit du Sud n'est transmise à l'opinion occidentale qu'après avoir été « confessionalisée » et inscrite dans la dichotomie d'un affrontement entre l'islam et la chrétienté. Dans le même temps, certaines formes de l'interventionnisme missionnaire, la propension du Sud à tirer parti de cette dichotomie simplificatrice pour mobiliser des aides étrangères, contribuent chaque jour davantage à donner au facteur confessionnel une importance qu'il était loin d'avoir initialement.

toute réserve sur l'implication du régime d'Omar al-Bachir dans le « terrorisme international » sera supprimée.

Pourquoi nos observateurs politiques, si terriblement sourcilleux devant les urnes lorsqu'elles consacrent le FIS, sont-ils si étonnamment myopes lorsqu'elles plébiscitent Zine al-Abidine Ben Ali ou Hosni Moubarak ? Par quelle pernicieuse alchimie nos grands médiateurs doivent-ils régresser, lorsqu'il s'agit d'évoquer les méthodes répressives du chef de l'État tunisien [14] ou de son homologue égyptien [15], vers un système d'information dont même l'URSS — *perestroïka* oblige — avait réussi à sortir ?

Cette difficulté du « Nord » à mesurer les changements de son environnement arabe appelle moins une dénonciation qu'une explication. Il est souvent de bon ton, au sein de la scène académique, de stigmatiser la barrière qui séparerait les « savants », « qui savent », des journalistes qui n'auraient pas ce privilège. Outre qu'elle présuppose un cloisonnement qui — c'est une bonne chose — est loin d'être aussi tranché, cette distinction tend à masquer une réalité beaucoup plus alarmante : le fait qu'un profond « différentiel de connaissance » affecte tous les niveaux de la relation entre le nord et le sud de la Méditerranée et non l'un d'entre eux seulement. Au-delà des contraintes propres à l'information télévisée, l'incapacité des médias de masse à sortir de l'ornière du sensationnalisme révèle la fragilité plus structurelle du potentiel de connaissance médiatique — mais aussi politique et académique — du Nord à l'égard du Sud. Dans les années quatre-vingt, si l'on prend en compte le critère essentiel de la maîtrise de la langue, le nombre des politologues français spécialisés sur le monde arabe n'est pas moins squelettique que celui des diplomates. Et le nombre de ces diplomates capables de manier des sources arabes écrites n'est sans doute pas très supérieur à celui des journalistes, y compris spécialisés, qui est très proche de celui des hommes d'affaires ou des banquiers, etc.

---

14. *Cf.* Ahmed MANAÏ, *Supplice tunisien*, La Découverte, Paris, 1995.

15. Dont le pays vit depuis 1967 sous le régime de la loi d'exception, ce qui n'a pas empêché le président du Sénat français de venir en 1990, entre deux tours d'élections législatives boycottées par la quasi-totalité de l'opposition, lui remettre solennellement un prix Louise-Michel au titre de son action « au service de la démocratie et des droits de l'homme ». Lors de son élection en 1993 à un troisième mandat présidentiel (selon la formule du candidat unique), aucun grand organe d'information français n'a osé donner clairement une évaluation du taux de participation, placé à 84 % par les sources officielles et très vraisemblablement proche de 5 % ou de 7 % comme seule l'agence Reuter l'a indiqué.

Ce prix que paye aujourd'hui le Nord n'est autre, on le sait, que le revers de l'efficacité de sa politique coloniale. Entre 1960 et 1980, l'Hexagone, grisé par l'efficacité de sa politique d'acculturation des élites arabes, accaparé aussi par la seule dimension économique des enjeux Nord-Sud, a laissé se réduire jusqu'à la marginalité le nombre de ses possibles lecteurs des réalités culturelles du sud de la Méditerranée. De ce fait, à l'heure où cette région du monde éprouve le besoin de renouer avec les attributs mythiques de sa culture précoloniale, l'immense majorité de ses interlocuteurs occidentaux, privés d'ancrage linguistique, tend à percevoir sur le registre du fantasme cette volonté de lui (re)devenir... (symboliquement) étranger.

La réception du discours islamiste a provoqué ainsi dans le Landerneau politique français le même dangereux unanimisme qu'en d'autres temps celle du discours nationaliste. A cela près toutefois que les individualités qui avaient dans les années cinquante et soixante entamé le front colonialiste sont aujourd'hui singulièrement moins nombreuses. D'autant que ceux qui avaient, au temps de la guerre d'Algérie, fait preuve de disponibilité intellectuelle et politique face à la poussée nationaliste sont trop souvent demeurés convaincus qu'ayant évolué une fois « du bon côté de l'histoire » ils en ont repéré définitivement, en la personne des élites nées de cette période, les seuls acteurs légitimes.

Sur l'islam, le tiers monde et les Arabes, la droite a trouvé dans l'épouvantail islamiste la caution de quelques vieilles certitudes. En principe plus encline à accepter la naissance d'un « Autre », la gauche a fait pour sa part plus spectaculairement défaut. Capable de reconnaître les Arabes, les musulmans vont en revanche lui faire perdre ses repères et sa capacité à rationaliser. L'anticléricalisme va servir d'unique guide de lecture d'un phénomène dont la composante religieuse sera seule perçue. Retranchée derrière le rempart de son attachement sourcilleux (intégriste ?) aux symboles de « sa » laïcité, la gauche va se montrer incapable d'admettre que l'universalisme de la pensée républicaine puisse être remis en cause et que quelque part, quelqu'un ose un jour tenter d'écrire un morceau d'histoire dans un vocabulaire autre que celui qu'elle a forgé.

Comme c'est précisément de la rupture avec la terminologie politique occidentale que se nourrit la recette islamiste, le champ des possibles malentendus est particulièrement vaste. Et s'efforce-t-on de le résorber que la surenchère des intégrismes de tous bords — au Sud comme au Nord — se charge d'en repousser les limites.

Les effets et les causes

Selon le relief que traverse une rivière, montagneux et accidenté ou au contraire plat et dégagé, son tracé, le bruit qu'elle fait, son impact sur l'environnement varient du tout au tout. Se risquerait-on à tirer des conclusions définitives sur la « nature » de l'eau face au seul niveau sonore qu'elle produit en dévalant un défilé rocheux ? Que dire dès lors de celui qui, en sciences sociales, construirait la perception d'un phénomène complexe sur d'aussi fragiles déductions ? Trop souvent, on érige pourtant en « essence explicative » de la mobilisation islamiste des traits propres à l'environnement social ou à la conjoncture politique qu'elle traverse. On a confondu souvent conjoncture et structure, « essence » et circonstance, effet et cause.

A l'origine de ce dérapage méthodologique réside la ségrégation opérée entre l'unicité apparente des références islamiques et l'extrême diversité de ceux qui s'en réclament. Tout autant que d'un hypothétique « absolu » d'origine céleste, les réponses que donnent les textes sacrés dépendent en effet de la personnalité de ceux qui les interrogent et de l'attitude de l'environnement politique à leur égard. Le fait que les références religieuses soient autoproclamées (de l'intérieur) ou trop vite considérées (de l'extérieur) comme intangibles et intemporelles accroît il est vrai l'épaisseur du malentendu. Mais l'unicité apparente des références n'a jamais empêché la pluralité des lectures, l'islam étant avant tout ce que la majorité des musulmans disent qu'il est. Dans la réalité, ce sont donc les individualités islamistes qui « font » l'islamisme, bien davantage que l'inverse. Bien plus que les slogans qui lui servent aujourd'hui d'emblème, c'est donc son substrat humain qui conditionne ses modes d'expression politique. Or ce substrat humain est extrêmement *diversifié*. Et il est de surcroît traversé, du fait des politiques de développement, de *constantes dynamiques de transformations*.

La résurgence des catégories de la culture islamique ne nourrit donc pas *une* mais *une infinie variété* d'attitudes politiques, non point *une* mais *mille et une* manières d'être islamiste. Lorsqu'on extrait ainsi les « remous » de la rivière islamiste du contexte qui les déclenche, on se prive donc de comprendre que quelques kilomètres plus bas, ou quelques années plus tard, dans un autre relief social ou dans une autre conjoncture politique, la même rivière a toutes les chances de se transformer en mode d'irrigation ou de transport, la même mobilisation en mode d'intégration, voire en facteur de modernisation. Selon la nature du terroir social qu'elle traverse, des forces politiques qui se l'approprient, mais aussi de la réaction des régimes à son égard, la poussée islamiste s'exprime sur une multitude de registres et à travers des modes d'action profondément différenciés, dont aucun ne saurait constituer une clé de lecture unique et intemporelle.

La violence de la rhétorique de l'Égyptien Sayyed Qutb (1906-1966), qui a attendu en prison — sous la torture — l'élimination de la plupart de ses compagnons avant de finir lui-même pendu au terme d'un simulacre de procès, est avant tout le résultat de la férocité de l'État nassérien à son égard : celle-ci a durci ses analyses jusqu'au rejet excommunicateur de ses bourreaux d'abord, de ceux qui les soutenaient ensuite, puis de la quasi-totalité de ses semblables. Sans tenir compte du fait que l'association des Frères musulmans dont il était membre avait eu, avant de connaître cette brutale répression, des positions bien différentes, on persiste aujourd'hui à voir l'alpha et l'oméga de la pensée islamiste dans ce qui ne fut en fait qu'une posture réactionnelle, circonscrite dans le temps et dans l'espace.

Au cours des années quatre-vingt-dix, le fait que la répression ait pris un peu partout dans le monde arabe la place de l'ouverture politique explique une large part de l'irrésistible radicalisation des mouvements islamistes. Bien davantage qu'« islamique », la violence du FIS est ainsi avant tout le produit de l'acharnement des militaires algériens à se maintenir au pouvoir et de l'aveuglement des Occidentaux qui l'aident à le faire. Pas plus que les déchirements de la sanglante guerre de succession algérienne, les violences confessionnelles qui embrasent régulièrement les rives du Nil ne sauraient donc servir de matrice à la construction d'un « modèle islamiste » universel et intangible. Formidable erreur que celle qui conduirait à oublier que les « briseurs de bouteilles » (d'alcool) de la Gemaa Islamiyya égyptienne sont avant tout le produit de l'environnement social et de la conjoncture politique de la Haute-Égypte semi-rurale des années soixante-dix et quatre-vingt où ils sont nés et dont, hormis par la grâce imprudente de certains de leurs analystes, ils ne sont jamais parvenus à sortir. Rien ne permet d'extrapoler leur univers de référence et leurs modes d'expression et d'action et de les ériger en un « universel » islamiste aussi intemporel que les sourates du livre révélé.

Les oubliés de la croissance ?

Les effets « adjuvants » ou accélérateurs de la poussée islamiste ont trop souvent été érigés au rang d'essence du phénomène. Les islamistes naissent-ils de la seule dégradation des économies arabes ? Ne sont-ils que ces « laissés-pour-compte du développement », ces produits du « croisement des courbes du chômage avec celles de l'inflation » qu'a si longtemps voulu y voir le regard extérieur ?

Il n'est certes pas impensable, tant s'en faut, que les frustrations identitaires se soient manifestées plus rapidement dans l'univers déstructuré de ceux qui ont souffert des effets perturbants de la modernisation avant d'en connaître les effets intégrateurs : les « mal modernisés », les « mal urbanisés » des classes moyennes, ceux que le cadre bâti urbain a projetés dans un univers en rupture brutale avec les espaces de socialisation antérieurs, à qui l'on a donné la télévision avant de leur garantir l'accès à une partie au moins de ce qu'elle montrait, etc.

Les turbulences nées des politiques d'« ajustement structurel » et de privatisation auxquelles se plient depuis plusieurs années les économies arabes pour obtenir ou conserver les faveurs du FMI et de la Banque mondiale, la dégradation qui en a résulté pour le pouvoir d'achat d'une large majorité de la population, les limites structurelles des politiques publiques (équipement, logement, santé, éducation, emploi notamment) et l'incurie administrative qui les aggrave, la flambée démographique enfin, qui sape l'impact du moindre des progrès réalisés, maintiennent des millions d'habitants des banlieues urbaines du Caire ou de Casablanca à la frontière du « quart monde », et dans un état « prémoderne » leurs millions de cousins de la campagne. C'est cette perte de statut social — plus d'ailleurs que simplement économique — résultant de la crise de l'État rentier providence qui facilite l'émergence des demandes identitaires : qui suis-je, moi à qui l'on ne reconnaît pas le droit d'exister par le travail ?

La poussée islamiste mobilise par ailleurs contre les élites des groupes sociaux éloignés du pouvoir. Or, lorsque le clientélisme est un trait marquant du régime, et que de surcroît l'économie est de nature rentière, l'éloignement du pouvoir se traduit par un moindre accès aux bénéfices de la redistribution. Il est donc vrai de dire qu'une différence de statut social sépare les élites « anti-islamistes » au pouvoir (identifiées parfois un peu vite aux « laïques ») des opposants (islamistes) qui les contestent et qu'un surcroît de pauvreté peut radicaliser cette contestation. On ne saurait donc nier qu'il y a une dimension « économique » dans le conflit qui oppose les « laïques » aux « islamistes », c'est-à-dire, pour une part au moins, ceux qui sont au pouvoir à ceux qui n'en ont pas encore bénéficié. Mais l'analyse n'en dérape pas moins dangereusement lorsqu'elle survalorise un clivage conjoncturel pour en faire, en liant l'émergence de la génération islamiste à la dégradation des économies arabes, la clé de lecture d'un processus essentiellement identitaire. La lecture économiste cautionne ainsi la vision fallacieuse selon laquelle on serait non seulement opposant mais... islamiste *parce que l'on est pauvre*, et on deviendrait non seulement légaliste mais également... « laïque » si on l'était moins.

La bonne santé sociale et professionnelle de pans entiers de la mouvance islamiste, et notamment des Frères musulmans égyptiens ou jordaniens, fort bien représentés dans les professions libérales, mais tout autant de l'aile technocratique du FIS, et l'adhésion de nombre de leaders aux exigences du système parlementaire soulignent les limites de ce syllogisme. Il est tout aussi erroné de croire que les luttes politiques entre régimes et oppositions ont aujourd'hui dans le monde arabe un arrière-plan idéologique (laïcisme contre islamisme) tranché. En fait, la défense des privilèges acquis par les *nomenklatura* au pouvoir tend de plus en plus à se substituer à toute idéologie. Les régimes n'hésitent d'ailleurs jamais, par « téléprédicateurs » ou par oulémas interposés, à mobiliser eux-mêmes les ressources de la religion et à le faire dans un sens qui n'est pas nécessairement plus « moderniste » ou plus « libéral » que leurs opposants.

La lecture économiste de la poussée islamiste renoue avec un type d'erreur proche de celle des Français convaincus que le « plan de Constantine » lancé en 1958 par le général de Gaulle pourrait affaiblir la poussée nationaliste algérienne. Cette méprise n'en alimente pas moins quotidiennement aujourd'hui la rhétorique des régimes arabes et plus dangereusement — pour l'analyse — celle d'une large majorité d'observateurs internationaux qui rêvent ici et là d'obtenir par le seul biais du relèvement de la croissance des économies arabes l'éloignement du « spectre islamiste ».

Le refus par chacun des régimes arabes de reconnaître le caractère profondément endogène de la poussée islamiste les conduit enfin assez systématiquement, et leurs alliés avec eux, à attribuer un rôle excessif aux interventions de leurs voisins. Ainsi, l'Algérie a longtemps voulu voir dans les premières agitations islamistes la main de... Sadate. N'est-ce pas lui qui, ayant libéré les Frères musulmans des prisons où Nasser les avait enfermés, en avait imprudemment inondé le marché arabe de l'emploi, permettant à quelques-uns d'entre eux de venir « contaminer » une université algérienne que l'ouverture des filières arabophones poussait alors à importer la majeure partie de ses enseignants [16] ?

De même, en Égypte, lorsque ce n'est pas la « confrontation des musulmans avec les coptes » qui a produit l'islamisme [17], c'est l'immigration vers l'Arabie Saoudite, à qui ses pétrodollars permettent d'« imposer son modèle wahabite », et où les enseignants égyptiens auraient pris la déplorable habitude de voir les femmes porter *hijab*. C'est le Pakistan qui aurait exporté les idées du père fondateur de l'islamisme Abou 'Ala al-Mawdudi [18] ou ses bataillons de prêcheurs *tablighis* [19]. Le pauvre Liban ? Il est si proche de l'Iran, qui lui a imposé son Hezbollah ! Et la Palestine pas assez distante de ce Liban contaminé ! La Tunisie : elle paie le prix de sa frontière commune avec cette Algérie qui n'a pas réprimé assez tôt le

16. Cette thèse est pourtant doublement insuffisante : globalement parce qu'elle conduit à occulter les causes internes de la poussée islamiste ; circonstanciellement parce qu'elle conduit à penser que le phénomène est apparu au sein des filières arabophones, ce qui est très loin d'être exact. Les conditions déplorables de la mise en œuvre de la politique d'arabisation universitaire portent en revanche la responsabilité du déficit de formation de toute une génération d'étudiants. Mais on pourrait tout aussi bien avancer l'idée que l'abandon de toute politique d'arabisation aurait accru le volume des demandes « identitaires » dont les islamistes ont aujourd'hui entrepris avec succès l'exploitation politique.

17. *Cf.* par exemple Nadia RAMSIS FARAH (*Religious Strike in Egypt : Crisis and Ideological Conflict in the Seventies*, Gordon and Breach, Montreux, 1986), pour qui, s'il y a des islamistes, c'est en quelque sorte parce qu'il y a des coptes.

18. Penseur pakistanais considéré comme l'un des pères fondateurs de l'islam politique contemporain.

19. Littéralement, « ceux qui transmettent ». Les membres de la Jamaat al-tabligh, née au Pakistan dans les années vingt, sillonnent depuis lors le monde musulman pour y mobiliser les croyants sur un mode strictement piétiste (*cf.* notamment Gilles KEPEL, *Les Banlieues de l'islam*, Le Seuil, Paris, 1987, p. 179 *sq.*).

FIS ! Qu'importe que la crise du Golfe ait vu l'immense majorité du camp islamiste soutenir l'ennemi irakien de Riyad, attestant ainsi de manière éclatante les limites de l'autorité saoudienne sur le camp islamiste ! Qu'importe que le régime corrompu des « gardiens des lieux saints de l'islam » soit aujourd'hui sur la liste noire de bon nombre de mouvements islamistes : l'Arabie Saoudite, dont l'influence financière ne saurait certes être méconnue, est inusablement érigée au rang de chef d'orchestre de l'islamisme mondial, rôle que les princes saoudiens ont peut-être bien rêvé de jouer mais qui ne correspond aujourd'hui à aucune réalité.

D'autres grands sorciers de l'islamisme seraient ces chefs d'État qui, peu au fait du danger qu'il y avait à « jouer avec le feu », auraient commis l'erreur coupable de n'avoir pas immédiatement combattu le mal. Les gauches arabes n'en finissent pas de nous expliquer, à grand renfort de révélations historiques, que les islamistes sont nés des imprudences de ces présidents insouciants qui voulaient alors se débarrasser de leurs bruyants marxistes. Bourguiba ou Sadate, responsables d'avoir, pour contrer leurs opposants de gauche, « encouragé les islamistes », ce qui dans une certaine mesure est tout à fait exact, deviennent ainsi « responsables » de la dynamique islamiste tout entière, ce qui est parfaitement hors de propos.

En ne saisissant du processus de réislamisation que les avatars négatifs d'une « erreur de conduite politique » pour les uns, d'une « crise économique » pour les autres, d'une « conjoncture répressive » enfin, ou d'une « manipulation étrangère » (saoudienne ou iranienne un jour, mais aussi, pour les moins scrupuleux, américaine), la réflexion néglige les ingrédients essentiels d'une mobilisation politique que sont le pluriel, l'ambivalence, l'historicité et les dynamiques. Elle se prive d'autant de clés de lecture pour en décrypter la logique complexe. Et elle court ce faisant le risque de se retrouver dans une double impasse : méthodologique pour ceux qui font des analyses, politique pour ceux qui en nourrissent leurs décisions.

La recette islamiste, on va tenter maintenant de le montrer, est plus sophistiquée et, en tout état de cause, un peu mieux « équilibrée ».

2

Du nationalisme à l'islamisme

« Vous ne pouvez pas être sérieusement nationaliste si vous n'êtes pas tout à fait ouvert à l'islam. Car l'islam est l'identité même de cette nation. »

Adel Hussein

On naît « islamiste ». Ou bien on le devient. Les itinéraires de ces transitions ou de ces retours de l'univers de la laïcité vers celui de la pensée « religieuse », tels que les relatent ceux qui les ont vécus, révèlent parfois mieux que le discours analytique les déterminations, à la fois différentes et comparables d'un individu à l'autre, qui nourrissent la dynamique islamiste. Les lignes de rupture avec les autres appartenances idéologiques y sont explicitées. Les points de contact ou de convergence aussi.

Mais que l'on ne s'y méprenne pas : ni les Égyptiens Adel Hussein et Tareq al-Bishri, ni même le Tunisien Rached Ghannouchi ne sont nécessairement représentatifs du gros des troupes, jamais sorties du giron de la référence islamique. Mais c'est peut-être cette relative marginalité qui rend leur parcours plus révélateur. Là où le discours des islamistes « de toujours », quelquefois obscurci de traditionalisme, souvent moins rigoureux dans sa représentation du « repoussoir » laïque occidental, masque les lignes de force, le parcours des « convertis », même s'il n'est pas celui de la majorité des acteurs en présence, tend au contraire à les expliciter.

Lorsqu'en 1980 l'historien égyptien Tareq al-Bishri amorce dans l'introduction à la troisième édition de son ouvrage *Le*

Mouvement politique en Égypte [1] une spectaculaire relecture du système de références qui a jusqu'alors organisé sa réflexion, l'écho de cette démission de l'univers du nationalisme laïque dépasse à peine le sérail de l'*intelligentsia* égyptienne. Pour Bishri, en quelques années, « le combat n'est plus défini entre le "progrès et la "réaction" mais entre l'"endogène" et l'"exogène", l'"hérité" et l'"importé", le legs arabo-musulman et l'apport occidental [2] ». Redécouvert plus d'une décennie plus tard, l'itinéraire au terme duquel l'écrivain-juriste égyptien, vice-président du Conseil d'État, en est venu peu à peu à réfuter l'univers de sa culture laïque pour adhérer, à quelque réserve près, à celle de ses anciens ennemis politiques qu'étaient les Frères musulmans, illustre particulièrement bien comment, pour bon nombre d'intellectuels arabes, la thématique islamiste en vient irrésistiblement à concurrencer les catégories du discours nationaliste laïque.

L'itinéraire de Rached Ghannouchi, leader tunisien du Parti de la Renaissance (Ennahda, ex-Mouvement de la tendance islamique), comporte pour sa part un premier moment marqué de « tunisianité », puis une phase de transition (de l'arabisme laïque à l'islamisme) assez proche du modèle « universel » en la matière. Au commencement est le choc de la laïcisation et de la francisation linguistique volontaristes imposées par Habib Bourguiba au lendemain de l'indépendance nationale. En Tunisie comme ailleurs, ces politiques s'appliquent en rupture assez brutale avec les codes culturels d'une majorité de la population, élites comprises. Cette étape est comparable à d'autres situations arabes, mais elle est marquée d'un certain coefficient de spécificité : en Tunisie, la dimension linguistique de la tension identitaire est plus particulièrement explicite et plus précoce. C'est elle qui, dès l'indépendance, va alimenter cette « armée des vaincus de Bourguiba » que va évoquer Rached Ghannouchi. Elle n'a son strict équivalent ni dans la situation algérienne — où, pendant la période coloniale, la déculturation linguistique des élites a été bien plus complète —, ni dans celle des pays du Machreq — où elle l'était beaucoup

1. *Le Mouvement politique en Égypte*, Dar al-Chourouq, Le Caire, 1992 (en langue arabe).

2. Comme le note François MASSOULIÉ dans l'une des rares études en langue française de l'œuvre de l'écrivain égyptien (*Tareq al-Bishri : un intellectuel égyptien et sa problématique*, mémoire de maîtrise d'histoire sous la direction de D. Chevallier, Paris, 1987) ; voir aussi Léonard BINDER, *Islamic Liberalism, a Critique of Development Ideologies*, Chicago University Press, Chicago, 1988.

moins —, non plus d'ailleurs qu'au Maroc, où l'indépendance n'a pas donné le signal d'une rupture aussi franche entre les énoncés du régime et la culture religieuse populaire.

Le mécanisme de la prise de distance à l'égard de l'univers sémantique du nationalisme laïque, peu à peu associé à l'univers symbolique occidental, et la réconciliation avec la culture religieuse, perçue comme seule capable de satisfaire la demande identitaire, balisent ensuite des voies proches de l'« universel » islamiste, à tout le moins pour tous ceux (c'est-à-dire, au Maghreb, à peu près tous et au Machreq un très grand nombre) des militants politiques de cette génération qui ont adhéré un temps à un univers autre que celui de la pensée religieuse.

Le parcours d'Adel Hussein, actuel secrétaire du Parti du travail égyptien[3], emprisonné près de onze années comme militant communiste, est proche de celui de Tareq al-Bishri. Mais l'itinéraire est ici plus explicitement politique qu'intellectuel. Le frère du fondateur du parti Jeune Égypte, l'une des premières expressions du nationalisme égyptien (hormis les Frères musulmans) à avoir mis l'accent sur l'attachement aux valeurs musulmanes, a fait un long détour par le marxisme avant de rejoindre une trajectoire déjà perceptible dans l'univers politique de son aîné. C'est notamment la « dépendance idéologique » à l'égard de l'URSS induite par l'appartenance au monde communiste qui va ébranler les certitudes marxisantes du militant nationaliste.

Adel Hussein, Rached Ghannouchi et Tareq al-Bishri n'épuisent pas l'inventaire des composantes de l'alchimie islamiste. Mais ils aident indiscutablement à saisir les contours de sa composante identitaire, la plus déterminante.

Tareq al-Bishri : du « populaire » à l'« endogène »[4]

« Je suis né en 1933. Ma conscience politique et culturelle s'est formée vers la fin de la Seconde Guerre mondiale, alors que j'avais entre douze et vingt ans. Mon intérêt pour la politique a pris corps alors que j'étais étudiant à l'Université. La

3. Lors du congrès du Parti du travail du mois de mai 1993, Adel Hussein a été élu au secrétariat général du parti et a cédé sa place de rédacteur en chef du bihebdomadaire *Chaab* à son neveu Magdi (le fils du fondateur du parti Jeune Égypte, Ahmed Hussein).

4. Entretiens avec l'auteur, Le Caire, 1990.

question qui absorbait alors toute l'activité des Égyptiens était l'indépendance nationale. Le rêve de chacun était de voir son pays libéré. Quels sont les éléments de l'indépendance ? De quoi se compose-t-elle ? Je crois que, de ce point de vue, le mouvement national égyptien est passé par plusieurs étapes. Il a d'abord vu dans l'indépendance quelque chose de seulement politique, le souhait que sur la terre d'Égypte il ne restât plus de forces étrangères. C'est ainsi que les Égyptiens ont vu le mouvement national et c'est ainsi qu'ils l'ont soutenu dans les premiers moments du XXe siècle, jusqu'à la fin de la Première Guerre mondiale.

« A cette vision première, ils ont ensuite adjoint l'idée d'une indépendance *économique* et ils ont commencé à revendiquer un développement économique indépendant sans lequel la décision politique ne saurait être libre. C'est au cours de cette période que la mobilisation islamiste est entrée en contradiction avec le mouvement nationaliste. La mobilisation islamiste était à la recherche des *fondements légitimes*. Dans les années trente et quarante, cette contradiction s'est exprimée dans la lutte entre les Frères musulmans et le Wafd. On peut dire que le mouvement islamique tentait d'ajouter au mouvement indépendantiste une troisième dimension : il invitait la société à revenir aux valeurs anciennement dominantes et à l'islam en tant que source de légitimité et de régulation sociale. Après l'apparition de la mobilisation nationaliste laïque, voilà ce que représentait alors le mouvement islamique.

« Si le mouvement des Frères musulmans n'est pas apparu à l'époque de Mustafa Kamil avant la Première Guerre mondiale, c'est parce que le nationalisme de Mustafa Kamil s'exprimait alors dans le langage de l'islam et non dans celui de la laïcité. Après la guerre, le mouvement de libération a commencé à employer les référents de la civilisation occidentale. Elle représentait alors l'incarnation des valeurs de la modernité, la base de la construction des sociétés et la référence ultime en matière de mode ou de modèle de vie.

« Au début, j'appartenais pour ma part au premier de ces courants. L'idée de l'indépendance politique et économique a dominé jusqu'à la défaite de 1967. Cette défaite a eu une importance absolument considérable, jusqu'à nos jours. C'est elle qui nous a imposé de reconsidérer tous les fondements de notre système de pensée, tous nos présupposés. Après cette catastrophe, tout était à revoir. Au nombre des questions essentielles dont la relecture vint à l'ordre du jour se trouvait celle de la place de la religion en tant qu'élément central du système social, de son développement et de sa cohésion interne. J'ai lentement acquis la conviction que le mouvement islamiste prolongeait en fait, sur le terrain civilisationnel, le mouvement indépendantiste politique et économique. Ce n'était pas mon point de vue jusqu'en 1967. C'est 1967 et ce qui s'est ensuivi qui m'ont fait voir les choses autrement.

« Cet itinéraire intellectuel, je l'ai évoqué dans mon livre *Le Mouvement politique en Égypte*. La première édition n'avait pas de préface. L'ouvrage était alors le produit d'un regard laïque et nationaliste sur les forces sociales et politiques, sur l'avenir du pays et sa situation du moment. Ensuite, dans la présentation de la deuxième édition, j'ai pris en compte mon expérience nouvelle, c'est-à-dire le lien entre la religion, l'islam, et la question sociale et la manière dont cette vision s'était peu à peu imposée à moi. J'avais pris conscience que l'islam était un constituant essentiel. Que si l'avenir de la patrie devait l'exiger, c'était l'islam qui nous rendrait capables de sacrifices, c'était en prenant appui sur lui que nous pourrions avoir un avenir aux dépens du présent, quels que soient les sacrifices que cela puisse exiger pour surmonter les obstacles du moment, quel que soit, au début, le nombre des entraves à cette renaissance économique et sociale. Je ne pense pas que l'homme soit capable de répondre aux défis de cette étape historique-là sans disposer d'une assise psychologique le rendant apte au renoncement : renoncement à soi au bénéfice de la patrie, renoncement aux exigences du présent au profit de l'avenir. Au XIXe siècle, tous les mouvements nationalistes étaient fondés sur l'islam. J'ai commencé à comprendre ce langage qu'ils employaient pour traiter les réalités qu'ils vivaient. J'ai commencé à comprendre comment ils parvenaient à convaincre les gens de réduire leurs envies matérielles pour construire un avenir meilleur [...].

« Peu à peu, je me suis donc mis à reconsidérer le vocabulaire du discours politique et celui de la pensée elle-même dans son intervention sur le réel. Je me suis mis à reconsidérer la relation de la pensée religieuse avec la réalité. J'ai trouvé qu'il y avait là un lien avec la question de l'appartenance nationale et que celle-ci, pour une large part, avait quelque chose à voir avec la pensée religieuse musulmane à laquelle elle était associée. Peu à peu, je pris alors également conscience d'une dimension particulière de la constitution des différentes institutions sociales. La société m'est apparue comme étant composée d'institutions, elles-mêmes subdivisées en sous-unités internes abritant l'activité individuelle et organisant en leur sein les masses humaines. J'ai réalisé que le ciment de ces différentes entités qui composent le tissu institutionnel de la société, c'était la pensée religieuse. On s'apercevait par exemple que l'évolution de certaines couches professionnelles coïncidait avec celle du mouvement soufi et avec les institutions sociales implantées dans les quartiers populaires. Cette configuration donnait à la société une sorte de décentralisation et rendait possible l'appartenance de l'individu aux microsociétés primaires dans le cadre desquelles il vivait, tout en l'inscrivant dans une série d'appartenances de plus en plus larges. Lorsque l'on a frappé l'appartenance religieuse, c'est ce réseau institutionnel que l'on a frappé. Au lieu de l'améliorer, on l'a anéanti. Le tissu social s'est ainsi atomisé. Or je pense qu'il est très difficile de construire une société avec des individus isolés. L'individu doit nécessairement entrer dans un réseau de communautés de plus en plus larges. Sans cette imbrication d'ensembles sociaux intermédiaires, il ne peut en aucune manière entrer en relation avec l'État. La perte des appartenances primaires a affecté ainsi toutes les appartenances supérieures. Elle a affecté la capacité de l'État lui-même à gérer les affaires de tous tout autant que celle de l'individu à s'inscrire dans l'entité générale.

« J'ai donc réalisé qu'il fallait revoir tout cela, que la pensée musulmane était celle qui pouvait nous permettre de former des institutions à tous les niveaux de l'activité et de la dynamique humaine. Tels furent pour moi les enseignements de la crise de 1967 : la défaite nous a poussés à tout remettre en cause. Résultat, tout au long des années soixante-dix, période au cours de laquelle j'écrivais mon livre *Les Musulmans et les Coptes*, j'ai éprouvé de sérieuses difficultés à progresser rapidement. J'ai commencé à publier une série d'études dans *Majalat al-Kâtib*, de 1971 à 1974. L'idée initiale était d'écrire trois ou quatre études sur la question mais, au fur et à mesure de mes lectures, le sujet a pris pour moi davantage d'ampleur. Je me suis donc obligé à finir, puis j'ai arrêté d'écrire à partir de 1974. Je me suis ensuite intéressé à toute une série d'autres choses sans parvenir à chasser ce sujet-là du cœur de mes préoccupations.

« Au cours des années 1977-1979, l'idée d'un retour à l'appartenance égyptienne étroite refit surface. Moi, j'avais foi dans l'arabité. Et, dans mes discussions ailleurs que dans les cercles d'intellectuels, l'argument de base qui reliait l'homme égyptien à l'arabité était l'islam. Toute autre évidence n'était pas prise complètement au sérieux. Je me souviens avoir alors conclu un colloque à Beyrouth en disant : "Venant du Caire, je puis dire que rien ne protège plus aujourd'hui l'arabité de l'Égyptien que l'islam." A ce moment-là, j'ai vraiment senti que c'était quelque chose de très profond, qui avait un impact considérable et que l'on pouvait y chercher les réponses aux multiples questions que l'homme se posait. »

Rached Ghannouchi : de l'arabisme à l'islamisme [5]

> *« Mille neuf cent soixante-six, le 15 juin. C'est au cours de cette nuit-là que j'ai pris la décision finale de passer de l'univers du nationalisme arabe et nassérien à celui de l'islam. »*
>
> Rached Ghannouchi

« Il n'est simple pour personne de reconstruire avec précision l'itinéraire exact du passage d'un univers intellectuel et idéologique à un autre et toutes les transformations — en termes de relations humaines notamment — que cela a impliquées.

« Car c'est bien ce que ce changement, dans sa phase initiale surtout, impliquait : le passage d'un monde à un autre, d'une pensée, d'une idéologie, d'un système de relations, d'un itinéraire à un autre univers, à de nouvelles idées, à de nouvelles valeurs et à de nouvelles relations. Cela équivalait à une brutale métamorphose.

« Je peux bien sûr retracer le contexte événementiel d'un tel bouleversement. Autre chose est de reconstruire l'enchaînement exact des faits et surtout de prendre à leur égard la distance de celui qui visionne un film. L'essentiel se joue à l'intérieur de l'âme, de manière peut-être même inconsciente. Comment tout cela s'est-il produit ? Comment en suis-je arrivé là ? Une chose est certaine, je puis dater très précisément ce changement : la nuit du 15 juin 1966.

« C'est au cours de cette nuit-là que j'ai pris la décision finale de passer de l'univers du nationalisme arabe et nassé-

5. Entretien avec l'auteur, Londres, février 1992. Rached GHANNOUCHI expose longuement sa vision politique dans un ouvrage d'entretiens avec Qusaï Salah DERWICHE (Khalil Média Service, Londres, 1992, en langue arabe).

rien à celui de l'islam. Je venais de prendre brutalement conscience que ni ce que j'étais, ni ce que je vivais n'avaient quoi que soit à voir avec l'islam. Cette découverte a pris [...] pour moi des allures de catastrophe : je réalisais que je n'étais pas musulman, que j'étais étranger à l'islam.

L'« armée des vaincus » de Bourguiba...

« J'avais pourtant été élevé dans un environnement très religieux. Mon père était de ceux qui avaient appris tout le Coran. Il faisait les prières en famille. Il répandait de l'encens dans la maison, comme le font les gens très religieux. Ce n'était pas un professionnel de la religion, c'était un simple paysan, mais c'est lui qui assurait l'enseignement coranique et religieux à tout le village [...].

« Ensuite, j'ai reçu une éducation religieuse à l'université de la Zitouna. Cet enseignement toutefois n'a pas servi à enraciner en moi en quoi que ce soit la valeur de l'islam, ni permis de prendre conscience de sa capacité à régir les existences. Il faut pour le comprendre préciser que, avec le retour d'exil de Bourguiba, la Tunisie vivait alors une période de bouleversement.

« Bien plus qu'une victoire sur l'occupant français, la victoire de Bourguiba, à vrai dire, constituait plutôt une victoire sur la civilisation arabo-islamique en Tunisie. Bourguiba est entré en vainqueur et, comme les envahisseurs étrangers, il a pris le pouvoir. Puis il s'est mis à frapper les institutions religieuses, ces institutions qui étaient la vie même de la Tunisie. A cette époque, tout tournait autour de l'institution de la Zitouna : l'artisanat traditionnel, la littérature tunisienne, la pensée tout entière. Jusqu'à un certain point, toute la Tunisie est le produit de la Zitouna. Alors, le coup violent porté à ces institutions a touché la structure sociale, économique et culturelle de la Tunisie tout entière. Pour tous ceux qui avaient été élevés dans la culture arabe et musulmane, c'est-à-dire pour la majorité des intellectuels tunisiens — qui sortaient de ces institutions d'enseignement rattachées à la Zitouna —, arabité et islam étaient liés. Ils donnaient une grande importance à cette langue et à cette littérature arabes qui enracinaient l'appartenance arabo-islamique en Tunisie, qui y insufflait l'esprit de résistance à l'invasion étrangère [...] et servait en quelque sorte, face à l'Europe, de bouclier.

« L'attaque contre les institutions religieuses fut l'une des premières décisions postérieures à l'indépendance. Ma génération s'est ainsi sentie mise en situation d'extranéité ; elle est devenue sujette à une profonde aliénation, victime d'une sorte de bannissement. Nous avions constitué un bastion arabe et islamique et le pays, à l'opposé, s'occidentalisait : l'administration, la culture, l'Université, l'enseignement, les arts, les lettres, tout s'occidentalisait. Les gens ont commencé à se demander s'ils étaient encore vraiment dans leur pays, dans leur patrie. Il fallait en effet, comme disait Bourguiba, "tout faire pour rattraper le cortège de la civilisation", pour s'intégrer, se fondre dans l'environnement occidental. A cette génération, on ne demandait donc ni plus ni moins que d'ôter ses vêtements, de s'arracher la peau en quelque sorte pour s'intégrer à ce monde nouveau dans lequel Bourguiba jetait toute la Tunisie. Même ceux qui avaient étudié à la Zitouna, estimant qu'il n'y avait pas d'avenir pour la culture arabo-islamique, se mirent alors à envoyer leurs enfants au lycée Carnot ou Sadiqi ou dans les établissements étrangers.

« Pour les diplômés de ces institutions, le résultat de tout cela a pris la forme de troubles, de complexes d'infériorité, de sentiments d'aliénation. Il ne leur restait qu'à se replier, se recroqueviller sur eux-mêmes. Et à cuver leur rancœur contre cette nouvelle occupation. Non plus celle des Français cette fois mais celle des "fils tunisiens de la France". Et celle-ci était plus brutale encore que celle-là. Les Français au moins étaient clairement identifiés comme tels [...].

« Pour la génération nourrie de culture arabo-musulmane qui fréquentait la Zitouna et les institutions traditionnelles, le processus d'occidentalisation de la Tunisie a donc été vécu comme une violence. Cette génération a été réprimée, elle a été victime d'un traumatisme. Or cette génération représentait la majorité. A l'indépendance, ceux qui fréquentaient des établissements dépendants de la Zitouna étaient entre 25 000 et 27 000, et ceux qui étudiaient dans les établissements secondaires créés sous l'occupation française, entre 4 500 et 5 000. C'est donc la majorité qui s'est sentie marginalisée par la minorité. La laïcité ou l'occidentalisation ne représentaient nullement un courant populaire. C'est une minorité agissante qui a été capable de marginaliser la majorité car elle avait la capacité de comprendre l'Occident, de comprendre l'étranger et de communiquer avec le nouvel ordre international. La majorité n'avait pas ce savoir-là. Elle s'est donc fait marginaliser intellectuellement. Il en a été de même pour tout ce substrat socio-économique qui dépendait plus ou moins directement de la Zitouna, le secteur de l'artisanat traditionnel qui l'entourait, mais aussi le secteur des *waqfs*, les biens habous qui représentaient une part importante de la propriété foncière. Un quart environ de la propriété agricole en Tunisie était rattaché aux *waqfs* et tout particulièrement à la Zitouna [...].

« Le fait de frapper la Zitouna et les institutions économiques qui la finançaient équivalait donc à détruire la société. Cela aboutissait aussi à mettre la génération élevée au sein de ces institutions dans la situation d'une armée vaincue et défaite. Il ne lui restait plus qu'à se fondre dans la nouvelle armée, mais il lui fallait, pour ce faire, sortir de sa propre peau. Ou bien se replier, se recroqueviller sur elle-même, ou bien résister, ou encore s'exiler. Bon nombre des gens de ma génération étaient attirés par l'Orient. Si le nouvel ordre international que représentait Bourguiba en Tunisie tirait, et ses représentants avec lui, sa légitimité de l'Occident, ceux qui refusaient la violence de ce changement forcé tournaient leurs regards vers l'Orient, vers les sources de la pensée islamique et arabe où ils cherchaient appui. Il venait de surcroît de se produire dans cet Orient de multiples bouleversements dont le moins important n'était pas le coup d'État, que l'on appela par la suite la *révolution* de Gamal Abdel Nasser. Cette révolution exaltait les idées arabistes, l'unité arabe et la résistance à l'ordre international. Les zitouniens avaient donc tout particulièrement vocation à être nassériens, ils étaient nassériens "par nature".

« Sans s'arrêter à la dimension laïque ou au fait que c'était une autre expression du nationalisme, ils trouvaient dans le nassérisme l'appui moral qu'ils recherchaient : au Maghreb, la distinction entre l'islam et l'arabité n'a jamais eu cours. La Zitouna prônait indistinctement un islam arabe ou une arabité musulmane. En Afrique du Nord, islamisation et arabisation ont été de pair. Toute agression étrangère s'en prenait d'ailleurs — en Tunisie comme en Algérie — à l'arabité et à l'islam à la fois. L'appartenance arabe est ensuite d'autant plus étroitement imbriquée avec la religion qu'il n'existe pas au Maghreb de minorités chrétiennes et que cette région n'était pas arabe avant l'islam. L'Afrique du Nord est entrée en contact avec l'arabité et avec l'islam en même temps. L'arabité n'y a donc pas d'identité culturelle autre que musulmane, alors que les régions du Machreq se sont arabisées avant de devenir musulmanes. Il y avait des tribus arabes qui étaient chrétiennes et le sont demeurées et d'autres qui se sont islamisées. L'arabité y est donc perçue comme un tout antérieur à l'islam et on craint parfois, en faisant usage de la référence islamique, d'établir une sorte de ségrégation, problème qui ne se pose pas en Afrique du Nord.

« J'ai déjà dit que, dans ce contexte, la vie me pesait : je ressentais une sorte d'aliénation. Je passais des heures à l'extérieur de mon village, souvent dans les jardins, à lire des nouvelles et des romans. La radio ? Oui, j'écoutais Sawt al-Arab, les radios du Machreq surtout. Je lisais aussi Nagib Mahfoudh, Tawfik al-Hakim. Après ma sortie de la Zitouna, je suis resté un an et demi à travailler comme instituteur. Mais la vie ne me convenait pas. J'étais habité par ce sentiment d'aliénation (*ightirab*) qui était celui de toute ma génération. Nous éprouvions pour les sources de l'islam et de l'arabité au Machreq une sorte d'attirance nostalgique. Je suis donc parti en Égypte. C'était en 1964.

... à la recherche de l'arabité perdue

« La découverte de l'Égypte ? Mon point de vue n'a pas vraiment changé. Bien sûr, à mon arrivée au Caire, le rêve qu'avaient nourri mon refus du bourguibisme, la littérature égyptienne, les chansons d'Oum Kalsoum, d'Abdelwahab et de Farid al-Atrache ou encore Radio Égypte et les discours de Nasser, cette image lumineuse s'est quelque peu dissipée. J'ai d'abord eu d'énormes difficultés à obtenir une inscription à l'Université. Nous étions une quarantaine dans le même cas, à être venus d'Afrique du Nord. Nous ne faisions pas partie d'un groupe envoyé officiellement. On s'était seulement rencontrés ici. On était venus par voie de terre, à travers la Libye. Chacun était à la recherche de lui-même [...]. L'État de Bourguiba n'appréciait pas que les étudiants tunisiens aillent fréquenter les universités du Machreq, de peur qu'ils ne soient atteints de "folie" nassériste, baassiste ou arabiste. Quelques contingents officiels avaient pourtant été envoyés en Syrie. Mais notre groupe n'avait pas eu cette chance. Il a été chassé : tous rescapés de la Zitouna [...], certains survivants avaient émigré ou s'étaient engagés dans l'armée nouvelle. Nous, nous étions ces rescapés de l'armée des vaincus de Bourguiba à la recherche d'un nouvel engagement. Et nous étions revenus pour ce faire aux capitales intellectuelles et spirituelles.

« Ce n'était pas à proprement parler une décision politique, c'était le résultat d'un sentiment confus d'aliénation, la recherche d'une vie meilleure, d'une insertion dans les grands centres d'appartenance. Une sorte de retour à l'authenticité [...]. L'université tunisienne ayant été francisée, les diplômés de la Zitouna n'avaient d'autre choix que d'entrer à la faculté de théologie à Tunis. J'y ai suivi des cours un certain temps mais je voulais apprendre les sciences et [pour les arabophones] cela n'était pas possible à l'Université. Les facultés du Machreq avaient, elles, des filières scientifiques arabisées, ce qui n'était pas le cas à Tunis. Le reste des zitouniens est donc allé au Machreq, surtout au Caire, en Syrie et en Irak. La plupart sont sortis diplômés de sciences, surtout sciences naturelles, mathématiques, polytechnique et médecine.

« En Égypte, j'habitais à Agouza, chez des amis de mon village, étudiants comme moi. Nous sommes restés deux ou trois mois à nous démener pour obtenir une inscription à l'université du Caire. La routine administrative, la bureaucratie... On a même manifesté devant le domicile de Nasser pour lui réclamer nos droits à l'inscription. Après des pressions intenses, nous avons réussi à nous inscrire. J'ai choisi la faculté d'agriculture. Je me voyais alors passer ma vie à améliorer la condition des paysans de mon village et leurs méthodes de travail qui à l'époque étaient très arriérées. L'agriculture était dure, notamment par manque d'eau. J'étais obligé d'aider mon père. J'en étais même arrivé une fois à interrompre mes études à la Zitouna. Mais cela n'avait duré que quatre mois.

« La société égyptienne ? Il m'est difficile d'en parler puisque à vrai dire je ne m'y étais pas intégré ; il ne m'a pas été donné de m'y intégrer. J'ai passé le plus clair de mon temps à essayer de m'installer : à m'inscrire, à faire toutes les démarches de la rentrée universitaire. Je n'ai visité qu'Alexandrie. A cette époque, je n'ai pas trouvé en Égypte ce que je rêvais d'y trouver. Je m'imaginais des Égyptiens enthousiastes, mobilisés derrière Nasser. J'ai vu un peuple davantage préoccupé de sa vie quotidienne. La mobilisation, les chants, les discours de la radio, c'était une façade, un enthousiasme de commande auquel ne correspondait aucune réalité de la rue.

« De toute façon, cette étape a très vite pris fin. Égypte et Tunisie ont rompu leurs relations diplomatiques. Le Caire avait soutenu Saleh Ben Youssef dans son conflit avec Bourguiba. Bourguiba avait fait appel à l'armée française et Ben Youssef à Nasser. C'est là l'une des raisons de la violente rancune de Bourguiba à l'égard de Nasser, du nationalisme arabe, du

Machreq tout entier et de l'arabité. L'une des raisons au moins. Par la suite, lorsque les relations bilatérales ont été restaurées, l'ambassade de Tunisie en Égypte s'est mise à nous rechercher pour nous signifier une interdiction de rester en Égypte. Et elle a fait pression sur l'administration égyptienne pour que nous soyons chassés de l'Université. Après tous nos efforts pour obtenir une inscription, nous avons retrouvé d'un seul coup nos noms barrés. Et l'ambassade nous demandait de rentrer. De fait, une partie d'entre nous l'a fait. L'armée victorieuse de Bourguiba poursuivait même les rescapés, même ceux qui s'étaient enfuis. Elle est donc parvenue à nous faire expulser d'Égypte. Il nous fallait accepter la capture et rentrer au pays ou fuir quelque part ailleurs. Alors je suis parti en Syrie. J'ai failli aller en Albanie. De quoi est-ce que je vivais ? J'avais emporté de l'argent de Tunisie. J'avais économisé à peu près 500 dinars tunisiens sur ma paie d'instituteur. Je dépensais petit à petit. En Égypte, je me contentais de *foul* et de *taymiya*, pour dépenser le moins possible.

De l'arabisme à l'islamisme

« En Syrie, en revanche, nous nous sommes inscrits facilement. L'Université était autonome par rapport à l'État. Et, peu de temps après, le ministère de l'Éducation nous a accordé une bourse. Tous les étudiants tunisiens en recevaient. Pas importante mais suffisante. Damas n'est pas une grande ville comme Le Caire. Un étranger s'y retrouve, s'intègre plus facilement. La vie était très bon marché à l'époque. Ceux qui avaient été envoyés par le ministère tunisien recevaient une bourse confortable. Lorsque Bourguiba fit son célèbre voyage au Machreq après qu'eut lieu la réconciliation, nous sommes allés le rencontrer à Beyrouth et il accepta d'accorder une bourse à tout le monde, ce qu'il nous annonça dans son célèbre discours de Ariha. Malheureusement, comme dans ce fameux discours il avait appelé à la reconnaissance d'Israël et au respect du découpage de 1948, l'opinion publique arabe, surtout syrienne, s'est révoltée. Il y a eu une émeute, l'ambassade de Tunisie a été brûlée, les relations entre la Syrie et la Tunisie ont été à nouveau rompues et les bourses suspendues. Un émissaire est venu nous demander de quitter ce pays, dont le régime était hostile à la Tunisie, et de rentrer chez nous. Certains l'ont fait, la majorité a refusé.

« Quel était alors le climat politique chez les étudiants tunisiens ? […] A l'exception d'un petit nombre de bourguibiens qui avaient gardé le contact avec l'ambassade, il y avait bien sûr un quasi-consensus contre le régime. Nous étions tous des victimes de cette guerre de Bourguiba contre l'islam et l'arabité. La période libérale n'avait pas encore pris fin. Le socialisme et le baassisme n'avaient pas encore détruit la société syrienne. Le baassisme en était à ses débuts et le libéralisme économique permettait encore à ce pays de prospérer. L'Université jouissait alors de la liberté culturelle et politique. Tous les courants étaient représentés et les débats politiques et intellectuels se donnaient libre cours. Nous avons commencé à y prendre part. Le grand débat de l'époque opposait le Baas aux nassériens. La séparation entre l'Égypte et la Syrie n'avait pas encore eu lieu. La principale préoccupation des nassériens, le centre de leur rhétorique, c'était la restauration de l'État unitaire. Compte tenu du passé nassérien qui était le mien en Tunisie, je me suis assez naturellement et assez facilement intégré à leur courant.

« Entre le Baas et les nassériens, il n'y avait pas de différence réelle. Ce fut là d'ailleurs une des raisons de ma métamorphose ultérieure : la découverte, que le débat mit rapidement en évidence, que nassériens et baassistes se disputaient pour des raisons bien minces et bien futiles. Mais aussi, dans le même temps, les progrès intellectuels que me permettaient de faire mes lectures en philosophie jouèrent leur rôle. La philosophie conduit à se poser des questions sur tout, y compris sur le contenu effectif des mots : que voulait vraiment dire "arabité" ? Que signifiaient "unité" ou "socialisme" ? L'ambiance de débat politique permanent nous poussait en fait à nous accrocher à des slogans bien davantage qu'à leur contenu.

« Le débat se menait à deux niveaux : entre nassériens et baassistes mais aussi entre membres de la communauté tunisienne. Le groupe des Tunisiens était divisé entre la minorité restée bourguibiste et la grande majorité qui se partageait elle-même entre baassistes et nassériens. Le débat entre ces deux derniers groupes était intense. C'était la Ligue des étudiants tunisiens qui l'abritait. Il y avait des élections, des confrontations, une vie politique complète : on faisait sa campagne électorale, on défendait son programme. Les nassériens étaient majoritaires. Les bourguibistes n'avaient qu'un rôle marginal. Quant aux islamistes, chez les Tunisiens, il n'y en avait pas : pas un seul islamiste dans la Ligue. Pour autant que je m'en souvienne, sur cent cinquante étudiants, il n'y en avait qu'un seul ou peut-être deux qui faisaient la prière. On était en 1965 : la prière ne faisait pas partie des représentations philosophiques ou politiques courantes. Le débat était tout entier consacré à apprécier l'attitude du régime tunisien. Et il n'avait pas lieu qu'entre les Tunisiens. Il opposait également les arabistes d'un côté, toutes tendances confondues, et les islamistes. Les islamistes, à l'Université syrienne, avaient une grande mosquée, où se donnait un prône du vendredi, et ils comptaient dans leurs rangs plusieurs personnalités célèbres, officielles ou non, celles qui avaient le plus fort pouvoir d'attraction étant bien sûr les non officielles. A l'époque, en Syrie, c'étaient soit des Frères musulmans soit des membres du Parti de la libération islamique. C'était des enseignants à l'Université, de grands enseignants de la faculté de *chari'a.* Donc le débat avait cours entre ces différents courants. Sur quoi portait-il ? Le fondement des discussions était à peu de chose près de nature politique : on discutait de l'attitude qu'il convenait d'adopter à l'égard des différents régimes, ou encore de la question palestinienne.

« Le discours des Frères musulmans à l'époque se concentrait pour l'essentiel sur la condamnation de l'arabisme, sur le fait qu'il était laïque. Ils faisaient porter à la laïcité la responsabilité de la perte de la Palestine, celle de la corruption de la politique, des mœurs, de l'économie. A l'opposé, le discours des nassériens ou des baassistes contre les Frères musulmans consistait à dire qu'ils étaient un courant réactionnaire, lié au colonialisme, aux Américains. Ce progressisme était lui-même lié avec l'Europe de l'Est et traitait donc les Frères musulmans d'Américains, de valets de l'Amérique, ils étaient censés être contre le progrès, réactionnaires, etc.

« L'Arabie Saoudite ? Elle n'était pas présente à cette époque. Elle n'était pas encore présente sur le terrain du combat religieux. Elle ne l'est devenue qu'après la révolution du pétrole, lorsqu'elle s'est trouvée capable de faire imprimer des livres religieux proches de ses analyses et d'affirmer ainsi sa présence dans les milieux islamiques. A cette époque, les grandes sources idéologiques étaient plutôt l'Égypte, la Syrie et le Pakistan avec Abou Ala al-Mawdudi.

« Le Parti de la libération islamique se concentrait sur la question du retour au califat. D'abord, il ne représentait qu'une minorité. C'était un courant *salafi* (fondamentaliste) qui demandait le retour aux sources premières de la religion. Ils avaient un cheikh de toute première importance, Taqi Eddîn Nadhânî, considéré encore aujourd'hui dans le monde musulman comme un grand orateur. Il doit avoir aujourd'hui quatre-vingts ans et vit en Jordanie. Au nombre des personnalités emblématiques de la pensée religieuse, il y avait aussi Saïd Ramadan al-Boutii.

« A cette époque, à l'intérieur du groupe des nassériens, certains ont commencé à douter des présupposés du nationalisme arabe, qu'ils accusaient d'avoir un contenu non arabe, de n'être arabe que formellement. Comme l'une des composantes du débat consistait à accuser le nationalisme arabe d'avoir un contenu occidental, non islamique, le fait de minimiser, de critiquer la civilisation occidentale faisait naturellement partie de l'argumentaire. C'est dans ce contexte que tous les écrits qui donnaient crédit à la position islamiste prenaient leur valeur : la civilisation islamique détenait les traitements des maladies dont souffrait la civilisation occidentale. La modernisation ne nous avait pas transmis la science et la technologie mais seulement les maladies de l'Occident.

« L'un des ouvrages très lus alors était *L'Homme cet inconnu*, d'Alexis Carrel, un médecin. Le livre n'était peut-être pas très connu en France mais il était au centre des lectures chères aux islamistes. Sayyed Qutb s'en est lui-même beaucoup servi pour asseoir sa critique de la civilisation occidentale, pour mettre en évidence les malheurs de l'homme occidental liés à sa civilisation : la dégradation de la famille et des rapports sociaux, ou celle des relations internationales. Il y avait aussi un ouvrage de Spengler, les écrits de Toynbee et aussi *La Chute de la civilisation*, d'un Britannique dont j'ai oublié le nom, et bien d'autres encore…

« Un autre facteur qui m'a préparé à accepter la critique du nationalisme arabe comme étant plus occidental qu'islamique, c'est mon voyage en Europe. Après avoir étudié à Damas, de janvier à juin 1965 à peu près, en première année de philosophie, j'ai quitté la Syrie et, avec un groupe d'amis, nous sommes partis pour l'Europe. Turquie, Bulgarie, Yougoslavie, Autriche, Allemagne, France, etc. Six mois en tout […]. Je travaillais de quoi gagner un peu puis j'allais ailleurs. Je suis rentré enfin en Syrie au mois de janvier de l'année suivante. La plupart du temps, je logeais dans les auberges de jeunesse. Cela donnait l'occasion de discuter avec toutes sortes de jeunes. Eh bien ! Je suis rentré en Syrie avec l'impression que la jeunesse occidentale vivait dans une sorte de confusion et cela m'a sans doute préparé à admettre cette critique de la civilisation occidentale [que véhiculait l'argumentaire des adversaires du nationalisme arabe]. Ce voyage et l'attitude de la jeunesse européenne côtoyée dans les auberges de jeunesse la rendaient plus acceptable.

« Le discours islamiste puisait alors l'essentiel de sa force dans ce résumé très simple qu'il faisait de l'Occident, dans le fait aussi qu'il relativisait bon nombre de distinctions qui pour d'autres étaient essentielles. Le débat entre capitalisme, socialisme, camp de l'Ouest, camp de l'Est n'avait plus cours : au fond, tout cela n'était qu'un seul et même Occident... Pour un jeune, le seul fait de casser ces classifications intellectuelles constituait un acte révolutionnaire. Il découvrait que les hommes vivaient dans l'erreur et qu'ils distinguaient des choses qui, en dernière instance, étaient indissociables. Ce discours disait aux différents groupes en conflit, nassériens, baassistes ou libéraux : “Vous êtes tous dans le même sac. Vos références sont européennes et non pas nationalistes et, en dernière instance, au niveau intellectuel, vous n'êtes que des agents de cet Occident.” Et cela aussi c'était une révolution. Parce que les nassériens à l'époque se considéraient comme les représentants d'une grandiose révolution.

« Les baassistes et les nassériens se battaient pour des questions futiles, formelles. Nous leur disions : “Vous, en profondeur, vous n'êtes en fait que des agents de la civilisation occidentale. Vous n'avez aucune authenticité et c'est ce qui explique votre échec dans tous les domaines. Et vous échouerez dans la lutte contre Israël, vous échouerez.”

« Et de fait, lorsque vint la guerre de 1967, j'étais alors à Damas, les jeunes baassistes étaient particulièrement convaincus qu'ils allaient aller passer l'été sur les plages de Tel Aviv. C'était une pure certitude. Ils avaient foi dans le baassisme et leurs certitudes étaient inébranlables. Le discours islamiste diffusait au contraire la certitude opposée. Celle que la défaite était inévitable car il n'était pas possible à une idéologie telle que le nassérisme de conduire à la victoire. La défaite est venue bien sûr apporter un soutien essentiel au discours islamiste.

« Pour ma part, la mutation [vers l'islamisme] s'était déjà opérée. Le moment le plus important, la clé la plus importante, fut une sorte d'explosion qui s'est produite en moi. Elle m'a fait percevoir que l'arabité en laquelle nous croyions était en conflit avec l'islam. Et que, depuis très longtemps, j'étais dupe si l'arabité pour laquelle j'étais prêt à mourir était antinomique avec l'islam qui m'avait nourri et dont j'étais fier. Cette découverte a été difficile pour moi. Je suis entré en tension avec cette culture nassérienne que j'avais jusqu'alors assumée. J'étais passé graduellement de membre à responsable d'une cellule de sept ou huit personnes qui se réunissaient secrètement dans des domiciles privés. J'ai entamé avec cette cellule un débat sur la relation entre l'arabité et la religion. Les membres de la cellule ne sont pas parvenus à me convaincre. Ils ont alors transmis la question à la direction du parti. Ils envoyaient régulièrement quelqu'un pour discuter avec moi. A la fin, j'étais d'accord pour rester dans le parti à la condition que la foi en Dieu y soit considérée comme une condition d'appartenance. Même à la manière des chrétiens. Ils prétextaient qu'il y avait des chrétiens parmi eux et je leur disais : "Même les chrétiens croient en Dieu, alors pourquoi ne pas faire de la foi l'un des éléments de l'appartenance au parti ?" Alors ils ont dit : "Nous, on est un parti qui n'instaure pas de relation entre la religion et la politique", "La religion est à Dieu et la patrie à tous", etc.

« Lorsque la discussion en est arrivée là, j'ai acquis la conviction que je m'étais longtemps trompé et que des années d'enthousiasme et de combat avaient reposé sur une illusion. Comme celui qui reniait sa famille, son éducation, sa civilisation et qui réalisait qu'il avait été prisonnier longtemps sans le savoir, croyant qu'il était libre alors qu'il vivait en prison et dans l'obscurité. C'est comme s'il s'était passé un renversement total dans ma vie. Je me souviens que la nuit du 15 juin, je n'ai pas pu dormir de toute la nuit. J'étais très agité. Un peu avant l'aube, j'étais décidé à franchir le pas et à commencer à prier. J'ai fait une prière dont j'ignorais en fait les détails : j'avais oublié la culture religieuse de mon enfance. Ma culture religieuse était une culture théorique et non pas une culture pratiquée, mise en œuvre ou en actes. J'ai donc commencé à m'adonner au réapprentissage de la culture islamique, à lire et à faire l'inventaire des ouvrages produits par l'islam. Les livres disponibles au sein du courant islamiste étaient ceux de Sayyed Qutb, Mohammed Qutb, Abou Ala al-Mawdudi, Mohammed Iqbal, Malek Bennabi et quelques écrits anciens de Aboul Hamed al-Ghazali et de Ibn Taymiyya. J'ai commencé à faire le tour des écoles religieuses de Damas. J'ai fait connaissance de l'école des *hadiths*, du *fiqh*, des différents groupes islamiques : j'écoutais tout le monde, je voulais savoir ce que contenait cet univers religieux avec lequel j'avais dialogué de loin sans y être vraiment intégré. »

Adel Hussein : communisme, anti-impérialisme et islam[6]

« Mon frère Ahmed Hussein est le tout premier à avoir — très profondément — influencé mon caractère. J'ai été membre du parti Misr al-Fatat (Jeune Égypte). J'étais très jeune à l'époque, quatorze ans peut-être. Mais c'est là que j'ai commencé. Le parti créé par mon frère a ensuite changé de nom pour devenir Parti socialiste. C'était fin 1949, mais son activité n'a véritablement débuté qu'en 1950, au moment des élections qui ont amené le Wafd[7] au pouvoir. J'ai également collaboré à ce parti socialiste du début des années cinquante. Je militais alors à l'université du Caire à la tête de la Jeunesse socialiste. Puis, après la révolution de 1952, je suis passé au mouvement communiste. J'ai fait partie des opposants à la révolution de 1952. J'ai commencé à exprimer cette opposition à l'intérieur du Parti socialiste puis, en 1953, je suis passé au Parti communiste.

« Voilà quelle a été ma relation à Ahmed Hussein au début des années cinquante. Après ça, comme vous le savez, les partis politiques ont été interdits, Parti socialiste inclus. Mon attachement au marxisme m'a fait diverger d'avec mon frère Ahmed Hussein aussi bien d'un point de vue idéologique que d'un point de vue politique : il était profondément croyant et je ne l'étais bien évidemment pas. Nous avions ensuite une vision totalement contradictoire de la révolution de 1952. Les débats les plus sérieux n'ont toutefois eut lieu qu'en 1964, après ma sortie de prison. Après cette période difficile, au sortir d'une expérience amère, j'ai commencé à prendre des distances à l'égard du marxisme. C'est alors qu'ont débuté les discussions vraiment sérieuses avec Ahmed Hussein. Il n'était même plus avocat. Il avait pris sa retraite et consacrait tout son temps à lire et à écrire. Il avait donc tout le temps nécessaire pour ces longs débats idéologiques qui ont influencé considérablement ma nouvelle carrière politique.

---

6. Entretien avec l'auteur.
7. Le Parti de la « délégation » (Wafd) est né en 1918 de la mission d'un groupe de nationalistes partis plaider à Londres, sous la direction de Saad Zaghloul, la cause égyptienne.

« Aujourd'hui, après tout ce qui s'est passé, je pense que ces conversations m'ont en fait seulement inscrit dans la continuité de ce que représentait Ahmed Hussein dans le combat politique et islamique en Égypte. Je pense en effet que Misr al-Fatat était en elle-même la continuation de ce que nous appelions la tendance du parti nationaliste de Mustafa Kamil, le jeune nouveau leader du mouvement national égyptien à la fin du XIXe. L'idée de Mustafa Kamil et de ses frères, puis de son successeur, Mohammed Farid, était, au travers de l'idée de parti nationaliste, de créer une organisation qui prenne en compte l'identité propre de l'Égypte mais aussi sa proximité à l'égard des autres pays arabes et islamiques. C'était un cocktail de nationalisme contre l'occupation étrangère mais, dans le même temps, c'était un appel à inscrire cette lutte dans le cadre des valeurs islamiques. Voilà ce qu'était le parti de Mustafa Kamil. Lorsque le parti Jeune Égypte fut créé dans les années trente, je crois que cela représenta une sorte de *come-back*, une nouvelle jeunesse du parti nationaliste de Mustafa Kamil. Le parti a été créé par des gens très jeunes, tout juste sortis de l'Université.

« Au tout début, les deux personnages clés étaient Ahmed Hussein et Fathi Hiwan. Fathi Hiwan divergea sur quelques points avec Ahmed Hussein et s'en alla rejoindre le vieux parti nationaliste, ce qui eut à tout le moins pour effet de démontrer qu'entre ce que représentait le vieux parti nationaliste et la nouvelle génération de ces jeunes gens de Misr al-Fatat, il y avait encore une relation. Même lorsque Ahmed Hussein changea le nom du parti en Parti socialiste[8], il était clair que sa vision du socialisme était très “spécifique” et très distincte de la vision occidentale — marxiste — du socialisme. Il est clair qu'il était très désireux de souligner qu'il divergeait de la lecture marxiste sur plusieurs points. Le concept de communisme impliquait à ses yeux une réelle dépendance à l'égard de l'Union soviétique. Son Parti socialiste, à l'époque, était très nationaliste : il luttait pour une indépendance totale et une forme de rattachement aux autres pays arabes. L'un des points du programme du parti dans les années cinquante disait : “Nous luttons pour la création des États arabes unis regroupant tous les pays arabes du Maroc au Golfe.” Sa lutte pour l'indépendance, économique, politi-

---

8. Au début de la guerre, au cours de laquelle Ahmed Hussein fut interné, le nom du parti avait une première fois été changé en Parti national islamique.

que et militaire, était très explicite, et sa relation avec les autres pays arabes tout autant. Il en était de même pour son attachement à la justice sociale. Mais tout cela — indépendance, relation aux pays arabes et justice sociale — s'inscrivait dans le cadre des valeurs islamiques.

« Je crois que, maintenant, ce que nous représentons au Parti du travail, c'est la même chose, version années quatre-vingt-dix. Bien sûr, nous ne refaisons pas ce que Ahmed Hussein a fait dans les années cinquante, mais le cadre général, sur le plan idéologique, l'esprit, est le même. Nous sommes pour l'unité arabe, pour la justice sociale, nous sommes pour une indépendance effective, mais tout cela s'exprime dans le cadre de l'idéologie islamiste. Sans doute, ce que nous mettons derrière l'expression "unité arabe" ou encore notre vision de la justice sociale sont-ils très vraisemblablement différents de ce qu'y voyait Ahmed Hussein. Les détails varient : soit parce que les circonstances diffèrent, soit parce qu'il existe aujourd'hui de nouvelles variables. Ou encore parce que nous avons découvert que certains des concepts qu'il a défendus dans les années cinquante se sont révélés erronés. Parce que les circonstances ont changé ou pour corriger des orientations qui étaient mauvaises, nous ne refaisons pas exactement Jeune Égypte des années cinquante. Mais le cadre général dans lequel nous évoluons est le même. C'est en ce sens que je me considère comme le prolongement de ce qu'a représenté Ahmed Hussein. Je me suis séparé de lui au cours de ces années-là parce que je m'étais rapproché du marxisme, sous sa forme communiste classique des années cinquante. J'ai donc divergé d'avec ses positions sur la religion bien sûr, mais également sur le nationalisme, l'internationalisme et l'unité arabe, y compris la question palestinienne, ainsi que sur l'économie. En fait, je me considérais comme beaucoup plus révolutionnaire que lui. J'étais opposé à toute forme de propriété privée, ce qui n'était pas la position du Parti socialiste de ce temps. Bien sûr, depuis lors, j'ai réalisé qu'ils avaient raison et que j'avais tort. Mais à cette époque, j'étais différent. Ma différence, nos différences, venaient en tout premier lieu de mon adhésion au marxisme.

« Je crois que mon expérience a été assez proche de celle de Tareq al-Bishri. Notre itinéraire est très parallèle. Notre amitié date de 1964, lors de ma sortie de prison. Nous avons évolué intellectuellement dans la même direction. Nous avons toujours échangé nos points de vue et discuté. S'agissant du livre *Le Mouvement politique*, même dans sa première édition, il représentait une période de transition dans notre évolution, pour tous les deux. Nous avions tous deux un passé marxiste et nous avons tous deux été influencés par l'expérience nassérienne. Nous sommes tous deux devenus des adeptes de cette tendance nationaliste radicale et c'est parce que nous étions devenus des nationalistes radicaux que nous avons pu comprendre et apprécier le Parti socialiste d'Ahmed Hussein. Dans son livre, Tareq al-Bishri s'est montré très positif à l'égard de l'expérience d'Ahmed Hussein dans les années cinquante.

« Nous étions partisans d'une réforme sociale radicale. Cela était certes compatible avec le marxisme, mais la différence entre notre état d'esprit dans les années soixante et notre credo des années cinquante est que nous avons pris pleinement conscience de la nécessité de lier ces objectifs de justice et de réforme sociales à ceux du programme nationaliste. A l'époque, nous regardions un peu en direction de la Chine. L'expérience chinoise avait une relation très superficielle au marxisme. Il n'y a pas de relation entre ce que Mao a tenté de faire en Chine et ce que Marx a dit. Nous avons pensé que cela était tout simplement une révolution nationaliste radicale essayant de transformer la Chine en un nouvel État indépendant. Ils ont découvert que le rôle de l'État était vital alors pour planifier le développement. Ce qui ressemblait à du socialisme n'était en fait que la recherche nationaliste d'un développement rapide. Nous avons compris que la relation de Nasser avec les Arabes coïncidait tout à fait avec l'objectif d'une stratégie indépendantiste. Et nous avons donc commencé à faire une lecture nationaliste radicale de ce qui se passait alors en Égypte et dans la région. A cette lumière, lorsque nous nous penchions sur l'histoire récente, comme Tareq l'a fait dans son livre, même dans la première édition, à la lumière du nationalisme et au nom de la transformation, de la réforme de la société dans un cadre nationaliste, nous étions assez proches de ce que Ahmed Hussein représentait et nous pensions que la révolution de 1952 était vraiment la continuation de ce que Ahmed Hussein disait à cette époque.

Du communisme au nassérisme

« Nous nous sommes donc tous deux rapprochés de Nasser, à peu près en 1955. De 1952 à 1955, j'ai d'abord été en effet dans le camp adverse. Pourquoi ? Peut-être avant tout parce que Nasser nous a mis en prison ! Il était très dictatorial dans ses méthodes. La torture a commencé à cette époque en prison. Tous ces aspects très négatifs de l'expérience nassérienne étaient très troublants. Même si nous faisions quelques pas dans la bonne direction, beaucoup se disaient alors : comment pourrait-il sortir quelque chose de bon d'un pareil dictateur ? (Je crois que c'est un peu ce qui s'est passé pour Saddam Hussein en 1990 : nous avons nous-mêmes essayé de mobiliser en faveur du peuple irakien, mais beaucoup s'opposaient à nous sur la seule base que rien ne pouvait sortir de bon de cet homme.) Les gens pensaient qu'il n'était pas possible de faire confiance à Nasser, qu'il ne pouvait pas exprimer nos aspirations. Même si l'on parvenait à démontrer qu'il n'était pas dépourvu d'aspects positifs, beaucoup ne voulaient pas l'accepter facilement.

« Au cours des premières années de la révolution, non seulement il y avait l'aspect dictatorial mais il n'y avait pas encore les acquis des années ultérieures : Nasser était alors relativement passif, il était même soupçonné de ne pas être capable de faire quoi que ce soit de positif. A part la réforme agraire, de 1952 à 1955, il n'a rien fait de sérieux susceptible de démontrer qu'il s'agissait bien d'une révolution et non d'un simple coup d'État, qu'il y avait un réel changement dans les rapports sociaux. Lorsqu'il a commencé à s'opposer aux Britanniques à propos de l'évacuation de la zone du canal, le style des négociations était bien peu différent de ce qu'elles étaient du temps de Farouk. Il n'avait rien fait qui démontre que nous étions entrés dans une nouvelle phase de notre développement qui justifierait la réévaluation de notre appréciation à son égard. D'un côté, il dictait sa loi et, de l'autre, il ne faisait rien qui puisse justifier cette dictature. Voilà ce qui nous a conduits à être tout d'abord dans le camp de ses opposants.

« A cette époque, nous avions encore des raisonnements un peu simplistes. Nous pensions, par exemple, que puisqu'"il n'existe pas de citation de Marx ou de Engels disant que les forces armées sont susceptibles de faire quelque chose de positif, il ne faut pas hésiter à combattre un régime militaire car il est certain qu'il ne fera rien de bon". Notre raisonnement était superficiel. Cela étant, lorsqu'on y regarde de plus près, il est vrai que nous ne voyions rien venir de sérieux et c'était peut-être bien là la vraie raison de notre réserve. Quand Nasser a commencé à s'opposer au pacte de Bagdad, à aller à Bandung, lorsqu'il s'est décidé à envoyer l'armée au Yémen, nous avons commencé à reconsidérer nos positions, à quitter le camp de ses opposants pour rejoindre celui de ses supporters. Cette mutation a affecté tous les compartiments du mouvement communiste à la fin de l'année 1955 et au début de 1956. J'y ai joué un rôle important. J'ai été parmi les premiers à prendre la mesure de ce nationalisme évident de Gamal Abdel Nasser. Nous comprenions et nous appréciions beaucoup la dimension radicale de son nationalisme. Cela a commencé en 1956 et s'est précisé tout au long des années soixante. Voilà quel a été notre itinéraire de pensée, voilà comment notre analyse s'est éloignée de ce qu'elle avait été au début de la révolution. Cette relecture de l'expérience nassérienne à la lumière du nationalisme a été le préalable à notre relecture de l'histoire récente. De ce point de vue encore, on peut dire que Tarek al-Bishri et moi-même étions très proches.

« Lorsque nous en sommes arrivés là, nous n'étions pourtant pas encore au bout de notre évolution. Nous étions favorables à ce que représentait le Parti socialiste. Nous étions partisans de la justice sociale. Mais, dans le même temps, nous voulions tous deux que cet objectif soit poursuivi dans un cadre nationaliste, tout en étant encore sous influence marxiste. Et c'est pourquoi, au moment même où nous appréciions Jeune Égypte, nous étions encore très critiques à l'égard des Frères musulmans. Je me souviens aujourd'hui comment Tarek et moi nous entendions régulièrement dire par Ahmed Hussein, lors de nos débats avec lui : “Vous êtes trop durs à l'égard des Frères musulmans. Vous les voyez plus noirs qu'ils ne sont. Bien sûr, je ne suis pas d'accord avec les Frères, mais pas à ce point. Vous devriez revoir un peu cela.” C'est ce que nous avons fait à peu près à ce moment-là.

« A l'époque, nous critiquions les Frères musulmans d'un double point de vue philosophique et politique : nous soutenions Nasser alors que les Frères musulmans lui étaient assez largement opposés. Pour nous, les Frères étaient surtout des réactionnaires opposés au progrès. Ils nous semblaient stupides et étroits d'esprit. Et cela n'était pas nécessairement faux. Les débats et les discussions leur ont donné l'occasion d'expliquer la violence de leur antinassérisme : le régime les avaient torturés. Nous pensions néanmoins que la résistance aux pressions étrangères justifiait au moins de faire passer au second plan les problèmes internes. C'est pour cela que nous sommes passés d'une opposition totale à Nasser à un soutien d'au moins 90 %. Nous estimions qu'il était très étrange que les Frères musulmans persistent à s'opposer à Nasser à 100 %, comme s'il ne se faisait absolument rien de positif.

« Maintenant, les Frères musulmans ont changé. Mais nous-mêmes sommes devenus différents. Je ne parle pas de moi en particulier mais des nationalistes en général. Je le vois bien quand je regarde aujourd'hui en arrière, nous étions tous sous-développés. Les Frères musulmans n'étaient peut-être pas très intelligents mais les nassériens n'étaient guère plus brillants. Ils étaient aussi médiocres les uns que les autres. Et c'est pour cela qu'ils n'ont pas pu amorcer un dialogue sérieux ni réussir quoi que ce soit de constructif. Même Tareq al-Bishri, l'un des plus brillants intellectuels du moment et aussi l'un des plus ouverts, ce qui explique qu'il ait pu faire cette transition du marxisme au nationalisme puis à l'islamisme, eh bien, même Tareq ne pouvait pas, dans les années soixante, établir le contact avec la tendance islamiste et il ne parvenait à éprouver à leur égard que de l'amertume. Même lui manquait d'objectivité sur ce terrain alors qu'il était sans doute l'un des marxistes les plus ouverts et l'un des plus intelligents. Alors, qu'auriez-vous pu attendre des autres ? Les Frères musulmans, c'est vrai, étaient incapables de se remettre en cause et d'évoluer. C'est vrai qu'ils étaient incapables d'intégrer les changements de manière constructive. Alors, ils se sont complètement repliés sur eux-mêmes. Ils ont donné la priorité à la résistance. C'était une question de survie, il fallait résister à toute pression extérieure, lire le Coran, etc. Je ne pense pas que leur long séjour en prison leur ait vraiment bénéficié intellectuellement, car ils ne lisaient rien d'autre que le Coran.

« Donc, dans les années soixante, nous avions compris ce que Jeune Égypte ou le Parti socialiste pouvaient receler de positif, mais nous n'étions pas encore assez avancés pour être capables de faire la même chose à l'égard des Frères musulmans. Pour ma part, j'adhérais à une sorte de nationalisme radical teinté de nassérisme. Cela se reflétait au niveau de mes relations : j'avais des contacts étendus aussi bien avec les milieux communistes que nassériens. Avant de venir au Parti du travail, j'ai commencé à influencer les nassériens et essayé de les faire évoluer vers la formation d'un mouvement nationaliste islamique. Je disais toujours que c'était là la nouvelle version du nassérisme. Bien sûr, intégrer complètement l'islam impliquait une transformation très profonde.

« Cette étape-là a commencé au début des années quatre-vingt dans les rangs des nassériens. J'ai commencé à me dire : si je suis pour le nationalisme arabe, si je me sens lié à ces gens-là de multiples manières, cela veut donc dire que nous avons une culture commune. Eh bien, cette culture devrait être respectée infiniment plus que nous n'avons l'habitude de le faire. Nasser mettait l'accent sur l'intégration et sur l'indépendance économique. Pas de doute, l'intégration économique c'est important, l'indépendance économique aussi, mais avant cela, l'indépendance culturelle est plus importante encore et c'est de là que nous devrions partir. C'est ainsi que tout a commencé pour moi. Plus j'étudiais, plus je découvrais les sources de la culture islamique, et plus je réalisais que cela était vrai et que cela était une véritable force. J'ai donc commencé à influencer le mouvement nationaliste traditionnel en leur disant : vous ne pouvez pas être sérieusement nationalistes si vous n'êtes pas tout à fait ouverts à l'égard de l'islam. Car l'islam est l'identité même de cette nation. Donc, si vous êtes réellement pour l'identité de cette nation, si vous êtes réellement fiers de votre engagement national, vous ne pouvez pas le faire sérieusement si dans le même temps vous n'appréciez pas ce que représente l'islam : l'islam est le créateur de cette nation arabe, c'est un fait historique. Vous ne pouvez donc pas respecter le résultat, cette nation arabe, si vous négligez, ignorez ou même méprisez l'histoire de la transformation, l'histoire de la création de cette nation. Soyez logiques, vous devez considérer le tableau dans son intégralité.

« Voilà comment j'ai commencé à convaincre d'autres que moi. J'ai participé à des centaines de discussions, de dialogues, de séminaires, à des rencontres académiques ou autres. J'ai également écrit des études sur la question. Cela a eu un impact non négligeable sur le nassérisme, mais je sentais bien qu'ils étaient toujours hésitants. Mes propositions étaient peut-être appréciées, mais elles n'étaient pas acceptées, à tout le moins pas avec enthousiasme. J'ai décidé alors d'entrer directement dans l'action politique, en adhérant au Parti du travail. Ce dernier, grâce à la présence d'Ibrahim Choukri et du docteur Helmi Mourad, s'inscrivait dans la filiation du Parti socialiste. J'ai pensé que nous trois, ensemble, nous pourrions essayer de faire de ce Parti du travail le vrai successeur du Parti socialiste, et je pense que nous avons réussi.

« Qu'est-ce qui nous sépare encore aujourd'hui des nassériens ? Nous sommes tous convaincus de la nécessité de trouver des plates-formes communes. La barrière psychologique qui empêchait d'évoquer une telle possibilité est tombée et cela est une étape importante. Les gens sont maintenant tout à fait capables de passer des accords, d'engager des actions communes, etc. En fait, les différences se sont amenuisées : même si les nassériens sont toujours laïques et qu'ils ne placent toujours pas la religion en tête de leurs préoccupations, ils ne la placent pas non plus au bas de la liste comme ils avaient l'habitude de le faire. Les nassériens ne sont pas assez critiques toutefois à l'égard de l'histoire du nassérisme, de la manière dont ils se sont comportés vis-à-vis des opposants, ou de leur vision du secteur public. Il faudrait critiquer des tas de choses et, ça, ils refusent de le faire, ils n'y sont pas prêts car c'est leur système de croyance, c'est leur foi.

« A l'égard des Frères musulmans aussi il y a un certain nombre de différences. Certains sont demeurés très dogmatiques. Mais la question n'est pas là, nous ne sommes pas partisans d'un système de parti unique. Les gens doivent être différents : l'important est que, au-delà de ces différences, nous puissions avoir quelque chose en commun, et ce quelque chose, c'est l'islam. »

3

De la fracture laïque à la reconstruction identitaire

En Algérie comme en Égypte ou ailleurs en Méditerranée arabe, les courants islamistes qui font aujourd'hui la une de nos journaux sont nés d'une double logique historique. Comme forces d'opposition, ils sont le produit naturel de l'usure des régimes. Mais le FIS algérien n'est pas né seulement de la mort de son prédécesseur le FLN. Et ni les Frères musulmans égyptiens, ni le Parti tunisien de la Renaissance ne sont réductibles à la somme des faiblesses ou des erreurs de Sadate, de Bourguiba, ou de l'un de leurs successeurs. Ne lire la poussée islamiste qu'à travers la grille de la faillite des équipes au pouvoir risque donc de nous empêcher de percer le secret de sa capacité de mobilisation et de nous priver de comprendre pourquoi, même confinée au monde arabe, cette rumeur islamiste est si pénible à nos oreilles occidentales.

Une fois attesté l'échec économique ou politique des régimes arabes, encore faut-il expliquer pourquoi ce sont les islamistes et eux seuls, ou presque, qui parviennent à l'exploiter, pourquoi ce ne sont pas des courants « de gauche » ou « laïques » ou « libéraux » qui remplissent les urnes arabes, pourquoi, sur la rive sud de la Méditerranée, si on fait aujourd'hui de la politique, on n'a à peu près aucune chance de remporter les élections à moins de mettre… un I, comme islam, dans le sigle de son parti.

De la laïcité imposée à la laïcité importée

Du Caire à Alger, en passant par Amman ou Sanaa, on peut depuis quelques années se faire traiter par ses ennemis politiques de… laïque. Comment l'une des valeurs les plus chères à la culture française a-t-elle pris chez tant de nos plus proches voisins une connotation quasi infamante ? Par quelle alchimie historique notre « bien » est-il devenu leur « mal » ? Que veut donc dire « laïcité » dans la bouche des imprécateurs qui réclament aujourd'hui sa disparition ? Pour comprendre pourquoi une valeur aussi centrale chez nous a pu, ailleurs, prendre un sens si négatif, il faut remonter à la logique de son irruption chez ceux qui la rejettent aujourd'hui avec tant de passion.

Lorsque, au Nord, on dit laïcité, c'est la capacité de la société révolutionnaire française de mettre un terme à la tutelle des hommes d'Église que l'on célèbre, l'émergence du politique enfin libéré de l'« arbitraire de la loi religieuse » et la garantie de droits et de libertés nouvelles pour les individus comme pour les minorités. Pour d'autres, toutefois, le même vocable a un goût très différent, aux relents prononcés de retraite. Pour les islamistes qui la combattent, la laïcité n'a jamais été vécue en effet comme la garantie de droits ou de libertés nouvelles. Parce que son arrivée a coïncidé bien sûr avec le triomphe des armées de l'Occident. Mais tout autant parce que dans leur logique, parfois réductrice mais pas nécessairement infondée, elle a tout au plus servi à garantir les droits des étrangers qui l'ont importée, ou ceux des minorités non musulmanes, chrétiennes ou juives, sur lesquelles ces étrangers se sont souvent appuyés pour établir leur domination. Cette laïcité aux allures de cheval de Troie est donc perçue avant tout comme la plus pernicieuse des armes idéologiques de l'Occident : celle qui — à l'apogée de l'aventure coloniale — a donné son assise juridique et sa respectabilité à l'opération de mise à mort du système normatif musulman. Celle qui est venue accréditer l'idée que le capital normatif hérité de près de quatorze siècles de civilisation n'était soudain plus apte à gérer la société tout entière. Qu'il était bon tout au plus à réguler la sphère des relations personnelles (mariages, successions, etc.) mais plus la relation de la société avec son environnement extérieur ou avec ses composantes non musulmanes, ni aucune des dimensions de la vie publique, dont il était purement et simplement exproprié.

Que dans la réalité de l'histoire musulmane, par définition

plus complexe que ne le voudraient les idéologies politiques, la suprématie de la loi islamique ait régulièrement été contestée par des normes d'origine coutumière n'y change pas grand-chose : pour tous ceux qui la honnissent aujourd'hui, la laïcité a surtout sonné la fin de l'hégémonie du système symbolique musulman. Elle a exprimé — fût-ce par la bouche d'une partie de ses élites — une forme de défiance à l'encontre de la civilisation musulmane, énoncé en quelque sorte le principe de son incapacité à produire les règles nécessaires à sa régulation et à sa reproduction. Tandis que la dissolution du Califat (1924) rayait de la carte l'expression institutionnelle de l'unité musulmane, c'est au nom de la « laïcité de l'État » et de l'irrésistible principe de l'« égalité de tous devant la loi » que chacune des composantes de la grande Oumma défaite vit disparaître ainsi les établissements juridiques propres à son univers déchu. La dissolution parfois, la marginalisation, la « domestication » ou, plus largement, la « folklorisation » des institutions (universités islamiques, tribunaux chara'iques, fondations religieuses *waqfs*) et des règles procédant du système musulman expliciteront peu à peu cette déchéance. Les « modernistes », irrésistiblement, l'emportent sur les « réformistes [1] » : la modernisation s'écrit moins depuis l'intérieur du système symbolique de l'islam que contre lui ou, dans le meilleur des cas, sans lui. Paradoxalement, les coups portés, au nom de la laïcisation, aux circuits de socialisation liés aux différentes formes de la pratique religieuse, loin de faire progresser la « modernisation », seront peut-être bien de surcroît à l'origine de son échec.

Pour Tareq al-Bishri, en détruisant le mécanisme complexe des microappartenances infra-étatiques, la violence « modernisatrice », c'est-à-dire sécularisatrice, a sans doute brisé les liens qui rattachaient l'individu à l'univers public.

Certes, les catégories de la culture musulmane n'ont point disparu pour autant des inconscients, individuels ou collectifs, pas plus que du discours de mobilisation des régimes. En terre arabe, on est de toute évidence demeuré « musulman ». Mais à mesure que s'affirmait la logique inhérente aux catégories de la culture du colonisateur, le système de référence et de sens issu de cette culture musulmane se voyait insensiblement

1. Sur la relation et les limites des réactions « moderniste » et « réformiste » à la poussée occidentale, voir le livre de l'un des pères de l'islamisme algérien, Malek BENNABI, *Vocation de l'islam*, Le Seuil, Paris, 1954.

privé de son ancien magistère. Exclu de l'espace public, il ne conservait peu à peu droit de cité que sur les territoires strictement « cultuels » de la religion et sur l'espace privé (mariage, succession) du statut personnel. Des pans entiers du système de représentations lui échappant, la culture musulmane voit ainsi inexorablement se dissiper sa prétention à l'universalité. Même si elles vont un temps passer inaperçues, de profondes déchirures entament alors irréversiblement la trame du tissu identitaire. C'est sur ce terreau-là que l'islamisme, un jour, se développera.

Les idéologies politiques qui vont servir aux Arabes à se repérer dans le XXe siècle intégreront toutes à un degré ou à un autre cette présence ou cette proximité envahissantes de l'étranger. Sous une forme ou sous une autre, toutes prendront en compte la demande identitaire et exprimeront, fût-ce au nom de catégories (l'État-nation) en partie modelées en Occident, le besoin de réintroduire par rapport à celui-ci une nécessaire distance.

C'est le *nationalisme* « laïque » de la première génération qui permettra ainsi d'exprimer contre l'Empire ottoman finissant, puis contre la France et la Grande-Bretagne et l'Italie qui prirent sa suite, la volonté de populations, regroupées en « nations » plus ou moins achevées, d'obtenir ou de récupérer leur identité juridique dans l'arène internationale. Des discours de l'émir Abdelkader[2] jusqu'à l'appellation des *moudjahidine* du FLN en passant par le rôle des oulémas dans le mouvement national, l'histoire algérienne souligne néanmoins à elle seule la permanence et la centralité de la référence islamique dans la résistance à la colonisation. Pour Tareq Ramadan, petit-fils du fondateur des Frères musulmans, les islamistes ont de surcroît été frustrés des dividendes de leur participation aux mouvements nationaux par l'action conjointe des puissances coloniales et des élites laïques qui leur étaient hostiles : « Le cas du Turc Saïd al-Nursi (entre 1922 et 1924) est à lui seul très évocateur. Nursi avait un discours qui était à la fois nationaliste et islamiste. Il a dans un premier temps été utilisé par Atatürk. Mais, lorsqu'il s'est agi de mettre en œuvre le projet laïque, il a été écarté. Des témoignages récents du premier président de la République algérienne, Ahmed Ben Bella, incitent à penser que les Français ont tout fait là aussi pour écarter

2. Qui conduisit jusqu'en 1847 la résistance à la conquête française (*cf.* notamment Bruno ÉTIENNE, *Abdelkader*, Hachette, Paris, 1994).

les nationalistes qu'ils considéraient comme trop "religieux". La vision britannique précoce du "danger représenté par les Frères" illustre une réalité très comparable. Les Frères musulmans d'Hassan al-Banna ont pourtant été l'un des fers de lance du mouvement nationaliste. Mais ils ont été évincés par l'action conjointe de la Grande-Bretagne et des élites dites laïques. Et Banna a été lui-même assassiné en 1949 avec la complicité avérée des Anglais sinon à leur initiative[3]. »

L'usage par les nationalistes « laïques » d'une partie des catégories de la pensée politique occidentale ne nuit pas pour autant à leur émergence politique. Au sein des luttes nationales, l'élite dite acculturée va donc non seulement tenir son rang, mais réussir à assumer un peu partout le *leadership* du mouvement national. En retournant contre eux les armes des maîtres étrangers, le nationalisme de la première génération parvient donc à ses fins : l'« indépendance ». Le dossier de la fracture laïque, pourtant, est très loin d'être refermé.

La « modernisation » ambiguë

Une fois acquise cette première « indépendance », souvent limitée par le maintien de bases militaires (Bizerte en Tunisie, Mers el-Kebir en Algérie, Wheelus Field en Libye, zone du Canal en Égypte, etc.), la maîtrise des ressources économiques restait à obtenir. Ce fut, dans les années cinquante à soixante-dix, l'objectif des « nationalisations » de puits de pétrole, de terres agricoles, de moyens de production ou d'infrastructures diverses (canal de Suez). Même si la terminologie de la culture musulmane ne disparaît pas du discours politique, c'est alors l'idéologie marxisante de l'« anti-impérialisme » et du « développement » qui sert à combattre les intérêts des anciennes puissances coloniales et ceux des États-Unis qui tentent de prendre leur place. C'est dans l'exploitation de ce combat économique et non plus seulement politique que les régimes (ainsi d'ailleurs que la première génération de leurs opposants) vont puiser l'essentiel de leur légitimité. Il ne s'agit pas alors pour eux de se tourner vers le passé mais au contraire vers l'avenir, c'est-à-dire vers le « progrès ».

Or, ce « progrès » et cette « modernisation », ce sont les catégories de la culture occidentale qui les expriment tout

---

3. Entretien avec l'auteur, Khartoum, décembre 1993.

entiers. Au lendemain de l'indépendance politique, la culture du colonisateur va donc paradoxalement connaître une nouvelle prospérité. C'est par le biais de ses catégories sémantiques bien plus qu'en rupture avec elles que va s'opérer la prise de distance avec les anciens empires, la construction des États nationaux et l'expression de leurs premières politiques de développement. La modernisation s'écrit en français ou en anglais bien plus qu'en arabe. Scolarisation massive oblige, il va y avoir ainsi au Maghreb, vingt ans après les indépendances, dix fois plus de francophones pénétrés de philosophie occidentale que du temps de la colonisation. Il y aura sous Nasser plus de livres traduits d'une des langues occidentales qu'au cours de toute la période coloniale[4]. La résorption de la fracture identitaire née de la marginalisation des codes institutionnels et juridiques (au sein desquels l'islam jouait un rôle central), mais également linguistiques, architecturaux, artistiques, etc., « folklorisés » par leurs puissants *challengers* européens, est alors à peu près totalement étrangère aux préoccupations des élites nationalistes de la première génération. Loin de la résorber, la modernisation postcoloniale va donc plutôt l'approfondir : plus encore qu'avant les indépendances, la modernité semble devoir passer par la mise au rebut d'institutions perçues avant tout comme « religieuses », « prémodernes » et donc potentiellement « antimodernes », même si elles constituent encore partiellement la trame identitaire de la société. Plus explicitement encore qu'avant les indépendances, modernisation rime avec « déislamisation ».

Ce n'est pas avant l'indépendance mais bien après que la prestigieuse université Zitouna est fermée : c'est sur l'autel de cette modernisation que Habib Bourguiba le nationaliste ne craint pas de mettre un terme aux douze siècles de la tradition universitaire locale, ce que le colonisateur lui-même n'aurait jamais osé faire. « Nous touchons là au résultat certainement le plus extraordinaire de la domination coloniale », constate Aziz Krichen à propos de la Tunisie. « L'ironie de l'histoire a voulu que ce soit l'élite bilingue et biculturée des villes que le colonialisme voulait récupérer qui ait pris la tête du combat pour l'indépendance. Mais la vraie ironie est ici au second degré : cette *intelligentsia* moderne a été en mesure de lutter

4. *Cf.* Richard JACQUEMOND, « L'édition d'ouvrages traduits du français en Égypte : pour un point de vue biculturel », *Égypte-Monde arabe*, n° 5, Le Caire, mars 1991, p. 163.

victorieusement contre la domination française au niveau politique, mais elle devait s'avérer dans les faits le meilleur garant de la pérennité de cette hégémonie au niveau linguistique et culturel. L'élite bilingue était présentée, et elle se représentait elle-même, comme une greffe réussie, une synthèse harmonieuse de facteurs civilisationnels opposés ; en réalité, dans l'intime de son être, elle était spirituellement asservie aux valeurs occidentales : elle intériorisait l'infériorité de soi et la supériorité de l'autre[5]. » Là où Mohammed Mzali évoque le « fric-frac culturel » de la Tunisie bourguibienne[6], Rachid Ben Aïssa parle à propos de l'Algérie de « viol idéologique » : « Pendant vingt ans, explique-t-il, le régime a occulté l'islam. Pendant vingt années, il n'y a pas eu d'enseignement supérieur islamique. Dans toutes les universités occidentales, il existait des certificats, des licences, des doctorats de théologie islamique, d'*oussoul al fiqh* (les sources du droit), etc. Et dans l'Algérie indépendante, il n'existait pas une seule structure d'enseignement islamique. Et lorsqu'on a en a créé une, cela a été pour en faire une institution policière[7]. » Aziz Krichen, tout en soulignant que le problème n'est pas de discuter dans l'absolu ces politiques auxquelles il n'existait pas alors d'alternative, constate le « séisme spirituel » des vingt premières années de l'indépendance et la « dialectique infernale de la déstructuration sans construction » que conduit alors une élite politique à qui « il manque les attributs idéologiques de sa domination[8] ».

Pendant une ou deux décennies, rien ne va troubler pourtant la mue modernisatrice, si ce n'est, de loin en loin, quelques craquements que l'État moderne, fort de sa nouvelle efficacité, n'aura jamais beaucoup de difficultés à masquer. Mais l'opulence pétrolière et rentière ne va pas suffire à différer éternellement l'automne des « illusions nationalistes ». Irrésistiblement, la pression démographique, amer revers de la médaille du développement, les coups de boutoir de la récession vont

5. *In* Michel CAMAU (sous la dir. de), *La Tunisie, une modernité au-dessus de tout soupçon*, Presses du CNRS, Paris, 1989, p. 301.

6. M. Mzali fut ministre de l'Éducation puis Premier ministre de Bourguiba (entretien avec l'auteur, Paris, mars 1988).

7. Fonctionnaire de l'UNESCO, Rachid Ben Aïssa a été dans les années quatre-vingt l'un des premiers animateurs de la mouvance islamiste de l'université algérienne (entretien avec l'auteur, Paris, 1988).

8. *La Tunisie, une modernité..., op. cit.* ; voir aussi François BURGAT, *L'Islamisme au Maghreb*, *op. cit.*, p. 63 *sq.*

révéler les limites des premiers plans d'industrialisation et dévoiler une réalité rien plus qu'incertaine. Les promesses de la modernité s'écrivent moins naturellement en bilans triomphants qu'en courbes hésitantes, en chiffres qui stagnent, en « émeutes du pain » et autres « événements de Casa », « de Constantine » ou « d'Alger » (succession d'émeutes urbaines liées notamment à la dégradation du pouvoir d'achat).

De Mai 1968 en bande à Baader, de chômage en inflation et de Front national en repli culturel, l'Occident frileux ne sait plus, quant à lui, jouer sa partition. Il n'est plus le producteur de certitudes idéologiques, marxistes ou libérales, qu'il a longtemps été. La crédibilité des principes humanitaires ou démocratiques qu'il prétend universels souffre de surcroît du dualisme flagrant de ses pratiques, qui fluctuent trop ostensiblement au gré de ses intérêts les plus immédiats. L'Occident, sans le savoir, est en train de creuser la tombe de l'universalisme de sa culture. C'est dans ce contexte qu'au Sud on va ressentir en effet le besoin de « parler d'une autre voix ».

L'alchimie de la reconstruction identitaire

Lorsque, du fond de sa prison américaine, le leader islamiste égyptien Omar Abderrahmane dénonce ces « soixante-dix années sans *chari'a*[9] » auxquelles il fait, sans trop de nuances, porter la responsabilité de tous les maux de sa communauté, c'est bien la réconciliation de la norme profane avec les prescriptions de la loi divine qu'il paraît réclamer avant tout. Mais si l'impact de cet appel dépasse si manifestement l'audience de la frange radicale du courant islamiste, si des pans entiers du paysage arabe demandent aujourd'hui à l'unisson une même « application de la *chari'a* » et si la poussée islamiste est devenue, envers et contre toute répression, l'axe de restructuration de la totalité des scènes politiques de la région, c'est que l'enjeu dépasse largement le « retour du sacré » pour englober la restauration de tout un ordre symbolique déchu. Avant d'être céleste, la « loi de Dieu », ici, est d'abord endogène. Certes, ce sont bien des

9. François BURGAT (avec la collaboration de Baudouin DUPRET), « Cacher le politique : les représentations de la violence en Égypte », *Maghreb-Machreq*, Paris, décembre 1993.

catégories « religieuses » qui opèrent bruyamment leur réconciliation avec le système de représentation. Mais ce sont aussi des manières de s'habiller ou de décorer sa maison, des façons de parler ou de penser, des références philosophiques, littéraires ou politiques, des modes de raisonnement juridique, en fait tout ces marqueurs identitaires que l'irruption des modèles occidentaux avaient discrédités et qui, sortant du ghetto de leur folklorisation, retrouvent irrépressiblement leur attrait et leur crédibilité perdus.

La poussée dont la révolution iranienne a été l'une des expressions fondatrices, l'assassinat du président Sadate comme la double victoire électorale du Front islamique de salut (le 12 juin 1990 et le 26 décembre 1991) expriment donc aussi bien une rupture qu'une continuité. Pour réels que puissent être ses multiples facteurs « adjuvants » (économiques notamment), pour diversifiées que puissent être ses expressions politiques, c'est dans le terroir de la vieille dynamique de décolonisation que, pour l'essentiel, l'« islamisme » plante aujourd'hui ses profondes racines.

Après s'être exprimée sur le terrain du *politique*, puis sur celui de l'*économie*, la remise à distance de l'ex-colonisateur accède avec la rhétorique de l'islam oppositionnel aux territoires idéologique, symbolique et plus largement *culturel*, où le choc colonial avait été le plus traumatisant. En même temps qu'un langage qui lui est propre, les catégories de la culture et de l'histoire locales confèrent à la dynamique indépendantiste ce qui lui avait longtemps fait défaut : les précieux attributs d'une sorte d'« autonomie » idéologique qui la parachève, le droit pour ceux qui la mettent en œuvre d'accéder à nouveau, sans pour autant renier les éléments structurants de leur « spécificité », à l'universalité. Même si cette chronologie répond davantage aux exigences de la didactique qu'à celles d'une histoire manifestement moins linéaire, c'est bien avant tout la réaction à l'impact culturel de l'irruption coloniale qui actionne aujourd'hui ce « troisième étage » islamiste de la « fusée de la décolonisation ».

Pour exprimer le « rejet » de l'Occident, on ne saurait en effet parler ni sa langue ni son langage. A l'égard de l'intrus qui a réussi, trente ans après les indépendances, à maintenir sa prééminence culturelle, comment mieux marquer les distances qu'en refusant ses références et en recourant à un système de codes et de symboles qui lui soit, au moins en apparence, étranger ? De Kadhafi et sa « troisième théorie [10] » jusqu'au Mouvement des non-alignés, la recherche d'une double distanciation des expériences occidentales de l'Est comme de l'Ouest n'est certes pas nouvelle. Mais les premières manifestations de cette quête identitaire avaient été marquées de la tare de leur recours à des concepts (nationalistes, socialistes ou libéraux) en partie forgés par l'Occident. La spécificité du discours islamiste et une bonne partie de son efficacité viennent en revanche de son recours à un stock de référents perçus comme vierges de toute influence extérieure.

A l'*Homo politicus* qui se l'approprie [11], la rhétorique islamiste permet de surcroît d'opérer une bénéfique réconciliation avec les catégories (réelles ou mythiques, l'important n'est pas là) de sa culture *vécue* et *intuitive*. Vocabulaire ou terminologie nourris de références issues du patrimoine local redonnent ainsi à la culture intuitive la prétention universaliste qu'elle avait perdue et restaurent la précieuse continuité symbolique interrompue par l'irruption des catégories occidentales. Sur l'imaginaire social, c'est-à-dire là où l'hégémonie de représentations fabriquées par d'autres systèmes sociaux avait pu avoir l'effet le plus déstabilisant, la rhétorique islamiste applique ainsi le baume de la restauration : elle contribue, et sans doute est-ce là le secret de sa formidable capacité de mobilisation, à « refermer » la traumatisante parenthèse coloniale. Et pour traverser les tourbillons de la mondialisation culturelle, elle permet à ses utilisateurs de se raccrocher à une rassurante filiation.

L'islam avec l'État, l'islamisme contre l'État ?

Les fonctions du discours islamiste ne se limitent pas à la logique du « ressourcement » identitaire individuel ou collectif. *Idéologie de ressourcement*, il a tout autant fonction de *langage de contestation.* La relecture critique du legs occidental permet donc d'exprimer sa défiance au gouvernant, et la dynamique identitaire recoupe souvent une banale dynami-

10. Le colonel Kadhafi évoque ainsi le système de démocratie directe prôné par dans son petit *Livre vert* comme la « troisième théorie universelle », par référence aux expériences capitaliste et socialiste dont il estime avoir permis le dépassement.

11. Pour autant, objectera-t-on, qu'il fasse partie de la majorité (90 %) musulmane, puisque les référents identitaires des chrétiens, même s'ils sont loin d'être totalement différents de ceux des musulmans, ne les recoupent pas exactement.

que d'opposition. Le principe même de la glorification d'une autorité divine suffit en effet à banaliser le détenteur — si haut placé soit-il — d'une légitimité seulement séculière. L'évocation du caractère absolu du monarque divin permet de souligner la contingence de son concurrent terrestre. Aux yeux de ceux pour qui « Dieu » et lui seul pouvait prétendre être « le plus grand », les réticences face à la prétention du premier président de la Tunisie indépendante à se faire désigner comme le combattant « suprême » (*Al mujâhid al akbar*) illustrèrent très tôt ce possible conflit de légitimité.

Instrument de résistance aux régimes, le discours islamiste n'en a pas pour autant été approprié seulement par leurs opposants. De l'Égypte de l'université d'Al-Azhar au Maroc du « Commandeur des croyants », la première génération des élites indépendantistes a toujours réussi à empêcher le vent islamiste de ne gonfler que les voiles de ses opposants. Tous n'ont pas éprouvé il est vrai la même facilité à obtenir ou à conserver un accès vital à cette « mine d'or » de légitimité. Selon que, monarchies, ils renouaient avec les symboles du régime précolonial ou, républiques laïques, ils faisaient table rase des anciennes structures, les régimes ont amplifié ou limité la rupture modernisatrice des indépendances. Selon leur plus ou moins grande proximité avec les valeurs religieuses, ils ont répondu à une partie au moins de la revendication identitaire ou au contraire en ont laissé le monopole à leurs opposants. Les monarchies — Maroc, Jordanie, Arabie Saoudite ou les émirats du Golfe —, dont le discours de légitimation est logiquement resté plus proche des références et des circuits de la société traditionnelle, sont demeurées bien plus présentes sur le terrain des valeurs religieuses que les leaders républicains de l'Afrique du Nord, de l'Égypte, de l'Irak, du Soudan ou *a fortiori* du Sud-Yémen marxiste. Sans surprise, la carte des mobilisations islamistes s'en trouve aujourd'hui considérablement différenciée. Pour résister à la montée des idéologies laïcistes (nassériste ou baassiste) au pouvoir dans la plupart des États voisins, le royaume hachémite a longtemps compté sur le soutien de ces Frères musulmans que l'Égypte emprisonnait alors par milliers [12]. Le trône marocain n'a, pour

12. Sur le courant islamique en Jordanie, voir notamment Moussa Zied AL-KILANI (sous la dir. de), *Le Mouvement islamiste en Jordanie*, Dar al-Bachir, Amman, 1990 (langue arabe) et Mahmoud Salem 'OUBAÏDAT, *L'Impact des Gemaat Islamiyya au cours du XXe siècle*, Dar al madrassa al hadîtha, Amman, 1990 (langue arabe).

sa part, jamais hésité à renforcer et parfois même à recréer[13] le réseau associatif musulman au moment même où, en Algérie, en Égypte ou en Tunisie, il était discrètement mais efficacement éradiqué ou presque du tissu politique.

D'autres paramètres relativisent, il est vrai, cette première donne historique. S'il est exact que, de manière très fugitive, une partie des régimes laïques a encouragé le courant de l'islam dit politique (ce qui n'a suffi nulle part à lui « donner naissance » et encore moins à en faire ce qu'il est advenu aujourd'hui), ces régimes ont surtout encouragé les formes de mobilisation religieuse considérées comme non oppositionnelles. Après avoir pris soin de réduire considérablement leurs pouvoirs, les États laïques ont donc maintenu en vie et parfois même redoré le blason des institutions de l'islam officiel. En Algérie et en Tunisie, longtemps après le Maroc, des conseils d'oulémas chargés de donner aux politiques publiques la caution de la religion ont été hativement créés. En Égypte, l'université d'Al-Azhar, une fois largement amputée de ses prérogatives[14], a continué à être sollicitée, ainsi que le mufti de la République, pour donner au régime de Nasser et de ses successeurs le bénéfice de la légitimité religieuse. A l'instar des institutions de l'islam « officiel », l'islam traditionnel de la religiosité populaire, confrérique ou maraboutique, considéré comme « non oppositionnel », a été constamment utilisé par les régimes pour capter une partie des dividendes politiques de la réislamisation.

La part du « gâteau islamiste » qui revient aux gouvernants semble bien pourtant s'être rétrécie de jour en jour au bénéfice de leurs opposants. Il y a à cette évolution plusieurs raisons.

La première tient à l'usure extrême de tous les régimes arabes, qui résulte fort logiquement de leur excessive longévité. En vertu d'une loi très universelle, les performances de

---

13. *Cf.* notamment Rémy LEVEAU, *Le Fellah marocain et le trône*, Presses de la FNSP, Paris, 1985.

14. La domestication musclée opérée en 1961 par Gamal Abdel Nasser à l'égard de l'antique Al-Azhar (nomination du cheikh par l'État), complétant les textes restrictifs de 1911 (qui avaient cantonné l'activité des Azharistes au seul domaine de la religion) et de 1930 (prévoyant un régime de sanction à leur égard), n'a pas suffi à lui ôter toute sa capacité de mobilisation, tout particulièrement dans les couches les plus traditionalistes de la société. *Cf.* notamment Ola ABDELAZIZ ZEID, « Al-Azhar and the appeal for democracy », *Democratic Challenges in the Arab World*, Le Caire, septembre 1992 (Center for Political and International Developpment Studies) ; Pierre-Jean LUIZARD, « Al-Azhar, institution sunnite réformée », communication au colloque *La Réforme sociale en Égypte*, CEDEJ-IFAO, Le Caire, 10-13 décembre 1993.

leur système de mobilisation — si sophistiqué soit-il et quelles que soient les tentatives faites pour le renouveler — diminuent chaque jour. A l'opposé, la rhétorique islamiste, vierge de toute compromission avec le pouvoir, peut exploiter efficacement la dimension utopique inhérente au discours d'opposition.

Les titulaires du pouvoir, dans les républiques dites laïques du Maghreb, de l'Égypte ou du Croissant fertile, ont tous été de surcroît associés plus ou moins directement à la sécularisation volontariste qui a suivi les indépendances. Tous sont donc identifiés à cette marginalisation parfois autoritaire des institutions de la culture traditionnelle (domestication de l'université islamique d'Al-Azhar au Caire, fermeture de celle de la Zitouna ou dissolution des tribunaux « religieux » à Tunis, etc.), apparue un temps comme le point de passage obligé de la modernisation. Les élites au pouvoir sont donc aujourd'hui nettement moins crédibles quand elles réclament la réévaluation de références religieuses qu'elles ont plus ou moins directement contribué à discréditer. L'histoire, qui sait être cruelle, a mis en fait l'*intelligentsia* nationaliste de la première génération, dite « occidentalisée », dans la situation d'apparaître comme plus proche du colonisateur et donc, sur le terrain même du nationalisme qui l'a constitué en tant qu'élite, d'être moins crédible que ses bruyants successeurs islamistes. Le « Vive Dieu » qui monte des mosquées manifeste donc le rejet de l'Occident mais également de ces élites à la fois « laïques » — c'est-à-dire, dans la logique islamiste, hostiles au système normatif et symbolique endogène — et, le cas échéant, corrompues et despotiques, accusées d'en être les continuateurs.

Pour les opposants laïques à ces régimes, la situation n'est donc pas fondamentalement meilleure. Sans doute échappent-ils au discrédit de l'échec des politiques de développement et autres accusations de corruption. Sans doute n'ont-ils point non plus de passé de répression à se faire pardonner. Mais, si généreux qu'ait pu parfois être leur combat, les gauches arabes ont rarement acquis une véritable autonomie idéologique par rapport aux régimes laïques qu'elles combattaient [15]. Lorsque, dans les monarchies conservatrices, cela a été le cas, leur capital symbolique a subi de plein fouet l'effon-

15. *Cf.* François BURGAT, « Algérie, la longue marche de la société civile », *Encyclopædia Universalis*, Paris, 1990.

drement communiste. Dans tous les cas, elles pâtissent aujourd'hui d'un discrédit proche de celui des régimes qu'elles ont combattus. Un peu partout, la distance entre ces oppositions et les détenteurs du pouvoir s'est d'ailleurs singulièrement rétrécie. En Tunisie, en Algérie ou en Égypte, lorsqu'il a fallu « choisir son camp », c'est aux régimes que — fût-ce en désespoir de cause — se sont le plus souvent adossées les forces que la poussée islamiste marginalisait plus efficacement encore que les tenants du pouvoir. Ces « convergences objectives » se sont souvent explicitées jusqu'à prendre la forme d'alliances plus ou moins déclarées. A Alger, le Rassemblement pour la culture et la démocratie (RCD), très vraisemblablement né de surcroît de la volonté du gouvernement plus sûrement que d'une quelconque poussée démocratique et libérale, en constitue une première illustration. C'est tout autant le cas du vieil opposant trotskiste que fut Mohammed Boudiaf, qui offrit un jour ses services à ceux qu'il avait combattus toute sa vie. C'est le cas de l'héritier du Parti communiste algérien, l'ex-Parti de l'avant-garde socialiste (PAGS, aujourd'hui *Ettahadi*, « le Défi »), qui a défendu une ligne « éradicatrice » identique à celle des généraux algérois dont il avait un temps au moins défié l'absolutisme. C'est celui du Mouvement tunisien des démocrates socialistes (MDS), qui a renoncé peu à peu à combattre l'absolutisme du successeur de Bourguiba et préféré, toute honte bue, s'y rallier avec armes et bagages. Ou encore celui du Rassemblement patriotique (*Al Tagamu'al Watani*) égyptien de Khaled Mohieddine qui, en 1991, a refusé de s'associer au boycottage d'élections pourtant manifestement truquées, préférant aller glaner dans des urnes douteuses des sièges qu'il savait hors de sa portée dans un scrutin un peu moins frelaté. Il y a bien sûr, pour confirmer la règle, quelques notables exceptions : en Algérie, le Parti des travailleurs de la trotskiste Louisa Hanoune, qui ne s'est jamais départi de sa réticence à l'égard du projet islamiste, n'a pas cru devoir pour autant faillir aux exigences de la logique électorale, ce qui lui a valu d'ailleurs une constante reconnaissance de ses adversaires du FIS. Le Front des forces socialistes, quoique plus réticent, n'a jamais pris lui non plus le chemin hasardeux d'un désaveu pur et simple du verdict des urnes. Mohammed Mzali et Ahmed Bensalah, anciens ministres tunisiens passés à l'opposition en exil, ont choisi tous deux, sans pour autant entrer dans leurs rangs, d'établir le contact et de coordonner leur action avec les islamistes d'Ennahda [16].

L'incapacité croissante des régimes à capter les bénéfices de la réislamisation procède enfin d'une ultime contradiction : la crédibilité de la rhétorique islamiste est incompatible avec les allégeances que difficultés économiques et pressions américaines obligent les régimes arabes à adopter. L'« islamisme » de ceux qui doivent se plier aux oukases de la politique étrangère américaine perd inexorablement ainsi le bénéfice de sa précieuse composante « nationaliste » et identitaire. L'effondrement de la légitimité « islamique » du gardien saoudien des lieux saints de l'islam au lendemain de son alliance de 1990 avec les États-Unis pour contrer l'Irak et l'émergence d'une puissante opposition islamiste au trône de Riyad en constituent l'un des meilleurs exemples récents. La difficulté croissante des institutions de l'islam égyptien à conserver leur crédibilité sans se départir de leur soutien au régime signataire des accords de Camp David et membre de la coalition américaine contre l'Irak en est un autre. L'impossibilité pour l'OLP de capter les mêmes dividendes que ceux de ses opposants qui ont voulu voir dans les accords d'Oslo d'avantage d'*istislâm* (soumission ou capitulation) que de *salâm* (paix) souligne enfin la même insurmontable contradiction. D'un bout à l'autre du monde arabe, la normalisation des relations avec Israël tend ainsi irrésistiblement à transférer le monopole d'accès aux dividendes nationalistes vers ceux qui s'y opposent, c'est-à-dire, pour l'essentiel, aux islamistes.

L'islamisme « par le haut » ou « par le bas » ?

On connaît la distinction fructueuse proposée par Jean-François Bayart entre le politique « par le bas » et « par le haut », dont la validité et l'utilité ne sauraient être négligées [17]. C'est donc moins la différenciation entre une islamisation révolutionnaire « par le haut » et une islamisation sociale « par

16. *Cf.* notamment Mohammed MZALI, *Tunisie, quel avenir ?*, Publisud, Aix-en-Provence, 1991.

17. Jean-François BAYART, « L'énonciation du politique », *Revue française de science politique*, n° 35, juin 1985. *Cf.* également Jean-François BAYART, *Le Politique par le bas en Afrique noire : contributions à une problématique de la démocratie*, Karthala, Paris, 1990 ; et *L'État en Afrique : la politique du ventre*, Fayard, Paris, 1989.

le bas » qui mérite d'être discutée que l'instrumentalisation chronologique qu'en proposent Gilles Kepel et Olivier Roy à propos de l'aire musulmane, et la portée explicative et non pas seulement descriptive qu'ils ont longtemps semblé lui accorder [18]. Que se passe-t-il aujourd'hui dans le monde arabe ? Eh bien, s'entendirent longtemps répondre ceux que préoccupaient les turbulences méditerranéennes, « les mouvements islamistes, qui avaient longtemps opté pour une "islamisation révolutionnaire par le haut", ont désormais changé de stratégie et choisi depuis peu une une réislamisation "sociale" par le bas ». Est-ce si sûr ? Et que donne vraiment à comprendre l'affirmation de cette « mutation de fond » qu'auraient connue les mouvements islamistes « au cours des années quatre-vingt », « le modèle politique révolutionnaire, qui vise à la prise de l'État par l'action violente [ayant] fait place à une stratégie de réislamisation par le bas de l'ensemble de la société [19] » ?

Une telle mutation présuppose d'abord que les courants islamistes ont eu des modes d'action très monolithiques. Elle implique ensuite qu'il y ait eu dans les années soixante-dix une claire prédominance des modes d'action révolutionnaire et dans les années quatre-vingt une aussi nette domination des modes d'action sociale. Elle suppose enfin que la composante du mouvement qui était révolutionnaire et seulement révolutionnaire dans les années soixante-dix ait effectivement changé de voie au cours des années quatre-vingt. Or aucune de ces trois assertions ne peut être véritablement vérifiée, au Machreq comme au Maghreb.

L'hypothèse d'un préalable révolutionnaire transformé au

---

18. Avant d'évoluer il est vrai vers des formulations plus ambivalentes, comme par exemple Gilles Kepel dans l'introduction à l'ouvrage collectif *Exils et royaumes, les appartenances au monde arabo-musulman aujourd'hui* (Presses de la FNSP, 1994, p. 30) : « Le développement de la contestation islamique ne s'effectue pas sur un mode linéaire. Dans un premier temps, jusqu'au milieu des années quatre-vingt environ, les mouvements *qui occupent l'attention des autorités et des médias* [...] privilégient un processus de réislamisation par le haut. »

19. « L'échec du modèle révolutionnaire est d'abord l'échec de la révolution iranienne que symbolisent deux dates : septembre 1980 et juin 1989. [...] La mort de Khomeyni a laissé ce qui restait du mouvement révolutionnaire dépourvu d'un chef charismatique » (*cf.* notamment Gilles KEPEL, *La Revanche de Dieu*, Le Seuil, Paris, 1991) ; *cf.* également Olivier ROY, « De l'islam révolutionnaire au néo-fondamentalisme », *Esprit*, septembre 1990 : « Les mouvements islamiques ont donc connu au cours des années quatre-vingt une mutation de fond : le modèle politique révolutionnaire, qui vise à la prise de l'État par l'action violente sur le mode iranien, fait place à une stratégie de réislamisation par le bas de l'ensemble de la société, dans les mœurs, la culture et les comportements. »

cours des années quatre-vingt en repli « par le bas » suppose d'abord que les mouvements de réislamisation « par le haut » des années soixante et soixante-dix soient apparus *ex nihilo*, sur un terrain qu'aucune mobilisation piétiste ou sociale n'aurait précédé. Or une large majorité des leaders des mouvements islamistes dits « révolutionnaires », en Égypte, au Maghreb ou ailleurs dans le monde arabe, ont eu avant de passer à l'action politique, *a fortiori* révolutionnaire, des ambitions seulement piétistes ou sociales, que ce soit le Tabligh [20] ou même le soufisme, toutes mobilisations non révolutionnaires sinon strictement apolitiques. Le prosélytisme pacifique des prêcheurs *tablighis* semble même avoir été l'une des principales antichambres de l'islamisme « révolutionnaire ». « C'est la simplicité des *tablighis* qui nous a influencés, explique Ahmida Enneifer, l'un des fondateurs du courant tunisien, leur façon de vivre qui, en Tunisie, avait complètement disparu. » « Pour le Maroc, cela a été exactement la même chose, se souvient le leader islamiste marocain Abdessalam Yassine, ce sont eux, les *tablighis*, et non point les Frères musulmans, qui ont été les premiers. » En Égypte même, ce sont les associations tolérées parce que réputées apolitiques, telles que la Gam'ia Char'ya ou Ansar al-Sunna dont les mosquées ne sont pas soumises au contrôle du ministère des biens *waqfs*, qui ont servi de réceptacle à la mobilisation révolutionnaire [21].

En Égypte toujours, les Frères musulmans eux-mêmes, sauf à dénaturer complètement la lecture de leurs premières références, ne sauraient être identifiés au seul registre de la réislamisation par le haut. Il faut attendre l'excroissance de la pensée de Sayyed Qutb [22] puis accepter que l'arbre qutbiste masque l'entière forêt islamiste pour voir alors la réalité des années soixante et soixante-dix se plier un tant soit peu à la représentation qui nous en est proposée.

Pour une large majorité du courant, les modes d'action révolutionnaire n'ont ensuite à peu près jamais été acceptés. Sauf à négliger des pans entiers de la réalité et à laisser les commu-

---

20. *Cf.*. *infra*, chapitre 2.

21. *Cf.* notamment Salah AL-WARDANI, *Le Mouvement islamiste en Égypte : les données des années soixante-dix*, Markaz al hadhara al arabia lil i'lâme wal nachr, Le Caire, 1989.

22. Sayyed Qutb, exécuté en 1966 au Caire, est souvent considéré comme le père de l'islamisme radical, ne serait-ce que parce qu'il a fait sienne l'idée d'une « excommunication » du système politique qui le persécutait puis de la société tout entière qui le tolérait. *Cf.* notamment Olivier CARRÉ, *Mystique et politique, lecture révolutionnaire du Coran par Sayyed Qutb, frère musulman radical*, *op. cit.*

niqués officiels ou la presse à sensation des gauches arabes[23] se substituer à l'observation, il est impossible de nier que de larges composantes du courant islamiste, y compris les plus « actives », ne sont jamais entrées dans le moule de la réislamisation « par le haut » ; et que, dès lors, leurs ambitions éducatives ne peuvent donc pas être interprétées comme le résultat d'un quelconque « changement d'option ». Lorsque cela a été le cas, les préoccupations éducatives sont de surcroît toujours demeurées intactes.

La plupart de ceux qui ont été étiquetés « révolutionnaires » dans les années soixante-dix étaient en fait tout autant des adeptes de l'action « par le bas ». Hormis pour la petite organisation égyptienne Jihad (au sens précis du terme, c'est-à-dire infiniment moins important que ne le laisse entendre la surexploitation médiatique de cette appellation), les pratiques de l'islamisation sociale sont restées centrales dans les préoccupations de tous ces groupes considérés comme révolutionnaires dès lors qu'ils ont entrepris de réagir à la violence de l'État. En Égypte, la doctrine des Frères musulmans est indissociablement liée à l'action sociale et éducative. Mais la Gemaa Islamiyya ne peut pas non plus être identifiée au seul univers de la réislamisation « par le haut ». Même si on la classe dans la catégorie des groupes « révolutionnaires » (ce qui devient exact à partir du pacte que nouent ses responsables avec le groupe de M. A. Farag à la fin des années soixante-dix), l'évocation d'un tournant au début des années quatre-vingt ne rend compte que d'une toute petite partie de la réalité. Même lorsque l'idée d'un prolongement révolutionnaire à l'action piétiste et sociale fait son chemin, elle demeure indissociable des pratiques éducatives de l'islamisation « par le bas ».

Cette ambivalence réduit donc considérablement la portée de la distinction entre les deux composantes d'une même mobilisation. Il ne s'agit nullement là d'une simple nuance méthodologique. Attester que les courants islamistes ont « changé de mode d'action » pave la voie du seul paradigme de la violence pour expliquer un phénomène autrement plus complexe, et cautionne dès lors implicitement la représenta-

23. En Égypte, l'hebdomadaire *Rose al-Youssef* est à l'origine d'une bonne part des affabulations relatives à la pratique des groupes islamistes, la moindre d'entre elles n'étant pas un pseudo- « droit de cuissage » dont auraient bénéficié les émirs de ces groupes, affirmation qui fera sourire quiconque s'est approché un tant soit peu des militants islamistes.

tion officielle construite par les régimes pour fonder leurs options répressives.

Lorsque le cloisonnement haut/bas se justifie, comme c'est le cas pour l'organisation Jihad, la distinction, pour une fois fonctionnelle, n'est pas pour autant mise en œuvre de manière convaincante. Là encore, l'inventaire de la décennie quatre-vingt recèle, ne serait-ce qu'en Égypte, plus d'une surprise. L'examen de la doctrine et des pratiques de la petite composante qui peut dans les années soixante-dix être effectivement qualifiée de « révolutionnaire », et seulement révolutionnaire, démontre en fait qu'elle n'a au cours des années quatre-vingt en aucune manière changé d'option et qu'une nouvelle fois la prétendue « mutation de fond » ne rend précisément compte d'aucune réalité susceptible d'être érigée en guide de lecture.

Certes, les groupes activistes qui ont uni à la fin des années soixante-dix leurs forces pour mettre au point l'attentat meurtrier contre Anouar el-Sadate ont pu paraître adopter après leur échec une stratégie moins ostensible. Mais le fait que la décennie quatre-vingt ait connu moins de manifestations révolutionnaires ne s'explique pas par un quelconque « changement de fond » des groupes en question. L'organisation Jihad, après avoir mesuré en prison (jusqu'en 1984 pour une partie de ses militants, bien plus longuement pour d'autres) les contradictions et les risques de l'action « par le haut », a bien introduit un peu de réalisme dans sa stratégie et semblé tempérer son action. En réalité, seule la leçon de l'échec de 1981 était passée par là. L'organisation avait d'abord dû reconstituer des réseaux ravagés par la répression. Elle avait surtout tiré ensuite les conséquences de la disproportion totale entre la réussite apparente de l'« affaire Sadate » et son incapacité absolue à lui donner un quelconque prolongement politique. En l'absence d'une conjonction aussi exceptionnellement hasardeuse que celle qui avait permis le succès de l'opération suicide de la « tribune [24] », personne ne souhaitait donc se lancer dans une nouvelle aventure. L'assassinat de Sadate imposera en fait, notamment en Occident, une image disproportionnée du potentiel de l'organisation, ce que ses anciens dirigeants reconnaissent très volontiers [25]. Lorsque, à tort ou à raison, la

24. L'« affaire de la tribune » désigne désormais en Égypte l'assassinat de Sadate. Abboud Zummer, qui était partisan de ne rien tenter avant 1984, n'a déclenché l'opération que parce que la vague d'arrestations lancée en 1981 par Sadate avait fait craindre que le réseau ne soit découvert.

25. Kamel Saïd Habib, entretien avec l'auteur, Le Caire, 1993.

conjoncture sera jugée plus favorable, mais en fait surtout pour répondre à la violence croissante de la répression, les membres du groupe identifié comme Tala'i al-Fath retrouveront, en 1993, leur méthode de lutte révolutionnaire en s'en prenant au sommet de l'appareil d'État[26].

Ni en 1980, ni après, cette composante du mouvement n'a donc moindrement remis en cause le principe de ces interventions pour se tourner vers des modes d'action de substitution. Pour les militants de l'organisation Jihad, le mot d'ordre d'investir clandestinement l'armée, à leurs yeux unique instrument crédible d'action révolutionnaire, pour prendre ensuite le pouvoir et opérer ainsi une islamisation « par le haut », n'a en fait jamais changé. Leur énergie ne s'est pas dissipée dans une quelconque islamisation éducative « par le bas », que les « jihadiens », même lorsqu'elle est autoritaire, évoquent avec mépris, stigmatisant les « briseurs de bouteilles » et autres « brûleurs de vidéo » de la Gemaa Islamiyya et, *a fortiori*, la « compromission » des « traîtres » que sont à leurs yeux (comme à ceux de la Gemaa Islamiyya d'ailleurs) les trop légalistes Frères musulmans.

Lorsque le *leadership* historique de la Gemaa Islamiyya, représenté en prison par Omar Abderrahmane, rompt avec celui de l'organisation Jihad, représenté par Abboud Zummer (le commandant des renseignements militaires impliqué dans l'assassinat de Sadate, seul accusé de premier plan à avoir échappé à la peine de mort), l'un des points de rupture est précisément l'option que défend A. Zummer d'une action qui soit seulement clandestine et se tienne donc à l'écart du prosélytisme à ciel ouvert que prône la Gemaa[27].

---

26. Hosni Moubarak a fait l'objet d'une double tentative d'assassinat, généralement imputée aux membres de la Gemaa Islamiyya. En 1994, une bombe a été découverte dans le hall d'un aéroport de l'est du pays où il transitait régulièrement. Deux officiers ont été condamnés à mort et exécutés au titre de ce complot. Selon Talaat Fouad al-Qassimi, le porte-parole en exil de la Gemaa Islamiyya, une seconde tentative, sur laquelle il se refuse à donner des précisions, aurait avorté.

27. Entretiens avec des membres de la Gemaa et de Tanzîm al Jihad. Les nombreuses publications consacrées à l'organisation Jihad attestent cette réalité. *Cf.* notamment Mostepha HALA, *L'Islam politique, du réformisme aux groupes violents*, Markaz al dirasât al siyâsiya wal strategia, Le Caire, 1992, qui met bien en lumière les différences doctrinales entre la Gemaa Islamiyya et Tanzîm al Jihad. Voir également les documents regroupés par RIFAAT SAYYED Ahmed dans *Al Nabi al musalah : Al Rafidûn* et *Al Nabi al musalah : al Thaïroune*, Riad-al-Rayyes Books, Londres, 1991. Du même auteur, on lira également *Al Islambouli, Rou'ya jedida litanzîm al jihâd*, Madbouli, Le Caire, 1987. Des entretiens avec Abboud Zummer, détenu à la prison de Torah (au sud du Caire), ont été publiés par Ahmed RAGAB, *Abboud Abbdellatif Hassan al-Zummer : hiwarate wa watha'iq* (entretien et docu-

La dichotomie chronologique années soixante-dix/années quatre-vingt interdit enfin de rendre compte des multiples « entrées en politique » opérées au cours des années quatre-vingt. C'est en 1982 que le Hezbollah libanais, en réaction à l'invasion israélienne du Liban, fait son entrée en politique les armes à la main. Et c'est en 1987 que les Frères musulmans palestiniens se sont dotés, avec Hamas, d'un nouvel instrument d'intervention dans le champ de la résistance palestinienne.

Quitte à accepter la structure d'un découpage chronologique, tout pousserait plutôt à souligner alors l'antériorité des manifestations sociales et éducatives de la dynamique de réislamisation qui ont, les premières, « travaillé » les sociétés de l'ex-périphérie coloniale de l'Occident. Cette mise en scène chronologique n'est pas indifférente à la perception des phases ultérieures de la poussée islamiste : c'est en effet la réussite et non point l'échec de ces premières formes de prosélytisme qui a manifestement alarmé suffisamment les régimes ou leurs protecteurs étrangers pour justifier les premières poussées répressives (dont l'assassinat du fondateur des Frères musulmans sera l'une des étapes), qui ont elles-mêmes nourri ensuite la radicalisation « qutbiste » et ses différents avatars « jihadiens ». On est dès lors très loin de la proposition de départ qui a le tort d'occulter une série de causalités essentielles.

On préférera l'hypothèse de la concomitance à peu près constante des modes d'action révolutionnaire et sociale. Non seulement les bruyants mouvements de réislamisation dits « par le haut » n'ont pas disparu au cours des années quatre-vingt, mais il semblerait surtout qu'ils n'aient eu d'antériorité voire d'autonomie dans le processus de réislamisation que dans... le regard extérieur, occidental notamment, qui a consacré leur émergence médiatique. La prise en compte des dimensions sociales, moins accessibles à l'observation, n'interviendra qu'ultérieurement et, de toute évidence, que partiellement.

La représentation de la réislamisation « par le bas », et sans doute est-ce là l'essentiel, ne sera pas moins diabolisée que

---

ments), Markaz al Hadhara al Arabia lil 'ilan wal nachr, Le Caire, 1991 ; et Mahmoud Fawzi, *Abboud al-Zummer : comment a-t-on tué Sadate ?*, Dar al-Nachr-Hatier, Paris-Le Caire, 1993. Sur les tensions doctrinales entre Jihad et Gemaa, *cf. Al Hasad al murr* (« La récolte amère ») par Aïman al-Dhouari, l'un des leaders de la Gemaa en exil au Pakistan, ou *Batlân wilâya al dharîr* (« Un aveugle ne commande pas », allusion à la cécité du cheikh Omar Abderrahmane), *fatwa* de l'organisation Jihad, à laquelle la Gemaa a répondu sur le même registre par un *La imara li asîrin* (« Un prisonnier ne commande pas ! »), allusion au colonel Abboud Zummer.

celle de l'action révolutionnaire. Une religieuse chrétienne française peut — et c'est une bonne chose — investir en Égypte des centaines de millions de francs dans un réseau d'aide humanitaire sans heurter les consciences. Mais ces mobilisations sociales et éducatives, qui ne génèrent qu'admiration lorsqu'elles résultent de l'initiative de sœur Emmanuelle, n'évoquent plus, lorsque change la forme de la coiffe des institutrices ou la coupe de la barbe des infirmiers, que la partie émergée de sombres stratégies totalitaires : les « intégristes » n'assassinent plus, ils « infiltrent », ce qui n'est pas moins inquiétant.

Comme toute mobilisation en partie réactionnelle, voire comme toute mobilisation politique, la poussée islamiste n'est pourtant exempte ni de limites ni de contradictions, comme on va le voir.

4

D'un islamisme l'autre : l'islamisme entre réaction et action

Les limites de la rhétorique islamiste tiennent d'abord au caractère conjoncturel, restreint dans le temps, des bénéfices que procure son exploitation politique : la phase de « réintroduction de l'islam » ne saurait être éternelle. Ceux qui en tirent aujourd'hui profit vont donc être assez vite amenés à trouver, comme leurs prédécesseurs nationalistes « laïques », de nouvelles sources de légitimité.

Cette usure, en partie perceptible à Téhéran, est toutefois encore loin d'être de règle dans le monde arabe. Même dans le cas des successeurs de Khomeyni, dont on se plaît à souligner ici et là les difficultés, c'est plus une équipe politique qui est en train de s'user que le principe de la rupture symbolique avec l'Occident qui l'a en partie portée au pouvoir.

Si critiques soient-ils à son égard, les *challengers* islamistes du FLN algérien ne remettent nullement en cause la rupture qu'il a opérée avec le colonisateur. De la même manière, une défaite de l'équipe arrivée au pouvoir en 1979 en Iran n'a à peu près aucune chance, n'en déplaise aux chantres de la « fin du rêve islamiste », de voir renier l'acte fondateur du khomeynisme. Pour essentiels qu'ils puissent être, ce ne sont que des remaniements *internes* au nouveau système qui sont en train de s'opérer, mais certainement pas sa remise en cause.

Ce n'est donc pas dans cette dénonciation de l'hégémonie culturelle occidentale que réside la limite la plus voyante de la rhétorique islamiste : sur ce terrain, un relatif consensus des acteurs serait plutôt en train de s'opérer, qui tend à reconnaître la réalité de la déculturation coloniale et la nécessité d'y remédier. De Tunis au Caire, les régimes s'efforcent en fait de capter à leur profit les dividendes de la réislamisation bien plus que d'en contester la légitimité. Une part importante des forces politiques perçues comme « anti-islamistes » relève en fait d'une opposition au courant islamiste plus clientéliste et circonstancielle qu'idéologique. On l'a vu, le conflit entre régimes et oppositions est en effet bien loin d'avoir partout l'arrière-plan idéologique (islamisme contre laïcisme) qu'on lui attribue souvent.

C'est donc moins dans le diagnostic que dans les remèdes, moins dans son « principe de fonctionnement » que dans certaines de ses appropriations que résident les ambiguïtés, les contradictions et les dangers d'une partie de la rhétorique islamiste. Moins que dans la prise de distance à l'égard de la culture occidentale, ils résident dans les modalités de reconstruction de l'« authenticité », c'est-à-dire dans le choix et le mode de lecture des références « locales » que, pour mettre un terme à la « schizophrénie culturelle » des sociétés concernées, la rhétorique islamiste se propose d'y substituer.

La *chari'a*, sinon rien ?

L'alternative à la « dépendance culturelle » passe, dans le noyau dur du discours islamiste, par la restauration de la « souveraineté divine » et la réhabilitation de l'ordre normatif qui en est issu. Un État islamique est donc un État dont les gouvernants respectent une exigence de base : gouverner « avec ce que Dieu a révélé » aux hommes, c'est-à-dire la loi divine, la *chari'a* de Dieu. Le programme politique de toutes les formations islamistes accorde donc sans surprise une place centrale à cette revendication ou à celle de la restauration du *Dawla islamiyya* (État islamique). Dans la version littéraliste de la rhétorique islamiste, la restauration de la « souveraineté divine » et l'application de la *chari'a* qui en découle doivent suffire à satisfaire la totalité des besoins normatifs de la société [1]. Pourtant, si les principes font l'unanimité, l'inter-

1. Le fait, déjà évoqué, que la concurrence de la norme d'origine coutumière ne lui ait permis, dans la réalité de l'histoire des sociétés musulmanes, de bénéficier que de fugitives périodes de monopole n'y change rien. D'abord parce que la concurrence de la coutume locale n'a pas la même résonance, en termes identitaires, que celle de normes perçues comme étrangères. Mais surtout parce que, on l'a déjà souligné, derrière la revendication de la *chari'a*, c'est la dimension mythique de la res-

prétation de la notion de *chari'a* et des conditions concrètes de sa mise en œuvre laissent place à de substantielles divergences. C'est dans cet espace d'interprétation que vont logiquement se développer les principaux malentendus. Mais c'est tout autant dans cette zone de tension et de négociation, dans cet espace du politique qui refuse en fait de dire son nom, que vont se faire jour les principales dynamiques, s'exprimer les différences et s'affirmer les évolutions.

Même si elle est représentée comme d'essence céleste, la « loi de Dieu » n'en est pas moins en effet pour une bonne part le résultat d'une médiation parfaitement humaine : hormis un nombre limité de commandements explicites, la loi de Dieu requiert impérativement l'interprétation de juristes (*fuqaha*), qui ne peuvent qu'être « en communication » avec l'environnement qui sollicite leur savoir. Or si les techniques d'exégèse sont recensées et codifiées, la teneur philosophique de cette perpétuelle médiation laisse place à un vaste espace d'initiative. L'exigence très largement consensuelle d'« application de la *chari'a* », c'est-à-dire de restauration de l'ordre normatif musulman qui est au cœur de la poussée islamiste, peut donc faire l'objet d'innombrables appropriations, d'innombrables expressions. Le degré d'historicisation que ses acteurs acceptent d'introduire dans leur relation au noyau invariant du dogme, leur volonté plus ou moins affirmée d'adapter ce donné-révélé aux exigences de l'heure, leur volonté de ne point « lire le Coran avec les yeux des morts » selon la belle formule de Roger Garaudy [2], ou à l'inverse le « littéralisme » ou l'« intégrisme » de leur attitude produit cette diversité des manières « islamistes » de voir, de penser et d'agir.

Si c'est sans surprise ce terrain du rapport à la loi divine qui voit passer la ligne de fracture au sein de l'*intelligentsia* arabe, c'est également là que se manifeste la dialectique de différenciation et de modernisation interne à la mouvance islamiste. « Politiquement, nous rejoignons certainement Omar Abderrahmane [3] sur de nombreux points », souligne par exem-

---

tauration d'un ordre symbolique qui est véritablement en jeu. Divines, les normes « islamiques » sont surtout perçues comme endogènes par rapport aux règles du droit positif d'inspiration occidentale et c'est en ce sens qu'elles satisfont ces exigences d'« authenticité » refusées aux normes importées de l'outre-mer colonisateur.

2. Roger Garaudy, *Les Intégrismes*, Belfond, Paris, 1991.

3. Souvent considéré comme le plus radical des penseurs de la mouvance islamiste égyptienne, il donna sa caution d'expert en jurisprudence islamique à l'assassinat de Sadate. Exilé à New York depuis 1990, il est toujours considéré comme le leader

ple un leader du Parti égyptien du travail[4] : « Pour condamner les milliers d'arrestations et la torture infligée de manière banalisée aux membres de la Gemaa Islamiyya, pour dénoncer l'absolu blocage du système politique de notre pays ou l'iniquité de l'attitude occidentale vis-à-vis des élections algériennes, etc. Mais Omar Abderrahmane nourrit sa pensée du seul Ibn Taymiyya (XIVe siècle), alors que nous appuyons la nôtre sur Ibn Taymiyya et chacun de ses successeurs. Nous voulons nous réconcilier avec l'histoire, alors qu'il a lui-même tendance à s'en abstraire. Notre regard sur la *chari'a* est donc différent : il s'agit pour nous d'une sorte de projet global qu'il nous appartient de construire progressivement, alors qu'il aurait lui-même tendance à n'y voir qu'un catalogue de sanctions pénales à appliquer brutalement. » Sur le terrain de la démocratie, sur celui du statut de la femme, du droit pénal classique ou de n'importe laquelle des facettes de la modernisation juridique et politique, on pourrait multiplier les exemples.

A l'un des deux extrêmes possibles, une lecture très littéraliste donnera à la notion de *chari'a* un contenu extensif englobant l'intégralité du *fiqh*, c'est-à-dire la traduction très détaillée des principes généraux opérée par des générations de juristes musulmans depuis des siècles. La différence entre *fiqh* et *chari'a*, la dimension immuable de l'une et l'adaptabilité de l'autre sont pourtant attestées avec constance par la tradition musulmane : « La *chari'a*, rappelle par exemple Bishri, ce sont les normes transmises par le Très Haut à ses serviteurs. Ses sources principales, le Coran et la Sunna, sont d'origine divine et immuables. Le *fiqh*, en revanche, est la connaissance de ces normes qui doivent réguler le comportement des créatures humaines. C'est l'étude de ces normes, de leur définition, par les méthodes inductive ou déductive. Il est donc indispensable que, tout en restant dans le cadre de la religion, il s'adapte aux exigences du temps, aux besoins humains. Changer ne veut pas dire toucher à la source de la norme mais seulement à sa signification, face à l'évolution des situations et à la diversité des circonstances[5]. »

---

de la Gemaa Islamiyya, l'un des principaux mouvements activistes de l'islam oppositionnel égyptien.

4. Rifaat Sayyed Ahmed, rédacteur en chef de la revue *Minbar al-Charq*.

5. Tareq AL-BISHRI (traduit par B. BOTIVEAU), « La question juridique entre *chari'a* islamique et droit positif », *Dossier du CEDEJ*, n° 3, 1985, Le Caire, p. 179-207

A l'opposé de la lecture littéraliste, on pourra donc voir dans la *chari'a* le sens minimal que lui donne le texte coranique d'une « voie » ou d'un état esprit qui doit imprégner le travail des législateurs humains. Pour Garaudy, le fait que le Coran ordonne [6] de respecter le contenu des révélations antérieures permettrait même de conclure que les dispositions expressément normatives qu'il contient ne peuvent s'appliquer littéralement chaque fois qu'elles contredisent les dispositions des précédentes révélations. L'« application de la *chari'a* » signifie alors seulement la nécessité pour le législateur musulman de s'imprégner de l'esprit de la révélation, de garder présente à l'esprit l'existence de ce corpus de principes supérieurs mettant un terme à l'autonomie de la volonté humaine sans pour autant lui dénier de vastes territoires d'expression. Cette vision minimale, même si elle n'est pas dominante, rapproche dès lors la fonction de la « loi divine » de celle du droit naturel du système occidental : un ensemble de préceptes hors de portée de la volonté humaine orientant plus qu'ils ne bornent le libre exercice de la volonté humaine ; en en traçant les limites, la « loi de Dieu » atteste dans cette logique bien plus qu'elle ne la dénie l'existence d'un espace d'autonomie de la volonté humaine. En en traçant les frontières, elle atteste l'existence d'un espace profane du politique.

Plus la notion de *chari'a* sera extensive, plus la lecture de son corpus juridique sera littéraliste et ahistorique, plus se rétréciront en revanche cet espace autonome du politique et sa possibilité de jouer un rôle essentiel de régulation. L'application littéraliste de la *chari'a*, cette « réification du droit musulman au Xᵉ siècle [7] », va donc inévitablement multiplier les tensions et les frictions entre les pratiques d'une composante plus ou moins large de la société, femmes « occidentalisées » ici, « démocrates » ailleurs, placés en porte à faux face à des normes trop longtemps demeurées à l'écart de toute évolution [8]. Du seul fait d'avoir été véhiculées par une culture

6. Roger GARAUDY, *Les Intégrismes*, *op. cit.*, « Le Livre est une direction pour ceux qui [...] croient à ce qui t'a été révélé et à ce qui a été révélé avant toi » (S II-2,3,4).

7. Jacques BERQUE, « Lectures contradictoires du Coran . le figé et l'ouvert », *La Pensée*, n° 299, juillet 1994, p. 69.

8. Sur la critique de l'articulation littéraliste de la *chari'a* et des exigences du droit moderne, *cf.* Abdullahi Ahmed AN NA'IM, *Toward an Islamic Reformation. Civil Liberties, Human Rights and Internationa Law*, Syracuse University Press, Syracuse, 1990 ; ainsi que les commentaires d'Ann Elisabeth MAYER, « A Critique of An-Na'im's Assessment of Islamic Criminal Justice », *in* Tore LINDHOM et Kari VOGT,

étrangère, des avancées modernisatrices se sont ainsi trouvées délégitimées, et discrédités ceux qui en avaient intériorisé les pratiques. Que les normes « islamiques » aient aujourd'hui besoin d'être « réhabilitées » atteste en effet qu'elles ont indiscutablement perdu le contact vital que tout système de normes doit entretenir avec la population qu'il prétend réguler. Leur « déficit d'historicité » fait ainsi que ces règles héritées d'un âge révolu sont tout aussi déconnectées des besoins de leurs destinataires que celles qu'elles prétendent remplacer. Pour soigner la « schizophrénie » culturelle supposée des anciens colonisés, le médecin islamiste risque ainsi de leur inoculer les germes d'une nouvelle schizophrénie. A une culture perçue comme « importée » de l'outre-mer occidental, il risque de substituer ici et là une culture qui, souligne le philosophe égyptien Fouad Zakariyya, l'est tout autant : non plus à travers l'*espace* méditerranéen cette fois, mais, sur une distance parfois plus considérable encore, à travers l'*espace-temps* qui, aussi efficacement que les kilomètres, a creusé l'écart avec les besoins de ses destinataires de la fin du XXe siècle.

C'est très logiquement cette forme littéraliste de relation à la « norme divine » et au patrimoine historique qui justifie les critiques les plus évidentes. Celle de Zakariyya[9] qui dénonce l'incapacité de ses compatriotes à historiciser la relation avec leur héritage touche sans doute le cœur du problème. Sans tomber dans le rejet indiscriminé du patrimoine sur lequel s'est construite la civilisation musulmane, il faut oser, plaide-t-il, se dissocier aujourd'hui de ses expressions anciennes. Pour faire revivre la gloire de ses pères, il faut en quelque sorte accepter l'idée… de les « enterrer ». En le plaçant à l'abri de toute critique et de toute dynamique d'adaptation, la mythification d'un patrimoine est sans doute la façon la plus pernicieuse de le dévaloriser : la pierre, si parfaite soit-elle, qu'un maçon craindrait de « recouvrir » en croyant ainsi lui rendre hommage, ruinerait toute progression de l'édifice. Telle est bien la contradiction dans laquelle une partie des acteurs islamistes se laisse enfermer. De même que chacune des pierres d'un édifice ne joue son rôle qu'en permettant à la suivante de prendre appui sur elle, même au prix de son « enterrement », le *tourath* (patrimoine) islamique, et notam-

---

Islamic Law Reform and Human Rights : Challenges and Rejoinders, Nordic Human Rights Publications, Oslo, 1993, p. 37.

9. Fouad ZAKARIYYA, *Laïcité et islamisme*, *op. cit.*

ment son expression normative, ne pourra servir pleinement ses héritiers qu'une fois désacralisé et « intégré » à la construction, c'est-à-dire distancié et, le cas échéant, critiqué, comme les artisans de la Renaissance européenne osèrent le faire à l'égard de l'héritage grec. Si lumineux soit-il, plaide Zakariyya, il est donc urgent de ne plus demander au passé davantage qu'il ne peut donner et surtout pas les innovations que réclame impatiemment le présent, et que — sauf à confondre le « culte » (les *ibadates*) et les normes de la vie en société (les *mu'amalates*) — aucune règle « sacrée » n'a jamais interdit.

Reste que la tentation autarcique qui guette les moins exigeants des idéologues islamistes produit bel et bien ici et là ces demandes incantatoires d'une application littéraliste de la *chari'a*. La rhétorique islamiste, dans ce terroir idéologique, prend indiscutablement alors les traits d'un ethnocentrisme conquérant et satisfait qui n'a rien à envier à celui qu'il dénonce. Cet intégrisme-là donne raison à ceux qui voudraient ne faire rimer « réislamisation » qu'avec réaction et régression. Et il constitue assurément le plus sérieux obstacle de la dynamique de renaissance civilisationnelle qu'il entend précisément promouvoir pour le monde musulman. Présent dans les composantes traditionalistes de la société, il fonde les craintes de ceux qui refusent une logique aussi strictement réactionnaire. De fait, un tel « retour en arrière » ne pourrait s'opérer sans l'appui d'une logistique de type dictatorial. Tel est bien l'un des enseignements de l'expérience iranienne, dont la phase la plus radicale a pris fin avec la mort de son principal architecte. A défaut de mesurer les ambiguïtés et les limites insurmontables d'une telle position, la composante « intégriste » du courant islamiste pourrait voir se tarir assez rapidement sa capacité de mobilisation. Dans cette hypothèse, mais dans cette hypothèse seulement, la poussée islamiste se trouverait alors cantonnée dans les limites de cette fonction *tribunicienne* qu'évoque Rémy Leveau [10], et les bastions où les idéologies laïcistes, aujourd'hui à la recherche d'un second souffle, auraient une chance de reprendre l'initiative. Mais le repli figé sur le mimétisme réactionnaire de l'âge d'or islamique est loin d'être le seul devenir possible de la mouvance islamique. D'autant que

---

10. Rémy LEVEAU, *Les Trajectoires du politique*, colloque de la Fondation nationale des sciences politiques, Bordeaux, septembre 1988 ; et *Le Sabre et le Turban. L'avenir du Maghreb*, François Bourin, Paris, 1993.

les manières islamistes de lire la doctrine ne sont pas seulement multiples, elles sont aussi évolutives.

Les itinéraires de la diversification

Telle ou telle déclaration de tel ou tel leader ou théoricien islamiste n'a donc de sens, en termes d'analyse, que si l'on garde à l'idée sa constante aptitude à évoluer. Dès lors, c'est moins le discours d'un islamiste à un moment donné qui fait sens que la vérification que ce discours est non seulement variable d'un lieu ou d'un individu à l'autre, mais qu'il n'est plus en 1994 ce qu'il a été en 1975 ; et que ces multiples attitudes islamistes, dont l'autocritique n'est jamais absente, évoluent autant au gré de l'itinéraire de leurs auteurs qu'à celui des mutations, économiques et politiques de leur environnement local ou international, répressif ou libéral, intégrateur ou ostracisant, etc. Seules les grandes tendances qui se dégagent de ces puissantes dynamiques peuvent servir de base à une conceptualisation et à une prospective de l'« islamisme ». En politique, l'islam ne saurait donc être considéré (du point de vue de l'observateur, que l'on oublie parfois de dissocier du *credo* de certains des acteurs) comme une source de recettes intangibles et directement utilisables, que les acteurs accepteraient (ils seraient islamistes) ou refuseraient (ils seraient laïques) d'appliquer. On y verra plus réalistement un simple mais inépuisable réservoir de légitimation. Les réponses que donnent les textes sacrés aux acteurs du combat politique, à la fois diversifiées (jusqu'à être contradictoires) et évolutives, ne sauraient être seulement référées, comme le font trop d'observateurs, à un « absolu » d'origine divine que, pour connaître l'avenir politique du monde arabe, il suffirait d'aller traquer dans les sourates du Coran ou, seulement, dans l'histoire de la pensée musulmane. Ces réponses sont plus simplement le reflet de… la personnalité de ces acteurs et du contexte qui génère leurs demandes.

La multiplicité des « solutions » que peut le cas échéant légitimer la religion s'explique donc par la diversité des itinéraires socio-éducatifs et des attentes politiques conscientes ou inconscientes de ceux qui s'y réfèrent. La composante réactionnelle de la rhétorique islamiste motive le soin de ses utilisateurs à se démarquer idéologiquement des options de l'Occident ou des régimes arabes qu'elle dénonce. C'est là une première forme d'interaction. Mais les comportements politiques de l'environnement arabe ou occidental affectent aussi très directement les itinéraires et les modes d'expression islamistes : le contact direct avec l'environnement occidental génère le plus souvent chez les candidats à l'expatriation une double « ouverture intellectuelle », tout autant qu'un durcissement tactique. Les leaders islamistes condamnés à l'exil par la répression y gagnent une forme d'ouverture d'esprit, mais peuvent également nourrir leur rejet du modèle occidental d'une expérience directe.

On a les « islamistes que l'on mérite ». Le comportement politique des islamistes est en fait partiellement déterminé par celui de leurs interlocuteurs locaux et internationaux : les régimes d'abord, selon qu'ils font preuve d'un certain légalisme ou ne savent à l'inverse manier que le langage de la répression. L'environnement occidental ensuite, selon qu'il donne aux références humanistes et démocratiques qu'il prétend vouloir exporter un minimum de crédibilité en acceptant d'y mesurer les pratiques de ses alliés politiques (par exemple, en dénonçant la banalisation de la torture et la dénaturation des opérations électorales de ses alliés « démocrates » arabes), ou leur confère, au contraire, une géométrie trop explicitement variable en fonction de ses intérêts.

Les déterminations économiques qui monopolisent souvent l'analyse (au point de la fausser) peuvent enfin retrouver ici leur juste vertu explicative. La rhétorique des étudiants de la *diaspora* arabe aux États-Unis n'a plus la même teneur que celle que concoctaient leurs aînés dans les instituts techniques d'Assiout, ou que celle qui germe dans la tête des exclus des systèmes éducatif, économique et politique des banlieues algéroises.

La composante « intégriste » de la poussée islamiste permet-elle de rendre compte du processus de réislamisation dans son ensemble ? Assurément, si l'on entend se maintenir sur le terrain du combat politique, comme le font les analystes des courants islamistes qui sont également ses adversaires [11]

11. Ainsi du même Fouad ZAKARIYYA (*op. cit.*), qui insiste sur la « dérive formaliste » dont feraient preuve les islamistes dans leur appel à un respect littéraliste des rites religieux, et tend ce faisant à nier trop systématiquement la dimension politique et identitaire de leur discours. Ou encore de son argumentation dangereusement proche du *wishful thinking* occidental lorsque, au lendemain de la guerre du Golfe, il énonce ces « deux raisons de croire au déclin de l'islamisme » : « La fin de la menace communiste pour un mouvement qui avait des liens importants avec les pays anticommunistes tels que l'Arabie Saoudite et les États-Unis », et le fait que « l'échec

Certainement pas, si l'on entend faire l'économie du discours polémique et demeurer sur le terrain de l'analyse. La composante réactionnaire de l'alchimie islamiste est en effet très loin d'être la seule. Le fait que les tenants de la lecture « littéraliste » ou « intégriste » apparaissent condamnés à évoluer ne permet aucunement, bien au contraire, de préjuger de la poussée islamiste dans son ensemble et de sa capacité à s'articuler à terme aux valeurs de la « modernité », c'est-à-dire à ce noyau invariant des valeurs universelles [12]. Pourtant, pour bon nombre de nos stratèges politiques, l'islamisme a définitivement tourné le dos à la démocratie, aux droits de l'homme et de la femme, au progrès, bref, aux valeurs de la modernité. Est-ce si sûr ?

Le soufisme au secours de l'islam ?

Pourquoi ne parler que du « mauvais islam », « radical », alors qu'il existe un « bon islam », « pluriel », une « saine » religion « populaire » ? s'entendit souvent reprocher l'auteur de ces lignes. Pourquoi s'intéresser à un phénomène qui ne concerne que « trois ou quatre pour cent de la société égyptienne » alors qu'« il existe six millions de soufis » ? Pourquoi privilégier l'islamisme alors que chaque religion a ses propres « intégristes » ?

C'était, il est vrai, plusieurs mois avant les élections municipales algériennes de juin 1990 et les secousses que leurs résultats allaient produire dans ces trompeuses certitudes. Mais la rhétorique d'un « bon » soufisme à la fois « populaire », et donc majoritaire [13], « endogène » et donc « authentique »,

---

de l'aventurisme irakien sera un grand pas en arrière pour le courant islamiste qui l'aura approuvé et appuyé » (*Belvédère*, avril-mai 1991). *Cf.* également Farag FODHA, *Qabla al-Souqout*, Le Caire, 1985, et *Al-Haqiqa al gha'iba*, Le Caire.

12. Dont aucun « relativisme culturel » ne saurait, comme le craint Alain FINKIELKRAUT, justifier la « dissolution » dans le pluralisme des cultures (*cf. La Défaite de la pensée*, Gallimard, Paris, 1992) : « Dans notre monde désert, par la transcendance, l'identité culturelle cautionne les traditions barbares que Dieu n'est plus en mesure de justifier [...]. C'est pourtant [...] aux dépens de sa culture que l'individu européen a conquis, une à une, toutes ses libertés, c'est enfin, et plus généralement, la critique de la tradition qui constitue le fondement spirituel de l'Europe mais cela, la philosophie de la décolonisation nous l'a fait oublier en nous persuadant que l'individu n'est rien de plus qu'un phénomène culturel » (p. 143).

13. *Cf.* notamment Pierre-Jean LUIZARD, « Le soufisme égyptien contemporain », *Égypte-Monde arabe*, n° 2, 1990, p. 36 : « Les confréries soufies continuent à attirer beaucoup plus de monde que ne pourraient le faire les courants de l'islam politique et les courants politiques modernes réunis. »

« apolitique » et donc « modéré », n'a pas disparu pour autant chez les régimes en mal d'appui dans le paysage religieux ou chez tous ceux qui espèrent encore voir émerger de la scène politique arabe une providentielle « troisième force ».

Dans le courant des années 1990 et 1991, nombre de discours ont tenté de faire accroire que les leaders poussiéreux des zaouias algériennes, extirpés des placards de l'histoire nationale où leur complaisance supposée avec les autorités coloniales les avaient relégués, allaient sauver le pays (et l'islam tout entier) de la marée montante du FIS. Depuis l'observatoire du soufisme, les islamistes sont très régulièrement décrits en situation d'allogénéité, s'excluant d'un « système politique d'inspiration sunnite continuateur en bien des points de celui des Ottomans [14] ». La vieille propension des confréries à ignorer les frontières des États-nations est souvent opportunément oubliée pour mettre en scène un « bon » soufisme « endogène », en butte à un islamisme d'importation. En Algérie, on a paré ainsi des vertus de l'observation scientifique la représentation de « bons » soufis malékites, et donc « bien maghrébins », menacés par des barbus wahabites importés de la lointaine Arabie. Ces manœuvres très politiciennes n'ont pas toujours été dénoncées : l'auteur d'un dossier consacré à la (bonne) « religion du peuple » algérien [15] se contentait ainsi de noter que si « la somme d'informations et de données sur les zaouias algériennes fournies à l'opinion publique sur une période ne dépassant pas trois mois (mai-juillet 1991) [était] impressionnante », ce n'[était] là que l'effet du « souffle démocratique » qui commençait à traverser le pays. Le programme de ces zaouias consistait bien évidemment à dire leur « fidélité au président de la République » et à « combattre tous ceux qui, au nom du wahabisme et du chiisme et de tous les autres rites importés, ont tenté et tentent d'introduire des déviations dans le rite malékite, dénominateur commun de la majorité de notre peuple ».

Les différences et les différends qui opposent les deux formes de mobilisation, distinctes socialement, intellectuellement et politiquement, ne saurait bien évidement être niés. Le développement des confréries, tout particulièrement dans ses formes maraboutiques, est effectivement considéré par les isla-

14. *Ibid.*

15. « Le premier séminaire des zaouias », *Maghreb-Machreq*, n° 132, mars 1992, p. 53.

mistes comme une forme de traditionalisme, suspect sur le plan doctrinal mais également sur le plan politique.

Le message islamiste « a rencontré des obstacles internes dus à l'image traditionaliste de l'islam hérité », considère ainsi le leader islamiste tunisien Rached Ghannouchi. « J'entends par là les enseignements spiritualistes, les formes de culte produites tardivement dans l'histoire et dépourvues de relation avec l'islam : soufisme, mouvement des derviches, visites aux tombeaux d'ancêtres, *hadra* ou "séances" des soufis, culte des saints, etc.[16]. » Malek Bennabi, dans sa *Vocation de l'islam*, avait, dès 1954, argumenté cette vision du culte des saints, qui a si longtemps fasciné l'orientalisme français, comme une simple expression du désarroi de sociétés profondément déstructurées : « L'histoire commence avec l'homme intégral, adaptant constamment son effort à son idéal et à ses besoins, et accomplissant dans une société sa double mission d'acteur et de témoin. Mais l'histoire finit avec l'homme désintégré, le corpuscule privé de centre de gravitation, l'individu vivant dans une société dissoute qui ne fournit plus à son existence ni base morale, ni base matérielle. C'est alors l'évasion dans le maraboutisme ou dans n'importe quel autre nirvana, qui ne sont que la forme subjective du "sauve-qui-peut" social[17]. »

Le témoignage d'un membre de la Gemaa Islamiyya de Haute-Égypte sur son entrée en politique rend bien compte du contexte où la différence islamiste s'y est affirmée, y compris par la confrontation, contre un soufisme complètement identifié au traditionalisme[18] : « Au retour du Caire, nous nous sommes retrouvés en face de plusieurs adversaires. Les soufis, d'abord, les familles ensuite. Les soufis représentaient un adversaire très fort du point de vue de la doctrine et très actif. L'autre ennemi, c'était les traditions familiales. Les familles représentaient également un adversaire sérieux. Mais c'était un adversaire ne manquant pas de noblesse, qui n'hésitait jamais à vous protéger de vos ennemis, ce qui n'était pas rien.

16. Entretien avec Christiane SOURIAU, *Le Maghreb musulman*, *op. cit.*

17. Notamment, bien sûr, depuis la scène islamiste (Malek BENNABI, *Vocation de l'islam*, *op. cit.*, p. 27).

18. Entretiens avec l'auteur, septembre-octobre 1993, Le Caire. Abdelharith Madani est un membre de la seconde génération des Gemaate, entré dans le mouvement après l'assassinat de Sadate. Devenu avocat au barreau du Caire, il est depuis lors mort sous la torture, en octobre 1994, au siège de la Sûreté générale de Lazoghli (Le Caire).

« La lutte se déroulait donc en fait à la fois contre les soufis et les familles qui avaient une même position, dont la nôtre différait. En quoi ? Eh bien, au *Sa'id*, par exemple, on se salue généralement en disant : Bonjour, les nouvelles sont bonnes ? Qu'est-ce que tu fais, ça va la santé ? (*Akhbârek ê ? 'Amal ê ? Al 'awâfî*)... et ainsi de suite. Mais nous, nous disions ou nous répondions : Que la paix soit sur vous ! Le fait de répondre "Que la paix soit sur vous", matin ou soir, sonnait très curieusement aux oreilles des gens du pays. [...] Mon grand-oncle paternel, après s'être entendu répondre ainsi à deux ou trois reprises, alla voir mon père et lui dit : "Je te jure que si ton fils me répond encore une fois comme ça, je lui tire dessus ! Ce gosse, il fait des tas de trucs étranges, il prie comme ça et comme ça, il fait jeûne le mardi et le jeudi, etc." Nous avions en effet des pratiques "étranges". Aussi bien notre manière de faire la prière que nos options doctrinales. Les gens du *Sa'id* sont de rite malékite. La Gemaa Islamiyya, pour sa part, refuse les différences rituelles et prône la fusion consensuelle entre tous. Nous faisions donc l'objet d'attaques violentes, comme si nous étions porteurs d'une religion nouvelle qui n'était plus l'islam. Le port de la barbe était également un point de discorde. A l'époque, il n'y avait pas à proprement parler de répression : c'est venu plus tard. La question se posait d'un point de vue purement religieux. [...] Lorsque la guerre avec les soufis a commencé, la police a d'abord laissé faire. Ils ne sont intervenus que lorsqu'ils ont vu que c'était nous qui étions en train de gagner. Les soufis leur servaient d'indicateurs espions.

« Le différend avec les soufis portait sur les croyances. C'est sur ce terrain que nous avons débattu. Nous les avons complètement dominés. Nous les avons mis à nu devant tous les jeunes et dans toutes les enceintes. Ils en étaient arrivés à craindre d'avoir à exposer publiquement leur doctrine. A ce moment-là, les jeunes ont complètement renié les soufis. Nous avons gagné le contrôle de toutes les mosquées. Nos prêcheurs étaient tellement demandés qu'il fallait les réserver à l'avance et que nous ne pouvions satisfaire la demande. »

« La relation entre le mouvement islamiste et la mobilisation soufie a varié en fait d'un pays à l'autre », nuance pour sa part Adel Hussein, secrétaire général du Parti égyptien du travail. « En Afghanistan, le soufisme a joué un rôle majeur. Même si la position saoudienne était très critique, les Frères musulmans ont toujours maintenu avec les tendances soufies de la résistance des relations aussi bonnes qu'avec les autres. Au Soudan, jusqu'à ce jour, les confréries traditionnelles ne se sont pas encore complètement identifiées au mouvement islamiste moderne, même si le contact a toujours été maintenu. En Égypte, on peut dire que c'est la même chose. Disons honnêtement que la relation entre les soufis et le nouveau mouvement islamiste moderne laisse encore place à un large éventail de différends. Il s'agit encore assurément de deux mouvements parallèles et non d'un seul. Depuis Hassan al-Banna, même s'il a lui-même été conscient de cela et qu'il a tenté de réagir et d'unifier les différents mouvements, il est bien connu qu'en pratique les Frères musulmans ont toujours été des mouvements urbains, travaillant pour l'essentiel dans les classes moyennes, et qu'ils ont laissé la campagne et les quartiers pauvres du monde urbain aux soufis. Je pense que la relation entre les deux mouvements n'est pas encore assez mûre pour qu'une réelle unification puisse se faire aujourd'hui. Je ne sais pas exactement ce qu'il en est de ce point de vue en Tunisie ou au Maroc, mais en Égypte, nous y voyions une contradiction que nous n'avons pas encore été capables de surmonter. Au niveau idéologique, l'interprétation soufie de l'islam est beaucoup plus primitive et simpliste que le point de vue sunnite. Pour bien des sunnites, elle est étrangère à l'islam. Pour l'intellectuel musulman que je suis, je crois que notre interprétation de l'islam, dans le secteur moderne ou en territoire urbain et précisément au sein du mouvement islamique, est plus authentique que celle des soufis. Voilà où se situent les différences idéologiques.

« Tout cela se reflète ensuite au niveau politique. Peut-être à cause de leur position sociale marginale [19] ou leur relative indigence intellectuelle, les soufis sont pour la plupart manipulés par les autorités égyptiennes, comme ils l'ont été auparavant par les autorités britanniques. Ils ont donc perdu leur double rôle original de *leadership* religieux et d'opposition politique. Leur attitude sur ce terrain est la conséquence logi-

---

19. *Cf.* la description d'un *mawlid* (anniversaire de la naissance d'un saint) cairote par Pierre-Jean LUIZARD : « A l'atmosphère du *mawlid* qui régnait dans la partie "cité des morts" du quartier, s'opposait [...] l'indifférence voire l'hostilité des gens [...] là où semblent dominer l'association Gam'iya Char'ya, les Frères musulmans et les associations islamistes. *Comme s'il fallait pénétrer dans la cité des morts, univers de moindre population et de plus grande misère, pour rentrer dans le monde soufi* » [souligné par nous] (« Un *mawlid* particulier », *Égypte-Monde arabe*, n° 14, 2e trimestre 1993, p. 79).

que de leur arriération doctrinale et de leur marginalité sociale. Voilà donc ce qui nous sépare. »

Le fait que le clientélisme inhérent à l'univers confrérique engendre des réactions à la fois idéologiques et « corporatistes » de résistance à la mobilisation islamiste tend à suggérer l'image, rassurante pour certains, d'une antinomie « islamisme-soufisme » qui ne saurait pourtant être érigée en grille d'analyse. Michel Chodkiewicz, fin connaisseur de l'univers soufi, préfère dénoncer ces oppositions faciles pour souligner[20] l'importance des « zones de grisé » et de « transition » entre les deux formes de mobilisation.

Le fait que le courant islamiste soit nourri très largement, jusqu'au Soudan, presque exclusivement... d'anciens membres de confréries atteste en effet la vocation de celles-ci à alimenter d'autres formes de mobilisation. Hassan al-Banna en constitue l'exemple fondateur ; Hassan Tourabi et la quasi-totalité des Frères musulmans soudanais, Abdessalam Yassine, le leader islamiste marocain, Leith Chubeilat, le Jordanien, etc., en sont d'autres confirmations.

Au Soudan, ce sont les querelles internes aux deux grandes confréries majoritaires (Khatmiyya ou Ansar) qui, en obligeant leurs membres à se positionner autrement qu'en termes d'appartenance à un groupe « primordial », les ont conduits à entrer dans l'univers moderne du politique. La grille de lecture que le politologue égyptien Gamal Abd al-Gawad propose pour rendre compte du rapprochement entre le Front islamique soudanais et les grandes confréries peut sans doute être en partie au moins extrapolée hors du Soudan : « En dépit de ses succès, le Front islamique ne pouvait rester limité aux seules couches modernes. Pour se transformer en mouvement de masse et s'ouvrir à d'autres catégories sociales, il lui fallait élaborer une autre approche des réalités soudanaises et plus particulièrement de l'islam traditionnel. C'est pendant la phase de leur alliance avec l'ancien président Nemeyri que les islamistes ont mis en place un nouveau langage. Désormais, la coopération avec les tribus et les confréries était admise dans la mesure où ces forces — aussi traditionnelles soient-elles — étaient prêtes à soutenir le mouvement islamiste. Par ailleurs, l'islam populaire et confrérique n'était plus dénoncé comme une hérésie. Le Front islamique avait compris que, pour se

20. Notamment lors d'une conférence donnée à l'Institut français d'archéologie orientale du Caire, en 1992.

tranformer en mouvement de masse, il ne fallait plus raisonner en termes de recrutement des individus dans une société tribale, puisque dans une telle société — à l'exception des catégories modernes — l'individu, par définition, n'existe pas. Il fallait donc s'adresser à des groupes. C'est la prise en compte de cette réalité qui a permis au mouvement islamiste de sortir de l'enclave ville/catégories urbaines modernes et de s'étendre au monde rural et aux zones peu touchées par la modernisation [21]. »

Bon nombre de ces glissements sont perceptibles ailleurs en terre arabe : un peu partout, le comportement des islamistes au sein du terroir soufi rural, un temps marqué du sceau de l'autoritarisme et d'un mépris modernisateur responsable de fortes résistances, a singulièrement évolué.

L'histoire longue des confréries démontre enfin que leur première qualité politique est sans doute l'infinie capacité d'adaptation dont elles ont toujours fait preuve [22]. La perspective de ralliements et d'alliances de toutes sortes doit donc demeurer présente et les analyses se garder de s'enfermer dans l'impasse d'un « bon islam » soufi qui viendrait, pour peu qu'on l'encourageât, « sauver » le monde arabe du « péril islamiste ».

Revanche de Dieu ou retour du Sud ?

Au cœur de notre difficulté à prendre le tempo de la résurgence islamique réside enfin l'idée que, réductible à un simple prurit mystique, elle serait aussi également condamnable (au nom d'un imparable « refus de tous les intégrismes ») qu'également répartie sur la planète. Les musulmans ne sont certes pas les seuls à se tourner vers le ciel pour y chercher les solutions que le matérialisme leur refuse : des juifs en

21. Gamal ABD AL-GAWAD, « Deux formes de médiation partisane : islam traditionnel et islam moderniste au Soudan », *Égypte-Monde arabe*, n° 2, 1990, p. 27-34.

22. L'esprit d'un entretien avec le cheikh d'une petite confrérie du sud de Louxor, au demeurant farouche partisan, comme tous ses homologues, de l'application de la *chari'a*, montre la prégnance des comportements traditionalistes et l'impact qu'aurait de ce fait le moindre renversement d'alliance : « Serait-il possible que des membres de votre confrérie votent pour le candidat du Parti (du travail) islamiste ? » « Certainement pas ! » « Et pourquoi ? » « Parce que c'est moi, professeur, qui décide pour qui ils doivent voter, et j'ai dit qu'on voterait pour X. » « Et si vous décidiez un jour de voter pour les islamistes ? » « Alors, dans ce cas, je te le jure, nous sommes trois mille, pas une voix ne manquera ! » (Entretien avec l'auteur, 1990.)

font autant, des chrétiens aussi. On pourra donc être tenté d'y voir un phénomène universel, une « revanche de Dieu [23] » ou de ses « défenseurs [24] ». Pour les héritiers de l'imam Khomeyni, du rabbin Kahane ou de monseigneur Lefebvre, s'agit-il pourtant d'un même combat ? On peut en douter. L'analyse du rôle que les individus ou les groupes demandent à la religion de jouer ne peut se faire qu'en prenant étroitement en compte les dynamiques historiques propres à chacun des environnements concernés. Sachant que l'imaginaire individuel et collectif des intéressés est sans doute la toute première détermination des comportements religieux, jusqu'où peut-on pousser la comparaison de ces comportements au sein des trois religions révélées ? Pour stimulante qu'elle soit, une lecture analogique risque en fait d'occulter la spécificité de la mobilisation islamiste, les raisons de son ampleur particulière et, tout autant, les axes prévisibles de son évolution.

Avant d'être celle d'un universel « retour de Dieu », la dynamique la plus perceptible de cette fin de siècle est sans doute bien davantage en effet celle du retour de ses fils du Sud un temps oubliés. Ce Sud n'est certes pas — tant s'en faut — seulement musulman. Le Nord, toutefois, dans son écrasante majorité, est bel et bien, lui, judéo-chrétien. Par la force des choses, c'est donc le vocabulaire de la culture judéo-chrétienne qui a servi à exprimer — sinon à fonder — la marginalisation dont ce « tiers monde », notamment musulman, tente aujourd'hui d'émerger. Dans l'identité culturelle et politique de ce Nord chrétien ou juif, la relation avec le Sud constitue d'ailleurs un élément central. Au Sud, l'épisode colonial et ses multiples séquelles forment tout autant le noyau dur de la conscience politique individuelle et collective. Dès lors, une lecture simplement analogique (il y a également rechristianisation-rejudéisation au Nord et réislamisation au Sud) aboutit à gommer la dynamique qui oppose, dans les deux terroirs Nord et Sud, l'expression de cette supposée « revanche de Dieu », au lieu d'en faire l'axe de l'analyse.

L'effet opacifiant est d'autant plus fort qu'en terre chrétienne du Nord, la réalité d'un « retour du religieux » est de surcroît loin d'être établie. « Si nos compétences ne nous per-

---

23. Titre de l'ouvrage de Gilles KEPEL, *La Revanche de Dieu : chrétiens, juifs et musulmans à la reconquête du monde*, *op. cit.*

24. Bruce B. LAWRENCE, *Defenders of God : the Fundamentalist Revolt against the Modern Age*, I. B. Tauris, Londres, 1990.

mettent guère de trancher, entre autres, la question de la validité de la figure du renouveau en terre d'islam, souligne ainsi Patrick Michel, en revanche, concernant l'Europe du Centre-Est, il nous paraît clair qu'il n'y a pas eu et qu'il n'y a pas de renouveau religieux. Et dès lors, s'il appartient aux spécialistes des différents terrains concernés de valider ou d'invalider l'idée d'un renouveau religieux à l'œuvre dans les pays ou dans les zones qu'ils étudient, celle d'un renouveau religieux "global", qui articulerait des processus de rechristianisation, rejudaïsation, réislamisation, etc., ne saurait tenir[25]. »

Les limites d'une possible comparaison doivent donc être d'autant plus clairement énoncées. Au Sud comme au Nord, certaines formes de résurgence du religieux dans le système de représentations manifestent bien un égal « mal-vivre » de sociétés en proie au questionnement à l'égard des valeurs et des catégories qui ont dominé le siècle. Mais là s'arrête l'analogie. Si, depuis quelques décennies, les mosquées connaissent un tel succès, c'est certes parce qu'on y parle de Dieu, mais c'est tout autant parce que le vocabulaire utilisé pour ce faire émane du seul enclos ayant résisté à la pression culturelle du Nord. Dans ce cas de figure, l'apparent retour du religieux nourrit moins la résurgence du sacré dans un univers séculier que la réhabilitation des référents, notamment politiques, de la culture locale, invités à retrouver, par-delà la parenthèse coloniale, leur ambition perdue à l'universalité.

Si certaines cathédrales européennes commencent à connaître un surcroît de fréquentation, c'est certes parce que l'on prend également, en y entrant (notamment dans l'ancien centre communiste), ses distances à l'égard des valeurs matérialistes un temps dominantes. Mais ces valeurs, stricts produits de l'histoire locale, ne peuvent être perçues comme « importées ». En conséquence, leur réfutation manifeste une crise d'une tout autre ampleur. Tout autant qu'au Sud, l'impact de la donne postcoloniale et l'importance des dynamiques migratoires qu'elle a déclenchées doivent ensuite être réintroduits dans l'analyse. Si, en France, l'on redevient « chrétien » aujourd'hui, c'est peut-être également parce que la protection qu'offrait la catégorie « nationale » (tout particulièrement en terre de forte poussée migratoire du Sud) est devenue partiellement inopérante et que, pour ne plus avoir

25. Patrick MICHEL, *Politique et religion, la grande mutation,* Albin Michel, Paris, 1994.

à se sentir, par exemple, « Français au même titre qu'un Arabe », certaines identités en déroute se replient ou s'apprêtent à le faire sur un bastion religieux moins systématiquement perméable à la remontée du Sud.

En terre d'islam, que manifeste réellement ce même retour du religieux ? Le fait que la culture perçue comme endogène y soit une culture religieuse fait à n'en point douter du langage de la spiritualité le vecteur le plus efficace pour exprimer la condamnation du Nord « matérialiste ». Mais la propension commune du Sud et du Nord à user du vocabulaire de la religion ne saurait masquer la profondeur des différences entre les dynamiques qui produisent cette apparente « revanche de Dieu » : au croisement du politique et du religieux, le Nord et le Sud semblent peut-être se rencontrer ; mais on ne saurait oublier qu'ils n'en voyagent pas moins dans des directions... opposées.

Alors que le Nord renoue ici et là avec une pratique religieuse dont la régression avait facilité en son temps l'affirmation du principe laïque[26], le Sud met les distances moins avec des valeurs (qu'en fait seule une infime élite acculturée avait d'ailleurs intériorisées) qu'avec le vocabulaire, étranger à sa propre culture, qui a servi à les exprimer et dont la diffusion a coïncidé dans l'histoire moderne avec la marginalisation de son propre patrimoine symbolique.

La « revanche de Dieu » dont le Sud musulman semble être le théâtre ne permet donc aucunement de préjuger de la relation qui est en train de s'y nouer avec des formes de laïcité, que l'islam pourrait fort bien se réapproprier, la culture musulmane n'étant nullement imperméable à la distinction des registres religieux et profane de la vie en société[27].

Ultime paradoxe : si le substrat humain et civilisationnel de l'islam a bel et bien produit à la fin des années soixante-

26. Le renouveau de ferveur laïque qui nourrit depuis quelques années le rejet de l'école publique des « emblèmes religieux ostentatoires » ne saurait sur ce point faire illusion, cette laïcité-là marquant davantage une défiance à l'égard de la... religion et de la culture de l'autre qu'à l'égard du fait religieux en tant que tel.

27. C'est l'approche d'Olivier CARRÉ dans *L'Islam laïque ou le retour de la Grande Tradition*, Armand Colin, Paris, 1993. Pour Carré, les théologiens musulmans ont très tôt forgé une « Grande Tradition » qui sépare le pouvoir politique de l'autorité religieuse. « L'orthodoxie islamique contemporaine, écrit-il, héritière "fautive" d'un timide réformisme développé à partir du XIVe, rompt en partie avec cette tradition longue, plus ouverte. Les extrémistes islamiques, tant sunnites que chiites, poussent ainsi à sa limite une tradition courte qui n'est en réalité qu'une déviance. » *Cf.* également Mohammed Cherif FERJANI, *Islam, laïcité et droits de l'homme*, L'Harmattan, Paris, 1991.

dix cette frange radicale et littéraliste dont l'image obscurcit aujourd'hui la réalité islamiste, sa tendance structurelle au cours des décennies à venir devrait être de sortir, au rythme du développement économique et culturel et de l'ouverture politique, de la phase de repli « intégriste » qu'on lui a connue. A l'opposé, la pression idéologique et sociologique qu'exerce l'islam sur la civilisation de l'Occident et sur les religions auxquelles elle est plus particulièrement identifiée (si réductrices que soient ces généralisations oublieuses de tant de minorités) tend à y favoriser le développement de... ces mêmes excroissances intégristes que l'islam a chez lui largement commencé à réguler. Reconquête identitaire pour ceux chez qui, au Sud, le doute s'atténue, repli identitaire pour ceux chez qui, au Nord, il s'instaure. Nous voilà fort loin d'une uniforme « revanche de Dieu ».

II

Les islamistes et la violence

5

Violences révolutionnaires, violences privées

Jusqu'en 1991, les méthodes d'Action directe ou celles de l'Armée révolutionnaire irlandaise (IRA) n'avaient pas traversé la Méditerranée. Au Maghreb plus encore qu'en Égypte, assassinats politiques et terrorisme aveugle étaient demeurés tout à fait exceptionnels. Pourtant, la composante violente de la poussée islamiste occupait déjà une place centrale dans les représentations dominantes du phénomène. Avec les années quatre-vingt-dix, les durcissements dramatiques de la situation égyptienne puis algérienne ont en quelque sorte « confirmé » *a posteriori* cette surdétermination, justifiant chez beaucoup d'observateurs un imparable « On vous l'avait bien dit ! ».

Le paradigme de « la violence islamiste », contre l'État mais tout autant contre les minoritaires ou les « déviants » de toutes sortes, chrétiens, femmes, intellectuels et, pour faire bonne mesure, « contre la paix » (avec Israël), est donc aujourd'hui ancré ici et là au point d'interdire l'usage de tout autre registre explicatif. Est-ce véritablement justifié ?

Pour répondre à cette question, il importe tout d'abord d'opérer une distinction. Selon qu'elles visent à faire respecter les obligations de la loi religieuse par l'État ou par les individus, les violences associées à la poussée islamiste relèvent de deux catégories distinctes : « révolutionnaires » ou « verticales » lorsqu'elles contestent l'action ou la légitimité des détenteurs du pouvoir, et « privées » ou « horizontales » lorsque leurs victimes — hors de toute compétition politique — sont seulement accusées de contrevenir à une norme religieuse que les islamistes entendent « faire respecter » par tous moyens. Des violences « verticales », on s'efforcera de montrer qu'elle n'ont rien de spécifiquement islamiste, et que ni leur fréquence ni leur nature ne permettent de construire un « modèle islamiste », en rupture avec les pratiques de n'importe quelle autre famille idéologique. Des violences « horizontales », on s'efforcera de montrer qu'elles ne concernent pas la mobilisation islamiste dans son ensemble mais l'une de ses expressions, et qu'elles sont liées à la culture politique et à l'environnement socio-économique et éducatif d'une partie de ses acteurs. Révolutionnaire ou privée, confessionnelle ou sociale, la « violence islamiste » — si indéniables soient ses manifestations — ne peut en aucune manière être érigée en clé de lecture de la dynamique de réislamisation.

Combattre le prince mécréant

Avant même d'avoir englobé (comme c'est aujourd'hui le cas en Algérie) les marges du sous-prolétariat urbain, le substrat social de la mobilisation islamiste, dans sa diversité, comprenait déjà des adeptes d'un usage « légitime » de la violence politique. Jusqu'à la reconnaissance formelle par certains d'entre eux des exigences des procédures démocratiques, bon nombre des mouvements islamistes ont considéré un temps au moins le recours à la lutte armée contre l'État et ses représentants comme un mode d'action aussi légitime qu'inévitable. Avant que l'annulation des élections algériennes de décembre 1991 ne vienne spectaculairement confirmer leurs pressentiments, les membres du courant immortalisé par l'assassinat de Sadate avaient acquis la conviction que la lutte armée était seule capable de venir à bout de régimes de la trempe de ceux qui s'étaient développés après les indépendances. Leurs références doctrinales englobaient le plus souvent le théologien damascène Ibn Taymiyya (1262-1328), l'un des premiers à théoriser la nécessité de renverser les gouvernants ne respectant pas la « loi divine ». Plus récemment, on l'a vu, c'est la pensée de l'Égyptien Sayyed Qutb qui a donné leurs bases idéologiques aux principales excroissances radicales du courant des Frères musulmans.

A la surface ou à la périphérie de la vaste mouvance des acteurs du « retour de l'islam » se sont donc développés, dès les années quarante en Égypte, beaucoup plus tard au Maghreb, des groupes armés plus ou moins importants et hiérarchisés, plus ou moins durables. En Égypte, de la fugitive Jeunesse de Mohammed jusqu'à l'organisation qui mit un terme aux jours de Sadate, en passant par l'« organisation spéciale » des Frères musulmans créée au début des années quarante et dissoute vingt ans plus tard, l'expression radicale du processus de réislamisation a donné naissance à de multiples organisations. La complexe notion de *jihad* leur a souvent servi d'emblème et de référence. Leur violence a pu s'exercer pour une part contre leurs concurrents politiques, l'archétype de ces confrontations étant la guerre que marxistes et islamistes se sont livrée, notamment sur le terrain universitaire, au début des années soixante-dix. Mais la cible première de la violence révolutionnaire islamique a toujours été le détenteur du pouvoir lui-même et son système de gouvernement, assimilé généralement sans nuance au mal (*bâtil*) que le bien (*haq*) doit dès lors combattre [1].

Considérant que le triomphe de ce bien dépend pour une trop large part de l'action des rouages étatiques, cette catégorie d'acteurs a cessé de se satisfaire des leçons publiques de morale des pacifiques prêcheurs *tablighis*, ou de l'entrisme des Frères musulmans (acquis depuis 1958 au respect du jeu institutionnel [2]) ou même des affrontements limités des « redresseurs de torts » estudiantins de la Gemaa Islamiyya de Haute-Égypte. Notamment parce qu'ils ne croient pas à la régularité des procédures électorales, ils ont tenté de se doter des moyens de lutter à armes égales avec l'État et ceux qu'ils identifient comme ses alliés idéologiques ou politiques. L'archétype de ces adeptes de la lutte armée est l'organisation égyptienne Jihad, qui concentre ses efforts de recrutement dans les rangs des forces de l'ordre et de l'armée. Dans sa stricte acception, Tanthîm al Jihad, née en Égypte en 1973 [3], ne s'est manifestée

---

1. *Cf.* notamment Rifaat SAYYED AHMED, *Les Représentations du pouvoir dans la pensée des groupes égyptiens radicaux*, à paraître.

2. Ce qui leur vaut le mépris des composantes plus radicales, où l'on ironise notamment sur le fait que le symbole des Frères musulmans représente « un Coran fermé et deux sabres couchés » (abandonnés) alors que celui de la Gemaa Islamiyya représente « un Coran ouvert et un sabre debout ».

3. Sauf à considérer l'existence d'un groupe plus ou moins formel constitué par des proches de Sayyed Qutb au cours de sa détention, filiation à laquelle entendent aujourd'hui se rattacher certains membres de l'organisation. Sur Tanzîm al Jihâd, *cf.* Rifaat SAYYED AHMED, *Le Prophète en armes : les révoltés* ; t. 2, *Les Révolutionnaires*, Riad al Rayyes Books, Londres, 1991 (langue arabe) ; *Pourquoi ont-ils tué Sadate : histoire de l'organisation Jihad*, Dar al-Charqia, Le Caire, 1989 (langue arabe) ; *cf.* également Mostepha HALA, *L'Islam politique du réformisme à la violence*, Markaz al dirasât al siyâsiyya wal strategia, Le Caire, 1992 (langue arabe) ; Genina NO'MAT ALLAH, « The Jihâd, an Islamic Alternative in Egypt », *Cairo Papers in Social Science*, vol. 9, mono 2, AUC, été 1986 ; Salah OUARDANI, *Le Mouvement islamiste en Égypte, regard réaliste sur la période des années soixante-dix*, Markaz

qu'un petit nombre de fois. En 1974 d'abord, par la tentative avortée de prendre le contrôle de l'Académie militaire. Dans l'affaire Sadate ensuite, après que la jonction opérée avec deux autres groupes eut constitué une organisation d'une assise quasi nationale, même si un seul segment a été réellement mobilisé. Au cours des années quatre-vingt, l'organisation, qui se remettait lentement de son démantèlement en 1981, n'a revendiqué aucune action[4].

Les groupes armés apparus dans les années quarante en Égypte n'ont pas eu d'équivalent au Maghreb avant la naissance en 1982 en Algérie des maquis de Mustapha Bouyali[5]. En septembre 1987, la tentative avortée de déposition de Bourguiba par des militaires acquis aux thèses du Mouvement de la tendance islamique de Rached Ghannouchi[6] atteste la réalité sinon l'importance de la présence islamiste dans les secteurs mêmes de l'appareil d'État censés en limiter le développement. A partir de 1992, les désertions et les complicités passives ou actives de membres des forces armées algériennes à l'égard des islamistes, les épurations répétées des armées égyptienne et tunisienne[7] illustrent le fait que les filtres d'entrée mis depuis vingt ans aux académies militaires arabes n'ont pas réussi à maintenir l'armée en état d'extra-territorialité à l'égard de la poussée islamiste. Et que, devant le verrouillage absolu des urnes, le recours à la force continue à faire partie des voies auxquelles une partie au moins des militants islamistes se sentent en droit d'avoir recours pour accéder au pouvoir.

---

al-Hadhara al Arabia lil i'lâme wal nachr, Le Caire, 1986 (langue arabe) ; et *Le Mouvement islamiste en Égypte ; les données des années quatre-vingt*, *ibid.*, 1989 (langue arabe) ; ainsi que *Souvenirs d'un prisonnier politique : trois années sous la torture* (langue arabe).

4. Au début des années quatre-vingt-dix, elle a rappelé son existence (et l'étendue de son implantation dans l'univers carcéral) en attentant à la vie du directeur de la prison de Torah pour faire pression sur les autorités pénitentiaires. La tentative d'assassinat du ministre de l'Intérieur Hassan al-Alfi par un groupe évoqué par la police comme *Tala'i al fath al Islami* (« L'avant-garde de la victoire islamique »), du nom d'un texte trouvé en la possession de certains des membres du groupe, peut en revanche lui être attribuée.

5. Dans des circonstances où, une fois de plus, l'option répressive choisie par le régime a joué un rôle décisif. *Cf.* François BURGAT, *L'Islamisme au Maghreb*, *op. cit.*, p. 111 et p. 165 *sq.*

6. *Ibid.*, p. 256 *sq.*

7. Le 18 février 1994, trois officiers proches de la Gemaa Islamiyya ont été condamnés à mort pour avoir enterré une bombe dans une des allées de l'aéroport de la base de Sidi Barrani (proche de la frontière libyenne), où le président Moubarak transite fréquemment.

« Commander le bien, interdire le mal »

Au nom du « Commandement du bien et de l'interdiction du mal », ou plus exactement au nom d'une lecture littéraliste de ce principe coranique[8], une composante de la mouvance islamiste n'a pas renoncé à l'idée de réformer les individus (et non seulement l'État) « avec la main », c'est-à-dire par la contrainte. C'est là la forme la plus emblématique de la violence islamiste. Certes, le recours à la force pour soumettre des comportements privés à une norme plus proche de la sphère culturelle que strictement politique n'est pas distinctif de la mouvance islamiste : tout au long de la phase de modernisation volontariste dans le monde musulman, les États eux-mêmes ne se sont jamais privés de s'en prendre aux symboles des appartenances culturelles ou religieuses. En témoignent les barbes coupées en public par les nassériens, les tchadors arrachés publiquement par les partisans du chah d'Iran, les pendaisons infligées aux défenseurs du *fez* (coiffure « traditionnelle ») par ceux d'Atatürk et, plus récemment, les interdictions en Turquie de porter le *hijab* sur le lieu de travail, à l'école ou même dans la rue.

Mais si la violence islamiste s'exerce donc sur ce terrain, elle le fait sans la médiation étatique ni la bénédiction moderniste. Lorsqu'ils se sentent autorisés à être les agents du *Nahi an al munkar bi-l-yad*, c'est-à-dire de l'interdiction « avec la main » des manquements à la règle religieuse, les activistes islamistes entendent dans leur logique pallier la passivité de l'État. L'archétype de ce genre de comportement est apparu en Haute-Égypte chez les militants de la Gemaa Islamiyya. Il est en revanche toujours demeuré marginal dans le courant

8. Coran III-104 : « Puissiez-vous former une communauté dont les membres appellent les hommes au bien, leur ordonnent ce qui est convenable et leur interdisent ce qui est blâmable : voilà ceux qui seront heureux » (trad. D. Masson). Ce verset fait l'objet d'interprétations très différenciées selon les terroirs islamistes. Une controverse a par exemple opposé, au mois de janvier 1989, Adel Hussein, alors rédacteur en chef de l'hebdomadaire *Chaab* à 'Ala Mohieddine, porte-parole cairote de la Gemaa Islamiyya (assassiné depuis lors en septembre 1989). Mohieddine reprochait au co-leader du PST (tout comme aux Frères musulmans) de négliger ce principe essentiel, Adel Hussein soutenant pour sa part la thèse très répandue qu'il est illégitime aux particuliers de recourir à la force pour le faire respecter (Chaab, 5 janvier 1989). La rhétorique la plus communément admise aujourd'hui pour réfuter le recours à la force considère l'usage de la violence comme une entorse plus grave que celle qu'elle entend faire cesser. *Cf.* notamment Baudouin DUPRET, « Autorité et consultation en islam, présentation et traduction annotée des commentaires coraniques de Fakhr Eddine al-Razi, Rachid Redha et Sayyed Qutb concernant les versets III-104 et 159 », *Arabica*, à paraître.

des Frères musulmans. Lorsque, au mois de mars 1978, Mohammed Abdessalam Farag, l'idéologue cairote de l'attentat contre Sadate[9], rencontre le « Sa'idi[10] » Karem Zohdi, membre de l'assemblée consultative (*majlis chûra*) de la Gemaa Islamiyya naissante, et qu'ils sympathisent au point d'unifier leurs méthodes et leurs destins, Zohdi donne à Farag un conseil en même temps qu'un long bâton supposé le symboliser[11] : il faut « faire cesser le mal » (*taghiir al munkar*) par tous moyens. Tel sera longtemps le mode d'action privilégié des membres de la Gemaa sa'idienne et leur spécificité.

Les cibles les plus fréquentes de l'« interdiction du mal » sont les débits de boisson ou leurs consommateurs, ceux qui ignorent publiquement le jeûne, les diffuseurs de cassettes vidéo ou de publications jugées immorales, les couples présumés illégitimes, les idéologues réputés « laïques », c'est-à-dire, dans la terminologie sans nuance de la Gemaa, athées. Les membres des confréries soufies, adeptes de formes populaires de religiosité (dont le culte des morts et les cérémonies auxquelles il donne lieu dans les cimetières) jugées contraires à l'orthodoxie islamique ont également longtemps été les victimes de ce type de violence. En Algérie, dès avant la guerre civile ces violences ont parfois dégénéré en assassinats : par exemple, le fils d'une veuve, accusée par une partie de la population d'être de mauvaises mœurs, est mort dans l'incendie criminel de son appartement[12] ; des femmes chefs de famille auraient été privées de leur logement familial, etc.

Il est donc évident que la rhétorique islamiste peut nourrir des exégèses du dogme cautionnant des comportements totalitaires ou fascisants. Il est important de rester vigilant et de ne pas sous-estimer le danger de ces dérives potentielles. Mais

9. Auteur du manifeste *L'Obligation absente* (langue arabe), qui légitime l'assassinat de celui qui ne gouverne pas selon les préceptes révélés par Dieu.

10. Originaire du Sa'id égyptien, c'est-à-dire de la vallée du Nil au sud du delta. L'entretien a eu lieu « dans la chambre n° 25 J de la cité universitaire du Caire » (Talaat Fouad al-Qassimi, entretien avec l'auteur, Copenhague, juillet 1994). La troisième composante de l'organisation responsable de l'assassinat de Sadate est un petit groupe dirigé par un étudiant en science politique du nom de Kamel Saïd al-Habib (entretien avec l'auteur, Le Caire, octobre 1993).

11. Talaat Fouad AL-QÂSIMÎ (entretien avec l'auteur, juillet 1994).

12. Ce drame relève d'ailleurs davantage de la violence sociale traditionnelle que d'un style spécifique au FIS (les mosquées ont au contraire tenté cette nuit-là de calmer la population). Les autres violences, bien réelles, exercées notamment contre des femmes de policiers, sont nées dans une logique de vendetta, en réponse aux attaques systématiques de l'armée contre les femmes des maquisards ainsi qu'aux opérations de pure provocation des services secrets.

leur nécessaire prise en considération ne saurait suffire à construire une appréciation réaliste de l'actualité et, moins encore, du possible devenir de la rencontre en terre arabe de l'islam et du politique. L'image sans nuance d'un islamisme « contre les coptes », « contre les femmes », « contre les intellectuels » ou même « contre la paix » est fort loin de correspondre à la réalité d'une mobilisation autrement plus ambivalente.

Le rôle de la violence du pouvoir

Même si le Parti communiste italien et les Brigades rouges avaient tous deux critiqué de longue date le système capitaliste, on s'est heureusement gardé, pour apprécier la nature des dynamiques politiques de l'Occident contemporain, de confondre l'un et l'autre ; de même que l'on a su résister à la tentation de confondre le Ku Klux Klan avec les Républicains américains. Quand bien même quelques-uns de leurs référents supposés seraient-ils identiques, il convient de la même manière de ne pas extrapoler, ni dans le temps ni dans l'espace, l'univers de référence et les modes d'action politique des assassins de Sadate ou des « brûleurs de vidéo » à la totalité du courant islamiste. En ne se donnant pas les moyens de déterminer l'origine de cette violence, en omettant de la mesurer à l'aune de son environnement, le regard extérieur se prive le plus souvent de constater qu'elle est moins le produit d'une composante spécifique du paysage politique (les islamistes) que celui du système dans son ensemble. Dans l'inventaire des « violences islamistes », le regard extérieur a trop souvent tendance à intégrer n'importe quelle forme de violence sociale ou simplement politique.

Sauf à considérer que les modes d'actions de l'armée révolutionnaire irlandaise attestent d'une liaison congénitale du catholicisme avec le terrorisme, force est de constater que la « violence islamiste » s'explique moins par les références idéologiques de ceux qui en font la promotion que par leur itinéraire personnel et leur environnement politique et économique. Aucun historien sérieux ne s'est risqué à essayer de démontrer que la religion musulmane avait dans son ensemble produit significativement plus de violence politique que l'un quelconque des autres dogmes, religieux ou matérialiste, les exemples récents ne faisant pas défaut en ce domaine. Nulle part une relation *structurelle* entre l'émergence du courant islamiste et la violence révolutionnaire ne peut en fait être attestée de manière crédible. Des années cinquante jusqu'aux années quatre-vingt, bien des formations de gauche ont partagé ce credo et adopté les méthodes qu'il impliquait. Pour l'essentiel, la violence apparaît en fait comme l'un des rares produits politiques arabes à avoir été très « démocratiquement » réparti.

Davantage que le produit de la rencontre d'une idéologie particulièrement totalitaire avec des candidats spécialement avides de pouvoir et dépourvus de scrupules, les violences révolutionnaires sont surtout le résultat relativement prévisible, sinon « naturel », des mœurs de l'environnement gouvernemental et international. Les méthodes des opposants politiques, rappelons-le, sont pour une large part déterminées par celles des titulaires du pouvoir ; tout au long du siècle, les régimes arabes n'ont eu que les opposants qu'ils « méritaient », c'est-à-dire ceux que leur culture politique avait instruits et que leurs manières politiques avaient éduqués. Sauf exception, aucune alternance n'a eu lieu depuis les indépendances arabes sans recours à la force des armes. Aucun chef d'État n'a eu à ce jour la sagesse africaine de Senghor se retirant du pouvoir. Démontrer que face à un tel verrouillage, les islamistes ont déployé plus de violence que d'autres est une entreprise qui se révèle très vite hasardeuse.

Beaucoup plus souvent qu'on ne le croit, c'est l'État qui a donné l'exemple de la violence, lorsqu'il n'en a pas pris cyniquement l'initiative. L'examen attentif de la chronologie de la montée des violences « islamiques » montre que les régimes en mal d'assise populaire ont souvent compris l'intérêt de disposer d'un « épouvantail intégriste ». Lorsque cet utile repoussoir tardait à apparaître, les manipulations destinées à le radicaliser n'ont pas fait défaut. Les assassinats de militants de gauche imputés au mouvement marocain Chebiba Islamiyya dans les années soixante-dix doivent sans doute beaucoup à cette stratégie. « En ce qui concerne la répression judiciaire des islamistes, il y aurait beaucoup à dire, explique J.-F. Clément, ne serait-ce que parce que la plupart des mouvements islamistes ont été infiltrés par des hommes des Renseignements généraux, comme Naamani dans l'affaire Benjelloun (dont l'assassinat s'est fait sous les yeux d'un inspecteur des Renseignements généraux) [13]. » L'Algérie de l'explosion de l'aéro-

13. « Cet auteur américain décrit avec un luxe de détails les politiques du pouvoir

port d'août 1992 ressemble très fort de ce point de vue à l'Égypte de l'explosion du café de la place Tahrir, quelques mois plus tard, dont les multiples ombres n'ont jamais été levées.

La répression exercée par le bourguibisme finissant a franchi les frontières de toute légalité. Celle à laquelle son successeur Ben Ali puis ses émules algérois ont cru devoir ensuite recourir contre les islamistes, à peine moins massive mais plus « scientifique », n'a rien à lui envier [14]. Les méthodes répressives déployées par le régime dans le courant de l'année 1987 doivent dès lors être analysées avec autant de minutie que la tentative de soulèvement armé préparée alors par le MTI et révélée au lendemain de la déposition du « Combattant suprême ». L'incendie (en 1991) des sièges des milices du parti au pouvoir, le RCD, ne peut être isolé du contexte des six mille arrestations opérées « à froid », au printemps 1991, alors que le prince tunisien, apeuré par le résultat des élections d'avril 1989, réalisait qu'il n'avait point d'autre façon de sauver son trône. La surenchère répressive qu'il choisit délibérément, au lendemain de la crise du Golfe, tout comme la violence initiée par le refus du régime algérien de se mesurer au contenu des urnes doivent être conservées en mémoire. Les violences que ces pratiques vont alors générer — que rien ne saurait pour autant justifier — doivent être lues à la même lumière que celles subies, sur toile de fond de silence complaisant des opinions arabes et occidentales, par les membres du mouvement de Rached Ghannouchi, ceux du FIS algérien ou ceux encore de la Gemaa Islamiyya égyptienne, dont les militants exsangues entrent les yeux bandés dans le bureau des juges et ne savent pas toujours à qui ils doivent répéter des aveux extorqués sous la torture.

Certes, chacun de ces courants comporte inévitablement une frange sensible aux facilités de l'« action directe », et le recours à la force fait explicitement partie de certaines représentations et de certaines stratégies. Mais le plus souvent, le passage à la violence a conclu des itinéraires commencés dans le pro-

---

marocain pour neutraliser les nationalistes en segmentant leurs groupes », écrit par ailleurs J.-F. CLÉMENT à propos du *Commandeur des croyants* de John WATERBURY. « Mais il oublie tout simplement de dire qu'il y a des polices secrètes qui pratiquent la torture, font disparaître des hommes et montent des procès préfabriqués » (in *Les Stratégies des régimes arabes vis-à-vis des mouvements islamistes*, séminaire IFRI, 13 janvier 1995, à paraître).

14. *Cf.* Ahmed MANAÏ, *Supplice tunisien. Le jardin secret du général Ben Ali*, *op. cit.*

sélytisme pacifique des mosquées. Du général Nasser au général Nezzar en passant par les généraux Ben Ali et Moubarak ou par le colonel Kadhafi, les forces armées au pouvoir ont le plus souvent eu recours à une répression largement disproportionnée avec les griefs reprochés à leurs contestataires. De Tripoli à Casablanca en passant par Tunis, les premières condamnations ont été prononcées sur la base de dossiers d'accusation étonnamment légers, voire franchement vides, la seule appartenance supposée à une association interdite justifiant de très lourdes peines d'emprisonnement et initiant le cycle infernal de la radicalisation.

Encore les méthodes des États maghrébins sont-elles demeurées longtemps sans relation avec celles du Syrien Hafedh al-Assad, ou celles du roi Fahd d'Arabie : avec l'appui technique de la fine fleur de la gendarmerie française, la répression d'une insurrection islamiste a sans doute fait à La Mecque en 1979 plusieurs milliers de morts, gazés, noyés et électrocutés dans les caves de la grande mosquée de la ville sainte. Mille huit cents peines capitales auraient ensuite été prononcées et exécutées dans le silence complice de l'Occident. En Syrie en 1982, le long martyre de la ville de Hamma, où, au terme d'un assaut d'une semaine conduit par l'aviation et les blindés, plus de quinze mille personnes ont sans doute péri, est demeuré à ce jour sans égal. Tout comme la bonne conscience des médias du monde, qui ne crurent jamais devoir peser ces morts-là sur la même balance que les victimes du « terrorisme » que le bon « laïque » Hafedh al-Assad était censé combattre.

Sans doute la prétention totalisante des religions monothéistes recèle-t-elle un potentiel totalitaire qui est « en islam » d'autant plus fort que la barrière de la sécularisation y est en théorie réfutée. Mais de l'Inquisition catholique aux goulags staliniens, l'histoire mondiale est là pour attester que, bien plus que leur contenu intrinsèque, ce sont toujours les conditions d'appropriation des dogmes en tout genre, c'est-à-dire l'itinéraire socio-éducatif des croyants, l'épaisseur des traditions sociales et la violence des turbulences politiques, qui déterminent le niveau de violence dont ils peuvent, le cas échéant, cautionner le déploiement. De ce point de vue, le grand enseignement de la seconde guerre du Golfe est d'avoir souligné la relativité des catégories forgées par l'Occident pour hiérarchiser ses solidarités politiques en terre arabe : la violence de l'agression perpétrée par l'« allié laïc » irakien a montré que le comportement des acteurs politiques ne dépend pas seulement de leurs référents idéologiques ; de même que la détermination d'un régime à ne pas recourir, à l'intérieur ou à l'extérieur de ses frontières, à la violence politique n'est pas mesurable à sa seule réticence à l'égard de la terminologie islamiste.

En terre arabe aujourd'hui, le premier enseignement qu'offre le décryptage de l'actualité politique est que, si réelle qu'elle puisse être, la « violence islamique » cache de plus en plus souvent une autre violence : celle de régimes qui, parce qu'ils refusent le verdict des urnes, choisissent pour survivre de réprimer leurs *challengers* et de leur fermer les portes de la scène politique légitime, les conduisant ainsi à recourir à cette « violence » dont ils sont supposés avoir le monopole.

C'est cette réalité que les chapitres suivants, consacrés aux cas égyptien, algérien et palestinien, vont s'attacher à mettre en évidence. Mais auparavant, il importe d'éclairer une dimension particulière de la violence islamiste en Égypte, celle qui concerne la minorité copte.

6

Égypte : l'islamisme contre les coptes ?

Parce qu'il met en jeu des conduites dont les frontières ne sont pas toujours faciles à délimiter, mais aussi parce qu'il est l'objet de la part des médias d'une distorsion passionnelle particulièrement opacifiante, le dossier des violences confessionnelles, notamment en Haute-Égypte, est plus délicat encore à instruire que celui des autres violences prosélytes. Les affrontements entre des individus appartenant à des groupes confessionnels différents (relayés ou non par une partie de leur clientèle) constituent en effet le registre le plus médiatisé mais aussi sans doute le plus « mal » médiatisé de ces violences « islamistes ».

Pour jalonner les vastes territoires de ce débat, il n'est pas inutile de remettre en mémoire quelques brefs repères historiques. En Égypte, les coptes vivent au contact de l'islam depuis le VIIe siècle [1]. Pendant plus de douze siècles, leur appartenance au tissu national s'est donc exprimée plus ou moins exclusivement au travers des catégories de la loi musulmane [2]. Pendant un siècle et demi, après l'émergence du principe laïque, elle s'est ensuite articulée aux catégories juri-

1. *Cf.* notamment Christian DECOBERT, *Le Mendiant et le Combattant*, Le Seuil, Paris, 1992.

2. Laquelle, rappelons-le, reconnaît la légitimité de chrétiens qui n'acceptent pas de considérer Mahomet comme prophète, à l'inverse du droit canon, qui ne leur rend pas cette « politesse ». Jusqu'à ce jour, la base de l'enseignement scolaire chrétien en Égypte sur l'islam pose problème, comme le reconnaissent certains enseignants catholiques. « Même si les choses commencent à évoluer, nous avons effectivement inculqué longtemps aux enfants une vision très dévalorisante de l'islam, Mahomet étant considéré comme une sorte d'Antéchrist et tous les musulmans étant dans cette perspective destinés au feu de l'enfer » (Assiout, entretien avec l'auteur, décembre 1993).

diques nées de — ou influencées par — la pensée politique occidentale. Sans doute, depuis l'aube de l'islamisation de cette région, l'histoire de la démographie chrétienne est-elle bien celle d'une lente décrue[3]. Mais si, comme la chrétienté espagnole l'a fait elle-même pour les juifs ou les musulmans, l'objectif premier de l'instauration du système normatif musulman et du statut de *dhimmis*, maintes fois dénoncé, avait été de faire disparaître toute minorité irréductible à l'islamisation, les douze siècles de « domination musulmane » auraient dû amplement y suffire. Que le statut de *dhimmis* en vigueur jusqu'à l'effondrement de l'Empire ottoman ait manifestement besoin lui aussi d'un vigoureux *Ijtihad* (effort d'interprétation personnelle des sources de l'islam — s'oppose à l'imitation aveugle : *taqlid*) ne fait pas le moindre doute. Mais sa dénonciation aujourd'hui, point de passage obligé de tout argumentaire anti-islamiste[4], n'a de sens que dans les limites d'une comparaison avec le statut juridique accordé au cours des siècles par l'Occident chrétien à ses propres minorités confessionnelles, puis avec le sort concret de ces minorités à l'ombre de la protection laïque qui a succédé. Dans tous les cas, n'en doutons pas, les modes d'articulation des minorités confessionnelles aux cultures, aux religions ou aux forces politiques dominantes ou majoritaires ont encore de sérieux progrès à accomplir.

De la violence sociale à la violence confessionnelle

Dans l'Égypte de la fin du XXe siècle et singulièrement dans les régions semi-rurales du Sa'id, les acteurs sociaux règlent leurs différends plus naturellement derrière un fusil que devant un juge. Les affrontements dits confessionnels sont souvent le fruit de l'extension de conflits de voisinage aux groupes d'appartenance, un système de vendetta dont cette région du monde est le théâtre de très longue date[5].

---

3. Youssef COURBAGE et Philippe FARGUES, *Chrétiens et juifs en Islam arabe et turc*, Fayard, Paris, 1992.

4. *Cf.* par exemple Bat YE'OR, *Juifs et chrétiens sous l'islam. Les* dhimmis *face au défi intégriste*, Berg International, Paris, 1994.

5. Pour Xavier de Planhol, cette pratique n'existait pas dans l'Égypte pharaonique. Elle aurait été importée par les tribus bédouines de la conquête (Xavier DE PLANHOL, *Les Nations de l'islam*, Fayard, Paris, 1993 ; Bernard BOTIVEAU, « Faits de vengeance et concurrence de systèmes de droit », *Peuples méditerranéens*, n° 41-42, 1988, p. 153 à 166). Cette logique de la vendetta n'est d'ailleurs pas absente dans les assassinats

Une part de ces affrontements échappe pourtant à la seule logique de la violence « sa'idienne ». Certaines mobilisations collectives relèvent du seul registre de l'appartenance confessionnelle. Des rumeurs, souvent liées à de prétendues affaires de mœurs (prostitution ou viol de jeunes filles musulmanes), ont ainsi suffi à déplacer à plusieurs reprises des foules très supérieures aux seuls groupes activistes. Les membres de la Gemaa Islamiyya s'en prennent ainsi régulièrement aux commerçants supposés commettre ce qu'ils considèrent comme des manquements à la règle religieuse, voire seulement « provoquer » la sensibilité musulmane[6]. Depuis le début des années soixante-dix, le fantasme d'une communauté chrétienne entassant des armes dans ses églises afin de rétablir par la force la christianité de l'Égypte, avec l'aide de l'environnement occidental, mobilise une partie de cette mouvance activiste. Tout en renvoyant le plus souvent la responsabilité des affrontements confessionnels sur l'État qui chercherait à les exploiter[7] les proches de la Gemaa Islamiyya assument sans ambiguïté cette dimension — même si pour certains elles appartient au passé — de leur engagement politique : « Je ne chercherai pas à vous cacher, reconnaît aujourd'hui l'avocat Muntassir al-Zayate, qu'au début des années soixante-dix nous nous entraînions à la lutte armée dans le désert. L'objectif était alors de résister à une possible attaque des chrétiens, dont nous pensions sincèrement qu'ils stockaient des armes dans les églises[8]. » Certains de ses collègues d'hier n'ont pas réellement changé d'esprit. « En 1980, explique un des dirigeants

---

de policiers impliqués dans la répression. Ainsi, l'un des membres du commando responsable de l'attentat, en juillet 1993, contre le convoi supposé (à tort) transporter le président d'un tribunal militaire ayant prononcé sept condamnations à mort était originaire du même petit village (Hujeirate, à une vingtaine de kilomètres de Qena) que les sept condamnés exécutés la veille. Le 6 août, un autre commandant de région militaire a été abattu dans la région de Qena et l'attentat a été revendiqué par la Gemaa, tout comme la tentative d'assassinat du ministre de l'Intérieur, le 21 août suivant, présenté comme une réponse aux condamnations à mort prononcées contre ses membres.

6. Le 7 mai 1992, le rapport de l'Organisation égyptienne des droits de l'homme a par exemple indiqué que les membres de la Gemaa Islamiyya de la région de Dayrout « interdisent aux chrétiens l'exercice de leur culte », prélèvent, sous la menace, un impôt sur les transactions commerciales coptes et « imposent aux réfractaires des châtiments corporels ».

7. « Nous considérons que ce qui se passe entre chrétiens et musulmans en Égypte relève la plupart du temps de la provocation, dénonce aujourd'hui un leader de la Gemaa. Le régime les provoque pour y trouver un prétexte, devant l'opinion publique mondiale, pour frapper les musulmans : il a besoin de pouvoir dire qu'ils attaquent la minorité chrétienne » (entretien avec l'auteur).

8. Entretien avec l'auteur, Le Caire, novembre 1993.

historiques de la Gemaa, le directeur de la sûreté de Miniah nous avait dit qu'il savait de source sûre que le couvent de Dronka, à côté d'Assiout, ne pouvait être pris que par la voie des airs et au prix de pertes considérables. Il est appuyé à la montagne et protégé sur le devant par des obstacles naturels. Il abrite des caisses d'armes en provenance directe des États-Unis. Tout cela se fait sous la présidence personnelle de Mme Carter. "Nous savons cela, nous avait dit l'officier, mais nous ne pouvons pas y entrer." "Avez-vous le droit d'entrer dans les mosquées ?" lui avait-on alors demandé. Il avait répondu : "Oui." "Et dans les églises ?" "Là, non, nous n'avons pas le droit." Et il nous a également dit que certains jeunes chrétiens allaient s'entraîner, *via* la Grèce et le Canada, avec les maronites du Liban. »

Jusqu'à ce jour, les occurrences de violence sociale se déroulent donc sur une toile de fond d'argumentaire antichrétien plus ou moins avoué et explicite, plus ou moins limité aussi à la mouvance activiste de la Gemaa. Lorsque des différends de voisinage en fournissent le prétexte, ces contentieux facilitent ici et là la transformation de conflits individuels en flambées de violence partiellement confessionnelle.

L'ami de mes ennemis, ou le syndrome minoritaire

Pour la composante la plus littéraliste du mouvement islamiste, l'îlot chrétien est perçu comme un obstacle à son ambition de restaurer le monopole symbolique et normatif de l'islam. Les chrétiens seront donc facilement soupçonnés de faire à la fois le jeu du régime qui prône en leur nom le rejet de tout parti religieux et, directement, par la présence de missions étrangères, ou indirectement, par communautés émigrées interposées[9], de cet étranger repoussoir qui soutient ce dernier. La réalité de l'influence culturelle et linguistique occidentale sur une partie au moins de la communauté chrétienne, copte incluse, l'intérêt très sélectif des médias occidentaux pour les communautés d'Orient, les procédés déconcertants qu'ils emploient pour rendre compte du phénomène islamiste et des tensions confessionnelles, le prosélytisme ostentatoire

9. *Cf.* les réponses du pape Chenouda aux accusations régulièrement portées contre le rôle politique de l'émigration copte, *in* M. FAWZI, *Le Pape Chenouda et la communauté copte émigrée*, Dar al-Nachr-Hatier, Le Caire, 1992.

de certaines missions étrangères, catholiques ou protestantes, alimentent à bien des égards ce procès d'intention. Des bureaux d'études animés par des protestants anglo-saxons sont régulièrement accusés ainsi de « propager la foi chrétienne en milieu musulman [10] ».

Les chrétiens, y compris les coptes, si égyptiens soient-ils [11], font ainsi, aux yeux d'une composante au moins de la base islamiste, partie d'une « autre Oumma ». Par touristes, industriels ou « missionnaires » interposés, leur relation avec l'Occident a été plus développée et semble souvent — jusqu'à nos jours — plus naturelle qu'elle ne l'est pour les musulmans. En 1994, bon nombre de compagnies étrangères continuaient au Caire à privilégier le recrutement des coptes, voire, pour certaines d'entre elles, à s'interdire tout recrutement de personnel musulman. Bien peu de chancelleries occidentales ont surmonté à ce jour la tentation d'appuyer l'essentiel de leur politique culturelle en Égypte sur la minorité chrétienne, et d'accorder aux institutions d'enseignement ou de bienfaisance de cette communauté une sollicitude largement supérieure à sa stature démographique, déséquilibre symbolique que les générosités saoudiennes à l'égard des institutions musulmanes ne suffisent pas nécessairement à compenser.

D'autres rhétoriques d'exclusion, économiques notamment, sont liées à la surreprésentation des chrétiens dans certains secteurs professionnels comme la médecine et la pharmacie où, dans les années cinquante, une écrasante majorité des diplômés (plus de 80 %) étaient de confession chrétienne. A l'échelle du siècle, si les communautés d'Orient, maronites bien sûr, catholiques et protestantes aussi, mais coptes également, entrent aujourd'hui dans une zone de « turbulence politique », c'est pour une part parce qu'elles subissent le contrecoup des dividendes à la fois économiques, politiques et idéologiques qu'a valus, ne fût-ce qu'à certains d'entre eux, l'hégémonie européenne sur la région.

Explication, pas plus qu'ailleurs, ne vaut ici justification. Mais vu par la lorgnette islamiste, on l'a dit, le principe de laïcité qui a abouti à confiner le système normatif musulman

10. *Cf.* par exemple le quotidien *Al-Wafd*, 21 avril 1993.

11. Puisque leur dénomination fait avant tout référence à leur qualité d'« égyptien » : « Copte n'est qu'une variante tardive et abusive de "Égyptien", mot formé par les Grecs d'Égypte au VIIIᵉ siècle sur le nom prestigieux du temple de Memphis, dédié au dieu Ptah. […] Les Coptes ne sont pas autre chose que les Égyptiens » (Pierre BOURGUET, *Les Coptes*, coll. « Que sais-je ? », PUF, Paris, 1988).

à la sphère du statut personnel et donc à le priver de son monopole sur la société a été imposé, quels qu'aient pu être ses véritables objectifs, au nom de la « défense des minorités confessionnelles ». « L'intervention des puissances, notent Laurent et Annie Chabry, prenait en effet pour alibi la défense des droits des minorités chrétiennes [...]. Par là, elle concourait à une recherche de l'égalité au travers d'un régime général d'inégalité qu'elle entendait préserver. Elle n'incitait donc à la réforme et à la "modernisation" de l'Empire qu'avec l'arrière-pensée de le voir se désintégrer [12]. »

L'Europe conquérante a clairement interféré ensuite avec l'assise économique et politique des élites chrétiennes. Elle l'a fait au Liban en cautionnant l'émergence d'un système politique confessionnel en contradiction flagrante avec l'universalisme supposé de sa vision laïque. Elle l'a fait ensuite par le biais de ses institutions d'éducation, en extrayant du tissu national une partie de la communauté copte, convertie ou non au catholicisme ou au protestantisme, pour en faire l'élite économique du pays dans le cadre d'un système qui a très vite montré de surcroît les limites de ses préoccupations sociales. « Plus que sur les structures, l'impact de l'Occident se manifesta [...] sur les éléments culturels du pluralisme confessionnel, soulignent encore L. et A. Chabry. La diffusion de l'enseignement occidental par les missions et leurs écoles religieuses tendit à accroître l'écart culturel entre les communautés ; les chrétiens s'imprégnant par ces canaux d'éducation d'une nouvelle forme de culture à laquelle les musulmans n'avaient guère encore accès [13]. »

Claude Guyomarch, sans en faire un facteur essentiel [14], identifie bien, dans cet « épicentre de la sédition confessionnelle » qu'est Assiout, la part de détermination économique qui nourrit la dénonciation récurrente par les activistes islamistes de l'« arrogance » des chrétiens : « Le taux supérieur d'urbanisation des coptes et leur concentration traditionnelle

---

12. Laurent et Annie CHABRY, *Politiques et minorités au Proche-Orient : les raisons d'une explosion*, Maisonneuve et Larose, Paris, 1987, p. 52.

13. *Ibid.*, p. 54. « Cela se manifestait davantage dans les pays arabes proprement dits que dans la future Turquie, où les élites ottomanes (militaires surtout) étaient en contact assez étroits avec la culture occidentale. »

14. Et en soulignant notamment que « la solidarité communautaire n'entraîne, ni d'un côté ni de l'autre, la disparition des rapports d'exploitation entre membres d'une même confession » [Claude GUYOMARCH, « Assiout, épicentre de la "sédition confessionnelle" en Égypte », *in Exils et royaumes, les appartenances au monde arabo-musulman aujourd'hui*, Gilles KEPEL (sous la dir. de), *op. cit.*, p. 173].

dans certaines fonctions économiques inclinent à penser que l'animosité de nombreux musulmans, et particulièrement des plus miséreux, à l'encontre des chrétiens, plonge ses racines dans un passé où l'inégalité en fonction de l'appartenance confessionnelle était érigée en système de régulation sociale. [...] D'autant que la mémoire collective s'est réorientée, intégrant les souvenirs de la domination coloniale et de l'irruption des missionnaires chrétiens occidentaux à la charnière des XIXe et XXe siècles. Ces bouleversements provoquèrent l'émergence d'une nouvelle bourgeoisie copte citadine dont la fortune provenait de la nouvelle intégration dans le marché agricole mondial ; ce qui, concrètement, produisait dans la région d'Assiout l'exploitation par les latifundiaires et leurs intendants, pour la plupart ralliés au protestantisme [15]. »

Le syndrome minoritaire nourrit parfois chez les chrétiens des conduites qui donnent prise à ce type de rhétorique d'exclusion [16]. En politique, il tend notamment, sauf exception, à les maintenir aujourd'hui très systématiquement à l'écart des bancs de l'opposition [17]. Dans une période de discrédit croissant du régime, la posture de principe adopté par le pape Chenouda, depuis la fin de l'affrontement avec Sadate en 1981, révèle bien évidemment ses limites. La répression, qui, lors des incidents confessionnels, s'abat sur les groupes islamistes radicaux avec une violence proportionnelle à la crainte qu'en a le régime, apparaît comme sélective, et ces chrétiens qui ne s'opposent jamais au « tyran [18] » sont soupçonnés de partager avec lui de coupables intérêts. C'est là l'un des piliers de l'argumentaire des militants des banlieues populaires du Caire : « Ils [les chrétiens] savent qu'en cas d'affrontement nous sommes les seuls à être réprimés : ils

15. *Ibid.*

16. Allant, quoique de façon tout à fait exceptionnelle, jusqu'au registre de la stratégie. Un émigré aux États-Unis s'est risqué ainsi à réclamer en 1992 la création d'un « gouvernement copte en exil », voire celle d'un « État copte indépendant en Haute-Égypte » dont Assiout serait la capitale, provocation que le pape Chenouda s'est bien évidemment empressé de condamner.

17. Sur les coptes et la politique, cf. notamment CARTER, *The Copts in Egyptian Politics 1918-1952*, The American University in Cairo Press, Le Caire, 1986. Pour l'étude des dynamiques internes à la communauté, *cf.* Dina KHAWAGA, *Le Renouveau copte : la communauté comme acteur politique*, thèse pour le doctorat en sciences politiques, IEP, Paris, 1993 (à paraître).

18. Ou se laissent avec une certaine imprudence associer à la répression du courant islamiste. La seule femme copte du Parlement égyptien (nommée par le président de la République pour faciliter la représentation des minorités) accepta ainsi en 1992 une mission d'examen des législations européennes destinées à renforcer l'arsenal répressif du régime du président Moubarak à l'égard du « terrorisme islamique ».

nous provoquent. » S'en prendre alors aux chrétiens, c'est également, souligne Alain Roussillon, « désigner métaphoriquement l'illégitimité du pouvoir sans être obligé de s'en prendre directement à lui, les coptes [...] faisant ici figure d'incarnation symbolique du pouvoir impie [19] ». En 1993, le plus violent des affrontements (quatorze morts) — même si, en l'espèce, le rôle des groupes radicaux n'a pas été établi — que fut le véritable raid contre le village de Sanabu a paru s'inscrire dans cette « logique » de représailles contre des innocents identifiés à l'appareil de répression.

Les émeutes survenues en mars 1993 à Qalyoubiya (à une trentaine de kilomètres au nord du Caire) occupent dans le paysage des « violences islamistes » à l'égard de la communauté chrétienne une place intermédiaire qui leur donne une certaine exemplarité. Sur plainte d'une élève copte, quatre élèves musulmanes d'une école secondaire sont accusées d'avoir diffusé des cassettes (relatives au rite funéraire) jugées de nature à « inciter à la sédition confessionnelle ». Elles sont renvoyées par décision du ministre de l'Enseignement et leur professeur est mis à pied. Des milliers de manifestants vont alors demander et obtenir la réintégration des élèves et de leur professeur. Cette violence d'abord antiétatique va également donner lieu, sans que le contexte de l'incident ait d'ailleurs été clairement établi, à l'attaque d'une église protestante qui sera partiellement incendiée. Plusieurs centaines de sympathisants supposés ou réels des groupes islamistes seront alors arrêtés.

Très significativement, cette affaire a mobilisé des composantes de la population qui excèdent très largement les groupes activistes, dont le rôle n'a à aucun moment été attesté. Commencées sur le mode de la contestation d'une décision étatique, les manifestations ont placé la communauté chrétienne en situation de co-initiateur d'une mesure de répression jugée excessive et illégitime, fournissant un prétexte au régime pour déclencher une vague d'arrestations massives visant le courant le plus radical de son opposition islamiste

---

19. Alain ROUSSILLON, « Entre al-Jihâd et al-Rayyan : phénoménologie de l'islamisme égyptien », *Maghreb-Machreq Monde arabe*, n° 127, mars 1990, p. 23. « La violence, note par ailleurs Roussillon, apparaît comme d'autant plus visible et centrale dans la pratique des groupes islamistes que, dans la plupart des cas, les seuls "terrains" et les seules "populations" accessibles à l'enquête — compte tenu de la méfiance qu'inspirent, aux islamistes, les investigations journalistiques ou celles des sciences sociales — sont fournis par les militants emprisonnés ou les minutes des procès qui leur sont intentés pour "subversion" ou tentative de renverser le régime. »

et, par l'exploitation médiatique de l'affaire, le courant islamiste tout entier.

Violence confessionnelle et régulation politique

Pour comprendre cette ambiguïté du rôle du régime, il faut rappeler quelques caractéristiques structurelles de la scène politique égyptienne. Le pouvoir, très prompt à identifier toute demande de participation politique à une sédition confessionnelle menaçant l'unité nationale, n'est pas aussi étranger qu'il le prétend à la montée de la tension. Si peu crédibles que puissent être certaines des représentations véhiculées par la frange radicale des Gemaate [20], force est de constater que chacune des occurrences de violence confessionnelle « intercommunautaire » aboutit avant tout à conforter localement et internationalement l'option répressive du régime et donc sa seule véritable chance de survie. Si nulle part les chrétiens ne menacent en effet l'assise du pouvoir, il n'en est pas de même de leurs « adversaires » islamistes, qui ont à ce jour à peu près totalement confisqué le paysage oppositionnel efficace. De là pour le régime à tirer profit du moindre incident interconfessionnel pour légitimer son option répressive, il n'y a qu'un pas dont il semble bien qu'il soit régulièrement franchi. Le refus de donner droit de cité à l'opposition islamiste est systématiquement argumenté en effet en termes de protection de la minorité chrétienne, la faisant apparaître comme le fondement du refus par le régime de toute pratique oppositionnelle légale.

La vraie question est donc moins celle de la réalité des violences confessionnelles que celle de leur fonction dans le jeu politique. Sont-elles un produit naturel de la dynamique de réislamisation, ce qui fonderait le régime, au nom de la « défense de l'unité nationale », à réprimer la moindre expression politique de cette dynamique ? Ne sont-elles au contraire que des formes « latérales » de la violence contre le pouvoir ? Auquel cas, on doit relever l'attitude ambiguë de ce dernier qui, en faisant des chrétiens la caution de la répression qui lui permet de survivre, se soucie peut-être moins qu'il le dit des intérêts de ceux qu'il prétend protéger.

---

20. Comme par exemple cette déclaration : « Il se peut aussi qu'il y ait eu un accord entre les extrémistes chrétiens et la police, un accord pour faire survenir ce genre d'événements » (Talaat Fouad AL-QASSIMI, entretien avec l'auteur, juillet 1994).

« Au cours des années soixante-dix, [...] lorsque le gouvernement a voulu se doter d'une législation renforçant ses pouvoirs vis-à-vis de l'opposition, il a prétendu que couvait une discorde confessionnelle et il a promulgué, sous l'appellation de "Loi de l'unité nationale", un texte qui visait en fait toute l'opposition politique, dénonce Tareq al-Bishri[21]. Dans les années quatre-vingt, la lutte contre le courant islamiste a cherché à s'attirer le public des adversaires laïques de ce courant en nourrissant la haine entre les coptes et l'islam politique en général. Certains sont allés jusqu'à suggérer [...] que l'islam ou les musulmans ne toléraient plus chez eux de présence non musulmane. Ils sont allés jusqu'à demander "moins d'islam" pour garantir l'"unité" et la sécurité de la société. Ils jouaient alors le même jeu dangereux qu'un marin qui, pour frapper un de ses adversaires, arracherait une planche au fond de son navire. [...] Tout cela a considérablement affaibli la trame nationale et développé chez chaque composante de la collectivité le sentiment que sa sécurité et sa pérennité étaient menacées. Et [...] il ne se passe plus une année sans que ne se pose la question d'une nouvelle fracture interne à la communauté et sans que l'inquiétude des uns ne vienne renforcer celle des autres dans une sorte de guerre intellectuelle et politique où chaque camp ne se sent en sécurité qu'au fond de sa tranchée et n'en sort la tête que pour frapper ou être frappé. »

L'alternative culturaliste

La barbe du premier arrivé est courte et soignée, ce qui l'apparente au style des Frères musulmans. L'autre a la longue barbe négligée des « Salafis ». Mais au lieu d'être blanche, sa robe est noire. Les deux barbus s'esclaffent, se congratulent et s'embrassent dans la pénombre de l'entrée du vieil immeuble de la rue Port-Saïd, siège cairote du Parti (islamiste) du travail. L'un est un leader de ce parti, l'autre un des prêtres coptes titulaire de la rubrique religieuse du journal du parti. Pas de caméra pour ce non-scoop !

Ici comme à d'autres niveaux de l'analyse, la ligne de démar-

---

21. Dans son introduction au rapport *L'Annuaire de la nation* (présenté et traduit par François Burgat et Baudoin Dupret, *in Égypte-Monde arabe*, n° 11). Lire également : « Les conditions du dialogue islam-Occident », entretien recueilli et traduit de l'arabe par F. Burgat, *Égypte-Monde arabe*, n° 7, 1991.

cation entre islam oppositionnel (réputé antichrétien) et islam institutionnel (supposément œcuménique) est peu opératoire. D'abord parce que des tensions confessionnelles (liées au refus de construire de nouvelles églises par exemple) traversent régulièrement d'autres sphères religieuses que celles de l'opposition. Mais surtout, ce qui est trop souvent occulté, parce que la relation entre la poussée de l'islam oppositionnel et la composante chrétienne du paysage national est loin de relever du seul registre de la confrontation. De longue date, l'opposition islamiste a perçu le danger de se laisser enfermer dans l'équation : réislamisation = atteinte à l'unité nationale. En marge des manifestations unitaires orchestrées régulièrement par le pouvoir et des multiples « séminaires » ou autres « tables rondes sur l'unité nationale », où dignitaires chrétiens et musulmans se donnent l'accolade devant les caméras de la télévision, des dialogues plus spontanés et plus sérieux se nouent entre une partie au moins de la mouvance islamiste et une composante de la communauté chrétienne. Les dirigeants des Frères musulmans tiennent ainsi à afficher leur présence à chacune des manifestations festives du calendrier copte. Ils sont reçus régulièrement par les dirigeants religieux, ont amorcé avec eux des discussions au plus haut niveau, dans lesquelles le pape Chenouda a explicité son attitude (pas de refus de principe mais nécessité de multiples éclaircissements) sur la question de l'application de la *char'ia*[22]. Des chrétiens, même s'ils sont loin de représenter la sensibilité dominante dans l'Église copte[23], sont régulière-

22. *Cf.* notamment les interviews du pape Chenouda accordées au journaliste Mahmoud FAWZI (*Le Pape Chenouda et la bataille au sein de l'Église*, Dar al Nachr-Hatier, Le Caire, 1992 ; *Le Pape Chenouda et la communauté copte immigrée*, *op. cit.*) « Les gens demandent l'application de la *chari'a* sans préciser l'avis de celle-ci dans des tas de domaines. Le mot *chari'a* est pour l'heure l'objet de nombreuses interprétations et bien des choses sont l'objet de débats y compris chez les leaders religieux eux-mêmes tels que l'intérêt bancaire, etc. Avant de parler d'appliquer la *chari'a*, il faudrait donc préciser ce qu'elle dit exactement à propos de la femme ou à propos de nombreuses autres questions. La femme qui travaille déroge-t-elle à la religion comme le disent certains ? [...] Doit-elle demeurer assise chez elle, sa seule fonction étant l'éducation des enfants, etc. ? C'est là le point de vue que défendent certains, comme le cheikh Chaarawi par exemple et c'est ce dont ont peur certains musulmans. [...] Si la loi musulmane s'applique, l'imam et le gouvernant doivent-ils être une seule et même personne ? L'imam doit-il être également le prince, comme cela s'est fait du temps des quatre califes bien guidés ? Quel doit être le statut du pouvoir lorsqu'il y a des accords ? Peut-on passer des accords avec les juifs ? Ce sont là des sujets sur lesquels les musulmans ne sont pas d'accord entre eux. [...] Autre exemple : que dit la *chari'a* sur l'art, la danse, la musique ? »

23. Pour une lecture critique de la position de l'Église et de la communauté copte, cf. Rafîq HABIB, *Le Christianisme politique : introduction aux courants politiques chez les coptes*, Iafa lil-dirassâte wal nachr, Le Caire, 1990.

ment associés aux débats qu'organise le Parti du travail. D'autres sont présents sur ses listes électorales, le parti d'Ibrahim Chukri et Adel Hussein ayant même choisi en 1987 de placer un chrétien en tête de sa liste à Assiout. Le bihebdomadaire de ce parti (*Chaab*, le plus diffusé des organes de l'opposition) offre dans chacun de ses numéros une tribune à un membre de l'Église nationale (contre l'avis de la hiérarchie de l'Église) pour y débattre d'une question propre à la communauté copte, et sa rubrique « Palestine » est tenue de longue date par un chrétien. A l'inverse, la répulsion supposée de la communauté copte à l'égard de l'islam politique n'est pas telle qu'elle ait par exemple empêché les règles du clientélisme rural de fonctionner et le petit village copte de Bourtubate (Haute-Égypte) de voter ainsi tout entier pour un candidat islamiste aux élections municipales de 1992.

Au cœur de la « tempête confessionnelle » réelle ou supposée de l'année 1993, il était possible de voir au Caire des sympathisants de la Gamaa Islamiyya, côtoyant ceux de l'organisation Jihad, débattre avec un évêque libanais, sous l'œil attentif de quelques Frères musulmans et en présence de représentants de la gauche laïque, de l'histoire et du sens du nationalisme arabe chrétien [24]. Des contacts informels mais réguliers ont eu lieu, à partir de 1993, entre un petit groupe de chrétiens et des représentants des Frères musulmans [25]. La production idéologique qui permettrait à la communauté chrétienne de ne pas se percevoir dans une relation seulement antagonique à la poussée islamiste et de garantir ainsi la permanence et la stabilité de son ancrage dans la profondeur du tissu politique égyptien a été produite de longue date. La formule du leader wafdiste chrétien Makram Ebeid (« Ma patrie est l'islam, ma religion le christianisme [26] »), qui insiste sur l'appartenance des

---

24. Conférence de Mgr Georges Khodr au siège de la revue *Minbar al-Charq*, à Héliopolis, en février 1993. Mgr Khodr est l'évêque grec orthodoxe de la région de Byblos et Batrun au Liban. Partisan du dialogue avec la communauté musulmane, il en a été l'un des principaux artisans depuis le début des années soixante, développant des contacts avec le chiite Moussa Sadr (et plus tard Fadlallah) autant qu'avec Sobhi Saleh ou Youakim Moubarak. Membre de la Commission permanente pour le dialogue entre les Églises, qui siège à l'ancienne abbaye croisée de Balamand (Belmont), il est l'auteur de nombreuses prises de position anticonformistes qu'il exprime notamment en première page du quotidien *An Nahar*.

25. Ils se seraient interrompus à la suite d'un article paru dans le quotidien londonien *Al-Hayat*, qui en a rendu publique l'existence à un moment où les participants souhaitaient la protection de l'anonymat.

26. *Cf.* Mona Makram EBEID, *Allocutions et prises de position*, Hay'at al-masriyya lil kitâb, Le Caire, 1992 (langue arabe). D'autres formules ont vu le jour, dont celle

chrétiens à l'univers civilisationnel de l'islam, en constitue la trame.

« Nous avons besoin d'une idéologie générale, prône pour sa part Adel Hussein [27], ce qui veut dire des principes généraux qui régleraient le jeu dans son ensemble et en dirigeraient les différentes composantes, condition pour que ce jeu puisse se dérouler pacifiquement. Ces règles générales, ces principes généraux, je pense que pour ce pays ce sont celles de l'islam. Il ne s'agit pas de créer un parti unique, [...] mais tous devraient pouvoir se mouvoir sous l'emblème de l'islam. Pourquoi ? Parce que c'est là notre identité. [...] C'est l'identité des musulmans mais c'est tout autant l'identité des coptes. L'islam, c'est notre héritage, notre identité, notre âme, que nous soyons musulmans ou coptes. Tous sont les fils et les filles d'une même histoire. Quelles qu'aient été les circonstances, les coptes ont toujours fait partie de la société [...]. Ce n'est que très récemment que l'on a pu voir les femmes musulmanes dans les villes, au Caire notamment, porter des vêtements différents de ceux des femmes chrétiennes. [...] Mais si vous sortez du Caire, si vous allez en Haute-Égypte, vous verrez que musulmanes ou coptes portent le même vêtement, et cela représente la culture commune, la tradition commune. L'islam avec ses valeurs, son mode de vie est l'héritage de tous ceux qui vivent en Égypte, aussi bien musulmans que chrétiens [...]. Vous connaissez la formule célèbre de Makram Ebeid. Eh bien, certains d'entre nous avaient l'habitude de dire que "les coptes sont des musulmans qui vont à l'église le dimanche". Dans le langage copte classique, on utilise tout le temps le mot "Rab" pour dire Dieu et non "Allah". *Incha Rab* et non *Incha Allah.* Dans la pratique, la plupart des coptes disent *Incha Allah* comme les musulmans. Il est très rare d'entendre autre chose. On pourrait multiplier les exemples. Voilà pourquoi nous disons que nous faisons face à l'avenir armés d'une culture unique, que nous soyons musulman ou copte, et que sous ce parapluie unique, les différentes tendances politiques devraient pouvoir entrer pacifiquement en compétition. » A Amman, en 1989, une partie de la communauté chrétienne semble bien avoir donné ses voix pour faire

---

qu'emploie le père Khodr, qui aime à dire qu'il n'est « peut-être pas musulman mais néanmoins "islamique" ».

27. « Communisme, nationalisme, islamisme : itinéraire d'un intellectuel égyptien », entretien avec Adel Hussein présenté par François BURGAT, *in Égypte-Monde arabe*, n° 5, mars 1991.

de Leith Chubeilat, membre de la composante modérée du courant islamiste, un député influent au Parlement. « Oui, c'est vrai, plaide Chubeilat, j'ai recueilli des votes chrétiens et je les ai conservés : j'ai des supporters en nombre croissant parmi toutes les racines de ce pays, parmi les chrétiens mais aussi parmi la gauche, parmi toutes sortes de gens. » Pourquoi ? « Parce que, explique-t-il en substance, j'ai su faire ce que l'Occident échoue si complètement à faire aujourd'hui : appliquer mes valeurs, c'est-à-dire celles de l'islam, indistinctement aux miens et aux autres. Pourquoi l'Occident est-il en train d'échouer ? Il a pourtant des valeurs, de fort grandes valeurs. Mais son problème, c'est que, lorsqu'il les applique, il le fait de manière raciste. Il se les réserve tout entières [...]. L'Occident serait-il humain que nous serions tous devenus... occidentaux ! Avec l'offensive culturelle formidable que nous avons subie, nous n'aurions pas dû pouvoir résister... Nous devrions être tous épris d'Occident. Mais il est difficile de s'éprendre de quelqu'un qui ne se comporte pas en être humain. Comment le courant pourrait-il passer entre nous ?

« Les chrétiens, les juifs ont bénéficié de par l'histoire de la justice de l'islam. Cette justice a protégé leurs églises. Eux-mêmes reconnaissent qu'ils étaient mieux traités avant que les chrétiens ne viennent au Proche-Orient. Victor Saad, écrivain chrétien libanais, l'a reconnu : "Vous n'avez jamais été persécutés avant que les chrétiens d'Occident n'arrivent ici... !" dit-il aux chrétiens d'aujourd'hui.

« Les chrétiens de cette région du monde, dans des nations musulmanes qui respectent leur religion, deviennent parties de cette nation musulmane : "Ils sont musulmans par la nationalité... et chrétiens par la foi." C'est ce qu'a dit le grand Makram Ebeid, c'est ce qu'a dit également Faris al-Ghouri. Mais lisez aussi Michel Aflaq. Je crois que j'ai mal jugé Michel Aflaq et son Baas. C'est lui aussi qui dit aux chrétiens : "En tant qu'Arabes, vous ne pouvez qu'être partie de cette société musulmane. Vous êtes des musulmans. Les chrétiens arabes sont musulmans, par civilisation. C'est leur culture et leur civilisation, ils devraient, il faut qu'ils luttent pour elle [28]." »

L'existence de cette perspective culturaliste n'implique certes pas qu'elle soit aujourd'hui dominante et ne supprime pas la perspective de tensions confessionnelles à venir.

28. Entretien avec l'auteur, Amman, octobre 1991.

L'inexorable remise en cause du principe laïque, d'abord (au moins dans son acception conjoncturelle par les islamistes), l'affaiblissement de la présence occidentale, ensuite, affectent les fondements idéologiques et politiques des communautés chrétiennes d'Orient. Dès lors, leur avenir dépend sans doute de leur capacité à ne pas entrer dans le jeu pervers des régimes ou de l'environnement occidental, qui voudraient en faire des obstacles à la poussée islamiste. Elle dépend de leur capacité à maintenir les principes fondant leur légitimité politique dans le cadre des recompositions idéologique et politique qui s'opèrent aujourd'hui dans leur terroir d'origine. Bon nombre d'entre eux, et bon nombre de leurs interlocuteurs islamistes, ont d'ores et déjà montré qu'ils en étaient capables.

7

Égypte : la spirale de la violence

« Chaque fois que dans ses veines on ne laisse plus circuler librement les véritables dynamiques politiques, chaque fois que ses canaux se rétrécissent au point de ne plus assimiler l'ensemble des flux, un système politique fait le lit aux organisations secrètes et autres groupes clandestins. [...] Lorsqu'il en vient à donner le jour à toutes sortes d'entités juridiques sans relation aucune avec la réalité politique, sociale ou culturelle d'un pays, lorsqu'il fait exister légalement ce qui n'existe pas réellement alors que ce qui existe réellement n'a pas la reconnaissance du droit, lorsqu'un système politique tolère pareille dichotomie entre le légal et le réel, [...] c'est une véritable schizophrénie qui risque d'affecter la société tout entière[1]. »

« Remous sur le Nil »

En Égypte, terroir de l'expérience emblématique des disciples d'Hassan al-Banna, l'histoire de la relation du courant islamiste à la violence politique, des premiers affrontements entre Nasser et les Frères musulmans jusqu'à l'assassinat d'Anouar el-Sadate, reste en grande partie à écrire. Olivier Carré y a certes contribué de manière salutaire en soulignant que « Nasser et les siens, à partir de l'instauration du pouvoir personnel absolu en mars 1954, ont jugé utile d'attribuer aux Frères musulmans le vice congénital de terrorisme. Cela permettait de leur attribuer faussement tous les meurtres politiques

1. Tareq AL-BISHRI, *L'Annuaire de la nation*, *op. cit.*

de 1945 à 1950 et, sous Nasser, de leur imputer des complots (fabriqués par le pouvoir selon toute apparence) contre le raïs en 1954 et 1965, voire en 1981 contre Sadate[2] ». « Malgré l'avis du nassérien A. Imam, conclut-il notamment, la mascarade de [l'attentat de] 1965 [attribué aux Frères musulmans et qui donne le signal d'une nouvelle vague de répression] paraît hors de doute. » L'assassinat de Sadate en 1981 ne vient pas mettre un terme à une quelconque expérience démocratique. Il participe d'une vertigineuse dérive répressive du régime, qui vient alors de faire emprisonner mille cinq cents membres de l'*intelligentsia* politique, toutes tendances et toutes confessions confondues. De même, la relance de la violence politique à partir de la fin des années quatre-vingt relève d'une autre explication que celle proposée par le regard médiatique en mal de « violence intégriste ».

Pour l'essentiel, la représentation dominante de la violence met aujourd'hui en scène une « minorité » dévoyée, née de la « dégradation des conditions économiques » et de l'« échec des politiques sociales ». Grâce au soutien financier ou technique de certains États étrangers (le Soudan et l'Iran notamment), ou à la tolérance coupable de certains autres (Pakistan), cette minorité rejette l'« option démocratique du régime » et se réfugie dans le « terrorisme » pour « imposer à une société qui n'en veut pas » un projet politique fondé sur une « lecture erronée des références religieuses », menaçant notamment de ce fait l'existence de la communauté chrétienne et « mettant en danger l'unité nationale ». Cette représentation quasi officielle tend donc à faire assumer l'essentiel de la responsabilité de la violence politique à la composante radicale de l'opposition islamiste. Mais elle y associe également, implicitement ou explicitement, la composante légaliste du courant, c'est-à-dire la quasi-totalité de l'opposition « utile » au régime du président Moubarak.

Le traitement dont fait l'objet l'aile la plus modérée du courant, le Parti du travail, rend bien compte de cette logique. Le 10 octobre 1992, Adel Hussein, l'un des dirigeants de ce parti, publia, à l'occasion de la réunion au Caire d'une convention d'agents de voyage américains (ASTA), une longue dénonciation du déséquilibre entre l'apport économique du tourisme et son impact moral et social. Malgré le caractère pro-

---

2. Olivier CARRÉ, *Mystique et politique. Lecture révolutionnaire du Coran par Sayyed Qutb, frère musulman radical*, *op. cit.*

vocateur d'une partie de sa rhétorique, l'article, publié plus de deux mois après le début des agressions antitouristes, contenait surtout une critique plus économiste que religieuse du tourisme, accusé de ne pas être suffisamment bénéfique au tissu industriel. Les réticences, souvent fondées, qu'il émettait sur l'impact social et moral de l'industrie touristique avaient de longue date été déjà formulées en Égypte ou ailleurs depuis d'autres horizons politiques ou religieux. Il n'est que de se souvenir du discours algérien ou libyen des années soixante-dix sur la question. Les autorités accréditèrent néanmoins l'idée que le leader de la formation islamiste la plus modérée était responsable des attentats antitouristes montés de la frange radicalisée de sa composante la plus fruste. Même s'il manquait plusieurs maillons essentiels au raisonnement de ses accusateurs, comme le reconnurent très vite les juges, Adel Hussein fut donc déféré devant la Cour de sûreté de l'État. La presse étrangère n'a jamais corrigé les raccourcis manifestes de l'accusation, et elle a même surenchéri sur l'amalgame du régime. « Pour les barbus, expliqua le correspondant du *Monde*, la paralysie totale du secteur touristique est devenue une stratégie destinée à renverser le "régime impie". Depuis quelques années, ils ont tout essayé. Ils ont tué de hauts responsables comme le président de l'Assemblée, égorgé des policiers, mitraillé des penseurs libéraux ou abattu des dizaines de coptes en Haute-Égypte. Cela n'a pas affolé le gouvernement, qui s'est contenté de donner quelques coups de bâton par-ci par-là. Ces attentats n'étaient pas considérés comme "très inquiétants". On en était même arrivés à ne plus vraiment s'en apercevoir. [...] C'est à ce moment qu'un ancien marxiste converti à l'islamisme radical a eu un trait de génie. Il a écrit dans l'hebdomadaire qu'il dirige que le tourisme était *haram* (contraire à l'islam). C'était en été, un été où le tourisme battait tous les records avec les hôtels pleins à 80 %. La *fatwa* (avis de jurisprudence islamique) n'est pas tombée dans l'oreille d'un sourd et, pour la première fois de l'histoire de l'Égypte moderne, les touristes sont devenus des cibles[3]. »

La réalité est bien différente : la personnalité de l'« ancien marxiste » Adel Hussein s'inscrit fort mal dans un tel scénario et, pour important que soit son statut (du fait de la bonne diffusion du journal de son parti), il ne lui confère aucun *lea-*

3. « Remous sur le Nil », *Le Monde*, 28 novembre 1992.

dership, ni direct, ni indirect, sur la mouvance de la Gemaa qui est très loin de le reconnaître comme l'un des siens[4].

Deux dangereux raccourcis affectent ainsi trop souvent la représentation officielle ou médiatique de la violence politique égyptienne : l'omission manifeste, d'abord, du rôle de la répression, l'occultation ensuite, voire la négation, de la dimension politique de la crise. Même si aucun des facteurs « adjuvants » (l'étroitesse des canaux de la promotion économique et les carences de l'appareil éducatif notamment) ne peut être négligé, la crise que traverse l'Égypte du président Moubarak est en effet avant tout politique : elle réside dans la dichotomie croissante entre les forces politiques réelles et la capacité ou la volonté du système institutionnel de les intégrer. Sur les rives du Nil, si le politique tend à s'exprimer en dehors des urnes, c'est avant tout parce que l'accès à ces urnes lui est interdit. Certes, l'opposition islamiste comporte une composante fermée et intolérante. Mais son influence tient surtout à la politique du régime : en discréditant les attitudes légalistes et participationnistes, celui-ci renforce et légitime la posture de refus de cette composante extrémiste. Cette démarche enferme la dynamique oppositionnelle dans une logique dangereuse : le « cantonnement juridique » des forces candidates à la reconnaissance électorale y génère une tendance naturelle à la radicalisation. Sous l'effet d'une répression souvent très préventive, ce durcissement produit lui-même inéluctablement un certain coefficient de contre-violence. Le régime, qui craint moins en fait les quelques bombes de la périphérie extrémiste de son opposition que les millions de bulletins de vote de son centre, brandit alors cette violence pour justifier — notamment aux yeux de ses bailleurs de fonds internationaux — l'absolu verrouillage du système qui seul lui permet de survivre.

Démocratie : les fleurs sans les fruits

Amputée de sa dimension essentielle qu'est l'alternance, l'ouverture politique amorcée par Sadate et poursuivie par son successeur Hosni Moubarak (essentiellement par la libéralisa-

---

4. Toutes proportions gardées, l'explication de la violence antitouriste en Égypte fournie aux lecteurs français fut longtemps de ce fait à peu près aussi proche de la réalité que celle qui aurait attribué à Georges Marchais la responsabilité des attentats d'Action directe ou à Jean Lecanuet celle d'une grève de la CGT.

tion partielle de la presse écrite) a surtout contribué jusqu'à ce jour à exacerber les carences du système parlementaire. Le pluralisme ne s'est pas encore démarqué en Égypte du contexte de sa réintroduction, en 1977, dans le paysage du monocratisme partisan légué par Abdel Nasser. Lorsqu'il confia à quelques-uns de ses proches le soin de créer, sous la forme de « tribunes politiques », des « interlocuteurs » pour le parti unique au pouvoir, Anouar el-Sadate entendait en effet autant parachever (notamment à destination de l'Occident) l'image libérale de son régime qu'en renouveler véritablement les règles de fonctionnement. Si le parti unique a bien perdu sous Sadate son monopole juridique, il est très loin d'avoir abandonné sous son successeur les privilèges qui fondent sa prédominance. Il est vrai que, pour le Parti national démocratique, un approfondissement du processus de démocratisation ne serait pas sans conséquence. Nul besoin, pour mesurer l'étendue du risque qu'il court, de procéder à une évaluation approfondie de ses politiques. Le seul rappel de la très universelle loi de l'usure qui guette les gouvernants « au long cours » suffit amplement à se convaincre que des élections libérées des entraves multiples dont elles souffrent aujourd'hui auraient toutes les chances de déboucher sur une défaite du parti au pouvoir. Comme une bonne part de ses homologues arabes, le régime égyptien dispose donc pour jouer sa partition démocratique d'un registre étonnamment limité qui en réduit singulièrement la résonance. Il lui faut en effet conduire de pair deux démarches contradictoires : puiser dans la libéralisation politique un regain de légitimité, sans pour autant perdre le contrôle du rapport de force que cette ouverture risque précisément de redistribuer. Pour ce faire, il a donc entrepris tout d'abord de verrouiller l'accès du système à toutes les forces susceptibles — dans l'hypothèse où il devrait un jour fonctionner — d'en modifier l'équilibre à son détriment.

C'est là une première caractéristique trop souvent oubliée de la démocratie égyptienne. Cet ostracisme concerne bien sûr la frange radicale du mouvement islamiste, mais tout autant sa vaste composante légaliste. En Égypte, un courant politique quel qu'il soit ne peut en effet accéder à la représentation parlementaire qu'au terme d'une double sélection dont celle des électeurs est loin d'être la plus redoutable. Il lui faut traverser d'abord le filtre autrement plus sélectif d'un « tribunal des partis » (cinq magistrats du Conseil d'État et cinq personnalités publiques) qui est seul habilité à lui accorder la reconnaissance juridique. Le 14 avril 1990, au moment où la déclaration d'inconstitutionnalité de la loi électorale sur la base de laquelle le Parlement avait été élu en avril 1986 annonçait de nouvelles élections, ce tribunal reconnut trois nouvelles formations [5]. Le qualificatif que leur attribua le journal *Al-Wafd* (les « partis éprouvettes ») cernait toutefois à lui seul les limites de cette « ouverture » : ni Misr al-Fatat [6], ni le Parti unioniste démocratique (centre droit), dont on a pu dire que son assise ne dépassait pas celle de la famille de son fondateur, ni le parti des Verts, dont la personnalité du président, le très médiatique docteur Hassan Ragab, fortuné réinventeur du papyrus égyptien, qui a depuis lors démissionné, n'a pas suffi à assurer la crédibilité, n'ont obtenu le moindre siège aux élections.

Dans le même temps, les forces susceptibles d'infléchir si peu que ce soit la balance parlementaire se virent renouveler l'interdiction d'intégrer le système ; les nassériens d'abord, qui, quoique en rapide déclin, virent dans un premier temps au moins leur demande rejetée [7] au motif que leurs programmes « [niaient] le principe de la démocratie et vis[aient] à restaurer le régime totalitaire qui a sévi sous le président Nasser ». Les Frères musulmans ensuite et surtout, qui n'ont même pas pu obtenir la réhabilitation de leur association dissoute par Nasser en 1954. En septembre 1991, l'examen de leur requête avait été reporté pour la... quarante-cinquième fois [8] en vertu de la vieille interdiction faite aux partis politiques d'avoir une base confessionnelle. Et le 6 février 1993, la cour administrative a une nouvelle fois refusé leur demande de reconnaissance sous la forme d'une organisation caritative.

Les partis reconnus, ou ceux qui par le biais d'alliances tolérées par les autorités ont acquis le droit de participer aux élections, n'ont de toute façon qu'un accès étroitement conditionné au jeu politique : il est de notoriété publique que 75 %

5. L'Égypte compte alors neuf partis politiques (dix depuis avril 1992 : *cf.* note 7), soit, outre les nouveaux venus, le Parti national démocratique au pouvoir, le Parti socialiste du travail (islamiste), le Néo-Wafd (libéral), le Rassemblement progressiste unioniste (marxiste nassérien), le Parti libéral socialiste (plusieurs tendances antagonistes) et le parti Oumma (formation dépourvue d'assise autre que familiale).

6. Jeune Égypte, résurgence illégitime du parti fondé en 1933 par le frère d'Adel Hussein (*cf. supra*, chapitre 2).

7. Depuis lors, au début du mois d'avril 1992, l'une des tendances nassériennes a obtenu sa légalisation, un « Parti socialiste arabe » se voyant refuser en revanche la sienne au motif que son programme ne se différenciait pas suffisamment de celui des formations existantes.

8. Notamment parce que le gouvernement ne serait pas parvenu à produire la décision d'interdiction prise en 1949.

des sièges ne font l'objet d'aucune « élection » et que seuls 25 % d'entre eux sont en quelque sorte soumis aux aléas du suffrage, ce qui, lors des élections législatives de 1990, a décidé les trois plus importantes formations de l'opposition à boycotter le scrutin. Les listes électorales, qui n'ont pas été mises à jour depuis 1956[9], sont réputées ne regrouper effectivement que moins de 15 % de l'électorat potentiel. Les taux moyens de participation aux élections législatives étant, officieusement au moins, rarement supérieurs à 10 %, on peut donc considérer que le Parlement qui, en mars 1991, a prorogé pour trois ans la loi d'exception et solennellement demandé deux ans plus tard au président Moubarak de rester en poste pour un troisième mandat représentait moins de 3 % de l'électorat. La répétition de ce vote lors du plébiscite du 4 octobre 1993 a une nouvelle fois souligné les limites de ce système. Une exceptionnelle mobilisation médiatique n'a trompé que ceux qui le voulaient vraiment. L'ampleur de la mystification et le cynisme du discours politique (le nouvel élu s'est déclaré « touché par l'ampleur sans précédent de la participation électorale ») apparurent une nouvelle fois dans la lumière crue de la réalité. Des bureaux de vote singulièrement vides, brièvement troublés de manifestations ambulantes fidèlement suivies par les caméras de la télévision nationale, auraient, à en croire les résultats officiels, réussi à accueillir en quelques heures plus de quinze millions de personnes (15 678 492), soit 84,16 % de l'électorat, qui ont voté sans surprise à près de 97 % (96,28 %) en faveur du président. Médias et agences de presse occidentales sont demeurés en la circonstance étonnamment silencieux, hormis Reuter qui, à trois heures de la fermeture des bureaux, estimait comme on l'a vu le taux de participation à moins de 5 % et osait le dire.

Les partis légaux ne sont pas à l'abri des velléités du régime de conserver son absolu monopole de la scène politique « utile ». A deux reprises en 1992, le pouvoir a tenté de prendre le contrôle de Misr al-Fatat (Jeune Égypte, dont le journal avait pris un ton oppositionnel jugé trop vif) et du Parti du travail en y imposant par voie judiciaire des directions moins hostiles (dans les deux cas, ces décisions ont été annulées en appel). Et au lendemain du référendum consacrant la réélection du président Moubarak pour un troisième mandat, le Parti du

9. *Cf.* notamment Imane FARAG, « Le politique à l'égyptienne : lecture des élections législatives », *Maghreb-Machreq*, n° 133, septembre 1991.

travail a fait l'objet d'une attaque en règle, plusieurs de ses dirigeants étant arrêtés sous l'accusation d'insulte au président de la République et d'incitation à la rébellion. Adel Hussein a depuis lors été détenu une seconde fois, en janvier 1995, sous l'accusation de divulgation de secrets militaires et d'atteinte à la sûreté de l'État.

A défaut des institutions dont la vocation première est de la canaliser, de quels territoires dispose la dynamique oppositionnelle pour s'exprimer ? Partout où le moindre espace a été laissé à la libre concurrence, l'opposition islamiste y a manifesté depuis 1990 une nette supériorité sur le parti au pouvoir ou sur toute autre formation d'opposition. Devant ces indices un peu trop convergents, le régime a accentué le verrouillage du système et lancé jusque dans cette antichambre du politique que représente la mouvance associative des offensives juridiques répétées. Il s'en est pris ainsi au mois de février 1993 aux associations professionnelles, l'un des seuls espaces où s'exprimait à peu près librement une partie au moins de la dynamique oppositionnelle. Le Parlement a été ainsi prié, le 16 février 1993, d'adopter une loi « de garantie de l'application des libertés démocratiques », que le quotidien du Wafd a qualifié de « loi de nationalisation des syndicats ». Aux termes de ce texte, ceux des syndicats qui ne parviennent pas à mobiliser un quorum minimal de 50 % de membres de la profession au premier tour de l'élection de leurs dirigeants (et de 30 % au second) sont placés sous contrôle judiciaire. En dénonçant le faible taux de participation aux élections professionnelles, le régime a certes tenté d'apparaître comme un garant de la démocratie syndicale, qualité que les observateurs les plus pressés ont cru devoir lui accorder. Il voulait en fait empêcher la tendance islamiste (en l'occurrence les Frères musulmans, majoritaires dans les professions libérales) de démontrer lors d'élections vraiment libres l'étendue de son ancrage dans le tissu socioprofessionnel [10]. L'un des paradoxes d'une telle législation est bien sûr qu'elle aboutirait, si de telles exigences démocratiques gagnaient le système politique tout entier, à invalider n'importe laquelle des élections, présidentielle incluse, dont le taux de participation n'égale même pas, tant s'en faut, celui des élections professionnelles. L'argument

10. Les islamistes ont remporté les élections au bureau du syndicat des avocats le 13 septembre 1992. Ils sont également majoritaires dans celui des médecins et des ingénieurs.

selon lequel les victoires islamistes ne serait acquises que grâce à la faiblesse du taux de participation ne tient pas plus ici qu'ailleurs : au fur et à mesure du renforcement de cette participation, le pourcentage des voix islamistes ne semble pas fléchir. Ainsi s'est-il maintenu chez les médecins à plus de 60 % entre 1986 et 1993, alors que le nombre de votants passait de 8 000 à 22 000.

Les autres associations, notamment humanitaires, font quant à elles l'objet d'un surcroît de contrôle. Le tremblement de terre du 12 octobre 1992 ayant révélé la « porosité » extrême des canaux financiers de l'intervention de l'État, incapable d'accéder efficacement aux milliers de victimes, le régime, pour ne pas avoir à affronter la concurrence du réseau associatif islamiste, préféra interdire à toutes les associations de collecter des fonds [11].

Les Frères musulmans — que leur implantation dans les classes moyennes urbaines et leur légalisme rendent plus dangereux aux yeux du régime que leurs bruyants concurrents de la Gemaa Islamiyya, surtout implantés dans le monde estudiantin et le prolétariat agricole des petits bourgs du Sa'id — font par ailleurs l'objet de toutes sortes d'intimidations : la découverte d'un bureau d'études (« Salsabil ») regroupant des données statistiques portant notamment sur le potentiel des Frères musulmans à l'extérieur du pays et accusé d'être « impliqué dans une affaire d'espionnage au profit d'Israël » a donné en février 1992 le signal d'une reprise de la répression à leur égard. Le 6 juin 1992, pour la première fois depuis de nombreuses années, les arrestations ont recommencé à frapper les membres de l'association dissoute par Nasser. L'accusation d'exploitation politique du tremblement de terre puis les meetings de soutien à la Bosnie ont donné l'occasion de nouvelles arrestations qui, au terme d'une manifestation organisée conjointement le 18 juin 1993 dans six mosquées du Caire et d'Alexandrie, ont touché trois membres de la direction cairote du mouvement. La campagne a repris de plus belle en janvier 1995, avec l'arrestation d'une vingtaine de dirigeants du mouvement.

Les lieux de prière ont également fait l'objet de restrictions

11. Il a en fait seulement tenté de le faire : les financements associatifs qui circulaient déjà en grande partie de manière officieuse tendront désormais à échapper un peu plus encore aux circuits officiels. Sur le mouvement associatif, *cf.* Sarah Ben Nefissa-Paris, « Le mouvement associatif égyptien et l'islam : éléments d'une problématique », *Maghreb-Machreq*, n° 135, janvier 1992, p. 19.

nouvelles. En avril 1993, le ministre des Waqfs a annoncé sa volonté d'étendre en deux ans le contrôle de l'État sur les mosquées privées (88 % environ des 170 000 mosquées du pays), dont les horaires d'ouverture sont par ailleurs strictement limités aux heures de prière. Ce projet (au demeurant coûteux parce qu'il implique de salarier des milliers de nouveaux imams) a déclenché des résistances jusque chez les bénéficiaires théoriques de ces dispositions que sont les membres de l'*establishment* islamique de l'université d'Al-Azhar[12].

L'option répressive

Produites par le verrouillage du système institutionnel, les violences islamistes apparaissent largement corrélées ensuite à la lente montée de la répression exercée contre ces courants. Dans la décennie « post-Sadate », l'un des premiers jalons vers l'option répressive du régime remonte au printemps 1986, peu de temps après la nomination au ministère de l'Intérieur de celui qui allait la personnaliser et la mettre en œuvre, Zaki Badr. Un étudiant d'Assiout du nom de Chaabane Rachid, qui collait une affiche invitant à une conférence d'Omar Abderrahmane, fut abattu à bout portant d'une balle dans la tête par un membre de la police secrète[13]. D'autres temps forts ont été l'extermination à la mitrailleuse lourde, en mai 1990, de dix-

12. Le cheikh Ali Gad al-Haq s'y serait déclaré opposé et cette question fait désormais partie des contentieux qui séparent de plus en plus explicitement le leader de la première institution de l'islam « domestiqué » du gouvernement de M. Atef Sidqi, soulignant les difficultés croissantes du régime à maintenir son contrôle sur la puissante institution universitaire, ultime révélateur de l'importance du déficit politique du régime.

Les conditions dans lesquelles ce dernier a préféré au mois d'avril 1993 faire avorter une tentative de conciliation entre une commission de personnalités religieuses dites modérées et les leaders de la Gemaa Islamiyya, processus qu'il a craint de ne pouvoir contrôler, davantage que la convergence supposée entre « modérés » et « extrémistes », illustrent surtout la fragilité croissante de la distinction entre l'islam réputé « non oppositionnel » des institutions de l'État et la mouvance islamiste explicitement oppositionnelle. Sur le même registre, plusieurs dizaines de milliers de personnes représentant aussi bien l'islam d'État que le courant islamiste d'opposition, Parti du travail et Frères musulmans tout particulièrement, ont participé de concert, dans l'enceinte d'Al-Azhar, à un meeting de soutien aux musulmans de Bosnie où, malgré l'absence du cheikh Gad al-Haq, décommandé en dernière minute, la frontière entre l'islam institutionnel et les courants de l'opposition est apparue une nouvelle fois particulièrement floue.

13. Pour la période antérieure, la première victime recensée de la répression contre la Gemaa est un étudiant tué à Assiout au cours d'une manifestation de protestation contre l'arrivée au Caire du chah d'Iran.

huit membres (selon les sources officielles et de près de vingt-quatre selon d'autres sources) du groupuscule dissident des adeptes de Chawqi Cheikh retranchés dans un fossé d'irrigation de l'oasis du Fayoum, puis l'assassinat pendant leur sommeil de sept membres présumés d'un groupe armé dans le village de Menqabad, proche d'Assiout. Pour beaucoup, la date charnière est toutefois celle de l'assassinat par balles, le 9 septembre 1990, dans une rue du quartier des Pyramides, du docteur 'Alâ Mohieddine, porte-parole national de la Gemaa, à qui la sécurité d'État avait fait transmettre quelques semaines plus tôt un ordre officieux de quitter Le Caire. Ignorée longuement des médias officiels, l'élimination de 'Alâ Mohieddine déclenchera la plus médiatisée des ripostes de la branche armée de la Gemaa : l'assassinat du président du Parlement Rifaat Mahjoub [14]. Sur toile de fond d'élections algériennes et de guerre du Golfe, l'affaire Mahjoub donnera elle-même le signal d'une intensification sans précédent de la répression. Au nom de la prévention antiterroriste (ou, le cas échéant, au nom des nécessités de... la lutte contre les trafiquants de drogue), l'Égypte reconduit depuis 1967 une loi d'exception qui restreint déjà considérablement les libertés politiques individuelles ou collectives. Pour renforcer une nouvelle fois les « moyens de lutte contre la violence armée », le Parlement a néanmoins porté au début du mois de juillet 1992 le délai de garde à vue à six mois, élargi le champ d'application de la peine de mort aux infractions qualifiées, sans autre précision, de « terrorisme » et rendu la simple détention d'écrits diffusés par les groupes islamistes passible de lourdes peines d'emprisonnement. Au cours de l'année 1992, 9 428 personnes, fourchette basse des évaluations [15], ont été incarcérées, soit en moyenne

14. En lieu et place du ministre de l'Intérieur, Abdelhalim Moussa, qui le suivait dans un cortège d'apparence voisine. L'attentat avait été précédé en décembre 1989 d'une tentative avortée contre Zaki Badr. Un petit groupe de dissidents de la Gemaa (*Al Nûji'ûn min al nâr*, « les réfugiés de l'enfer »), dont les leaders ont été arrêtés au début du mois de juillet 1993 après cinq années de cavale en Libye puis en Égypte, avaient eux-mêmes tenté d'assassiner un ancien ministre de l'Intérieur ainsi que le directeur de l'hebdomadaire gouvernemental *Al-Musawwar*.

15. Markaz Ibn Khaldoun, « La société civile et la transition démocratique dans le monde arabe », *Annual Report 1992*, Dar Saad al Sabah, Le Caire, 1993, p. 72 (en langue arabe). Soixante pour cent des personnes détenues ont ensuite été considérées par le juge comme étrangères aux faits. *Cf.* également « La politique sécuritaire : criminalité politique et criminalité sociale », *in L'Annuaire de la nation*, n° 2, cité *in Égypte-Monde arabe*, 1994 (en langue arabe, traduction Baudouin Dupret). Le nombre d'arrestations opérées entre le 1er mars 1986 et le 9 février 1989 a été estimé de source officielle à 12 472. A l'examen des dossiers d'accusation, les juri-

vingt-cinq chaque jour. Depuis le début de l'année 1994, le nombre des détenus dépasserait les 24 000. Des témoignages convergents, y compris de sources paragouvernementales [16], ont dénoncé régulièrement la banalisation de l'usage de la torture contre les prévenus, les prises d'otages au sein de leurs familles, les violences sexuelles, voire les éliminations physiques pures et simples. Emmanuel Sivan, orientaliste américain professeur à l'université de Jérusalem, a affirmé dès 1990 que le régime « emploie même des tireurs d'élite pour semer la terreur. Ainsi, quelque soixante-dix agitateurs fondamentalistes de premier plan ont été éliminés pour de bon, avant tout en Haute-Égypte et dans les provinces rurales, régions les plus touchées [17] ». Au mois de mai 1992, l'Organisation égyptienne de défense des droits de l'homme a accusé le gouvernement de violation des conventions internationales en matière de traitement des opposants et des détenus politiques et, fût-ce tardivement, deux autres rapports particulièrement explicites ont été publiés sur le sujet en mars et en juin 1993 [18].

En les critiquant parce qu'il en mesurait le danger politique, Hassan Alfi, successeur (au début du mois de mai 1993)

dictions ont ensuite pris 12 447 décisions de non-lieu, dont le ministère de l'Intérieur a contesté près de 70 %.

16. Même le très officiel rapport stratégique du centre d'études d'Al-Ahram suggère de longue date que la violence entre l'État et les islamistes n'est pas toujours aussi réciproque que voudraient le faire accroire les communiqués du ministère de l'Intérieur lorsqu'ils évoquent ces arrestations « difficiles » qui se terminent par le décès des prévenus (« La violence politique en Égypte, rapport stratégique d'Al-Ahram 1989 », *Égypte-Monde arabe*, n° 4, 1991).

17. C'était, il est vrai, pour s'en féliciter. (*Le Nouvel Observateur*, 7-13 février 1991). L'assassinat d'Ala Mohieddine constitue l'un des exemples les moins mal connus de ces débordements. Il en a sans doute été ainsi également du jeune imam Arafa Derwiche, abattu « à froid » au mois d'août 1992 sur le *minbar* de la mosquée de Sanabu lors du prône de la prière du vendredi. Les témoignages convergents recueillis par l'auteur font état de procédés qui consistent à profiter de la cohue d'une échauffourée pour faire intervenir des tireurs chargés d'abattre des cibles présélectionnées.

18. *Embaba, une image intense de la détérioration de l'état des droits de l'homme et du respect de la loi en Égypte*, Le Caire, 20 mars 1993 (ce rapport recense également les abus attribués aux membres des Gemaate Islamiyya vivant dans le quartier). *Cf.* également le rapport d'Amnesty International en date du 23 juin 1993, *Les Sévères Atteintes aux droits de l'homme en Égypte*, où l'organisation écrit notamment : « Le nombre des meurtres commis par les forces de sécurité a considérablement augmenté dans les douze derniers mois. Amnesty International en a recensé vingt-neuf au cours du seul mois de mars 1993. [...] Amnesty craint que certains, et peut-être même un grand nombre des décès provoqués par la police, n'aient été en réalité des meurtres illégaux, résultant d'une utilisation abusive et injustifiée d'armes meurtrières. Quelques-uns de ces homicides présentent en effet toutes les caractéristiques d'exécutions extra-judiciaires, c'est-à-dire de meurtres délibérés de personnes ne présentant aucun danger au moment où elles ont été abattues. »

d'Abdelhalim Moussa au ministère de l'Intérieur et comme lui ancien gouverneur d'Assiout, a confirmé la réalité de ces formidables abus attribués à son prédécesseur[19], et notamment les prises d'otages fondées sur le principe d'une responsabilité collective : pendant plusieurs années, pour arrêter des membres de la Gemaa, on a fait pression sur leurs femmes, leurs sœurs ou même leurs mères. Dans certains cas, le silence de la population refusant de dénoncer des suspects a été puni par des mesures d'embargo, voire par la destruction pure et simple de maisons et, dans un cas au moins, d'un hameau tout entier.

A partir de 1990, l'un des scénarios récurrent des affrontements a résulté de la seule volonté des autorités d'interdire aux représentants de l'islam oppositionnel de diriger des prières publiques, notamment lors des deux Aïd annuels. Les diverses tendances de l'islam oppositionnel n'ont en effet aucune difficulté à mettre en minorité les représentants de l'islam officiel[20]. A partir de 1990, le régime a donc décidé de limiter étroitement le nombre des lieux agréés pour ces manifestations, n'hésitant pas à faire inonder à la lance à incendie, voire avec l'eau des égouts, les places et avenues susceptibles d'accueillir les croyants réputés contestataires. Au début du mois d'avril 1992, à Beni Soueif, lors de l'*Aïd-el-Fitr* (fin du mois de ramadan), une initiative de ce type a fait quatre morts parmi les membres de la Gemaa.

Par la suite, les occurrences de violence ont généralement emprunté le scénario de campagnes d'arrestations parfois répressives, préventives plus souvent, violentes toujours, qui ont progressivement déclenché des ripostes à la mesure des dommages subis : l'analyse des meurtres de policiers qui se sont multipliés depuis 1990 ne saurait donc être dissociée de celle de ces innombrables « arrestations » qui se sont terminées par le décès des prévenus. Dans le gouvernorat d'Assiout, la multiplication des accrochages a fait dégénérer la situation et a abouti au printemps 1992 à l'instauration d'un couvre-feu sur plusieurs parties du territoire, la population ayant nettement pris parti pour les « terroristes ». Plus de deux mille soldats ont dû imposer un long couvre-feu à la ville de Daïrout, qui a vécu plusieurs mois dans un véritable état de siège. La fin

19. *Al-Mussawar*, 28 mai 1993.

20. C'est d'ailleurs dans ce type de manifestation qu'il faut sans doute mesurer la capacité de mobilisation de l'islam contestataire, bien davantage que dans des modes d'action à la fois plus « modernes » (pancartes, slogans, grèves, votes) et plus explicitement oppositionnels.

de l'année 1992 a vu une nouvelle fois le film des événements s'accélérer. Le 8 décembre, une gigantesque opération de ratissage du quartier d'Embaba (impliquant quatorze mille membres des forces de sécurité), accompagnée d'une formidable campagne de presse, a donné lieu à plusieurs centaines d'arrestations ; les opérations de ce type se sont poursuivies depuis lors en même temps que les agressions contre les forces de l'ordre (envois d'engins incendiaires sur les voitures de police, assassinats de policiers) se multipliaient. L'année 1993 a été celle de la série des bombes aveugles, de l'assassinat de plusieurs policiers de haut rang, des tentatives d'assassinats contre les ministres de l'Information et de l'Intérieur, d'une recrudescence des campagnes d'arrestations [21] et des premières sanctions judiciaires. Le tribunal militaire devant lequel ont été déférés les auteurs d'une partie des attentats a prononcé plusieurs dizaines de condamnations à mort [22]. Au 15 août, quinze d'entre elles avaient déjà été appliquées, chiffre sans précédent dans l'histoire du régime. Dans l'affaire Mahjoub, impressionnée par le récit des tortures systématiques infligées aux accusés et dans l'impossibilité de faire la part des aveux « réels » de ceux qui avaient été extorqués à des prévenus seulement désireux de faire cesser la torture, la Cour de sûreté, beaucoup moins expéditive que le tribunal militaire — ce qui explique la mise en œuvre de ce dernier —, a préféré, au risque de relâcher certains des responsables, ne prononcer que des peines accessoires [23].

A un moment où la campagne répressive, en écho à l'onde de choc des élections algériennes de décembre 1991, atteignait un seuil jusqu'alors inédit, incluant des séries d'éliminations physiques des leaders de la Gemaa, l'épisode des attentats antitouristes a constitué l'expression « extrême » de ce processus.

---

21. Le 11 mars 1993, de violentes descentes de police ont fait dix morts islamistes à Embaba. A Aswan, la police investissant une mosquée a tiré sur l'assemblée, faisant seize morts et plusieurs blessés.

22. A l'automne 1992, un décret présidentiel a déféré aux tribunaux militaires un certain nombre d'affaires concernant la sécurité de l'État. Le 8 décembre, le tribunal administratif du Conseil d'État a ajourné l'application de ce décret, le déclarant illégal au motif que les dossiers évoqués ne concernaient nullement les forces armées égyptiennes. Le 30 janvier, la Cour constitutionnelle estimait au contraire qu'en vertu de la loi d'urgence le président était habilité à saisir les tribunaux militaires de certaines infractions et rendait de ce fait exécutoires les condamnations à mort prononcées entre-temps par le tribunal d'Alexandrie.

23. L'accusé numéro un, Safwat Abdelghani, au demeurant chef attesté de la branche armée de la Gemaa, a été condamné à cinq années d'emprisonnement pour détention d'armes.

Les attaques contre l'État, ses représentants ou ses alliés supposés, qu'ils soient hommes politiques (le président du Parlement Rifaat Mahjoub, le ministre de l'Information Safwat Cherif, le Premier ministre Atef Sidqi, les ministres de l'Intérieur successifs ainsi que le chef de l'État) ou membres des forces de l'ordre, ont toutes été clairement revendiquées par l'aile armée des Gemaate Islamiyya, de même que l'assassinat le 8 juin 1992 de l'éditorialiste Farag Fodha, défenseur courageux d'un projet laïque[24] et, dans une période où la répression avait déjà atteint des sommets, avocat tout aussi passionné et tout aussi influent, du Caire jusqu'à Tunis, du traitement seulement répressif de l'opposition islamiste.

La Gemaa Islamiyya a également revendiqué son implication dans les violences antitouristes. Au cours du printemps 1992, un communiqué avait menacé de recourir à ce type d'action si la répression systématique se poursuivait contre le mouvement. Un long communiqué reproduit dans le courant du mois de décembre 1992 par *Chaab* a dans un second temps dénoncé cette forme d'action et rejeté la responsabilité de la radicalisation de la base du mouvement sur la politique d'emprisonnement systématique de ses dirigeants. Le procès et la condamnation à mort de sept des militants impliqués dans la première grande affaire des « coups contre le tourisme » n'ont pas infirmé cette version des faits : les sept jeunes suppliciés venaient tous en effet d'un même petit village de Haute-Égypte[25], dont ils ne s'étaient éloignés que de quelques kilomètres pour mitrailler un autobus. Même si l'existence d'une direction en exil est attestée[26], la crédibilité de la thèse officielle d'un complot planifié à l'échelon national, voire international (depuis le Pakistan, le Soudan ou l'Iran), et mettant en œuvre des commandos d'experts désignés par une instance centralisée n'en est pas sortie vraiment renforcée.

La série de bombes « aveugles », qui, du café de la place Tahrir au quartier populaire de Choubra en passant par la place

24. *Cf.* notamment *La Vérité absente*, allusion au titre *L'Obligation absente* de l'opuscule d'Abdessalam FARAG, Dar al-Fikr, Le Caire, 1986 (en langue arabe) ; et *Avant la chute*, Dar al-Fikr, Le Caire, 1985 (en langue arabe). Farag Fodha est tombé sous les balles d'un commando de deux jeunes motocyclistes dont l'un (Abdechaffi Ahmed Ramadhan) a été arrêté sur les lieux.

25. Hujeirate wa Humeirate, à 25 kilomètres au sud de Qena. Une partie du village a été rasée au bulldozer par la police pour obliger les habitants à dénoncer l'endroit où se cachaient les suspects.

26. Une revue, *Al-Mourabitoun*, publiée un temps au Pakistan, continue à être diffusée depuis l'Europe.

Ramsès et le pont de l'avenue des Pyramides, ont fait plusieurs dizaines de victimes, a en revanche été clairement dénoncée par le camp islamiste, Gemaa incluse. Tous rejettent généralement la responsabilité sur des « services secrets étrangers qui souhaiteraient aggraver les difficultés économiques et politiques de l'Égypte », ou plus vraisemblablement encore sur les services égyptiens qui — tout en légitimant ainsi l'option répressive — auraient tenté de prévenir une possible connivence entre la population et les « justiciers » islamistes. Au cours du mois de juin 1993, près d'une dizaine de ces bombes ont été à grand renfort de mobilisation médiatique désamorcées dans divers quartiers populaires de la capitale. Au début du mois de juillet de la même année, à la différence de presque tous les autres, aucun des auteurs de cette catégorie d'attentats n'avait été identifié de manière crédible, jetant le doute sur l'origine des plus meurtrières de ces « violences islamiques » qui bornent encore trop souvent l'analyse des dynamiques politiques égyptiennes de la décennie quatre-vingt-dix. Les balles de la composante radicale de l'opposition islamiste risquent donc encore de se mêler longtemps en Égypte à celles de la police et les éclats de voix de la « lutte contre le terrorisme » de continuer à masquer le blocage du système politique tout entier.

8

Algérie : l'islamisme contre les intellectuels ?

Au Maghreb, jusqu'au début des années quatre-vingt-dix, les manifestations de violence liées à la montée de l'islamisme sont demeurées marginales. Non pas que, comme n'importe quelle autre mobilisation politique, l'islamisme ait toujours et partout fait l'économie de ce redoutable raccourci. Mais il n'en avait nullement fait un mode d'action privilégié. Il faudra qu'en Algérie une formidable campagne de répression vienne au début de l'année 1992 répondre à la victoire électorale du Front islamique de salut (FIS) pour que cet équilibre soit rompu. L'inventaire des violences « islamiques » qui ont alors déferlé sur la scène algérienne a néanmoins rarement bénéficié de la prudence et de la sérénité requises.

Pas plus ici qu'ailleurs l'usage de la violence par le camp islamiste ne peut être méconnu ou sous-estimé. Indiscutablement, la composante modérée du FIS s'est ralliée au début de l'année 1992 à la logique de la lutte armée, qu'elle avait longtemps combattue au sein de son aile radicale. Assurément, les armes islamistes n'ont pas été dirigées seulement contre ceux qui en maniaient de semblables : elles ont atteint également de nombreuses cibles étrangères à l'usage direct de la violence. C'est donc moins l'existence d'un potentiel de violence « islamique » qui mérite d'être discuté que les circonstances lui ayant permis de monopoliser pendant de longs mois la quasi-totalité de l'expression politique du courant islamiste et surtout l'entière représentation médiatique de la crise algérienne.

Les islamistes, nous ont longtemps expliqué en effet les plus médiatisés des analystes, avaient décidé de « décerveler » un pays où s'affrontaient « le camp des terroristes et celui des militaires » sous les yeux impuissants de la population. Est-ce vraiment de cela qu'il s'est agi ? Et si entreprise de « décervelage » il y a eu, qui en ont été réellement les acteurs et les victimes ?

Une triple déchirure

La crise algérienne est l'expression d'une triple déchirure, proche de celle qui traverse l'ensemble du monde arabe. Cette déchirure est d'abord politique : elle résulte d'une guerre de succession relativement banale entre un régime qui refuse d'admettre qu'il a perdu son assise populaire et une opposition qui a eu l'occasion de vérifier à deux reprises qu'elle était majoritaire et a donc quelque raison de réagir au traitement qui lui est réservé.

Au moins partiellement, ce clivage politique recouvre un clivage économique : les bases sociales de l'opposition ont moins bénéficié que d'autres des retombées éducatives ou socioprofessionnelles de la rente pétrolière. La fracture est enfin culturelle. Les élites politiques et économiques du pouvoir ou de l'opposition laïque évoluent plus naturellement à l'intérieur des catégories de la culture occidentale que dans celles de la culture arabo-musulmane. La présence française a paradoxalement contribué, on le sait, à marginaliser ou à discréditer celles-ci dans la première génération des élites nationalistes. Mais ce clivage culturel traverse moins la société que chacun des individus qui la composent. La référence à deux blocs étanches ne permet donc pas de rendre compte de la tension entre les deux appartenances. Source de richesse lorsqu'elle est assumée, la dualité du système de références peut nourrir à l'opposé tensions et même schizophrénie lorsque l'une des deux appartenances est contrariée ou, à l'inverse, imposée ou que la libre circulation entre les deux est entravée.

La guerre de succession et la révolte sociale recouvrent néanmoins un affrontement entre deux appartenances culturelles, une compétition fratricide entre deux univers de références perçus comme concurrents. L'historien Mohammed Harbi a bien exprimé cette réalité tout particulièrement maghrébine : « Une partie des Algériens, ceux qui ont précisément été les porte-parole et les dirigeants du nationalisme, est fortement marquée par la culture française. Cette élite politique francophone a forgé l'idée d'une nation algérienne indépendamment de toute référence historique authentique, en symétrie avec l'idée de nation française.[...] En dessous, sans qu'elle l'entende, une autre Algérie existait, communautariste, aux liens sociaux fortement marqués par la religion et dont le rapport avec la France était sans ambiguïté [1]. »

Ce sont les dividendes de ce triple clivage qu'à deux reprises, en juin 1990 puis en décembre 1991, le FIS a réussi à capitaliser à son bénéfice : il est parvenu d'abord à exprimer la volonté populaire de désavouer un régime usé et corrompu et à véhiculer les ambitions politiques des exclus du système. Il a réussi à exprimer ensuite le désarroi de groupes sociaux déstabilisés par la brutalité du désengagement économique de l'État après l'effondrement du marché pétrolier et l'échec de l'industrialisation « par le haut [2] ». Il a réussi enfin, ressource « positive » que nombre d'observateurs mettront tant de temps à lui reconnaître, à opérer le transfert à son bénéfice de la dernière et de la plus importante des ressources politiques dont le FLN ait jamais disposé : le nationalisme. Positivement d'abord, du fait de la nature même de son discours, qui prolonge sur le terrain culturel et idéologique la dynamique nationaliste que le FLN avait en son temps exprimée et exploitée sur le double terrain politique et économique. Mais négativement aussi, par l'effet pervers de l'identification progressive des forces politiques maniant un vocabulaire différent du sien à l'univers de la francophonie (et par extension à la France elle-même) et à une certaine élite sociale, doublement condamnée pour ses privilèges économiques et sa proximité culturelle ou politique avec l'ancienne puissance coloniale.

Dans l'inexorable entreprise de décrédibilisation des forces laïques, la France, médias et classe politique confondus, a paradoxalement joué un rôle non négligeable. Croisé avec le discours du FIS dénonçant le « parti de la France », son empressement à défendre le « camp démocratique » a indis-

---

1. Mohammed Harbi, « L'ambivalence des relations franco-algériennes », *Le Monde*, 20 août 1994.

2. *Cf.* Ahmed Rouadjia, *Grandeur et décadence de l'État algérien*, Karthala, Paris, 1994 ; Lahouari Addi, *L'Impasse du populisme. L'Algérie : collectivité politique et État en construction*, ENAL, Alger, 1990, et *L'Algérie et la démocratie. Pouvoir et crise du politique dans l'Algérie contemporaine*, La Découverte, Paris, 1994 ; Ignace Leverrier, « Le Front islamique du salut entre la hâte et la patience », *in* Gilles Kepel (sous la dir. de), *Les Politiques de Dieu*, Le Seuil, Paris, 1993 ; Séverine Labat, « Islamismes et islamistes en Algérie, un nouveau militantisme », *in* Gilles Kepel (sous la dir. de), *Exils et royaumes. Les appartenances au monde arabo-musulman*, Presses de la FNSP, Paris, 1994.

cutablement contribué à disqualifier celui-ci en même temps qu'à valoriser son adversaire, lui permettant de transformer chacune des attaques médiatiques françaises en autant de dividendes positifs. Paradoxe suprême, le FLN, dans sa lutte contre le FIS, s'est trouvé constamment en situation de paraphraser (sur le thème de la violence politique notamment) le discours des médias français, ouvrant autant de brèches dans une légitimité historique qu'il avait précisément fondée sur sa capacité à opérer la distanciation symbolique d'avec le colonisateur. Dévastateur dès les premiers balbutiements de l'expérience pluraliste de 1989, ce paradoxe médiatique a été exacerbé jusqu'à l'extrême — le dira-t-on jamais assez ? — par le soutien politique et médiatique qu'apportera ensuite l'Occident en général et la France en particulier au régime issu de l'annulation du premier tour des élections législatives de décembre 1991.

Changer le peuple !

Lorsqu'en décembre 1991 il apparut aux militaires que le peuple algérien avait « mal voté », les victimes de cette insolence électorale ne voulurent pas envisager d'autre solution que celle qui consistait en quelque sorte à « changer le peuple [3] ». Au lendemain du scrutin, si le Front des forces socialistes (FFS) demande courageusement la poursuite des élections, le Rassemblement pour la culture et la démocratie (RCD), qui n'a rien à perdre il est vrai [4], réclame ouvertement son interruption. Il se dit prêt à « paralyser le pays » et à « assumer tous les débordements ». Un « Comité national de sauvegarde » est formé, que l'hebdomadaire *Algérie-Actualité* croit pouvoir créditer du soutien d'une soixantaine d'associations et de manière plus hypothétique encore de celui des « trois millions d'adhérents à l'UGTA ».

Le FIS accepte pour sa part la perspective de cohabitation avec Chadli et appelle ses militants à la « modération » et la

3. Jacques VERGÈS, *Lettre à des amis algériens devenus tortionnaires*, Albin Michel, Paris, 1993 ; *cf.* également les témoignages regroupés par REPORTERS SANS FRONTIÈRES, *Le Drame algérien*, La Découverte, Paris, 1994.

4. Rappelons les résultats du premier tour : sur 13 258 554 électeurs inscrits, 7 822 625 ont voté. Le FIS a recueilli 47,27 % des suffrages exprimés (soit 24,54 % du total des inscrits), loin devant le FLN (23,38 % des suffrages exprimés, 12,17 % des inscrits) et le FFS (respectivement 7,40 % et 3,85 %). Le RCD n'a recueilli que 200 267 voix (soit respectivement 2,90 % et 1,51 %).

« réconciliation[5] », même s'il ne parvient pas à empêcher certains d'entre eux de durcir le ton en annonçant la mise en œuvre d'un programme de gouvernement qui ne reflète pas particulièrement cette double préoccupation.

A Alger, de rumeurs en insinuations, on croit de moins en moins il est vrai à la poursuite du processus électoral. Le 2 janvier, 300 000 opposants au FIS défilent pour « sauver la démocratie » et l'on annonce la création de « comités pour la défense des institutions républicaines ». Hocine Aït-Ahmed, le leader du FFS, qui a brièvement pris la parole, a été acclamé et chacun se prend à espérer une contre-mobilisation des électeurs du camp dit « démocratique ». L'ampleur des abstentions (41 %) incite certains observateurs à spéculer sur une possible contre-majorité. De manière plus pragmatique ou plus cynique, d'autres songent à un second tour « juridictionnel » où le Conseil constitutionnel, saisi de plus de 300 recours en annulation, dont 174 par le seul FLN[6], accepterait de priver le FIS de sa majorité. D'autres enfin préparent dans l'ombre une solution encore plus radicale. A Alger, le 11 janvier au soir, une brève émission de la télévision nationale met fin à l'incertitude.

Le président Chadli Benjedid, évoquant les « empêchements » mis à poursuivre sa mission, y annonce sa démission. *Exit* la légalité. Entre en scène le Haut Conseil de sécurité[7] puis le Haut Comité d'État, qui exerce l'ensemble des pouvoirs dévolus au chef de l'État par la Constitution.

Les « sauveurs de la démocratie », après avoir confisqué le contenu des urnes, font prononcer ensuite la dissolution du parti qui a eu l'impudence d'obtenir la majorité. Parallèlement, ils entreprennent d'expédier les vainqueurs du premier tour et près de vingt mille de leurs électeurs se dessécher au soleil des camps d'internement du Sud saharien. Dans le même temps, pour masquer leur nudité politique, ils créent des *ersatz* d'assemblées représentatives (Conseil consultatif national, puis Conseil national de transition, délégations municipales) et substituent aux élus des deux premiers scrutins

5. Pierre GUILLARD, *Ce fleuve qui nous sépare : lettre ouverte à l'imam Ali Benhadj*, Loysel, 1994.

6. 17 par le FIS, 30 par le FFS et 34 par le MDA de Ben Bella.

7. Il comprend le Premier ministre, Sid Ahmed Ghozali, les ministres des Affaires étrangères (Lakhdar Brahimi), de la Justice (Hamdani Benkhelli), de la Défense (le général Khaled Nezzar) et de l'Intérieur (le général Larbi Belkheir), ainsi que le chef d'état-major, Abdelmalek Guenaizia.

libres de l'histoire du pays des « représentants » nommés par leurs soins.

Une fois passée l'heure des communiqués de protestation et d'appels sans écho à la solidarité internationale, la réponse islamiste prend la forme d'attentats meurtriers contre les exécutants, militaires d'abord, politiques ensuite, de la stratégie « éradicatrice » qui se met en place. Les premières victimes de la violence « islamique » naissante sont les membres des forces de l'ordre, puis des instances nommées par le pouvoir en lieu et place des assemblées élues. Les attaques sont progressivement revendiquées par un Mouvement islamique armé (MIA) [8].

Même si, on va le voir, au-delà de cette frontière, l'attribution précise des responsabilités commence à devenir hasardeuse, à ces premières victimes civiles va s'ajouter une autre catégorie d'acteurs politiques : non point tant « les journalistes », « les intellectuels » ou « les poètes » que ceux des journalistes, intellectuels et poètes qui vont, une fois entièrement anéanti le potentiel d'information du camp islamiste [9], accepter de produire la couverture idéologique de la répression, légitimant aux yeux de l'opinion mondiale l'option éradicatrice et le règne de ses adeptes.

D'un extrémisme l'autre

Dans le camp islamiste, pourtant, des partisans de l'action armée s'étaient manifestés avant l'interruption du processus électoral. Tout au long des années quatre-vingt, le Mouvement islamiste algérien de Mustapha Bouyali a été le précurseur de cette tendance présente au sein du FIS dès sa fondation. Dès le mois de novembre 1991, des groupes armés se sont manifestés ainsi en marge du courant des partisans d'Abbassi

8. L'appellation est la même que celle du groupe armé dirigé dans les années quatre-vingt par Mustapha Bouyali, abattu en février 1987. Les militants de ce premier noyau armé, dont la résurgence est attestée dans le courant de l'année 1991, avaient été graciés par le président Chadli le 1er novembre 1989. Il semblerait qu'ils se soient répartis ensuite entre les différents groupes armés, MIA mais également GIA (cf. *infra*).

9. Dans le silence à peu près total de la presse francophone éradicatrice, comme le souligne Abed CHAREF, *Algérie, le grand dérapage*, L'Aube, La Tour-d'Aigues, 1994. Sur l'ambivalence du statut des intellectuels « francophones » et l'origine de leur marginalisation relative, *cf.* les articles de Gilbert GRANDGUILLAUME et Lahouari ADDI dans *Esprit*, janvier 1995.

Madani, opposés à la lutte armée. Cette dernière tendance avait toutefois non seulement survécu aux premières campagnes de répression, mais son *leadership* sur le mouvement s'était imposé à la faveur du congrès de Batna de juillet 1991, au lendemain de l'arrestation de Madani et Benhadj [10]. L'option armée ayant été mise ainsi en minorité au sein du FIS, certains membres du Front avaient choisi de le quitter avant les élections législatives [11], et l'aile radicale du mouvement islamiste avait sans surprise refusé de le rallier.

Après l'interruption des élections, les premiers groupes armés se sont logiquement constitués autour de ceux qui avaient de longue date fait de la lutte armée et de la suspicion à l'égard du processus électoral leur credo politique. Ces rescapés des maquis de Mustapha Bouyali, rejoints par les « Afghans [12] », reçurent le soutien des opposants à Madani mis en minorité au congrès de Batna. La dissolution du FIS en mars 1992 et l'extension de la répression vont peu à peu leur gagner le ralliement de ceux qui entendent venger leurs proches qui tombent par dizaines, ou qui réalisent simplement que leur survie dans l'univers de la légalité urbaine n'est plus garantie. A partir de septembre 1993, des surenchères — assassinats de ressortissants des pays accusés de soutenir le régime, puis de personnalités ou de simples citoyens seulement identifiés comme n'appartenant pas au camp islamiste — montent d'une nébuleuse que l'on identifiera progressivement comme les Groupes islamiques armés. L'identité du GIA [13] sera longtemps définie par le rejet du *leadership* du FIS. Les groupes armés fidèles au FIS vont en revanche se fédérer plus ou moins étroitement dans un Mouvement islamique armé (divisé en plusieurs régions) qui deviendra, à partir de juin 1994, l'Armée islamique de salut [14]. Ainsi se gonflèrent les rangs des *moud-*

---

10. L'un de ces premiers groupes armés se fera connaître à l'automne 1991 par l'attaque d'une caserne de gardes-frontières dans la région d'El-Oued.

11. Dont Saïd Mekhloufi, qui deviendra le chef d'un des plus importants groupes armés.

12. Nom attribué aux « combattants de la foi » partis, au début des années quatre-vingt, combattre l'armée soviétique en Afghanistan.

13. Le premier assassinat revendiqué par le GIA sera celui de l'ancien Premier ministre Kasdi Merbah (*cf. infra*).

14. L'unité organisationnelle de ces groupes ou leur homogénéité doctrinale ne sera jamais clairement attestée. En mai 1994, plusieurs d'entre eux, proches du FIS (dont ceux de Abderazaq Rajjam et Mohammed Saïd), choisiront de s'allier au GIA dans une tentative d'unification, soulignant que le différend idéologique ou politique entre les différentes branches armées était loin d'être total. Des membres de l'AIS auraient rejoint le GIA après la signature de la plate-forme de Rome en janvier 1995. Les

jahidine convaincus de la nécessité d'arracher à n'importe quel prix et — pour certains — par n'importe quels moyens la victoire politique dont les avait frustrés l'interruption du processus électoral.

Les conditions dans lesquelles, à partir de septembre 1993, les menaces du GIA contre les étrangers commencent à être mises en œuvre, frappant aussi bien les acteurs de la coopération économique que des membres des communautés religieuses ou de très modestes survivants de la vieille présence française, doivent cependant être examinées avec la plus extrême prudence. Cet épisode fait en tout état de cause partie des pages les plus sombres, à tous les sens du mot, de la « seconde guerre d'Algérie ». Régulièrement dénoncés par le FIS et, une fois au moins, par le GIA [15], les plus gratuits de ces assassinats, les plus sordides des mises en scène et des revendications vont en effet se révéler extrêmement utiles au régime, dont la légitimité internationale va progressivement se réduire à la « barbarie » à laquelle il parviendra à pousser ou en tout cas à faire identifier ses *challengers* politiques. Cette ambiguïté va durablement échapper aux observateurs.

Les droits de l'homme non barbu

Pour éteindre l'incendie de la violence, peut-on isoler les « mauvaises » flammes et souffler sur les « bonnes » dont on pourrait s'accommoder ? C'est ce curieux procédé que classe politique et médias français ont paru longtemps faire leur.

Dans les médias, le monopole de représentation de la population algérienne va très vite être conquis par les avocats de la seule rhétorique éradicatrice. La grille de lecture de la violence qui s'impose alors s'en trouve formidablement tronquée : il existe en Algérie un « terrorisme » qui menace la démocratie. Heureusement, l'armée du fond de ses casernes, les « démocrates », kabyles pour la plupart, « du haut de leurs montagnes » et, partout ailleurs, « les intellectuels » et « les

---

manipulations des services secrets ont eu longtemps pour objectif de semer la discorde au sein du camp islamiste en accréditant l'idée d'une guerre qui n'a sans doute que très partiellement eu lieu, mettant en scène des « règlements de comptes » internes pour tenter de monter les unes contre les autres les différentes factions en présence.

15. Qui semble s'être démarqué notamment du meurtre de deux religieuses espagnoles (août 1994).

femmes » veillent, raison pour laquelle les intégristes s'emploient à les assassiner.

Dans la réalité, les mobilisations associatives laïques ne renouvelaient pourtant aucun des équilibres attestés par les deux scrutins successifs, et ne pouvaient pas davantage être érigées en expressions crédibles d'une société civile qui leur était largement étrangère. Les quelques sigles vides brandis par une petite dizaine de spécialistes de la communication politique vont pourtant disposer en France d'une surface médiatique inversement proportionnelle à la réalité de leur ancrage social en Algérie. Dans une trop large partie de l'*intelligentsia* française, la désinformation va ainsi exercer durablement ses ravages, et la guerre psychologique déclenchée par les services secrets algériens remporter de formidables succès.

La capacité de mobilisation de l'Union générale des travailleurs algériens (UGTA, dont la direction était très proche de l'ex-PAGS, communiste) ne pouvait pourtant aucunement se mesurer sérieusement en 1992 au nombre des adhérents qu'elle avait quatre ans plus tôt en tant que syndicat unique d'un système politique non pluraliste. Et sans mettre en doute la bonne foi d'une majorité d'entre elles, il est avéré que certaines associations féministes seront détournées de leur itinéraire initial par les autorités militaires pour capter à leur bénéfice les dividendes de l'émotion occidentale dans ce domaine. Toutes celles d'entre elles qui refuseront de s'identifier au discours du régime se verront en effet refuser les moyens de s'exprimer, alors que les projecteurs de la presse nationale monteront en épingle celles dont le combat s'identifiait à la ligne éradicatrice. La stratégie d'une partie au moins de cette « société civile » autoproclamée a donc été de se rapprocher de celle du régime militaire jusqu'à s'y identifier totalement.

Pendant de longs mois, un double corporatisme va circonscrire à peu de chose près les protestations des intellectuels à la seule défense de leurs pairs, pour autant qu'ils ne soient pas islamistes. Il était pourtant difficile d'oublier que les campagnes électorales de juin 1990 et de l'automne 1991 ne s'étaient pas jouées à la Kalachnikov ; que les « bons » intellectuels du RCD et de l'ex-PAGS et que telles militantes féministes qui allaient ensuite monopoliser les médias français avaient bel et bien eu l'occasion de s'y exprimer en toute liberté. Mais voilà — tout le problème est bien là —, ils avaient eu également le loisir d'y vérifier que leur capacité de communication avec leur propre société était proche de zéro. Candidate à la députation, Khallida Messaoudi (depuis lors nommée député par le pouvoir) avait, en décembre 1991, recueilli moins de 1 % des suffrages exprimés. Le RCD, quant à lui, en avait capté moins de 3 %. Et le PAGS, qui prétendait avoir derrière lui les « trois millions d'adhérents de l'UGTA », beaucoup moins encore. Si le FFS d'Aït-Ahmed avait fait mieux, c'était surtout en terre kabyle, sur la base de réflexes de solidarités ethniques et régionalistes qu'en Yougoslavie notamment il est de bon ton de dénoncer. Et il faut être bien naïf ou de fort mauvaise foi pour interpréter ce vote kabyle comme un désaveu du camp islamiste ou comme un engouement particulier pour la démocratie.

Si l'on s'en tient aux termes et à l'esprit des définitions les plus communément admises, la *société civile* existe pourtant bien en terre algérienne. Elle y est même plus développée, plus active et plus autonome à l'égard de l'État qu'on ne le pense généralement, à cela près toutefois que ce sont les puissants réseaux associatifs... islamistes qui la représentent. La suite allait le démontrer.

Les pièges de la désinformation

En Algérie, « tous ceux qui pensent français » ont-ils vraiment été de ce seul fait « condamnés à mourir » sous les coups de la violence islamiste ? Formule bien brutale que celle que nous a longtemps assenée Bernard-Henri Lévy aux heures de grande écoute. Il y manquait tout de même une précision essentielle.

Dans la tourmente algérienne, nombre d'intellectuels ont bel et bien été assassinés, dont une bonne part n'avaient jamais manié d'autre arme que leur plume. Mais lorsque Rachid Mimouni, en mai 1994, en dénombre une dizaine [16], ils sont déjà infiniment plus nombreux : plusieurs centaines, au faîte de leur carrière ou fraîchement sortis des universités, surpris le matin sur le pas de leur porte ou enlevés en pleine nuit,

16. Rachid MIMOUNI, *Le Monde*, 18 mai 1994, p. 2 : « Les terroristes ont juré d'abattre les intellectuels algériens les uns après les autres. Ce n'est pas une menace en l'air puisque plus d'une dizaine d'entre eux ont déjà été assassinés. [...] C'est la première fois dans l'histoire qu'on voit un mouvement terroriste se proposer d'éradiquer toute l'*intelligentsia* d'un pays, comme s'il s'agissait d'une mauvaise herbe ou d'une maladie. Le projet consiste à décerveler le pays. »

torturés sauvagement et brisés à vie, abattus au grand jour, devant leur famille ou au fond d'une geôle, brisés, asphyxiés, électrocutés [17] et bien évidemment enterrés loin de toute caméra. Certains pensaient comme Rachid Mimouni [18] ou comme Rachid Boudjedra [19]. D'autres, par centaines, au nombre desquels les 1 224 enseignants membres ou sympathisants du FIS arrêtés en 1992, pensaient différemment. Mais tous pensaient. Certains étaient les héritiers prestigieux des nationalistes dits laïques des années soixante ou des oppositions marxistes nées dans leur sillage. D'autres étaient les émules d'un courant islamiste qui bien avant d'envahir la rubrique des faits divers avait, en la personne de l'ingénieur Malek Bennabi, donné à l'Algérie l'un de ses plus prestigieux cerveaux ; pas seulement arabophone d'ailleurs [20]. Un courant bien loin d'être aussi hermétique qu'on a pu le dire à tout ce que notre culture a pu produire, surtout lorsqu'elle ne tente pas de s'arroger un prétentieux monopole d'accès à la modernité.

Il faudra pourtant près de deux ans pour que les rapports d'Amnesty International et la volonté d'un petit nombre de journalistes ou d'universitaires [21] de s'abstraire des communiqués du ministère algérien de l'Information dévoilent quelques pans d'une réalité infiniment plus ambivalente. Comme le titrera *Libération* en commentant le rapport d'Amnesty d'octobre 1994 [22], en matière de violence, groupes armés et État « devaient être renvoyés dos à dos ». Le secré-

---

17. Cf. Jacques Vergès, *op. cit.* ; *cf.* également l'ouvrage rédigé par un « Comité algérien des militants libres de la dignité humaine et des droits de l'homme » (proche des islamistes), *Livre blanc sur la répression en Algérie (1991-1994)*, Éditions Hoggar, Plan-les-Ouates, 1995, t. 1.

18. Rachid Mimouni, *De la barbarie en général et de l'intégrisme en particulier*, Le Pré-aux-Clercs, Paris, 1992, (prix Albert-Camus).

19. Rachid Boudjedra, *Fils de la haine*, Denoël, Paris, 1992.

20. *Cf.* notamment Malek Bennabi, *Vocation de l'islam*, Le Seuil, Paris, 1954, et *Mémoires d'un témoin du siècle*, ENA, Alger, 1965 (2 tomes).

21. Auteurs du livre déjà cité : Reporters sans frontières, *Le Drame algérien*, qui insiste particulièrement sur les racines historiques de la situation actuelle, en analysant les « cinq piliers » (la manipulation de l'histoire, la Sécurité militaire, la rente pétrolière, la corruption, le régionalisme) de la « dictature paradoxale » qui a sévi en Algérie pendant plus de trente ans. La parution de cet ouvrage ne parviendra pas toutefois à infléchir de manière significative le ton de la presse audiovisuelle. Sur les mécanismes de la désinformation des médias français, *cf.* également Rabha Attaf et Fausto Giudice, « La grande peur bleue », *Les Cahiers de l'Orient*, mars 1995.

22. Rapport au demeurant fort prudent, pour ne pas dire timoré. Il n'est pas sans intérêt de savoir que l'organisation humanitaire a été traversée de graves tensions à propos de la violence répressive en Algérie comme en Égypte : en Belgique, une partie de ses militants ont refusé de s'associer à la dénonciation de la répression contre les islamistes.

taire général du FLN, revenu plus vite que bien des « démocrates » de l'impasse de l'option éradicatrice, officialisera le bien-fondé de ces premiers soupçons en déclarant en novembre 1994 à Rome : « Il y a des pays qui ont le soldat inconnu. Nous, nous avons les cadavres inconnus. Ces cadavres dont aucun communiqué n'accepte de parler mais dont le peuple tient le compte. Nous avons souvent demandé la mise sur pied de commissions d'enquête indépendantes pour laver l'État du soupçon qui pèse sur lui d'être l'auteur de ces crimes. Nos demandes sont demeurées sans réponse. [...] Nous avons fait admettre à l'opinion internationale et notamment à beaucoup de pays européens que la violence ne relevait que d'un phénomène de terrorisme qui appelait un traitement sécuritaire. Or, malgré toutes les déviations qu'il a connues, ce qui se passe en Algérie est loin de relever du terrorisme : c'est un mouvement de résistance qui a le soutien d'une partie de la population. » Déclarations tardives mais essentielles pour qui voudra comprendre la chronologie et la structure de la violence « islamique ».

En Algérie se sont effectivement placés en danger de mort tous ceux qui ont pensé, en arabe tout autant qu'en français, qu'ils pouvaient, contre la volonté d'une évidente majorité de la population, se maintenir éternellement au pouvoir par le fer et par le sang. La violence à laquelle ils se sont progressivement trouvés confrontés n'est à bien des égards que celle qu'ils ont initiée pour certains d'entre eux, appelée de leurs vœux ou activement légitimée pour d'autres. Lorsque se multiplient les arrestations massives, que se banalise l'usage des tortures les plus barbares, lorsque les familles des sympathisants réels ou supposés du camp islamiste retrouvent les corps démembrés de leurs proches, brûlés, transpercés, émasculés, lorsque se généralisent les exécutions sommaires et les représailles collectives, l'extraordinaire sélectivité et l'exceptionnel parti pris de la presse éradicatrice quittent le registre du « journalisme », de la « pensée » ou de l'« intelligence » pour celui d'une guerre sans merci où les coups échangés par les deux camps participent d'une identique violence.

La figure d'un « double terrorisme » à laquelle vont se rallier très progressivement les observateurs internationaux n'en conserve pas moins une dimension dangereusement opacifiante. S'ils appartiennent à n'en pas douter à la même famille, s'ils doivent être dénoncés avec la même fermeté, les « deux terrorismes » algériens n'en constituent pas moins en effet de bien étranges jumeaux. Le « terrorisme islamique » est né en effet de la dérive radicale (et, sous réserve d'enquêtes à venir, du possible dévoiement de certains de ses éléments) d'un puissant mouvement populaire sorti à deux reprises vainqueur des urnes et soumis pour cette raison à une formidable offensive répressive. Le terrorisme de l'aile radicale du pouvoir militaire algérien n'est en revanche que le terrain de repli, la solution de désespoir, la dernière carte d'un régime abandonné non seulement par son électorat naturel mais par des bataillons entiers de ses propres cadres.

L'« explication » de la violence passe dès lors par la restauration d'une causalité essentielle. Les « deux terrorismes algériens » ne sont pas des jumeaux : l'un a très consciemment enfanté le second et l'a ensuite aidé de surcroît à se développer. Pour le pouvoir, la radicalisation du camp islamiste a été moins un obstacle que la conséquence logique de son comportement ; mais surtout, cette radicalisation est devenue un objectif délibéré de sa stratégie, l'indispensable point d'ancrage de sa politique de communication locale et internationale. Si le terrorisme « islamique » se passerait volontiers du terrorisme du régime, l'inverse est en effet loin d'être vrai. Car les militaires redoutent bien moins la violence des bombes aveugles qui confortent leur rôle supposé de « gardien de la paix civile » que celle des bulletins de vote susceptibles d'attester l'ampleur de leur discrédit. Non seulement la violence aveugle ne leur est-elle ainsi que très indirectement préjudiciable mais ils en ont à bien des égards[23] un « besoin » politique vital.

C'est donc aux historiens de l'Algérie des années quatre-vingt-dix et à eux seuls qu'il appartiendra de nous dire un jour qui au juste, depuis février 1992, a assassiné qui. Il leur appartiendra pour ce faire de démêler bien sûr l'écheveau de la violence « islamique » et de la violence répressive. Il leur faudra cerner ensuite, plus difficilement, l'impact d'une délinquance très peu politique que l'effondrement de l'État de droit et la remise en circulation de milliers de détenus a considérablement renforcée. Il leur faudra également faire la part des

23. Cette logique a touché, il est vrai, ses limites à partir du moment où (après le détournement de l'Airbus d'Air France, en décembre 1994) l'inflation de l'activité des groupes armés a commencé à faire douter l'opinion internationale de la capacité du pouvoir militaire à contrôler ses propres organes de sécurité, attestant *a contrario* le soutien populaire acquis au camp islamiste.

violences internes aux deux camps en présence, longtemps attribuées aux seuls islamistes.

Au sein du pouvoir, une partie de la violence d'État a visé en effet à intimider les adeptes d'une solution négociée ou tous ceux dont la « foi éradicatrice » venait à vaciller. L'assassinat de Mohammed Boudiaf, en juin 1992, en constitue un remarquable exemple. Celui de Kasdi Merbah, en août 1993, également : même s'ii a, comme bien d'autres après lui, été dûment « revendiqué par le GIA » et les noms de ses responsables présumés, passés au préalable de vie à trépas, brandis devant la presse, l'assassinat de l'ex-Premier ministre (et ex-responsable de la Sécurité militaire), leader du petit parti du MAJD, qui venait d'entreprendre une médiation avec des représentants du FIS en exil, entre très vraisemblablement aussi dans cette catégorie-là[24]. Mais tout autant celle de certaines personnalités jugées trop critiques et dont la mort pouvait de toute façon être inscrite avec profit, on va le voir, sur l'ardoise de la « violence du FIS ».

Car les historiens devront ensuite et surtout recenser les innombrables provocations sur lesquelles les forces armées ont manifestement érigé leur politique de communication et de mobilisation. Hocine Aït-Ahmed, le leader du FFS, a été l'un des premiers à dénoncer publiquement cette « culture de la manipulation » qui caractérise de longue date le régime algérien et qui a joué un rôle plus important que jamais à partir de février 1992. Dès lors, un autre axe de lecture permet de mieux comprendre la dérive algérienne : une fois chassés les correspondants étrangers, terrorisés les envoyés spéciaux, muselés les relais de la presse locale, en commanditant l'assassinat de quelques dizaines de personnalités de la scène culturelle et religieuse, les autorités militaires algériennes ont placé l'opinion publique occidentale sous une perfusion anesthésique qui leur a permis de déployer à l'abri des regards et de la réprobation internationale une entreprise de répression sans précédent depuis la guerre contre le colonisateur.

A cette sinistre besogne la frange radicale du courant islamiste, les « islamistes habillés en militaires », a certes pris une part active. Capable à n'en point douter de tuer « l'autre » en raison de sa seule altérité religieuse ou raciale[25], la frange

24. *Cf.* notamment Hamid BARRADA, « 1993 : l'assassinat de Kasdi Merbah », *in Le Drame algérien*, *op. cit.*, p. 98.

25. Des représailles aveugles ont vraisemblablement été conduites contre les

extrémiste du mouvement a en fait joué le rôle que l'on attendait d'elle : tisser avec les « militaires déguisés en islamistes », c'est-à-dire les officines occultes de l'armée, une mortelle collaboration.

A l'égard de l'opinion internationale, l'objectif du pouvoir était en effet de faire apparaître l'option éradicatrice comme la seule viable. Le verrouillage de la presse et le *lobbying* systématique et étonnamment efficace des milieux associatifs et des médias français ont vite réussi à perturber le flux normal d'informations sur la structure, la distribution et la logique de la violence. Pour les manipulateurs de tous bords, la tâche s'est en fait révélée étonnamment facile. Il a suffi de flatter une répulsion très instinctive à l'égard du courant islamiste pour que l'*intelligentsia* française, ailleurs si sourcilleuse, se montre d'une extraordinaire crédulité et que la presse accepte de reproduire fidèlement les communiqués des services de sécurité. A la moindre sollicitation de la baguette militaire algéroise, télévisions et radios en tête, journaux réputés « sérieux » et militants souvent de bonne foi dans leur sillage ont longtemps répondu ainsi avec un extraordinaire empressement, faisant surenchère de manchettes accusatrices, d'éditoriaux vitupérants, de chroniques vengeresses, de « débats » unanimes et de caricatures définitives. Le FIS « s'en prend à la matière grise ». Il « refuse l'intelligence » et la « culture ». Il « interdit de penser ». Le 29 juin 1992, Boudiaf est-il assassiné par ceux-là mêmes qui l'ont porté au pouvoir que les explications péremptoires fusent de tous bords, y compris bien sûr de ceux qui, en toute bonne foi, entendent défendre les « droits de l'homme » et « des femmes » « contre l'intégrisme ». « Boudiaf, analyse alors l'un d'entre eux, représentait plusieurs symboles [...] : celui du héros historique [...] et celui de l'intégrité [...]. C'est ce double symbole qu'il fallait abattre[26]. » C'est là un début d'explication puisque chacun sait que l'intégrité est une vertu insupportable aux islamistes. Mais les professionnels algériens de la communication étaient là pour aider à affiner l'analyse. Boudiaf a été assassiné dans une maison de la culture ? Ce n'est pas un hasard, vient donc « expliquer »

---

familles de militants « repentis » ou déclarés comme tels par la police. Des logiques de vendettas ont ensuite brouillé un peu plus la structure des affrontements.

26. *Politis*, 2 juillet 1992.

Rachid Boudjedra aux téléspectateurs de TF1, c'est parce que « le FIS hait la pensée, l'intelligence, la culture [27] ».

A l'intérieur du pays, la tâche du régime était évidemment bien moins facile. C'est une population par définition mieux informée et moins crédule qu'il convenait de détourner par tous moyens de l'« impasse islamiste » dans laquelle elle avait commis l'« erreur incompréhensible » de venir se fourvoyer. Les mots, de ce côté-là de la Méditerranée, ne pouvaient donc suffire.

D'un terrorisme l'autre

Malgré la parenthèse — ou, pour un temps, sous couvert — de la fugitive tentative réformiste de Mohammed Boudiaf, l'objectif a donc été de faire par tous moyens identifier les groupes armés à l'usage de la violence aveugle pour couper le FIS de sa base populaire. Deux techniques ont été mises au service de cette ambition. La bestialité sans limites de la répression a d'abord apporté aux thèses de la composante la plus extrémiste du courant islamiste une caution sans précédent, provoquant sans surprise des ripostes à la mesure des méthodes de l'État. Les couteaux ne tueront pas plus sûrement que les balles. Mais ils feront des titres encore plus mobilisateurs [28].

Des manipulations en tout genre ont largement complété ensuite les effets attendus de cette première démarche. De multiples témoignages incitent à penser que les « islamistes déguisés en militaires » ont le plus souvent caché de simples... militaires en service commandé. Pour faire basculer la population, toute la population, dans le camp « antiterroriste », il convenait en effet que ce terrorisme producteur de dividendes politiques ne touche pas seulement les représentants du régime mais que toutes les catégories de la société puissent en pâtir également.

Interdisant toute annonce des pertes du pouvoir, l'« information » officielle s'est vite limitée à ne rendre compte que de violences civiles exclusivement attribuées aux islamistes.

---

27. *Ibid.*

28. Tous ceux qui se risqueront à nuancer les perceptions dominantes s'entendront ainsi de surcroît accoler l'épithète imparable d'« ami des égorgeurs », à l'instar de l'auteur de ces pages, par Rachid Boudjedra, le 17 décembre 1994, sur les ondes de France Culture.

Derrière ce paravent, des représailles quotidiennes des forces de sécurité contre les familles des maquisards ont été systématiquement imputées à ces derniers, et des actions de harcèlement nocturne (intimidation, vols, agressions sexuelles) prétendument commises par des « islamistes déguisés en militaires » ont été perpétrées dans tous les compartiments de la société au nom des groupes armés ; une « association des victimes du terrorisme » a été créée pour recueillir, moyennant des marches de soutien abondamment médiatisées, les dividendes politiques de l'opération. Même s'ils n'enlèvent rien à l'horreur de ceux des crimes dont la responsabilité revient sans discussion au camp islamiste, plusieurs des assassinats les plus médiatisés de personnalités choisies pour leur popularité dans diverses catégories de l'opinion locale ou internationale sont très vraisemblablement à inscrire sur ce compte-là. De même qu'une partie des sabotages économiques les plus impopulaires, des atteintes aux symboles du nationalisme (profanation des tombes des héros de la guerre d'indépendance), des incendies d'écoles et de services publics, des explosions aveugles comme celle de l'aéroport d'Alger, le 26 août 1992 [29], des mises en scène macabres assorties de communiqués de revendication particulièrement provocants [30], etc.

Des hommes et des femmes — bien sûr, les preuves « absolues » ne sont pas encore disponibles, mais on dispose de très denses faisceaux de témoignages et d'indices [31] — sont morts pour le seul bénéfice qu'escomptaient tirer leurs assassins de la répulsion inspirée au public de leurs admirateurs. Chaque segment de l'opinion publique a été soigneu-

---

29. Les aveux extorqués sous la torture des coupables supposés de cet attentat n'ont jamais convaincu les observateurs. *Cf.* notamment Jacques VERGÈS, *op. cit.* ; et José GARÇON, « L'attentat de l'aéroport », *in Le Drame algérien*, *op. cit.*, p. 186.

30. Les deux femmes « égorgées pour avoir refusé un mariage temporaire » (septembre 1994) appartenaient en fait à une famille de *moudjahidine*. La plupart des incendies d'entreprises sont tout aussi suspects, bon nombre d'entre elles ayant brûlé alors qu'elles allaient subir une évaluation financière avant privatisation. Des quartiers, mais également des régions entières, ont été « punies » pour avoir voté FIS par la suspension du salaire des fonctionnaires, la destruction des infrastructures publiques, la confiscation des véhicules, l'embargo sur les médicaments de première nécessité, etc.

31. Le dernier en date, et non le moindre, étant les confessions d'un groupe de policiers algériens exilés clandestins en France. Ils attestent spectaculairement l'existence d'un terrorisme planifié par l'État. Des dizaines de policiers, choisis parmi les fonctionnaires particulièrement populaires dans leurs quartiers respectifs, auraient été abattus par les soins de la Sécurité militaire « comme pour choquer, révolter les gens ». Des milices policières se seraient livrées à toutes sortes d'exactions, notamment des hold-up de bijouteries (*Le Monde*, 7 mars 1995, enquête de Dominique Le Guilledoux).

sement ciblé, chaque mobilisation sociale, ethnique ou socioculturelle aussi, pour tenter de la détourner de son cours naturel et de l'instrumentaliser contre le camp islamiste : les femmes bien sûr, mais tout autant les étudiants, les amoureux du football ou du raï, les Berbères, les islamistes modérés, etc. Des tensions latentes ou existantes ont été exploitées, d'autres renforcées lorsqu'elles n'étaient que vaguement crédibles (football, raï), voire créées de toutes pièces ou presque (universités, écoles, consommateurs) lorsqu'elles n'existaient pas.

Qui a assassiné le chanteur de raï Cheb Hasni, à Oran ? Qui exactement a incendié des centaines d'écoles des quartiers islamistes à l'automne 1994 ? Posé des bombes devant l'université d'Alger ? Quels « groupes armés » ont exercé des violences contre des femmes de tous milieux sociaux sous couvert de « recrutement de femmes pour les maquis » ? Etc. Tel sociologue algérien ment-il lorsqu'il explique sous le sceau de la confidence qu'il reçut avant de se décider à quitter l'Algérie la visite d'émissaires du camp islamiste venus l'informer qu'ils ne voulaient pas porter la responsabilité de son assassinat, qu'ils savaient programmé par l'armée ? Est-il exact que la mère de tel autre, d'origine française, ne fait plus son marché que protégée par quatre de ses voisins islamistes, qui « ne veulent pas avoir à payer le prix moral de son assassinat par la Sécurité militaire » ? Est-il exact que certains meurtres de citoyens français (notamment, mais pas seulement, celui de deux techniciens d'une compagnie pétrolière) ont été facilités par le retrait aussi soudain qu'inexpliqué de la protection de l'armée ? Est-il exact que l'assassinat des trois gendarmes français a eu lieu deux heures plus tôt que cela n'a été dit officiellement, c'est-à-dire à un moment où le couvre-feu verrouillait toutes les artères d'Alger ? Est-il exact que des femmes envoyées par le FIS sont venues attester à la famille de Mallek Alloula, autre victime surmédiatisée de la « violence intégriste », que les islamistes n'y étaient pour rien ? Est-il exact que deux jours avant d'être assassiné, le psychiatre Mahfoud Boucebci, « vitrine » de la « barbarie intégriste », venait de se rendre coupable d'au moins deux crimes de lèse-éradicateurs : celui de refuser de signer une expertise psychiatrique de l'assassin présumé du président Boudiaf cautionnant la thèse de l'acte isolé d'un déséquilibré ; et celui d'exiger qu'une commission indépendante enquête sur les circonstances exactes de la mort de l'écrivain Tahar Djaout, dont les aveux de l'assassin présumé, extorqués sous la torture, ne l'avaient nullement convaincu ? Tel religieux chrétien ment-il lorsqu'il dit craindre davantage la Sécurité militaire que les islamistes ?

Manipulations

L'armée algérienne a dû brûler au napalm les forêts de Kabylie pour en déloger d'innombrables maquisards, aussi berbères qu'islamistes. L'un des principaux dirigeants de l'aile modérée du FIS, Mohammed Saïd, rallié ensuite au GIA dont il sera un temps le chef, est d'origine berbère, comme le leader d'un autre groupe armé (Saïd Mekhloufi) ou d'innombrables autres militants du camp islamiste. Tout cela n'empêchera pas la caricature d'une Kabylie étanche à la mobilisation islamiste, aussi « démocrate » qu'elle serait « montagnarde », de triompher dans les médias occidentaux. Le Mouvement culturel berbère, pour incontestable que soit sa vitalité, s'était pourtant exprimé jusqu'alors contre l'État FLN bien plus sûrement que contre son *challenger* le FIS. La manipulation politique a consisté ici, avec un certain succès, à détourner le cours d'une mobilisation antiétatique pour en faire une arme anti-islamiste, y compris en armant des milices villageoises destinées, contre subsides, à « combattre les maquisards ». Malgré les contre-feux allumés par le courant islamiste, la manœuvre sera en partie au moins réussie.

Toutes les victimes de la « barbarie islamiste » ne sont pas nécessairement tombées sous les balles du pouvoir. Dans cet espace de la violence extrême, la manipulation médiatique de la criminalité de droit commun a également tenu sa place. Règlements de comptes de toutes sortes — entre malfrats et policiers, mais pas seulement —, rivalités en tout genre — professionnelles mais également privées —, pulsions « politiques » ou simplement sexuelles ont été très systématiquement et très professionnellement mis sur le compte des « terroristes du FIS » et surmédiatisés à destination des deux rives de la Méditerranée. « Non Monsieur, nous apostropha un jour un gendarme tout juste arrivé de son Algérie natale, le FIS n'est pas si important que cela [...]. Le meurtre du médecin, avant-hier, dont on parle tant aujourd'hui, eh bien moi, je puis vous dire que le FIS n'y est vraiment pour rien. Je le connaissais bien, il était réputé pour faire des faux certificats d'internement. C'est à lui qu'on s'adressait pour divorcer de sa femme ! Il y avait un vrai trafic : c'est de cela qu'il est mort, et de rien d'autre ! » Une jeune fille est-elle assassinée par son fiancé (en 1993) « parce qu'elle venait de le quitter » ? Son nom n'en sera pas moins martelé des centaines de fois dans les médias du monde entier comme une victime « du refus de porter le *hijab*[32] ».

Le 1er novembre 1994, lorsqu'une bombe éclate dans un cimetière de Mostaganem, tuant quatre jeunes scouts rassemblés pour célébrer le quarantième anniversaire de la « Toussaint rouge » de 1954, les caméras de la télévision sont installées là depuis deux jours, alors que rien de particulier ne justifie leur présence dans l'une des innombrables enceintes de la commémoration du soulèvement armé de 1954. L'horreur, qui coïncide avec l'annonce par le président Zéroual de l'« impossibilité de dialoguer avec le FIS adepte de la violence » et l'interruption des négociations amorcées avec le FIS, va bénéficier cette fois de l'impact du quasi-direct. Selon un scénario bien rodé, le coupable présumé sera arrêté quelques jours plus tard au terme d'une poursuite où il perdra malheureusement la vie, et l'opinion publique toute possibilité de vérifier la validité de ses aveux.

Quelques jours après l'attentat, alors que les spécialistes de la communication du RCD assaillent toutes les antennes de France, dans un des rares espaces de liberté laissés à la presse algéroise, une plume que l'on choisirait de qualifier — si cette terminologie n'avait pas été si terriblement galvaudée — de « démocrate » et de « féministe » décrit la marche populaire organisée par l'« Association des victimes de la violence terroriste » : « A bien les observer, les mères des disparus gardent les lèvres serrées. Les pans de la *m'laya* [...] entre les dents qu'elles ne desserrent que pour laisser passer un long gémissement. Si elles ouvraient la bouche pour crier le nom de leur fils, "ils" seraient bien capables d'y fourrer de force un "Vive le président". Et malgré les lectures à orientation unique, malgré le sens giratoire obligatoire du code politique dominant qui veut nous mener au pas de charge de la douleur à la haine, les bribes de mots entre les sanglots disent bien que la mul-

32. C'est le hasard d'un débat public en France sur l'Algérie qui permettra de l'apprendre. Du fond de la salle, après avoir entendu prononcer par un ténor du clan des éradicateurs algérois un nom pour elle trop familier, une jeune Algérienne en larmes s'écriera : « D'abord, S., c'était mon amie ! C'est son copain qui l'a tuée parce qu'elle voulait le quitter. » La mort de S., « assassinée pour avoir refusé de porter le voile », avait pourtant « justifié » l'assassinat par balles quelques jours plus tard par une « Organisation des jeunes Algériens libres », de deux collégiennes qui avaient choisi de le porter.

titude n'est pas dupe. [...] Conviés à une marche de réprobation de la violence, ils viendront avec les photos de leurs enfants se faire filmer dans une manifestation de soutien au président. Les portraits de ce dernier sont si grands que les photos des disparus [...] sont comme recouvertes d'un voile impudique. Combat inégal de la douleur et de la manipulation. [...] Ceux qui portent le portrait du président ont le regard de ceux qui en ont porté et en porteront encore. » « A propos, conclut Salima Belkacem, on a vite oublié la demande faite officiellement aux citoyens d'allumer une bougie à leur fenêtre pour le 1er novembre. Nous n'avons pas vu Alger s'illuminer ce jour-là. Il est vrai qu'il est plus facile de manipuler une marche que les fenêtres de tout un pays [33]. »

---

33. *La Nation*, 5 novembre 1994.

9

Gaza : les islamistes « contre la paix »

Si, à travers le monde arabe tout entier, les islamistes sont d'incorrigibles « adeptes de la violence », en Palestine ils sont de surcroît les « adversaires de la paix ».

Harakat al muqawama al islamiyya, Hamas, le « Mouvement de la résistance islamique », est né en 1987, conjointement avec l'Intifada, de la volonté des Frères musulmans palestiniens de disposer d'un instrument de mobilisation politique plus large que leur seule association [1].

La spécificité de la situation palestinienne ne tient pas à l'émergence du Hamas, attestant en Palestine comme ailleurs l'affaiblissement du nationalisme arabe « laïque » au bénéfice de la rhétorique islamiste. Elle résiderait plutôt dans le caractère tardif de cette islamisation du langage politique. Ce retard s'explique par la situation de l'OLP, privée d'État, et donc, toutes proportions gardées, dans la situation des mouvements nationalistes arabes avant les indépendances. La rhétorique nationaliste première version a conservé ainsi en Palestine une capacité de mobilisation que les discours confrontés à la gestion d'un appareil d'État ont perdu ailleurs depuis longtemps. L'émergence du Hamas n'en est pas moins le produit de

1. Sur les islamistes en Palestine, *cf.* notamment 'Iyad BARGHOUTI, *Islamisation and Politics in the Palestinian Territories*, Markaz az-zahra lil abhath wal dirassate, Al-Qods, 1990 ; Khaled AL-HROUB, *Les Islamistes en Palestine*, Dar al Bachîr, Amman, 1994 ; Aouni Jadou' AL-'OUBEIDI, *Les Frères musulmans en Jordanie et en Palestine, 1945-1970*, Safahate tarikhia, Amman, 1991 ; Mohsen Mohammed SALAH, *Le Courant islamique en Palestine et son influence sur la lutte, 1917-1948*, Mektabat al Falah-lil-nachr-wal-taouzi', Koweit, 1988 ; Abdelkader YASSINE, *Hamas, le mouvement de la résistance islamique en Palestine*, Dar sîna lil nachr, Le Caire, 1990 ; Jean-François LEGRAIN, *Les Voix du soulèvement*, CEDEJ, Le Caire, 1991, et *Maghreb-Machreq*, n° 121, 1991.

l'usure politique naturelle de la centrale palestinienne, dont les dirigeants, pas plus que les régimes voisins, n'ont pas su jouer le jeu du renouvellement démocratique.

Pour l'essentiel, à Gaza comme à Naplouse, les « intégristes » du Hamas n'ont fait que prendre la relève des *fedayin* de l'OLP, en transférant sur le terrain culturel et symbolique la dynamique nationaliste initiée en son temps sur le terrain politique par la première génération des nationalistes « laïques ». Dans le cas palestinien, les accords « de paix » ont donné toutefois à cette dynamique une signification et une portée toutes particulières. Avec le processus initié à Oslo, les *fedayin* ont d'autant plus rapidement cédé la place aux *moudjahidine* que la génération ayant exprimé le premier moment de la résistance palestinienne a semblé aux yeux de certains avoir failli à ses engagements.

L'impact des accords de paix

L'impact des accords d'Oslo et du Caire sur l'équilibre interne à la résistance palestinienne peut se représenter en termes de ressources et de sujétions nouvelles dont ont bénéficié ou qu'ont subies les diverses composantes du paysage politique. Selon qu'elles en ont ou non été parties prenantes ou qu'elles ont seulement accepté ou refusé le principe des accords de « paix » ou d'« autonomie », les forces en présence ont connu en effet un bouleversement de leur statut, le clivage principal opposant l'OLP, signataire de l'accord et identifiée à sa mise en œuvre, aux islamistes du Hamas (cheikh Yassine) et du Jihad (Fathi Chiqaqi) ainsi qu'à certaines composantes de l'OLP (FDLP notamment) qui en ont dénoncé le principe.

L'avenir de la centrale palestinienne, comme la capacité des islamistes qui lui sont opposés à contester son *leadership*, dépend dès lors de l'équilibre entre ces « plus » et ces « moins », certains avantages apparents acquis par l'OLP s'étant très vite retournés, on va le voir, contre leurs bénéficiaires initiaux.

Grâce aux accords de paix, l'OLP a recueilli des dividendes d'ordre nationaliste (les acquis de l'autonomie), clientéliste (la gestion des ressources publiques) et d'autorité (l'usage de la force publique). Elle a pu d'abord se créditer du retrait de l'armée d'occupation de Jéricho et de l'agglomération de Gaza, du retour d'une partie des exilés de 1948 et de 1967 (membres de l'armée et de la police) ainsi que de la libération d'une partie des neuf mille détenus politiques.

Elle peut jouer également sur l'espoir qu'entretient l'intitulé de l'accord (« Gaza-Jéricho *d'abord* ») de n'être qu'un préalable à un retrait de tous les territoires occupés (hormis Jérusalem [2]). Grâce à ces espaces « reconquis », elle a gagné le droit d'instaurer ou de restaurer symboliquement (drapeau, uniformes de l'armée et de la police, timbres, « ministres », « Parlement », « ambassades », etc.) une fiction d'identité étatique sur une partie des territoires revendiqués depuis 1967. L'OLP renforce ensuite ses ressources clientélistes : c'est plus que jamais par son intermédiaire que les ressources financières sont injectées dans le tissu administratif et socio-économique des territoires. Dans le cadre de ses attributions d'Autorité palestinienne, elle contrôle les ressources publiques et donc la totalité de l'aide arabe ou occidentale de provenance étatique. Le chef de la centrale palestinienne désigne également tous les titulaires des emplois civils et militaires prévus par les accords. Alors qu'elle n'a été longtemps que l'une des forces politiques en concurrence pour le *leadership* intérieur, l'OLP s'est trouvée investie des moyens de la force publique (armée, police, justice de droit commun, puis Cour de sûreté de l'État, services de renseignements, etc.) qu'elle est en droit d'utiliser pour préserver son *leadership.*

Ces ressources positives ont toutefois un formidable revers. N'ayant pas pu ou pas su asseoir la légitimité de l'Autorité et de ses missions sur une base plus large que celle de sa propre clientèle, l'OLP a dû assumer en contrepartie de formidables sujétions. Pour l'essentiel, elles tiennent au caractère incomplet et donc très contradictoire du transfert d'autorité opéré à son bénéfice. Au moment où la dynamique nationaliste laïque recueille les maigres dividendes de l'« autonomie », la montée en puissance du Hamas vient donc manifester — comme ailleurs — sa capacité à capter l'héritage du nationalisme « laïque » en le prolongeant sur le terrain culturel, mais également, dans ce cas, en le relançant sur le strict terrain politique.

Ce processus n'est pas sans relation avec celui de l'apparition, suivie d'une rapide montée en puissance, du Hezbollah libanais au lendemain de l'invasion israélienne de Beyrouth

2. Sur la question de Jérusalem, lire Agnès LEVALLOIS et Sophie POMMIER, *Jérusalem : de la division au partage*, Michalon, Paris, 1995.

en 1982 : là encore, le parti « intégriste » est le produit de l'islamisation du discours de la résistance à Israël, mais également de sa relance sur le terrain politique et militaire. A l'instar du Hezbollah, le Hamas est bien un parti « du refus » du *statu quo* de la présence israélienne sur son territoire, dimension sur laquelle les deux partis insistent pour construire leur identité et leur système de mobilisation et d'action[3].

Quelle paix les premières mobilisations puis les premiers attentats islamistes sont-ils venus « compromettre » ? Est-ce bien en effet un accord de paix (*salâm*) qu'a signé Yasser Arafat à Oslo ou plutôt, comme le pensent tous ceux qui s'y opposent aujourd'hui, un accord de capitulation ou de reddition (*istislâm*) ? Est-ce une victoire négociée ou seulement cette « paix des braves » que toutes les armées d'occupation ont rêvé d'imposer à leurs adversaires pour ne pas avoir à admettre la légitimité de leur revendication ? Arafat est-il devenu à Washington le de Gaulle des Palestiniens ou leur Pétain[4] ?

L'examen même superficiel des termes des volumineux accords d'Oslo et du Caire révèle très vite les limites des concessions faites par Israël : son armée ne se retire nullement de Gaza mais s'y redéploie. Tel Aviv ne concède aucun des attributs de la souveraineté, ni politique ni militaire bien sûr, mais pas davantage économique ou même seulement administrative, et *a fortiori* de politique étrangère, des facilités élémentaires de communication avec le territoire égyptien voisin étant refusées[5]. Les parcelles « autonomes » restent en fait, par Palestiniens interposés, sous la gestion la plus directe de la puissance israélienne, et truffés de colonies dont aucune promesse n'a remis en cause pour l'heure ni le maintien ni

---

3. Cheikh Nasrallah (secrétaire général du Hezbollah), entretien avec l'auteur, Beyrouth, 27 juillet 1992. Ibrahim Rocha (Hamas), entretien avec l'auteur, Amman, juillet 1994. Mahmoud Zahar (Hamas), entretien avec l'auteur, Gaza, juillet 1994. Sur les positions du Hamas, *cf.* notamment le mensuel *Falestîn muslima*, Londres.

4. Cf. Jean-François LEGRAIN, « Gaza-Jéricho, un accord contre la paix », *Libération*, 7 mars 1994 ; et Jean-François LAPAILLE, « Bantoustans palestiniens et terrorisme », *Libération*, 28 octobre 1994. « A [la] politique de cantonisation se superpose une politique de multiplication des statuts : Palestiniens "autonomes" (Gaza, Jéricho), Palestiniens "encore occupés" (Cisjordanie), Palestiniens "annexés" (Jérusalem), Palestiniens "de nationalité israélienne" (Israël), Palestiniens ayant perdu leur droit de résidence, Palestiniens "déplacés" en 1967 et Palestiniens "de la *diaspora* de 1948" ; à chaque catégorie ses droits ou l'absence de tout droit, ses espoirs ou l'inanité de tout espoir. » Sur l'historique du conflit, *cf.* François MASSOULIÉ, *Les Conflits du Proche-Orient*, Casterman, Paris, 1993.

5. Six des trente-huit prérogatives d'Israël dans les territoires ont été transférées à l'Autorité provisoire : la taxation, le tourisme, la santé, l'éducation, la culture et les affaires sociales.

même le déploiement. Comment s'étonner de voir dès lors se multiplier chez les « bénéficiaires » de la « paix » les images illustrant le caractère conjoncturel et fugitif des avantages de l'autonomie ? Yasser Arafat ? Il est « en prison à Gaza ». L'autonomie ? C'est « comme le chewing-gum américain : sucré deux minutes et de plus en plus inutile ensuite ». Etc. Certes, objectera-t-on, « deux nationalismes se sont enfin reconnus ». Mais comment ne pas admettre que pour le camp qui a précisément subi la violence initiale, cette reconnaissance a de forts relents d'unilatéralité ? L'OLP doit y renier les éléments constitutifs de son existence, c'est-à-dire l'espoir de récupérer les territoires attribués à Israël par le partage de la Palestine en 1948 alors qu'aucune concession n'est faite sur ce premier « terrain » par la seconde des parties en cause.

« Qui t'a fait roi et de quel prix as-tu payé ta couronne ? » peuvent demander à Arafat ses opposants de tous bords, pas seulement islamistes d'ailleurs. Difficile de ne pas admettre que ce prix est d'abord celui de l'abandon de toute revendication sur les territoires de 1948. En échange de la paix et de l'autonomie, objectera-t-on alors. L'immense portail métallique qui donne accès, à travers une imposante enceinte grillagée, aux quelques kilomètres carrés de l'agglomération surchauffée de Jéricho, les alignements de blindés israéliens en faction à quelques centaines de mètres de là, l'omniprésence sur la carte des territoires des colons « idéologiques » et de leurs manières provocantes, les files d'attente qui permettent à des milliers d'ouvriers de Gaza de vérifier chaque matin qu'ils... ne peuvent pas en sortir, fût-ce pour aller dans les autres territoires de 1967, l'immense registre d'humiliations et autres brimades en tout genre auxquelles donnent lieu chaque contrôle incitent vite le visiteur à se convaincre que l'image des « réserves d'Indiens » ou des « bantoustans » à laquelle ont recouru certains analystes pourtant peu suspects de sympathies islamistes n'emprunte pas seulement au registre de la caricature.

« Plus d'un an après sa signature, et à la veille des [premiers] attentats [islamistes], écrit l'un des meilleurs spécialistes des territoires occupés, l'accord de septembre 1993, expression objective du rapport de force entre Israël et les Palestiniens était [en fait] en passe [...] de conférer la légitimité internationale à l'écrasement de l'une des parties, à la négation de son identité et de ses droits en tant que peuple. [...] La semi-victoire d'Oslo n'a été acquise qu'au prix de la condamnation à mort de la Palestine, Israël ne laissant d'autre choix à l'OLP que d'abandonner son rôle de garant de l'unité du peuple palestinien et de concrétisation institutionnelle de son identité nationale, la contraignant à n'agir dorénavant qu'à l'intérieur des limites de sa politique d'atomisation. Arafat n'exerce son autorité que sur une bande de Gaza privée de son espace aérien, encore occupée à près de 20 % et à tout moment susceptible d'être éclatée en trois zones étanches entre elles. A une centaine de kilomètres de là, mais sans communication terrestre possible puisque aucune des routes censées ménager un libre passage n'a encore été ouverte, il gère un confetti de Cisjordanie transformé en camp de regroupement des prisonniers "libérés" par Israël mais interdits dans les territoires occupés. [...] Il est dorénavant très difficile d'émettre la moindre réserve sur le processus en cours au nom d'un postulat : "Les ennemis de l'accord sont les ennemis de la paix." Pour donner à manger à sa police, assurer le ramassage des ordures et affermir le soutien de ses affidés, tout affairé à courir derrière les financements promis mais délivrés au compte-goutte, pressé d'en finir avec son opposition, Arafat n'a guère de répit pour s'occuper de la désintégration de la Cisjordanie[6]. »

Mesurer la profondeur du gouffre qui sépare la représentation occidentale du « traité de paix » israélo-palestinien de celle des forces politiques directement concernées implique bien sûr de nuancer là encore l'effet de distorsion qu'introduit la diabolisation passionnelle de l'islamisation du discours politique. Mais cette mesure exige surtout de prendre conscience du formidable décalage qui continue de séparer les représentations dominantes de la création de l'État d'Israël dans le monde arabe en général, et en Palestine en particulier, de celles des opinions publiques occidentales. Alors que, pour celles-ci, les Juifs ont légitimement accédé en 1948 à la « fin de leurs persécutions » en se voyant « reconnaître enfin une patrie », la représentation arabe dominante met en scène à l'opposé une Europe malade de l'Holocauste qui, au lendemain de la Seconde Guerre mondiale, a curieusement choisi de « laver son linge sale sur le dos des Arabes ».

Qui n'a pas été contempler, du sommet du mont Nebo, les lumières de la ville de Jérusalem en compagnie de l'un de ceux qui en furent exclus *manu militari* en 1948 aura peut-être

6. Jean-François LAPAILLE, art. cité.

des difficultés à s'en convaincre. Pourtant, les compartiments les plus modérés du paysage politique palestinien n'acceptent aujourd'hui la violence de la greffe israélienne que comme l'expression d'un rapport de force international qui leur est formidablement défavorable. Tout au plus la fin de l'état de belligérance est-elle admise, plus particulièrement dans les pays du champ de bataille.

Pour l'OLP, l'envers négatif de l'accord s'est donc très vite explicité : le leader de l'organisation qui avait fondé sa popularité sur son ambition déclarée de « libérer la Palestine » s'est retrouvé en situation de légitimer sans réserve la violence de 1948, et plus encore de défendre à quiconque à l'intérieur de son propre camp l'usage de la force pour remettre en cause non seulement le partage de 1948 comme celui qui a résulté de l'occupation de 1967.

Si l'on veut bien prendre en compte la violence tranquille que distille depuis près de trente ans la présence de l'armée d'occupation à chaque carrefour de Cisjordanie, l'irrésistible montée en puissance du principal mouvement prônant la « poursuite de la résistance contre l'occupant », c'est-à-dire le Hamas, mais également de deux mouvements de gauche dirigés de surcroît par des militants d'origine chrétienne[7], n'est guère surprenante. Et la condamnation sans nuance de la violence « islamique » de ses militants, telle qu'elle découle des analyses de trop de commentateurs, incite à davantage de prudence dans le maniement de l'anathème.

---

7. Front démocratique de libération de la Palestine (Nayef Hawatmeh) et Front populaire de libération populaire (Georges Habache).

III

L'islamisme et la modernité

« Le Japon conserve pieusement ses traditions, sa culture, sa civilisation et participe néanmoins au développement universel de la modernité. Israël a ressuscité une langue morte, s'est donné une histoire qui remonte à la nuit des temps et impose sa place dans le monde. Jadis, l'Europe n'avait pas besoin de renoncer à ses valeurs pour puiser à pleine main dans l'Orient musulman. Pourquoi serions-nous les seuls à ne goûter aux bienfaits de la modernité que par le truchement obligé de Descartes ou de Marx ? A vrai dire, il n'y a pas d'autre voie pour accéder à la modernité que notre propre voie, celle que nous ont tracée notre religion, notre histoire et notre civilisation. »

Rached Ghannouchi [1]

1. « Notre problème, c'est que nous avons eu à traiter avec l'Occident à partir d'une position de faiblesse, à la fois matérielle et psychologique. L'admirant avec excès, paralysés par notre complexe d'infériorité, nous avons cherché davantage à le singer en tout qu'à recueillir ses apports dans tel ou tel domaine. Mieux, nous avons pris ce qui ne nous intéresse pas et nous avons délaissé ce dont nous avons besoin. Or, je prétends que cette relation inégale et perverse avec l'Occident n'a rien de fatal. » Entretien avec Hamid BARRADA, *Jeune Afrique Plus*, juillet 1990.

10

Allah ou le peuple ? Les islamistes et la démocratie

Lorsque, dans la perspective des élections législatives de 1989 en Égypte, le Parti socialiste du travail — dont le rapport de force interne avait depuis trois ans basculé au profit de sa composante islamiste — ouvrit ses portes aux candidats des Frères musulmans, la petite histoire veut que le choix d'un slogan ait donné lieu à de sérieuses discussions. Un compromis fut trouvé autour du dualisme de « Dieu et le peuple » et la tendance laïque voulut y voir une victoire. Les islamistes, tout en s'accommodant de ce slogan unitaire, se contentèrent d'y ajouter un imparable prolongement : « Dieu est le plus grand ! »

L'eau et le feu ?

En terre arabe, la démocratie est-elle condamnée à mourir de sa seule prétention à voir le jour ? Dans le cas d'une victoire électorale, les islamistes sont-ils susceptibles de respecter l'identité et les droits des « vaincus » du scrutin et, plus largement, ceux de toute minorité, y compris confessionnelle, alors même qu'ils s'appuient sur un principe (la *choura*) qui limite la consultation à l'intérieur de la communauté des croyants ? Une fois installés au pouvoir, les émules de l'imam de Qom respecteraient-ils le verdict des urnes si celles-ci devaient un jour consacrer leur défaite ? Comment la « souveraineté de Dieu » et donc le primat de la norme divine peut-il s'accommoder d'un univers de référence qui procède à l'opposé du primat de la volonté humaine ?

Le doute en vigueur sur la volonté ou la capacité des islamistes à respecter l'univers des références démocratiques a cautionné jusqu'à ce jour le refus de tout renouvellement des équipes dirigeantes et la quasi-« fossilisation » des classes politiques qui en a résulté. Derrière le paravent de l'« interdiction de fonder un parti sur la religion [1] », c'est l'« opposition » présumée des islamistes « à la démocratie » qui, en Égypte, au Maroc ou en Tunisie, sert encore aujourd'hui de prétexte pour maintenir l'essentiel des forces d'opposition dans les antichambres du système institutionnel. En Algérie [2], c'est (en juin 1991) le recours supposé du FIS à la violence pour « interrompre le processus démocratique *dont l'issue le menaçait* » puis (en décembre de la même année) « le danger que sa victoire électorale ferait peser sur la démocratie » qui ont servi aux médias des deux bords de la Méditerranée [3] à justifier un premier retour de l'armée dans le jeu institutionnel puis son accession au trône de la dictature.

Pour l'essentiel, l'argumentaire qui fonde l'incompatibilité de l'« islamisme » et de la « démocratie » évolue sur trois registres complémentaires : l'incompatibilité du noyau invariant de la doctrine (l'« islam ») avec l'univers de la pensée démocratique est souvent considérée comme la cause structurelle première. Peut-on être réellement démocrate tout en étant véritablement musulman ? Dans la pensée musulmane classique (et notamment dans la notion de consultation-*choura*), l'absence apparente des catégories qui fondent la notion moderne d'opposition ou institutionnalisent le pluralisme politique, la « carence laïque » ensuite (c'est-à-dire la non-reconnaissance d'un espace explicitement réservé au politique) et l'affirmation corollaire du primat de la loi divine sur la volonté populaire constituent les premiers indices de l'incompatibilité structurelle entre l'univers des références de l'islam et celles de la pensée politique libérale. Comment les militants du FIS

1. Ou sur la langue ou sur une région particulière, le fondement théorique de ces législations étant de protéger les États contre toute forme de séparatisme confessionnel ethnique.

2. *Cf. supra.*

3. *Cf.* par exemple le *Financial Times* (Francis Ghiles, le 6 juin 1991) dont l'analyse, qui paraît sous le titre « La voie sanglante des urnes », recoupe alors à peu de chose près le credo assez surprenant des principaux analystes occidentaux : « En vingt-quatre heures, le front fondamentaliste (FIS) a réussi à faire dérailler le plan du président Chadli de tenir dans trois semaines les premières élections libres. »

pourraient-ils être « démocrates » puisqu'ils s'identifient à une doctrine qui « ne l'est pas » et que « tolérance », « droits de l'homme » et « démocratie », comme le rappelle le dessinateur Plantu à tous ceux qui sont tentés de s'écarter de la lumineuse simplicité d'une telle analyse, « ne sont pas dans [leur] dictionnaire [4] » ? Ce premier argument est certes manié plus naturellement par les observateurs étrangers que par les régimes arabes, aucun de ces derniers n'ayant renoncé à concilier à leur bénéfice ce qu'ils considèrent comme inconciliable pour leurs opposants et à se dire à la fois démocratique et respectueux des règles de l'islam. Mais qu'importe.

Le constat d'incompatibilité s'appuie ensuite sur le refus explicite de nombre d'entre eux de souscrire à la terminologie démocratique. En effet, si les fondateurs de l'islamisme moderne, Abou 'Ala al-Mawdudi et Hassan al-Banna notamment [5], ne se sont démarqués du principe démocratique que de manière relative, bon nombre de leurs successeurs le font aujourd'hui de manière tout à fait affichée.

Le troisième niveau d'argumentation est celui de la pratique de ces acteurs islamistes, tout particulièrement dans les pays (Iran, Soudan) où ils sont au pouvoir. Une lecture superficielle de l'expérience iranienne, qui a vu le camp khomeyniste réduire par la force son opposition de gauche en reprenant les méthodes de la dictature impériale, un examen sommaire du régime d'Omar al-Bechir, dont les pratiques, même si elles soutiennent la comparaison avec celles des grands alliés « laïques » de l'Occident — tunisiens, algériens, égyptiens, ou irakiens —, sont loin de constituer un idéal en la matière,

4. Le dessinateur-éditorialiste phare du journal *Le Monde* mettait en scène, dans le rôle des militants du FIS, des barbus patibulaires irrités de lire, sur les pancartes portées par des manifestants algérois réputés démocrates, les mots de « tolérance », « liberté » et « démocratie ». Penchés sur un Coran, ils concluaient que « ces mots-là » ne se « trouvent pas dans le dictionnaire ». Les gendarmes français assassinés en août 1994 étaient de même venus pour Plantu apporter « Liberté, fraternité, égalité », toutes références que n'avaient pu tolérer leurs assassins que l'on entendait conclure : « Ils nous cherchent ! » Les parents des adeptes du foulard islamique à l'école française seraient dans le même sens épouvantés d'apprendre que leurs enfants risquent de s'entendre vanter les notions de « démocratie », de « tolérance » ou de « dialogue », etc.

5. Hassan al-Banna a surtout dénoncé le morcelage des forces politiques inhérent au modèle en vigueur sous la monarchie, où l'activité politicienne lui apparaissait comme un facteur de division et d'affaiblissement du courant nationaliste. Pour l'inventaire historique très documenté des positions de la doctrine islamique classique et l'apport des islamistes modernes à l'égard de la notion de pluralisme et de démocratie, voir notamment Gudrun KRÄMER, *in* « Démocratie et démocratisation au Proche-Orient », *Islam et pluralisme*, *Cahiers du CEDEJ*, Le Caire, 1992, qui souligne notamment les ruptures introduites par Rached Ghannouchi.

suffisent donc le plus souvent à ajouter au poids de l'investigation « théorique » celui de l'évidence empirique.

L'incompatibilité est donc triple : structurelle du fait de l'incommunicabilité entre la doctrine de l'Europe industrielle du XIXe siècle et la pensée islamique classique ; circonstancielle du fait des « aveux » ; empirique au vu des pratiques des islamistes au pouvoir. Bien difficile dossier dès lors que celui de la « relation entre islamisme et démocratie ». Le lecteur est mûr pour se rendre à cette évidence dont les plus médiatisés de nos analystes lui rebattent les oreilles sans se lasser depuis plus de dix ans maintenant : « L'islamisme est l'ennemi mortel de la démocratie ; comme en Iran, sa victoire en Algérie signifierait une dictature sanglante contre tous ceux qui n'accepteraient pas son message. [...] Le coût global de l'expérience serait dramatique : un régime théocratico-militaire, une régression scientifique, une inquisition culturelle, des exodes de population[6]. » Le propos n'est pas neuf : il évoque l'imparable « Pas de liberté pour les ennemis de la liberté », qui justifiera tous les débordements répressifs passés et à venir pour barrer la route à ce que les plus ardents défenseurs de la démocratie ont pris l'habitude de nommer le « national-islamisme » ou plus directement encore le nouveau « fascisme vert ». Est-il temps pour autant de refermer ce difficile dossier des islamistes et de la démocratie ? Sans doute pas.

Quel islam ? Quels islamistes ? Quelle démocratie ?

Pour l'instruire, il importe d'abord de ne pas sous-estimer la pertinence de ces arguments. Assurément, les catégories et les expressions institutionnelles de la pensée musulmane classique ne se superposent pas naturellement à celles que le constitutionnalisme européo-américain a construites au XVIIIe siècle. Assurément, tout dogme religieux porte en lui une antinomie de principe avec l'idée démocratique. Assurément, les premières expressions doctrinales des islamistes modernes se sont érigées sur une certaine prise de distance à l'égard du principe démocratique et nombre d'entre eux continuent à faire du « primat de la volonté divine sur celle du peuple » une lecture qui semble bien compromettre les chances de progression à court terme de l'édifice démocratique. Assurément enfin,

6. Sami NAÏR, *Libération*, 1er août 1994, p. 7.

ni l'expérience iranienne ni, quelques années plus tard, l'expérience soudanaise du général Omar al-Bechir ne peuvent être considérées comme des contre-modèles crédibles des régimes auxquelles elles ont succédé.

Les attitudes islamistes à l'égard de la notion de démocratie couvrent en fait aujourd'hui un spectre qui va de l'acceptation sans conditions ni réserves au rejet le plus automatique et le plus entier. Les analystes pressés se contentent souvent de reléguer la première catégorie dans le placard des « doubles discours » et autres « preuves de duplicité » et d'ériger la seconde au rang de preuve, ce qui suffit généralement à clore le débat. Il est vrai que les premières expressions de l'islamisme moderne se sont en partie appuyées sur la dénonciation du principe démocratique. Même si le relatif durcissement du discours des Frères musulmans sur ce terrain s'est opéré dans le contexte de la répression dont ils ont été l'objet et que les premiers écrits d'Hassan al-Banna ne se focalisaient nullement sur (ou en l'occurrence contre) les expressions institutionnelles de la pensée politique occidentale, le rejet du principe démocratique n'a nulle part disparu de la rhétorique islamiste. D'Ali Benhadj jusqu'aux leaders des Gemaate Islamiyya d'Égypte ou du Parti de la libération islamique d'origine jordanienne, bon nombre des mouvements les assument encore explicitement aujourd'hui. Même si cette lecture est battue en brèche par nombre de théoriciens musulmans, l'idée que la formule démocratique compromet le primat de la norme religieuse demeure centrale dans l'argumentation de plusieurs d'entre eux.

C'est au nom de ce refus du principe majoritaire qu'Ali Benhadj argumente ainsi ses attaques contre ce qu'il nomme le « poison démocratique [7] » : « Parmi toutes les raisons pour lesquelles nous refusons le dogme démocratique, il y a le fait que la démocratie repose sur l'avis de la majorité : le critère de ce qui est juste et raisonnable est compris comme étant l'avis de la majorité. Partant de ce principe, on voit des chefs de partis démocratiques tenter de se concilier le plus grand nombre possible de gens, fût-ce au détriment de la foi, de la dignité, de la religion et de l'honneur, dans le seul but de gagner leurs voix dans les batailles électorales ; quant à nous, gens de la sunna, nous croyons que le juste [*haq*] ne ressort que des preuves décisives de la *chari'a* et non de la multitude

7. Dans un dossier publié par son organe de presse de l'époque, *Al-Munqidh*, n° 23 et 24 (extraits reproduits *in* Mohammed AL-AHNAF, *op. cit.*, p. 95 *sq*).

des acteurs et des voix démagogiques ; ceux qui ont suivi le prophète étaient un tout petit nombre alors que ceux qui ont suivi les idoles étaient une multitude [8]. » « Le gouvernant n'est pas habilité à modifier la loi. [...] Ce droit n'appartient ni au gouvernant ni au peuple mais à des savants qui connaissent les règles de l'*ijtihad* en même temps que les conditions temporelles dans lesquelles vivent les sociétés dont ils font partie [9]. »

Tous les écrits émanant de la mouvance des Gemaate égyptiennes, ceux du Parti de la libération islamique (*Hizb Tahrir*) et du GIA algérien [10] fondent en des termes très voisins un même refus de principe [11]. Le Marocain Abdessalam Yassine, bien qu'il soit loin de faire siens les propos d'Ali Benhadj [12], tient lui aussi à marquer les différences en affirmant qu'il ne saurait être question d'abandonner le principe de guidance divine. Pas question non plus de se plier sans réserve au moule de l'expérience occidentale de la démocratie. « Nul droit non basé sur la loi de Dieu ne correspondra à nos mentalités et à nos espoirs. Les droits faits de main d'homme et produits par la dialectique historique escamotent le droit imprescriptible de l'homme à connaître la vérité sur le sens de sa présence dans le monde et la signification de son cheminement nécessaire et inéluctable vers la mort. Les idées matérialistes qui parlent de puissance, d'économie et de domination de la nature ont inculqué à l'esprit humain l'attitude déformatrice du relativisme qui explique tout par rapport à rien et qui aboutit à faire accepter le gros mensonge du nihilisme final. [...] Nous ne jouerons jamais la modernité pour amadouer une opinion publique interne ou externe, car il ne s'agit pas pour nous d'un jeu mais d'une question de vie ou de mort pour le quart de l'humanité. Nous sommes acquis à l'idéal démocratique qui veut que ce soit le peuple qui choisisse son gouvernement et que ce soit lui qui congédie l'équipe, la classe ou l'idéologie qui ne lui conviennent pas. Alternance démocratique au pouvoir, soit. [...] [Mais] nous resterons sourds à l'appel des sirènes propagandistes qui nous chantent les mérites d'une démocratie à l'occi-

8. *Ibid.*, p. 94.

9. *L'Algérie par ses islamistes*, *op. cit.*

10. *Al ta'ifa al mansoura*, bulletin péridodique du GIA, n° 1, 1994.

11. *Cf.* notamment *Le Mouvement islamiste et l'activité partisane*, Le Caire, 1988 (s.e., langue arabe).

12. « C'est un jugement sommaire et un propos abrupt que d'assimiler la démocratie et l'infidélité » (correspondance avec l'auteur, 21 mars 1992).

dentale comme le seul système à garantir l'accomplissement du "désir rationnel", comme le seul espoir pour les "damnés de la terre" de sortir de l'ornière du sous-développement. Ce chant mystificateur ne nous mènera pas en barque et ne réussira pas à nous faire voir dans le miroir aux alouettes de la non-idéologie le reflet de l'espoir que prétendait capter l'idéologie marxiste défunte, hors jeu et en miettes [13]. »

Ces critiques plus ou moins radicales de la démocratie occidentale confirment-elles l'hypothèse d'une incompatibilité totale entre la dynamique de résurgence des catégories de la culture musulmane et le respect et le développement des valeurs humanistes ? Cela n'a rien d'évident. Pourquoi ? Pour de pures raisons de forme d'abord : une *hypothèse*, lorsqu'elle n'a plus d'alternative, devient un *postulat*. Or, pour qu'un postulat mérite son nom, encore faut-il qu'il ait été démontré de manière irréfutable, ce qui est bien loin d'être ici le cas pour le futur islamiste. A défaut, il joue dans l'univers de la démarche cognitive un rôle aussi désastreux que celui d'un... parti unique dans l'univers du pluralisme.

Au-delà de ce premier vice de forme, dont les dégâts dans les « analyses » occidentales de l'islamisme sont considérables, la thèse d'une absolue incompatibilité des forces islamistes avec les *valeurs* et surtout les enjeux concrets de la référence démocratique souffrent par-dessus tout, on va le voir, de nombreuses carences de *fond*.

La démocratie, c'est « eux »

Rappelons d'abord que les concepts regardés au Nord comme universels sont liés dans l'esprit de ceux qui les refusent aujourd'hui à la fois au contexte de leur irruption dans l'univers musulman et à leur instrumentalisation ultérieure par les régimes qu'ils combattent. On sait que l'efficacité de la rhétorique islamiste réside dans sa capacité à opérer avec les références occidentales une rupture symbolique. On ne saurait donc s'étonner de sa réticence à se couler dans le moule terminologique de la pensée occidentale. Lorsqu'elle dénonce l'univers démocratique, la revendication islamiste n'entend pas nécessairement supprimer tout espace d'intervention autonome de la volonté humaine, proscrire toute possibilité de

13. *Ibid.*

régler par des lois profanes les modes de dévolution, de transmission et d'exercice du pouvoir ou encore moins sonner le glas des minorités. Bon nombre des concepts de cette pensée ont en fait perdu leur portée technique pour n'être plus que des marqueurs identitaires fonctionnant surtout sur le mode réactionnel : « Je suis contre "leur" démocratie donc je commence à exister. » Les références « étrangères » à la culture locale demeurent en effet largement tributaires du sens acquis dans le contexte de leur irruption en terre musulmane. Lorsque Ghassan Salamé souligne que « le monde arabe vit encore, dans une large mesure, dans une réaction à un modèle démocratique [qui a été] fortement associé aux puissances dominatrices qui l'ont inspiré » et que « l'usage de l'un et de l'autre de ces deux termes [islam et démocratie] relèvent encore trop lourdement du conflit culturel et politique de forces précises et partisanes[14] », il va, en ce sens, à l'essentiel. Dans la rhétorique des militants de la Gemaa Islamiyya, aucun des préalables à la démocratie que sont la laïcité ou l'« égalité de tous les citoyens devant la loi » ne sont perçus dans la même optique que celle des révolutionnaires français ou de leurs successeurs militants « de la laïque ». Dans leur logique, la laïcité, on l'a dit, est avant tout le concept d'importation occidentale qui est venu au début du siècle fonder la fin de l'hégémonie de la norme islamique. Prenant appui sur l'existence d'une communauté chrétienne très minoritaire, l'« égalité de tous devant la loi » a tout autant justifié le cantonnement du système de référence musulman aux territoires de la vie privée. C'est donc sans trop de surprise une « victoire de l'islam, et non de la démocratie » qu'Ali Benhadj, au lendemain de la victoire électorale de son parti en juin 1991, va célébrer.

De surcroît, l'usage très sélectif des références démocratiques par les régimes arabes et leurs indéfectibles soutiens occidentaux a largement contribué à leur faire perdre toute crédibilité. Le traitement réservé aux urnes algériennes de

14. Ghassan Salamé, « Sur la causalité d'un manque : pourquoi le monde arabe n'est-il pas démocratique ? », *Revue française des sciences politiques*, 1991, p. 307. « Les termes nous paraissent mieux posés, poursuit Salamé, lorsque les islamistes ont commencé à aborder la question démocratique en ayant extirpé la charge culturaliste polémique (Tareq al-Bishri, Adel Hussein entre autres) en faisant une revendication déliée du mimétisme et de sa condamnation. [...] Il est également intéressant de voir que la république islamique d'Iran a été fondée, entre autres préceptes, sur une légitimité née d'élections, même s'il apparaît souvent que la dualité entre légitimité religieuse et celle issue des urnes n'est pas harmonieusement jointe. »

décembre 1991 et à la victoire du FIS qu'elle attestait avec éclat a achevé d'ancrer l'idée que ces énoncés « étrangers » à la culture locale n'ont jamais rien apporté de positif. Une idée d'autant plus évidente que bon nombre des leaders islamistes ont vécu la répression de pouvoirs autoproclamés « démocratiques », « populaires », férus de « droits de l'homme » et estampillés comme tels par l'Occident. La France n'a-t-elle pas eu une tendance récurrente à qualifier de « démocrate » tout ce qui, de près ou de loin, était disposé à pourfendre les islamistes ?

George Bush n'est-il pas parti dans le Golfe, avec armes et bagages, pour « *rétablir* la démocratie dans l'émirat du Koweit » ? Que dire des arguments de certains défenseurs de la thèse éradicatrice et pour lesquels l'« analphabète » ne saurait réellement avoir le « même droit de vote que le lettré, le simple travailleur que le cadre supérieur, le non-contribuable que le contribuable[15] ». Et l'on pourrait, en acceptant de prendre un temps la posture de l'« autre », multiplier les exemples de ce contentieux qui dans certains compartiments du terroir musulman participe de la représentation, fût-elle dangereusement simplifiée, de l'idée démocratique. L'influent leader tunisien du Parti de la renaissance (*Hizb en Nahda*) Rached Ghannouchi, au demeurant explicitement acquis aux exigences de la démocratie, a quelque crédibilité à souligner ainsi la contradiction criante du discours des régimes : « L'ennui c'est que, s'agissant de démocratie et de droits de l'homme, les états de service de la plupart des accusateurs laissent passablement sceptiques… [Ils] n'ont cessé de persécuter les libertés, de truquer les élections, de monopoliser l'information. On baigne dans l'absurdité… […] La vérité est simple. Nos adversaires ont toujours eu du mal à s'accommoder de la démocratie et du pluripartisme. Longtemps, ils les ont refusés ouvertement, de façon explicite et aujourd'hui ils le font honteusement, de façon déguisée. Ils n'acceptent le jeu démocratique qu'à condition qu'ils en soient, en toute hypothèse, les gagnants. Je vais plus loin : supposons que nous soyons des antidémocrates invétérés et nos adversaires des démocrates irréprochables. Ils pourraient, s'ils étaient sincères, nous contraindre à jouer le jeu de la démocratie. En France, les sentiments démocratiques de l'extrême droite (comme d'ailleurs de l'extrême gauche) ne sont pas évidents, mais nul ne songe à l'exclure de la démo-

15. *L'Hebdo libéré*, 23 juin 1993, cité par Jacques VERGÈS, *op. cit.*

cratie française. De même pour la démocratie israélienne ou pour les démocraties américaine, britannique, allemande, etc. C'est grâce au jeu démocratique que tous les partis politiques nourris d'idéologies autoritaires ont été, dans tous les pays, intégrés, sinon marginalisés. Donc, ne serait-ce que pour nous rééduquer, on devrait nous faire une place dans la "démocratie". Il y a [en Tunisie] un parti communiste. On ne lui a pas demandé de renier le marxisme, idéologie démocratique s'il en est, pour le reconnaître. On brandit en fait cette exigence uniquement contre nous parce que l'on cherche à se débarrasser d'un parti fort et puissant [16]. »

Les pièges du comparativisme (an)historique

« Islam et démocratie », « *choura* et pluralisme », etc., le comparativisme évoqué par d'innombrables colloques [17], y compris au sein du camp islamiste, n'est certes pas inutile, mais une comparaison mécaniste entre des concepts produits par des dynamiques et dans des environnements historiques entièrement différents n'a qu'une portée très relative [18]. Les pièges d'une confrontation entre l'expression classique de la culture musulmane en terre arabe et l'appropriation contemporaine de l'idée démocratique par l'Europe industrielle sont ainsi très sous-estimés. Qu'a-t-on exactement démontré lorsqu'on a mis en évidence, ce qui est très facile, que l'univers conceptuel de la *choura* pratiquée à Médine du temps du prophète Mahomet ne recoupe manifestement pas celui de la démocratie au sens où quatorze siècles plus tard l'entend le

16. Retranscription originale d'une interview par Hamid BARRADA, *Jeune Afrique Plus*, juillet 1990.

17. *Cf.* notamment Gudrun KRÄMER, « La démocratie et l'islam », *Al-Wafd*, 16 janvier 1992 (débat entre Ma'moun 'Odheibi, Ahmad Omar Hachem, Hassan Douh, Mohammed Amara).

18. *Cf.* les remarques éclairantes de Jean Leca sur le « problème familier en histoire des idées [qu'est] celui du sens qu'une institution ou une idée, développées dans un contexte historique, peuvent prendre dans un autre contexte et de sa traduction dans un autre système d'idées » (François BURGAT et Jean LECA, « Les élections algériennes et la mobilisation islamiste », *Maghreb-Machreq–Monde arabe*, septembre 1990). *Cf.* également Jean LECA, « Democratization and Social Tensions in the Third World », *in Democratization in the Arab World : Uncertainty, Vulnerability and Legitimacy. A Tentative Conceptualization and Some Hypotheses*, University of Madras and Indian Political Science Association, 1992 ; ainsi que Jean-Claude VATIN, « Démocratie et démocratisation dans le monde arabe », *in Les Partis pris démocratiques. Perceptions occidentales de la démocratisation dans le monde arabe*, CEDEJ, Le Caire, 1992.

président américain Bill Clinton ? Comment peut-on sous-estimer à ce point la distance sociologique qui sépare les acteurs s'appropriant ces concepts de leur « essence » intemporelle supposée ? Les instruments juridiques du droit public musulman classique ne peuvent se superposer à la logique de leurs concurrents nés quelques siècles plus tard en terre des Lumières. Mais est-ce vraiment le cœur du débat ?

La construction strictement comparatiste n'a pas que l'inconvénient de manier des catégories partiellement incompatibles. Elle conduit également à négliger tous les horizons qu'offre la prise en compte des dynamiques historiques, et notamment les évolutions pourtant rapides et évidentes des mouvements islamiques modernes. Dans le cas d'une réponse partiellement négative (*choura* est incompatible avec démocratie, islam avec laïcité, etc.), elle surévalue la pesanteur des déterminations historiques au point de priver de fait la communauté musulmane de tout ce qui a fait — en son temps — sa force ou celle de n'importe quelle autre civilisation : sa capacité à évoluer, fût-ce au prix de l'adaptation de son univers normatif.

La civilisation musulmane est-elle « démocrate » ? Pas davantage, a-t-on envie de répondre, que la civilisation chrétienne ne l'était avant de le devenir (très récemment et très partiellement d'ailleurs). Les pratiques politiques des musulmans de l'âge classique ou même, on va le voir, celles des utilisateurs de la nouvelle rhétorique islamiste, comptent bien moins que la capacité de la communauté musulmane, composante « islamiste » incluse, à faire évoluer sa relation au noyau invariant de la doctrine. Celui qui éprouve le besoin de se démarquer aujourd'hui de la « démocratie », fût-il en situation de leader, n'est nullement propriétaire en effet de l'avenir de sa communauté. Que tel leader de tel groupe se déclare aujourd'hui l'adversaire de telle référence ne suffit pas à déterminer la conduite de tous ceux qui se recommandent aujourd'hui — et moins encore de tous ceux qui se recommanderont demain — de son enseignement. Là où la démarche polémique se contentera logiquement d'enregistrer avec satisfaction le désaveu islamiste de l'idée démocratique, la démarche analytique devra donc s'efforcer d'aller un peu plus loin, pour mesurer l'exacte portée de ce discours de refus. Le pourfendeur de la démocratie entend-il fonder le droit pour la majorité d'abuser ceux de la minorité ? Entend-il nier tout espace d'autonomie à la volonté humaine et rejeter toute possibilité de gestion « profane » de cet espace ? Entend-il limiter les formes de participation politique du plus grand nombre ? En tout état de cause, l'investigation doit aller au-delà de la terminologie et des rites de la pratique politique européenne pour tenter de mesurer les enjeux concrets de l'appropriation ou du rejet de telle ou telle référence : principe de la reconnaissance de l'espace du politique et mécanismes de protection de cet espace, institutionnalisation de la contestation, respect des minorités confessionnelles ou ethniques, degré de participation politique, respect des valeurs humanistes et non de la seule logique économiste, etc.

Dans le large spectre des discours islamistes sur la démocratie, à l'opposé du registre « antidémocratique » qui fait primer l'unité structurelle de la communauté exprimée dans le consensus (*ijmaa*) de ses oulémas et la reconnaissance de la seule souveraineté « divine », une autre thèse s'est affirmée. L'adhésion aux principes du pluralisme y est présentée comme tout à fait compatible avec le respect de la « guidance » divine. En Iran, par exemple, deux écoles doctrinales s'affrontent : d'un côté, les tenants d'une liaison indissociable entre la philosophie politique et la religion, de l'autre, ceux qui estiment que la sphère politique existe en tant que telle et s'accommode dès lors parfaitement des techniques très profanes de gestion des différends [19]. Le verset coranique le plus souvent sollicité pour asseoir l'existence des « différences » internes à la communauté musulmane et la légitimité de leur expression politique évoque les « peuples » et les « tribus » qui constituent le tissu communautaire [20], soulignant ainsi son pluralisme structurel. Cette vision pluraliste bat en brèche l'idée d'une infaillibilité humaine dans la lecture de la référence, cautionne le processus du débat politique, l'idée que « s'il y a bien un seul texte et une seule vérité, il ne s'ensuit pas forcément que l'homme soit capable de lire et de trouver cette vérité de façon

---

19. *Cf.* la présentation des deux écoles de pensée *in* Azadeh KIAN, *L'Islam est-il véritablement incompatible avec la démocratie* ? (à paraître). Le premier courant s'identifie à la pensée du cheikh Fazlollah Nouri (1843-1909), pour qui le constitutionnalisme importé d'Occident est incompatible avec l'islam ; et le second au constitutionnaliste Mirza Mohammed Hossein Naïni pour qui une partie au moins du pouvoir, la sphère politique, qu'il distingue clairement de la sphère religieuse, ne peut être attribuée sans réserve au souverain mais doit être confiée de manière paritaire à ce souverain et à son peuple, les oulémas n'étant chargés que de vérifier la conformité de la production législative aux lois islamiques.

20. « O vous, les hommes ! Nous vous avons créés d'un mâle et d'une femelle. Nous vous avons constitués en peuples et en tribus pour que vous vous connaissiez entre vous. »

infaillible » et que dès lors « aucun musulman n'a le droit de revendiquer le monopole d'interprétation d'un texte où d'une vérité dont il existe toujours des lectures multiples[21] ». Les plus répandues des constructions exégétiques construisent également une analogie entre les partis et les écoles doctrinales, « différences » dont l'islam s'est toujours accommodé. Sans doute les différends ne doivent-ils jamais toucher à l'essence immuable et invariante de la doctrine mais seulement à la partie de la croyance qui doit être interprétée et donc adaptée par l'homme en fonction des exigences sociales et politiques de l'heure et du lieu. Mais là encore, la délimitation de cette frontière essentielle entre l'immuable et le changeant, entre le *thâbit* et le *mutaghaîr*, entre ce que certains préfèrent appeler le « religieux » et la « connaissance du religieux », et qui ressemble étrangement ici à la frontière entre le religieux et le politique, est tout entière laissée à un rapport de force susceptible de toutes les dynamiques.

C'est chez Rached Ghannouchi que cette dynamique paraît être la plus avancée[22], au point de susciter d'ailleurs à son égard l'hostilité avouée de la composante la plus conservatrice du large spectre islamiste. « Arrêtez de dire que le concept de démocratie est étranger à notre culture. Arrêtez de dire qu'il n'appartient qu'à l'Occident. Vous vous trompez, la démocratie, c'est l'islam », plaide régulièrement le leader en exil du MTI (devenu Ennahda) devant les auditoires orientaux auxquels il conseille d'aller observer les communautés islamiques de la côte ouest des États-Unis plus que celles des pays du Golfe. « Que faut-il penser de ceux des islamistes qui disent que la démocratie est un concept *kufr*[23] ? Si c'est un simple différend linguistique, le problème est d'ordre formel [...]. La démocratie est simplement un mode d'organisation pacifique des luttes politiques et intellectuelles [...]. Si dans la religion

21. Gudrun KRÄMER, *op. cit.*, p. 341. *Cf.* un exemple de lecture libérale de l'articulation politique à la référence religieuse chez l'Iranien Abdolkarim Soroush, pour lequel la religion (« mystérieuse » et « surprenante ») ne doit jamais se laisser identifier à la « robe cousue pour une société précise » qu'est une idéologie (théorie de la dynamique alors que la religion est également théorie constitutive), mais demeurer au contraire, comme condition même de sa « fraîcheur » et de sa pérennité, la source d'interprétations multiples et contradictoires dans un climat de liberté et d'échange entre les différents courants de pensée (cité par Azadeh KIAN, *op. cit.*).

22. Dans *Les Libertés publiques dans l'État islamique* (Markaz al wihda al arabia, Beyrouth, 1993), il établit particulièrement clairement les passerelles assurant la communication entre les deux univers juridique et symbolique.

23. Terme désignant tous ceux qui ne croient pas à la révélation transmise à Mahomet.

musulmane il ne peut y avoir de contrainte, alors à plus forte raison en politique. [...] Les libertés ne sauraient être un danger pour l'islam puisqu'elles en représentent l'essence. [...] Ceux qui considèrent la démocratie comme *kufr* sont donc dans l'erreur. Cette question a déjà été tranchée par d'éminents spécialistes de l'*ijtihad*. Assimiler la démocratie au *kufr* est un *ijtihad* erroné[24]. »

C'est aujourd'hui également la position d'un large échantillon de formations islamistes, notamment de la composante du FIS représentée par Abbassi Madani. Chez ce dernier, les déclarations explicites n'ont pas manqué : « [En cas de défaite électorale], notre position sera d'accepter et de respecter la volonté du peuple. [...] Il existe dans ce pays des gens qui se réclament de l'islam et d'autres pas. Par conséquent, pour éviter la libanisation, il faut que nous nous entendions sur un minimum, c'est-à-dire sur la volonté du peuple. » Ali Benhadj a lui-même fait considérablement évoluer ses premières formulations. L'aval donné en janvier 1995 à la plate-forme signée par l'opposition algérienne à Rome nuance ainsi considérablement, lorsqu'il ne s'y oppose pas clairement, les formules emblématiques de 1989 : pour Benhadj, les dirigeants que les musulmans se choisissent en toute liberté ne peuvent leur être imposés « ni par la force militaire ou l'affiliation tribale *ni par le soi-disant droit divin* ». Il reconnaît ensuite le principe de la souveraineté populaire en rappelant que « c'est la communauté des croyants qui est la source du pouvoir » et que l'imam doit être « celui qui peut réunir les musulmans derrière lui ». Le droit à l'opposition « objective » est reconnu en tant qu'il est « inscrit dans la *chari'a* », déclare également Benhadj en citant un propos du calife Abou Bakr demandant qu'on l'aide lorsqu'il est dans le droit chemin et qu'on le corrige si on le voit dans l'erreur. Il rappelle enfin la distinction que fait le modèle politique de l'islam entre « ce qui est constant et ce qui est évolutif », entre « les commandements de Dieu qui sont invariables et les intérêts de la communauté islamique qui peuvent évoluer[25] ».

En Égypte, dans le Parti du travail d'Ibrahim Choukri et

24. Interview à l'hebdomadaire algérien *Horizons* (22 août 1991, p. 1 et 12). Voir aussi son ouvrage *Les Libertés publiques dans l'État islamique*, *op. cit.*, où il déclare : « Nous sommes prêts à respecter n'importe quelle majorité sortie légalement des urnes, quand bien même serait-elle communiste. » Rached Ghannouchi avait été l'un des premiers islamistes à prendre aussi clairement ce type de position.

25. Lettre en date du 20 janvier 1995.

Adel Hussein ainsi que, en termes différents, chez les Frères musulmans [26], l'option pluraliste a été affirmée avec constance. Dans le Parti du travail, Adel Hussein souligne ainsi que la revendication islamiste exprime plus l'attachement à la restauration d'un univers symbolique qu'à une idéologie politique unique et intangible : « Dans toute nation, il existe un cadre très général, une constitution ou des principes généraux qui coordonnent les efforts, régulent le jeu politique. Les règles, les principes généraux qui gouvernent le jeu politique sont clairs et dès lors le jeu peut se dérouler pacifiquement et de manière constructive. C'est cela dont nous avons besoin ici. Nous avons besoin d'une idéologie générale, ce qui veut dire des principes généraux qui régleraient le jeu dans son ensemble et en dirigeraient les différentes composantes, condition pour qu'il puisse se dérouler pacifiquement. Eh bien, ces règles générales, ces principes généraux, je pense que pour ce pays c'est l'islam. [...] Il ne s'agit pas toutefois de créer un parti unique. Les Frères musulmans devraient être là, les nassériens aussi, etc. Mais tout cela devrait évoluer sous l'emblème de l'islam, parce que c'est là notre identité. Nous ne devrions pas faire de l'islam le monopole des Frères musulmans. Ceux-ci représentent une certaine tendance de la société musulmane, mais ils ne sont pas et ils ne devraient pas être la seule. Nous devrions tous travailler sur la même base, entrer en compétition sur cette même base. Bien sûr, nous avons des différences de détail, voire des divergences plus fondamentales, mais tout cela doit pouvoir rester dans le cadre de l'islam. » La vision qu'a cette composante du courant islamiste de la relation avec la communauté chrétienne (*cf. supra*, chapitre 6) montre dans le même sens quelle construction idéologique permettrait d'articuler la participation politique de la minorité non musulmane à la dynamique de réislamisation.

---

26. Voir à ce propos les prises de position d'Adel Hussein, ex-rédacteur en chef de l'hebdomadaire *Chaab*, dans l'article « Nationalisme, communisme, islamisme : itinéraire d'un intellectuel égyptien », *Égypte-Monde arabe*, n° 5. Les Frères musulmans égyptiens ont précisé leurs positions sur les questions du pluralisme et du rôle de la femme *in La Femme musulmane dans la société musulmane. La* chûra *et le pluripartisme*, Éditions Tawhid, Lyon, 1995 (traduction de Tareq Ramadan). *Cf.* également un échantillon assez complet des positions des islamistes égyptiens membres ou assez proches des Frères musulmans (Mohammed Amara, Tareq al-Bishri, Mohammed al-Ghazali, Ibrahim Chukrî, Fahmi Huweidy, Kamel abou al-Majd, Khaled Mohammed Khaled, Mustapha Machhour, Ahmed Bahgat) sur la question de la démocratie *in* Amrou ABD AL-SAMÎ', *Les Islamistes : dialogues sur le futur*, Mektabat al turâth al islâmî, Le Caire, 1992 (langue arabe).

La loi de Dieu, le pluralisme et la laïcité

Tout de même, dans le noyau réputé intangible des référents doctrinaux de la communauté musulmane, n'existe-t-il pas des préceptes qui interdisent explicitement et définitivement l'expression des valeurs de la démocratie ? « L'islam, comme se le demande Leonard Binder, est-il capable d'admettre la pensée libérale sans perdre sa propre essence[27] ? » Comment le souci de maintenir à tout prix l'unité de la communauté peut-il s'accommoder du pluralisme de l'expression politique ? Comment le credo du primat de la norme divine peut-il se concilier avec celui du primat de la volonté populaire ?

Si l'on considère que l'essence de la démocratie réside dans le principe premier de la volonté humaine, il paraît bien exister entre les univers occidentalo-laïque et islamo-religieux une frontière insurmontable. Elle l'est pourtant moins qu'on l'affirme souvent, dans les deux camps d'ailleurs. Pour le montrer, il faut d'abord rappeler la diversité des lectures auxquelles le principe incontesté assimilant islam et « souveraineté divine » — et donc excluant en apparence toute espèce d'autonomie du politique — peut donner lieu, y compris bien sûr depuis l'intérieur de la pensée musulmane et avec ses propres catégories. Sans doute est-il exact que, depuis la tentative d'Ali Abderraziq[28] au début du siècle, les affirmations modernes de cette autonomie du politique à l'intérieur de l'islam se heurtent à la suspicion ou à l'hostilité de l'islam oppositionnel. Dans le contexte réactionnel de la résistance à l'irruption occidentale puis de l'émergence conflictuelle des oppositions islamistes, la critique de la « théocratie » comme mode de gouvernement de la communauté musulmane s'est heurtée à un véritable tir de barrage.

Il n'en demeure pas moins que l'histoire musulmane tout entière témoigne de la pertinence de cette approche. « Le statut du politique et du juridique n'est pas plus fondamental [en islam] qu'ailleurs, observe Chérif Ferjani. Il suffit pour s'en convaincre de remarquer les évolutions — et parfois les involutions — des systèmes politiques et juridiques des sociétés musulmanes, et de prêter un minimum d'attention aux dispa-

---

27. Et « si elle existe, en quoi consiste-t-elle ? » (Leonard BINDER, « Islamic Liberalism, a Critique of Development Ideologies », Chicago-Londres, 1988, cité par Gudrun KRÄMER, *op. cit.*).

28. Ali ABDERRAZIQ, *L'Islam et les fondements du pouvoir*, La Découverte-CEDEJ, Paris-Le Caire, 1994 (traduction et introduction de Abdou Filali-Ansari).

rités entre ces systèmes : il n'y a que l'ignorance des spécialistes qui peut les confondre pour conclure à l'unicité de l'islam, de sa loi et de sa *Oumma* cité, ou à son incapacité à l'évolution[29]. » « Dans l'histoire réelle de l'islam, insiste Jacques Berque, je défie que l'on trouve une période quelconque où un *faqîh* (spécialiste du droit musulman choisi en tant que tel) ait été au pouvoir. Ne furent des *faqîhs* ni les califes omeyyades, ni les califes abbassides, ni les mamlûks, ces chefs de guerre, ni les sultans ottomans, ces asiates solennels et conquérants ! [...] Soyons sérieux, le pouvoir *religieux* n'a été exercé, et de façon très chancelante, que dans des sectes : ainsi les *Hashâshîn* (nos "assassins") ou les Carmathes. L'islam majoritaire n'a jamais connu de pouvoir politique direct de la religion. » De multiples tentatives récentes[30], même si elles ont « politiquement » échoué, ont attesté l'existence et la permanence des matériaux « islamiques » d'une reconnaissance d'un espace politique autonome. Reste la difficulté à faire admettre publiquement aujourd'hui l'existence de cet espace et plus encore à l'identifier ou à le rapprocher d'une notion née en terre occidentale. C'est une idée voisine que souligne sans doute Mohammed Arkoun lorsqu'il dit sa conviction que « penser en islam la séparation du spirituel et du temporel et celle du religieux et du politique [est] un verrou politique beaucoup plus qu'un obstacle psychologique ou même culturel[31] ». La laïcité n'est pas un concept scientifique : elle est devenue un marqueur identitaire « à l'abri » de toute gestion rationnelle.

Une fois mesurée l'exacte portée de l'affirmation de la « suprématie de la norme divine » dans l'univers politique de l'islam, la réflexion doit s'efforcer parallèlement d'évaluer la portée du principe laïque et du principe de la souveraineté populaire en terre occidentale. Dans quelle mesure l'Occident démocratique l'a-t-il réellement érigé en principe absolu ? Le

29. Chérif FERJANI, « La laïcité et les pièges du culturalisme », *Passerelles*, n° 3, p. 107.

30. C'est l'esprit des travaux du magistrat égyptien Muhammad Saïd AL-ASHMAWY, notamment *in L'Islamisme contre l'islam* (préface et traduction de l'arabe de Richard JACQUEMOND), La Découverte-Al Fikr, Paris-Le Caire, 1990 ; ou de Fouad ZAKARIYA, *Laïcité et islamisme*, *op. cit. Cf.* également Olivier CARRÉ, *L'Islam laïque*, *op. cit.*, ou Chérif FERJANI, *Islam, laïcité et droits de l'homme*, L'Harmattan, Paris, 1991.

31. « Si on favorisait [sur le terrain] une certaine forme de culture et d'activité intellectuelle, poursuit-il, la question du politique et du religieux en islam retrouverait des problématiques fécondes » (Mohammed ARKOUN, entretien recueilli par Thierry FABRE, *Al Qantara*, n° 2, janvier 1992).

territoire d'expression de la souveraineté du peuple n'est-il borné d'aucune frontière ? Le constitutionnalisme et la pratique politique occidentales établissent-ils un absolu libre arbitre de l'homme dans la détermination des lois qui le gouvernent ? Ont-ils vraiment rendu l'espace du politique étanche à toute présence du « religieux » ? À de rares exceptions près, il semble bien que cette vision doive être fortement nuancée [32]. D'abord parce que la laïcité semble être en Occident un principe très inégalement répandu et mis en œuvre à des degrés fort divers. C'est notamment le cas d'Israël : la démocratie israélienne, même si elle s'accommode de la présence d'autres confessions, repose sur un État dont l'élan fondateur est bel et bien religieux. Et hormis la France, fort peu de pays occidentaux ont véritablement érigé la laïcité en principe achevé. Des États-Unis (*In God we trust !*), en passant par le Royaume-Uni et l'Allemagne, les expériences phares de la pensée libérale occidentale ont toujours admis en effet la survivance de principes supérieurs à la volonté humaine, fût-elle collective et majoritaire : dans ces pays, la référence au corpus divin est demeurée parfaitement explicite. Mais presque partout ailleurs, y compris dans la France républicaine, elle ne s'est absentée, même si la différence n'est pas négligeable, que formellement. Les « déclarations universelles », « principes généraux du droit » et autre « droit naturel » ont bel et bien continué à imposer aux constituants des principes réputés supérieurs à la volonté de n'importe quelle majorité parlementaire. Quand bien même serait-elle celle du plus grand nombre, la volonté des hommes est donc bien soumise dans plusieurs démocraties « laïques » à un corpus de référents universels qui demeurent hors de portée de leur répudiation par le « peuple souverain » ; pour limiter les débordements de la majorité, on admet donc l'existence de principes immanents puisés ailleurs que dans la seule volonté humaine, ce qui est une façon indiscutable d'admettre que celle-ci ne constitue pas la seule source de la norme.

Sans doute le refus de qualifier ces références de divines marque-t-il bien une frontière importante. Encore faut-il remarquer que cette différence est le résultat de la forme et du contexte de sa formulation — l'émancipation de la tutelle ecclésiastique — tout autant que de la volonté d'affirmer un

32. Jean BAUBEROT (sous la dir. de), *Religions et laïcité dans l'Europe des Douze*, Syros, Paris, 1994.

principe essentiel. Sans doute la précision formelle du texte coranique est-elle autrement plus contraignante, et le cas échéant différente, sur le fond des principes fort mouvants du droit naturel. Mais c'est sous-estimer l'étendue de l'autonomie reconnue aux juristes musulmans et la possibilité que recèlent les techniques de l'*ijtihad* pour interpréter la lettre du texte sacré. Les exemples ne manquent pas de cette production exégétique : lecture très restrictive des conditions d'application des *houdoud*, ces peines pénales coraniques auxquelles l'Occident identifie souvent l'islam tout entier, prise de distance à l'égard de la polygamie, acceptation des règles du pluralisme politique. Toutes ces interprétations n'attendent pour devenir « normes islamiques » que le soutien d'une majorité sociopolitique[33]. Et l'émergence de conduites « démocratiques » en terre arabe renvoie dès lors non point tant à un débat d'islamologie qu'à l'examen attentif des innombrables sollicitations trivialement politiques, économiques, éducatives, etc., auxquelles sont soumis les différents acteurs.

Pas de liberté pour les ennemis de la liberté ?

Une loi « religieuse » ne recèle-t-elle pas un potentiel « totalisant » plus fort que la loi humaine, qui tendrait à faire des minorités qui la refusent des victimes plus particulièrement désignées de son absolutisme ? *Quid* des opposants non plus à telle ou telle expression de la loi islamique mais au système tout entier ? Sur ce plan, les garanties verbales de quelques leaders ne sauraient suffire[34]. A l'évidence, il subsiste suffisamment de « réserves » dans ou entre les lignes des discours islamistes démocratiques pour témoigner de leur difficulté persistante à admettre la légitimité politique des adversaires déclarés de l'islam, et pour y voir dès lors une preuve sup-

33. Pour des exemples récents de raisonnements visant à concilier islam et pluralisme, *cf.* tout particulièrement Rached GHANNOUCHI, *op. cit.* ; *cf.* également Mohammed AMARA, « Concepts islamiques : l'islam et le pluralisme », *Al-Arabi*, Koweit, juin 1992, p. 97 ; ou Rifaat SID AHMED, « L'islam et le pluralisme », *Minbar al-Charq*, Le Caire, n° 1, mars 1992 (langue arabe).

34. Ce qui n'empêche pas tout de même d'en prendre connaissance. Sur les deux questions les plus sensibles — la place de la femme et le pluralisme politique —, les Frères musulmans égyptiens ont fait un effort de clarification en publiant en 1994 un texte de principe qui a l'avantage d'asseoir sur des bases autres que fantasmées les commentaires ou les critiques que justifie leur prise de position (LES FRÈRES MUSULMANS, *La Question de la femme et du pluralisme politique*, traduit de l'arabe par Tareq Ramadan, FCM, Genève, 1994).

plémentaire de l'irréductible « différence » de la rhétorique islamiste dans ce domaine. Ces réserves sont connues. Ainsi celles du leader du FIS Abbassi Madani : « Nous disons que les élections sont déterminantes pour tout le monde. Quels qu'en soient les résultats, nous respecterons la majorité même si elle n'est composée que d'une seule voix. Nous considérons, en effet, que celui qui a été élu par le peuple reflète l'opinion du peuple. *En revanche, ce que nous n'accepterons pas, c'est que cet élu desserve les intérêts du peuple. Il ne doit pas être en contradiction avec la* chari'a, *sa doctrine, ses valeurs. Il ne peut faire la guerre à l'islam. Celui qui est l'ennemi de l'islam est l'ennemi du peuple.* » Ainsi encore de l'Algérien Mahfoud Nahnah, le « modéré » : « Du moment que la démocratie ne touche pas le fond de la foi islamique, elle devient la quête du croyant[35]. » Très souvent, le potentiel démocratique islamiste semble donc bien toucher ses limites lorsqu'il aborde les frontières du système : tout est admis, « pourvu que cela n'aille pas à l'encontre de l'islam ». Et tel leader islamiste soucieux de convaincre son interlocuteur occidental de son ouverture d'esprit pourra lui déclarer très sincèrement qu'il espère bien que le FIS, une fois au pouvoir, se montrera capable « de respecter le point de vue des autres… mouvements islamistes ». Point de doute, il se trouve bien aujourd'hui, dans les rangs islamistes, des militants convaincus que le suffrage universel est surtout un instrument destiné à mettre à bas le système corrompu qui s'est caché jusqu'alors derrière le paravent de la démocratie pour mettre en place le leur, qui ne se représente pas dans les mêmes termes.

La mesure du degré d'incompatibilité entre les univers démocratique et islamique gagne pourtant à prendre le temps d'un contre-regard attentif sur le référent (la démocratie occidentale) qui sert d'unité de mesure. Sans doute ne faut-il pas négliger les compartiments de la doctrine musulmane qui limitent le statut des minorités non musulmanes et plus encore celles de ses individualités « antimusulmanes », c'est-à-dire des acteurs qui, en termes d'appartenance, se veulent « exté-

35. Interview à *Horizons*, 18 novembre 1990. « En tant que musulman, complétait Nahnah, il est demandé de rechercher la sagesse là où elle se trouve tant qu'elle ne porte pas atteinte à la foi. Si ce point de vue se recoupe avec les démocrates dans notre pays ou ailleurs, nous sommes les premiers à être tenus d'appeler à la démocratie, non pas selon la conception grecque qui a déchiré la société, ni selon la conception romaine qui a imposé un régime militaire, mais suivant la vision islamique qui donne le droit au plus humble de s'exprimer. »

rieurs » voire hostiles au système. Mais, pour prendre la mesure de cette spécificité islamique supposée, il faut aussi tenir compte des limites que la pensée libérale occidentale a toujours apportées aux libertés de ces mêmes « étrangers » à son propre système. Des techniques de protection du système symbolique dominant — plus ou moins rigoureuses selon que le système se sentait ou non menacé — ont existé un peu partout dans l'histoire et dans l'espace de l'expérience démocratique, quitte à constituer de remarquables entorses aux principes généraux censés les fonder. La Constitution de la République fédérale d'Allemagne refuse ainsi de garantir les droits de quiconque n'en reconnaît pas explicitement les principes. Les États-Unis interdisaient jusqu'à une date récente l'accès de leur territoire aux communistes ou réputés tels. Les Constitutions suisse et norvégienne excluent les non-chrétiens de la possibilité d'accéder à la magistrature suprême. La reine d'Angleterre se doit d'être également chef de l'Église anglicane, etc.

Quelle garantie l'« islam » accepte-t-il pour sa part de donner à ceux qui le refusent ? Quelle garantie le système normatif dominant accorde-t-il à ceux qui le réfutent comme tel ? Celui qui rejette le système dans son ensemble ne peut indiscutablement prétendre accéder à la centralité de celui qui l'accepte. Sa place est-elle toutefois plus marginale dans l'islam qu'ailleurs, dans des circonstances comparables ? De quel statut dispose aujourd'hui, dans le monde arabe, un intellectuel choisissant de se proclamer athée ? Ou une femme qui compare devant les caméras des télévisions occidentales le symbole vestimentaire de l'appartenance féminine dans l'univers de l'islam à l'« étoile jaune » imposée aux Juifs en prélude à leur élimination physique ? D'une place tout à fait précaire, n'en doutons pas. Pas beaucoup plus précaire toutefois, même si cela n'a nullement valeur d'excuse et encore moins d'encouragement, que celle que dans les années cinquante le maccarthysme du temple américain de la pensée libérale acceptait d'accorder à ses intellectuels communistes…

De quelle « liberté » dispose celui que l'on veut se représenter comme un « ennemi de la liberté » ? « Aucune des garanties de la démocratie-liberté pour les ennemis de la démocratie-liberté », entend-on dire d'un côté. « Aucune des garanties de l'islam pour les ennemis de l'islam », répond-on en quelque sorte de l'autre.

Est-ce une raison pour s'en accommoder ? Certainement

non. Pour réintroduire dans l'automatisme de nos comparaisons un peu de relativité ? Certainement oui. La rehistoricisation des termes de la comparaison — ou de la confrontation — conduit en fait, n'en déplaise aux jusqu'au-boutistes des deux bords, à relativiser considérablement la distance entre les deux univers de références. La poussée islamiste entend ainsi aujourd'hui réaffirmer avec force un certain nombre de valeurs humanistes à la face d'un Occident où laïcité rime souvent avec matérialisme. Cette « différence » est-elle incompatible avec l'apport démocratique dont se targue légitimement la pensée politique occidentale ? Cela n'est pas si sûr. La loi « divine » assume en islam une fonction qui n'est pas sans relation avec celle du « droit naturel » ou des « principes généraux » de la pensée occidentale, ensemble de principes intangibles encadrant l'activité normative humaine. L'irruption du sacré semble alors infiniment moins incompatible avec ce qui, dans l'univers laïque de la démocratie, paraît à l'Occident pouvoir prétendre légitimement à l'universalité. Le reste n'est qu'affaire de « politique », c'est-à-dire de volontés individuelles et collectives s'exprimant en ce sens dans un contexte sociopolitique et à un moment donné de l'histoire « musulmane ». Ce processus est-il achevé ? Certainement pas. Les islamistes au pouvoir vont-ils rompre demain en quelques heures avec les méthodes des régimes dictatoriaux qu'ils vont inéluctablement finir par mettre à bas ? Certainement pas non plus.

Pour autant, le regard extérieur se refuse encore à prendre en compte la moindre des évolutions et préfère s'en tenir à une stérile dénonciation du « majoritarisme[36] » qui pourrait résulter de l'arrivée au pouvoir des islamistes. Pour bon nombre d'observateurs, aussi bien arabes qu'occidentaux, le ralliement proclamé des leaders islamistes aux valeurs pluralistes ne relève que des « stratégies » de façade et autres « tactiques » de circonstance. « A première vue, des "démocrates" se manifestent parmi les islamistes », écrit Mohsen Toumi, qui résume bien là l'état d'esprit d'une partie de la classe politique arabe et, en tout état de cause, l'argumentaire des « éradicateurs » de tous bords : « Il se peut qu'ils soient sincères. Il se peut aussi qu'il ne s'agisse que de chevaux de Troie, auxquels une division du travail au sein du mouvement intégriste a assigné

36. C'est-à-dire la tentation de forces politiques dotées d'une solide majorité de gouverner en méconnaissance des intérêts de la minorité.

une mission : participer à la vie publique, avoir pignon sur rue, endormir les méfiances, réduire les hostilités et faire profiter des possibilités offertes par les institutions démocratiques d'autres groupes demeurés clandestins, jusqu'au jour propice où ils partiront tous à l'assaut contre l'appareil d'État. Cette stratégie repose sur un postulat, à savoir que les démocraties sont fragiles et se prêtent, plus que tout autre régime, à la conquête[37]. »

Islamisme ou démocratie ?

A ceux qui s'abritent aujourd'hui derrière les entorses que des islamistes au pouvoir pourraient éventuellement faire subir au credo démocratique pour cautionner les outrages sans limite que lui font réellement subir aujourd'hui tous les régimes qui combattent ces islamistes, on se gardera bien de proposer une réponse aussi péremptoire que leur propre argumentaire. A défaut de certitudes, on proposera de considérer que l'évaluation de la relation entre l'univers des *valeurs* (que l'on aura pris soin de dissocier du *vocabulaire*) de la démocratie et les *différentes* composantes de la vaste mouvance islamiste présente à la fin du XXe siècle sur les *différentes* scènes politiques arabes renvoie en réalité à des questionnements *multiples*, lesquels dépassent de très loin le cadre simplificateur dans lequel la relation « islam-démocratie » est généralement enfermée.

Une fois épuisée la problématique de la compatibilité des « essences » islamique et démocratique et l'inventaire des discours des acteurs, l'analyse doit inévitablement se concentrer sur les conditions sociopolitiques concrètes, variables dans le temps et dans l'espace, dans lesquelles évoluent ces acteurs. Il s'agit donc moins de savoir si l'« islam » est compatible avec la « démocratie », question à peu près complètement irréaliste, que de tenter de savoir si les sociétés arabes contemporaines — c'est-à-dire *les* différentes communautés de musulmans —, produits d'itinéraires historiques différenciés, ont atteint un seuil de développement politique tel que des conduites « pluralistes », respectueuses des différences individuelles ou collectives, puissent y voir le jour et s'y développer dans des proportions plus significatives que cela n'a été le cas depuis la sortie de la tempête coloniale.

37. Mohsen Toumi, *La Tunisie de Bourguiba à Ben Ali*, PUF, Paris, 1988, p. 38.

Les réponses à l'interrogation sur la compatibilité entre islamisme et démocratie, on s'en doute, n'en deviennent pas pour autant limpides et péremptoires. Elles ne peuvent plus modestement être que mitigées, multiples et hésitantes. Mais une fois réconciliées avec ce pluriel, cette dynamique et ce doute sans lesquels une démarche analytique se confond avec un argumentaire politicien, elles ne peuvent plus, et c'est bien là l'essentiel, se contenter de peaufiner l'épouvantail de la seule « menace islamiste sur la démocratie ». Les islamistes algériens, dont l'émergence a été préparée par l'entreprise de déculturation conduite cent trente-deux ans durant par la France, qu'un FLN ivre de légitimité nationaliste a réprimés avec aveuglement et sauvagerie, au point d'initier dans leurs rangs une irrésistible dynamique de radicalisation, ne représentent sans doute pas les candidats les plus aptes à faire progresser à très court terme et de manière décisive le respect des différences dans la société algérienne. L'islamisme est-il pour autant le « pire ennemi de la démocratie » et, en tous temps et en tous lieux, son arrivée au pouvoir devra-t-elle déboucher sur ces « régression scientifique, inquisition culturelle et exodes de population » que nous ont dépeints les analystes les plus médiatisés de la scène algérienne ?

Pour conclure l'impossible débat, on se contentera donc d'indiquer un axe de réponse qui est en fait celui de cet essai tout entier. Nombreux sont ceux qui identifient aujourd'hui les chances de la dynamique réformatrice et modernisatrice et donc, sous une forme ou sous une autre, celles de la démocratie, à l'arrêt du processus de réislamisation ou à son cantonnement hors du champ d'expression politique. Nous pensons au contraire que les deux processus majeurs à l'œuvre aujourd'hui dans le monde arabe n'ont rien d'incompatible : d'un côté, la réconciliation du discours politique avec les catégories de la culture musulmane et, de l'autre, la lente et difficile émergence de conduites pluralistes et tolérantes convenant à l'univers de la démocratie. Les chances de voir émerger des conduites modernistes respectant les acquis de la pensée démocratique ne sont certes nullement garanties, mais nullement non plus condamnées par la poussée islamiste. Dans la dynamique actuelle de renouvellement des élites politiques, rien n'interfère réellement avec cette perspective que menacent bien plus sûrement en revanche la « fossilisation » des élites dominantes et la criminalisation de la production intellectuelle des élites de l'opposition.

Contrairement à ce que tentent d'accréditer les « démocrates laïques » au pouvoir depuis trente années, « démocratisation » et « réislamisation » progressent aujourd'hui le long d'un itinéraire très largement partagé. Dans le vacarme des affrontements, il est certes bien difficile, en séparant le « bon grain identitaire » de l'« ivraie extrémiste », de prendre le temps de constater que les surenchères de la rhétorique islamiste sont au moins aussi *réactionnelles* qu'elles ne sont *réactionnaires*. Et que, derrière son vocabulaire de refus, elle mobilise des valeurs et des énergies qui ne sont pas aussi antinomiques à l'humanisme de notre « modernité démocratique » que nous avons parfois — altérité oblige — l'impérieux besoin de le croire.

L'existence des forces maniant la rhétorique islamiste ne peut donc plus être érigée en critère unique, et bien sûr négatif, d'évaluation d'un processus de modernisation où tout le reste de la classe politique (miraculeusement absous de décennies d'autoritarisme), par sa seule prétention à se démarquer de la mouvance islamiste, se verrait habilité à porter le flambeau des libertés individuelles et collectives. S'il existe en terre arabe une ligne de démarcation entre les « bons » et les « méchants » ou, en l'espèce, les « démocrates » et les « anti-démocrates », les tolérants et les intolérants, les défenseurs des droits de l'homme, de ceux de la femme ou de ceux des minorités confessionnelles, et ceux qui ne s'en préoccupent que modérément, cette ligne a donc un tracé infiniment plus sinueux que celle qui distingue les islamistes du reste de la classe politique.

Sans doute ne suffit-il pas de se déclarer, comme le font un nombre croissant de leaders islamistes, respectueux de la règle majoritaire pour devenir *ipso facto* d'exigeants « démocrates ». Mais il ne suffit pas davantage d'être anti-islamiste, comme le fut Saddam Hussein (du temps de la guerre contre l'Iran), ou « anti-Saddam » (comme l'émir du Koweit), militaire ou francophone (en Algérie), pour faire partie de ce supposé « camp démocratique » dont l'Occident accorde aujourd'hui le monopole à des régimes discrédités ou aux oppositions laïques marginalisées par la poussée islamiste.

Parce qu'ils en sont l'une des composantes intrinsèques, la participation des islamistes apparaît au contraire comme la condition *sine qua non* d'une véritable transition démocratique : celle-ci perdrait toute signification en l'absence — et *a fortiori* « contre » — de toute une génération politique.

11

L'islamisme et les femmes

> « *Le* hijab, *c'est l'étoile jaune de la femme, la première étape de son extermination physique.* »
>
> Khalida Messaoudi [1]

> « *Une femme, pour un islamiste, c'est comme un Juif pour un nazi.* »
>
> Rachid Mimouni [2]

La relation de l'islamisme à la « cause des femmes » s'inscrit dans une sphère particulièrement passionnelle. Si, pour l'*Homo occidentalis*, l'adhésion masculine au credo islamiste irrite, celle des femmes génère des réactions plus fortes encore. Et elle renforce, au-delà de toute limite, la propension de l'Occident — « féministe », mais pas seulement — à emprunter, dans l'analyse, de singuliers raccourcis.

Le plus classique consiste à réduire toute la dynamique de repositionnement idéologique du Sud à une mobilisation « contre les femmes » et à l'enfermer ainsi dans le ghetto analytique d'une « misogynie », voire d'un « *apartheid* [3] », érigés en principes explicatifs absolus. En croquant de vilains barbus attachant de force un *hijab* sur le visage en pleurs de fragiles jeunes filles, les caricaturistes des médias occidentaux n'ont

1. Déclaration faite sur les ondes de RTL en 1994.
2. Conférence publique à l'université de Genève, 1994.
3. « On ne saurait dissimuler [...] le fait qu'un compromis entre les régimes et les mouvements islamistes risquerait fort de se réaliser au prix fort pour les femmes. Serait-on en droit de parler de démocratisation à propos d'un processus d'*apartheid* fondé sur la discrimination sexuelle ? » (Michel CAMAU, « Démocratisation et changement des régimes au Maghreb », *in Elecciones, participacion y transiciones politicas en el Norte de Africa*, Instituto de cooperacion con el mundo arabe, Madrid, 1991, p. 67).

fait que refléter le sens commun. Cette image est pourtant aussi simplificatrice qu'éloignée de la réalité, puisqu'elle ignore l'adhésion consciente et délibérée de millions de femmes au discours islamiste. D'un côté à l'autre de la Méditerranée, les libertés féminines en général, le port du voile en particulier, font l'objet de perceptions très différenciées, et c'est de cela qu'il importe de rendre compte. Or, c'est surtout le désarroi, légitime et très compréhensible, des femmes arabes qui ressentent la poussée islamiste comme une menace qui a fait l'objet d'une surmédiatisation, achevant de dresser un formidable rideau de fumée entre l'opinion publique occidentale et la réalité complexe du terrain.

« Se contenter de désigner un coupable de la condition faite aux femmes à partir du discours islamiste radical [...] sans resituer le cadre des rapports hommes-femmes, note pourtant avec lucidité une analyste peu suspecte de complaisance[4], relève, si ce n'est de la manipulation, de la fumisterie. » A défaut d'être cette « pierre d'achoppement du mouvement islamiste » que croient y déceler ses détracteurs les plus automatiques[5], la « question de la femme » ne serait-elle pas plutôt celle du... regard occidental sur l'islamisme ?

Que savons-nous vraiment des attitudes politiques des femmes à l'égard des forces identifiées à la réislamisation ? Quel est l'impact réel sur les dynamiques « féministes », et notamment sur la revendication de l'accès des femmes à

4. Saïda RAHAL SIDHOUM, « Le deuil et le fardeau... la férocité en sus », *Confluences Méditerranées*, n° 11, été 1994 : « Peut-on sérieusement envisager que le refus du féminin dans la sphère publique, que sa subordination au masculin s'expliquent par l'émergence puis le développement des mouvements islamistes ? [...] Se contenter de désigner un coupable de la condition faite aux femmes à partir du discours islamiste radical, mélange indigeste d'anathèmes sans imagination et de religiosité sans spiritualité baignant dans un verbe médiocre, sans resituer le cadre des rapports hommes-femmes en Algérie relève, si ce n'est de la manipulation, de la fumisterie. »

5. *Cf.* Mohammed AL-AHNAF, Bernard BOTIVEAU et Franck FREGOSI, *L'Algérie par ses islamistes*, *op. cit.*, p. 239. « La question des femmes, notent-ils, est à n'en pas douter la pierre d'achoppement contre laquelle butera le courant islamiste en Algérie et ailleurs. » Cet énoncé péremptoire ne les empêche pas toutefois de se rapprocher d'une réalité à tout le moins plus complexe en reconnaissant quelques lignes plus bas que « Hassan al-Banna, fondateur de l'association des Frères musulmans et contemporain de la première association féminine égyptienne, n'a rien eu à dire, que nous sachions, à propos de ce mouvement » ; et que « si la défense de l'enfermement de la femme et le contrôle de sa conduite étaient la spécialité des vieux turbans de l'Azhar et de la Zitouna, tous ceux qui ont considéré que le changement social était une nécessité vitale pour le monde arabe et qu'il valait mieux y participer qu'en être victime ont vu l'évolution de la condition de la femme comme une chose souhaitable et inéluctable ».

l'espace public, des politiques visant à l'hégémonie des catégories de la culture musulmane ? En d'autres termes, comment l'islamisme se comporte-t-il à l'égard des femmes ? Et comment les femmes se comportent-elles à l'égard de l'islamisme ?

Pour répondre à cette dernière question, avec toutes les limites inhérentes à un découpage nécessairement réducteur, on se propose de considérer que les attitudes de la population féminine se répartissent aujourd'hui en deux grands groupes que l'on qualifiera de « traditionnel » et de « moderne », le second se subdivisant lui-même en deux sous-ensembles, « islamiste » et « anti-islamiste ».

Entre traditionalisme et modernisation islamiste

On appellera traditionnelles les femmes qui, notamment parce qu'elles n'ont eu qu'un accès limité au système éducatif, vivent (en milieu rural mais pas seulement) en symbiose avec les catégories de la culture « prémoderne » intuitive. Sur cette composante de la population féminine, l'effet répulsif de l'islamisme est limité, voire inexistant. En effet, les exigences de la réislamisation (en matière vestimentaire ou de relation entre les sexes notamment), même si elles sont loin de s'y superposer complètement, n'opèrent jamais une rupture totale avec les normes traditionnelles. A l'exception de certaines pratiques extrémistes et donc marginales (port du *niqab* masquant le visage), elles sont donc très rarement perçues par les intéressées en termes de violence ou d'atteinte à leur liberté. A l'inverse, ce sont les manières occidentales (le fait par exemple de dénuder les jambes ou les bras de la femme ou même ceux de l'homme) qui pourront apparaître comme d'insupportables innovations.

Le comportement politique de ces femmes « traditionnelles » variera en fait surtout en fonction de leurs appartenances ethniques ou claniques, de leurs solidarités clientélistes ou politiques ou de celles de leur environnement familial. Dans l'exemple algérien, le choix éventuel par une femme de se démarquer du FIS ne sera pas lié à sa condition de femme, mais pourra relever de toute une gamme d'autres raisons : son mari ou l'un de ses proches appartient à la police et constitue dès lors une cible possible des groupes armés, il est membre du FLN et menacé dans son statut social par une éventuelle alternance politique, elle-même ou son entourage familial se sont sentis concernés par la revendication culturelle berbère à laquelle ont eu recours certaines formations « anti-islamistes », etc. Mais elle pourra tout aussi bien être « pro-FIS » pour d'innombrables autres raisons, sans que sa condition de femme n'interfère de manière décisive dans la formation de son attitude puis de son comportement politique.

On définira les femmes du second groupe comme ayant adopté, notamment grâce à l'accès à l'appareil éducatif, les références « modernes » de la société et intériorisé les comportements partiellement « occidentalisés » qu'elles véhiculent, tout particulièrement l'insertion dans la vie professionnelle. Ces femmes « modernes » se répartissent elles-mêmes un peu partout dans le monde musulman en deux groupes. Celles, d'abord, qui choisissent de faire leur le système de représentation islamiste. Elles le font en fonction de déterminations intellectuelles, sociales et politiques en partie comparables à celles qui fondent l'attitude de leurs conjoints, fils, frères et pères. Ce premier groupe de femmes « modernes », parfois même « féministes », est manifestement celui que le regard occidental méconnaît le plus systématiquement. Ces femmes-là, qui voteront donc assez logiquement « islamiste », ne se sont pas laissé imposer le port du *hijab* : elles ont choisi librement de le porter, parfois même contre le vœu de leur milieu familial. Elles ne se sont pas laissé convaincre de s'y soumettre, « par peur » ni même « par lassitude », « pour passer inaperçue », « parce que ça coûte moins cher qu'une permanente », etc., mais elles le réclament, le brandissent, s'en font les avocates dans leur milieu professionnel ou familial. Elles ne le portent pas « parce qu'il ne diffère que très peu de leur univers vestimentaire traditionnel », mais elles assument pleinement au contraire la rupture relative qu'il comporte [6] avec l'univers de la société traditionnelle. Pour elles, le voile est l'emblème d'une adhésion à un système de représentation et de socialisation.

Généralement identifiées à tort par le regard occidental à des « victimes de la violence machiste des islamistes », voire à des « aliénées [7] », ces femmes se voient refuser dans les ana-

6. Même s'il n'existe aucune norme précise dans ce domaine, le voile des militantes islamistes modernes se démarque assez généralement d'une manière ou d'une autre de son homologue issu de la tradition.

7. Expression employée par Michel Rocard à l'occasion de la première « affaire du foulard » en 1989.

lyses les plus courantes le simple droit d'exister en tant que telles. Toutes les études disponibles attestent pourtant que leur nombre est aujourd'hui en croissance rapide. Les rapports des organisations humanitaires démontrent qu'elles reçoivent elles aussi leur part de la violence « masculine » contemporaine : violence symbolique puisqu'on les prive ici et là, en Algérie, mais tout autant en Tunisie ou en Égypte, de porter le vêtement de leur choix. Violence politique aussi puisqu'elles n'échappent nulle part à cette répression judiciaire et policière, très souvent accompagnée de violences physiques [8], par lesquelles les régimes, d'Alger au Caire en passant par Tunis, prétendent défendre la « laïcité ».

Sans doute ne faut-il pas sous-estimer la dimension polysémique du voile [9] et la diversité manifeste des significations de la mobilisation islamiste pour sa composante féminine [10]. Dans une société dont le cadre matériel (et notamment les transports) impose une mixité culturellement mal acceptée, le voile peut offrir ainsi une protection que le quotidien ne parvient plus à garantir. « Quand une fille prend le *hijab* et renonce à la mixité, souligne Mohammed Tozy [11], elle s'approprie, certes, une identité culturelle. Mais cette identité est efficace dans la mesure où elle est une réponse à une situa-

8. A titre d'intimidation, les familles des militants de la Gemaa islamiyya égyptienne, mères et sœurs incluses, sont régulièrement arrêtées. Dans des univers ruraux particulièrement conservateurs, les « atteintes à l'honneur » des femmes sont très régulièrement attestés lors des campagnes d'arrestations ou d'interrogatoires. *Cf.* par exemple la « Lettre d'un combattant » reproduite dans l'article « Cacher le politique : les représentations de la violence en Égypte », *Maghreb-Machreq-Monde arabe*, n° 142, 1993.

9. C'est particulièrement le cas en Iran, même si la situation n'y est qu'en partie comparable à celle qui prévaut dans un contexte arabe où les courants islamistes ne sont pas majoritaires. *Cf.* Fariba ADELKHAH, « Logique étatique et pratiques populaires : la polysémie du *hijab* chez les femmes islamiques en Iran », *Les Cahiers du CEMOTI*, n° 10, 1990 ; *Une approche anthropologique de l'Iran postrévolutionnaire : le cas des femmes islamiques*, EHESS, Paris, 1990 (publié en 1992 chez Karthala sous le titre *Révolution sous le voile*). Pour une vision également contrastée, *cf.* Chahla CHAFIQ, *La Femme et le retour de l'islam, l'expérience iranienne*, Éditions du Félin, Paris, juillet 1991 ; Andrea B. RUGH, « Reshaping Personnal Relations in Egypt », *in* Martin E. MARTY et Scott APPLEBY, *The Fundamentalism Project, Fundamentalisms and Society*, University of Chicago Press, Chicago et Londres, 1992. Pour des repères bibliographiques plus systématiques, *cf.* Mireille PARIS, « Femmes et sociétés dans le monde arabo-musulman, état bibliographique », *Travaux et documents de l'IREMAM*, n° 9, Aix-en-Provence, 1989.

10. *Cf.* la problématique développée par Nilüfer GÖLE, *Musulmanes et modernes. Voile et civilisation en Turquie*, La Découverte, Paris, 1993.

11. Auteur notamment de « Islam et État au Maghreb », *Maghreb-Machreq-Monde arabe*, n° 126, décembre 1989, p. 25 *sq*. Entretien avec Mohammed Tozy, *Lamalif*, octobre 1988.

tion concrète de blocage. Dans un restaurant universitaire qui connaît des files à n'en plus finir, ou dans des bus bondés où la promiscuité met souvent en danger l'intégrité physique, le *hijab* devient une revendication vitale. »

Les pressions de l'entourage familial, scolaire, la réponse à une attente sociale diffuse jouent également un rôle. Et les encouragements prosélytes des noyaux militants sont souvent efficaces : la transformation « doit commencer par l'extérieur (le *hijab*) pour aller vers l'intérieur (l'âme) », expliquent avec ardeur les militantes des mosquées cairotes du quartier de Mohandessin aux nouvelles recrues de leurs sessions féminines hebdomadaires. « Porter le *hijab* est un message que vous envoyez à tous, qui montre que l'islam est en train de revenir. » De fait, le port du *hijab* est bien un signal qui, pour être silencieux, n'en est pas moins particulièrement « bruyant » et déstabilisant puisqu'il « émet » en permanence en direction d'un très large spectre de destinataires, locaux ou étrangers, ce qu'ont fort bien compris ses chantres les plus zélés.

Les pressions peuvent aussi conduire à anticiper les goûts du possible mari émigré dans le Golfe, à satisfaire ceux du professeur de langue arabe, des frères, des voisins ou des cousins. L'impact de la conjoncture économique (la hausse du tarif des coiffeurs pour dames ou du prix des blue-jeans d'importation) peut peut-être (à dose homéopathique) jouer dans le même sens. Mais plus largement, et plus sérieusement, l'adhésion à la cause islamiste fonctionne vraisemblablement pour une part comme n'importe quel autre mode profane de socialisation de la femme arabe moderne. Bien plus qu'il ne manifeste ou n'implique son enfermement, de plus en plus souvent, c'est ce voile qui lui permet de... sortir, pas seulement pour aller écouter la *khotba* (sermon) de l'imam du vendredi, pratique traditionnellement masculine et largement banalisée aujourd'hui chez les *muhajabate* (celles qui portent le *hijab*) des villes. En affichant leur rejet des formes de socialisation (bars, discothèques, rencontres de rue) les plus déconsidérées, les *muhajabate* ne se coupent pas pour autant de l'espace public auquel elles veulent accéder, malgré les réticences de leur milieu familial. Car tel est bien le désir qu'exprime l'immense majorité d'entre elles, ni plus ni moins que leurs sœurs « émancipées ».

L'un des deux principaux enseignements de l'enquête

conduite par Djeghida Imache et Inès Nour [12] est que les attentes des femmes voilées sont quasiment identiques à celles de leurs consœurs qui ne le sont pas. Zakya Daoud [13], dans la préface de l'ouvrage consacré à cette enquête, juge « *a priori* étonnante » cette dérangeante similitude : « 91 % des voilées et 96 % des non-voilées envisagent d'exercer un métier après leurs études, 44 % de chaque groupe estiment que les femmes peuvent exercer n'importe quel métier, y compris salarié, 96 % des voilées et 75 % des non-voilées déclarent qu'il existe des métiers féminins, 49 % des voilées et 66 % des non-voilées jugent que les deux sexes doivent recevoir une éducation identique et 71 % des unes, comme 96 % des autres, une instruction de même nature, 84 % et 96 % étant d'accord pour des activités sportives féminines. »

« Le *hijab* est certes le symbole du refus d'une modernité importée et imposée, mais sa signification est autrement plus riche », explique Fariba Adelkhah après avoir stigmatisé « l'inanité du discours occidental quand il voit dans l'imposition du *hijab* un simple signe du caractère répressif du régime islamique [...] : il est la matérialisation d'une continuité entre la nature humaine et la révélation coranique, et structure les rapports entre la sphère privée et publique, entre espace familial et espace social [14] ».

La perception occidentale dominante s'encombre rarement de ce genre de nuances. Le voile, rappelait ainsi en 1994 le ministre français de l'Éducation nationale, n'est pas seulement synonyme d'appartenance religieuse mais « signe d'une soumission de la femme ». « Il symbolise l'inégalité des sexes et l'enfermement de la femme », surenchérit un journaliste [15]. Le paradoxe de l'Occident féministe est bien là : il refuse à celles qu'il prétend défendre des abus de la domination masculine le droit de se déterminer... hors de toute spécificité féminine,

---

12. Djeghida IMACHE et Inès NOUR, *Algériennes entre islam et islamisme*, Édisud, Aix-en-Provence, 1994.

13. Sous la plume de Zakya DAOUD, *cf.* également *Féminisme et politique au Maghreb, soixante ans de luttes*, Maisonneuve et Larose, Paris, 1994.

14. Fariba ADELKHAH, « Logique étatique et pratiques populaires : la polysémie du *hijab* chez les femmes islamiques en Iran », art. cité.

15. Robert SOLÉ, *Le Monde*, 13 septembre 1994. « Ce n'est pas un hasard, poursuit-il, si les grandes luttes féministes dans les pays musulmans ont commencé par un débat sur le voile. » Ce qui est exact, mais qui doit être complété : ces « grandes luttes » ont souvent identifié sans nuance modernisation et déislamisation, ce qui explique vraisemblablement leurs résultats si fugitifs et si limités.

en tant seulement qu'individu pensant et libre de ses choix. Tout porte à croire pourtant que les motivations féminines à l'« entrée en islamisme » sont les mêmes que celles des hommes. Militantes activistes ou adeptes passives adhèrent sans doute aujourd'hui au système de représentation islamiste pour des raisons banalement identiques à celles de leurs frères, pères, fils ou maris, sans que leur féminité joue un rôle décisif dans ce choix.

La résistance féministe

Le second des deux groupes de femmes « modernes » réunit toutes celles qui vivent sur le mode de l'agression l'éthique que la mobilisation islamiste s'emploie à instaurer et que ses acteurs les plus radicaux tentent parfois d'imposer. Des pressions familiales, sociales ou politiques, du prosélytisme « musclé » aux intimidations physiques, les modes d'action des islamistes ne respectent pas partout le seuil des libertés individuelles. « Le *hijab* ou l'enfer ? » questionnent avec insistance les autocollants des sympathisants des Frères musulmans jordaniens. Même s'ils sont très loin de représenter l'alpha et l'oméga de la mobilisation islamiste, les militants de la Gemaa Islamiyya, brutalement extraits du terroir rural de leur Haute-Égypte, où la mixité extra-familiale est très instinctivement proscrite, prônent des pratiques qui apparaissent, dans l'environnement urbain moderne, franchement ségrégationnistes. De même avec le durcissement de la confrontation en Algérie, les méthodes mises en œuvre pour défendre et étendre les signes d'appartenance aux deux camps de la confrontation se sont radicalisées. Dans le contexte de la tourmente répressive et terroriste, la « guerre du voile » en est parfois venue à emprunter les modes d'expression et d'action de la guerre tout court (même s'il faut tenir compte des multiples provocations et manipulations des autorités sur ce terrain). Refuser de le porter, ce n'est pas seulement exprimer un désaccord idéologique, c'est potentiellement faire partie de l'autre camp, celui de l'État répressif et donc de l'ennemi.

Une composante de la société féminine vit donc très logiquement les exigences éthiques et symboliques des forces islamistes comme une double atteinte à son identité et à sa liberté. Même si leur perception de certaines exigences symboliques de la réislamisation est loin de se ramener au refus du voile [16], sans surprise, ces femmes s'opposent donc politiquement aux mouvements islamistes.

La posture « féministe » anti-islamiste est d'autant plus naturelle qu'elle recoupe souvent une réticence politique et sociale : les femmes « modernes » sont mieux représentées parmi les élites politiques et économiques que dans les classes moyennes ou défavorisées. Les femmes « anti-islamistes » sont donc généralement issues d'un environnement socio-économique privilégié et de ce fait menacées doublement, par l'éthique islamiste qu'elles refusent et pour une part au moins par l'alternance politique qu'elle induit, qui remettrait en cause leur statut d'élite sociale ou politique. Aucune étude n'est à ce jour parvenue en revanche à identifier un vote strictement féminin de résistance à la poussée islamiste.

Minoritaire numériquement, le groupe des féministes « anti-islamistes » est néanmoins l'interlocuteur le plus familier de l'observateur occidental. Il constitue même sa principale et parfois sa seule source pour analyser la relation entre la poussée islamiste et la cause des femmes, et plus largement la dynamique même de réislamisation. Qu'importe que Fernand Braudel et d'autres avant ou après lui aient magistralement démontré que le machisme de la culture méditerranéenne n'avait nul besoin de la caution religieuse pour s'enraciner dans les pratiques sociales. Le groupe des « femmes en lutte contre l'intégrisme » est le seul à être perçu comme véritablement légitime. Il monopolise, et avec lui la représentation terriblement simplificatrice qu'il véhicule, l'entière perception occidentale de la réalité féminine arabe et des dynamiques complexes qui la traversent aujourd'hui.

Parce qu'elles utilisent une terminologie proche de celle de l'environnement occidental, le groupe des militantes anti-islamistes suscite dans les deux « camps » un cœfficient de passion tout particulier : soutien aveugle et inconditionnel de la part des observateurs occidentaux, ressentiment exacerbé de la part des militants islamistes, qui mesurent le rôle essentiel qu'elles jouent dans l'hostilité que leur manifeste l'Occident et qui les

16. Les femmes qui ne portent pas le *hijab*, voire celles qui s'y opposent, n'ont pas nécessairement une vision exclusivement négative des principes qu'il exprime. Le second enseignement, en forme de confirmation, de l'enquête citée de Djeghida IMACHE et Inès NOUR est que l'univers de représentation de ces femmes est lui-même en mutation accélérée, leur appréciation de la fonction du *hijab* étant curieusement proche, là encore, de celle de leurs consœurs qui le portent.

voit comme une caution à l'option du tout-répressif. Tous les régimes menacés par la poussée islamiste ont en effet encouragé l'éclosion puis le développement d'une floraison d'associations féministes souvent sans ancrage social véritable. « Le mouvement des femmes, dont en France on aime se faire l'écho, explique lucidement Saïda Rahal Sidhoum à propos de l'Algérie, n'a pas su obtenir l'audience que d'aucuns sont convaincus qu'il a. Sa faillite est d'abord un problème d'image que les islamistes participent à disqualifier : femmes qui travaillent à des postes de cadres, assimilées à des gestionnaires honnis de l'État, femmes occupant des emplois peu spécialisés désignées comme prenant le travail des hommes (et qu'importe si elles ont une famille), femmes non mariées vécues comme porteuses de toutes les turpitudes, femmes économiquement privilégiées, objets de toutes les convoitises. Mais c'est aussi le résultat d'un aveuglement persistant à croire qu'il suffit de dire lumière pour que celle-ci soit : peu introduites parmi les femmes du peuple que certaines considèrent souvent avec condescendance, voire avec mépris, partageant peu de choses avec elles, méconnaissant la ruralité et les classes urbaines précarisées, peu portées sur la connaissance des vécus ordinaires, [...] privilégiant les médias en français, alors que la langue arabe est devenue la langue lue par les moins instruits, tenant des meetings censés être populaires en langue française alors que l'arabe algérien et le berbère demeurent les langues féminines, réduites à manier l'anathème au lieu de l'explication pédagogique, [...] privilégiant l'appareil d'État comme interlocuteur, [...] adhérant à des partis sans obtenir de garanties quant à leur engagement par rapport à la cause des femmes... la liste des erreurs commises par les femmes militant pour une place réelle [...] dans la société est longue [17]. »

Une partie de ces femmes, en Algérie et en Tunisie notamment [18], ont courageusement tenté de prévenir la récupération politique de leur combat. D'autres, dont la lutte n'en est pas

17. Saïda RAHAL SIDHOUM, « Le deuil et le fardeau... », art. cité.

18. Au printemps 1994, un groupe de femmes tunisiennes de sensibilité éloignée du mouvement islamiste a tenu ainsi à se démarquer des méthodes du pouvoir et à dénoncer la récupération de la « cause des femmes » par le régime au service de sa dérive répressive, ce qui leur a valu de multiples pressions de la part de ce dernier. En Algérie, Salima Ghezali, dans la revue *Nissa* (« Les femmes »), puis dans l'hebdomadaire *La Nation*, a maintenu une ligne militante aux antipodes de celle de Khalida Messaoudi, présidente d'une fugitive Association pour le triomphe des droits de la femme, dont la lutte s'est très vite identifiée à celle de l'aile extrémiste des militaires algériens.

pour autant moins légitime, n'ont pas eu ce souci ou cette prudence. Le combat d'une partie au moins d'entre elles s'est donc inexorablement identifié avec la défense inconditionnelle du jusqu'au-boutisme répressif des régimes.

La part respective des différents groupes — traditionalistes, modernistes, islamistes et anti-islamistes —, qui varie sans doute sensiblement d'un pays à l'autre, reste à établir. Le nombre des femmes pour qui le port du *hijab* se dilue dans la continuité d'une pratique traditionnelle est sans doute supérieur en Égypte ou plus encore dans le nord du Yémen à ce qu'il peut être à Aden dans l'ex-Sud-Yémen, en Tunisie, ou en Algérie. Mais la part des deux premiers groupes est globalement de très loin supérieure à celle du dernier. Une majorité de femmes, en terre arabe, semble donc aujourd'hui faire siennes, de gré plus souvent que de force, les exigences de l'appartenance islamiste.

Que sait-on aujourd'hui de leur avenir de femmes, de leur capacité à maintenir et à accroître leur autonomie au sein de la cellule familiale, de leur capacité à créer ou à renforcer ensuite leur accès à l'espace public, professionnel et politique ? Ont-elles réellement opté pour — ou sont-elles réellement condamnées à — l'« ensevelissement » que leur prédisent les moins nuancés de nos observateurs ?

Islamisme et tradition

Sauf exception « matriarcale », dans toutes les sociétés humaines, mais peut-être plus encore dans celles du pourtour méditerranéen, les femmes, sans préjuger de l'importance de leurs fonctions, constituent à bien des égards le « maillon faible » de la chaîne sociale et familiale : non point tant celui qui subit le plus directement les tensions du corps social que celui qui, plus systématiquement que les autres, en paie le prix. De longue date, la démonstration a été faite que dans la culture méditerranéenne l'honneur du groupe social ou familial tendait à se concentrer sur son segment féminin. Dans le tourbillon de la transformation des systèmes de références provoquée par l'irruption culturelle du Nord, les femmes des sociétés arabes ont donc été particulièrement affectées : chaque fois que le modèle de socialisation « occidental » est entré en conflit avec le modèle traditionnel, la violence résultant du conflit d'appartenance a touché plus naturellement la composante féminine, moins autonome à l'égard du système dominant. Dans la phase présente de relecture critique d'un modèle de modernisation perçu comme trop exclusivement exprimé par la culture occidentale, le « maillon faible » de la société arabe, une fois encore, est manifestement sollicité de manière privilégiée. La réintroduction littéraliste et autoritaire de l'appareil normatif de la culture « précoloniale » aboutit ainsi souvent aujourd'hui à remettre en cause, dans ce domaine plus encore que dans d'autres, certaines modernisations, aussi importantes que récentes, dont le seul tort est d'avoir été opérées au cours de la phase « impérialiste » de l'Occident et sous couvert de son langage [19]. Et il est indiscutable que les femmes sont parfois devenues la cible de formes de violence spécifiques. Mais l'explication de cette réalité par la seule réislamisation n'a rien d'évident. Le machisme de la culture méditerranéenne s'est toujours fort bien passé en effet de la couverture idéologique qu'entend lui apporter aujourd'hui la lecture littéraliste de certains des référents islamiques. L'élimination physique de femmes avec l'approbation du groupe familial ou social dont elles sont supposées avoir transgressé une norme fait depuis longtemps partie de la réalité maghrébine. De telles pratiques n'ont longtemps même pas justifié de compte rendu de presse. Tout au plus ces violences sont-elles en partie sorties de l'anonymat, dans le courant de l'année 1989, chaque fois qu'une manipulation médiatique permettait d'en faire porter la responsabilité au FIS [20].

Le code civil algérien n'a pas été adopté hier (en 1984) par le FIS, mais par ceux-là mêmes qui le combattent aujourd'hui

19. Ce qui n'implique pas que la norme occidentale en matière de statut de la femme ou en matière de mœurs doive nécessairement être érigée en standard de la « normalité » ou de l'universalité. C'est ce que faisait pourtant de manière très significative un reportage de *Paris-Match*, en 1993, commentant avec admiration les succès du général Ben Ali dans la lutte contre ses « fous de Dieu » : preuve que tout était redevenu « normal » à Tunis, un film pornographique était (à nouveau) à l'affiche sur une grande avenue de la capitale (d'après la légende d'une photo de Patrick Forestier).

20. « Durant le mois de ramadan [de 1991], une vague exceptionnelle d'agressions s'est déchaînée contre les femmes. Mais, fait vraiment sans précédent, la presse écrite et dans une moindre mesure les autres médias se sont pour la première fois penchés sur ce qu'ils considèrent d'ordinaire comme relevant du privé ou du fait divers (méprisé par la presse du parti unique). [...] Les femmes doivent cette compassion subite à une conjoncture particulière : la période préélectorale. Encore sous le sceau du FLN pour la plupart d'entre eux, les médias tentaient de mobiliser l'opinion contre le FIS. Les agressions de "faibles femmes" étaient un thème idéal, surtout aux yeux de l'opinion internationale » (Fatiha HAKIKI TALAHITE, « Sous le voile, les femmes », *Les Cahiers de l'Orient*, n° 23, septembre 1991, p. 123).

avec ardeur au nom de son « antiféminisme ». Le grand libérateur de la femme tunisienne qu'est l'héritier politique d'Habib Bourguiba n'a pas mis plus de temps à répudier une épouse trop peu médiatique que l'« intégriste » Omar Abderrahmane, dans son exil américain, à en prendre une seconde. La liste, à l'évidence, serait longue si l'on devait recenser les contradictions qui séparent la rhétorique des champions « proféministes » de la lutte anti-islamiste de leurs pratiques individuelles en la matière.

A l'inverse, il n'est nullement démontré non plus que les violences sexistes épargnent les femmes qui ont intériorisé les standards éthiques véhiculés par la poussée islamiste[21]. On peut donc se demander si les pratiques discriminatoires les plus emblématiques mises sur le compte de la réislamisation ne sont pas pour l'essentiel le produit de la conjoncture sociohistorique particulière des appropriations de la culture et de la religion musulmanes, bien plus que de l'essence de cette culture. Tradition et religion doivent donc, autant que faire se peut, être dissociées dans l'analyse. Si, en matière de statut social de la femme, on évalue la lettre de la doctrine islamique à l'aune des pratiques en vigueur à l'époque de la révélation coranique, la nature des appréciations pourra varier très sensiblement. « Au regard de la tradition maghrébine, l'islam est un progrès », concède en ce sens une psychiatre algérienne[22].

L'impact de la dynamique de réislamisation, sur ce terrain comme sur d'autres, est marqué du sceau de l'ambivalence. Dans un sens, la poussée islamiste exacerbe les discordances entre deux modèles de socialisation et donc, de manière circonstancielle, crée ou aggrave des tensions dont une partie de la composante féminine de la société paye plus particulièrement le prix. Dans le même sens, elle alimente par ailleurs la montée en puissance de groupes sociaux plus proches de

21. Même si ces informations — dénoncées par le FIS avec une certaine crédibilité comme des manipulations de l'appareil de sécurité algérien — doivent être traitées avec la plus extrême prudence, la pratique de mariages forcés avec les maquisards islamistes algériens a été régulièrement dénoncée (*Cf.* notamment Saïda RAHAL SIDHOUM, art. cité). On l'a vu, le FIS s'est très clairement démarqué en revanche de l'épisode largement médiatisé de deux jeunes filles qui, en novembre 1994, auraient été « égorgées pour avoir refusé un mariage de jouissance ». Il s'agirait, selon un communiqué assez crédible de l'organe exécutif à l'étranger, de représailles conduites par les autorités sur une famille dont le tort était de compter plusieurs de ses membres dans les rangs des groupes armés. Le mariage temporaire dit « de jouissance », reconnu par la doctrine chi'ite, est par ailleurs fermement condamné par les sunnites.

22. *L'Express*, avril 1993.

la société traditionnelle et de ses références éthiques conservatrices, notamment en matière familiale. En sens inverse cette fois, elle tend à réduire la dichotomie des systèmes de références et les tensions qui en résultent : en reconnectant le processus de modernisation avec l'univers symbolique de la culture intuitive, elle permet que ce processus, jusque-là réservé aux élites urbaines acculturées, entraîne l'ensemble des composantes de la société — on y reviendra dans le chapitre suivant.

Sous le voile, la lutte continue

A l'intérieur du nouvel espace symbolique, rien n'interdit en effet à la dynamique réformiste — qui accroîtrait ou garantirait l'accès de la femme à la sphère publique — de suivre ou de reprendre son cours. Aucun des verrous juridiques apparents n'a, dans ce domaine comme dans d'autres, le caractère incontournable qu'on leur prête parfois. La construction exégétique qui, de l'intérieur de l'islam, pourrait permettre de restreindre voire d'interdire la polygamie — pour ne prendre que cet exemple emblématique — a déjà été formalisée à de nombreuses reprises[23].

« [La] double fonction [du *hijab*], montre pour sa part Fariba Adelkhah, conduit les femmes islamistes à revendiquer [...] des éléments d'une modernité mise en place dans les dernières décennies : droit, sans aucune restriction, à une éducation moderne et au travail, reconnaissance à l'extérieur de la scène familiale, implication de la participation dans tous les débats menés dans la société iranienne[24]. » « A l'échelle individuelle [...], le port du *hijab* ne signifie pas nécessairement régression, comme on pourrait le croire de prime abord, constate également Fatiha Hakiki Talahite. On peut faire l'hypothèse qu'à travers le *hijab* la femme affirme que sa soumission à Dieu prime sa soumission à l'homme. Ici, soumission à l'homme

---

23. Notamment par Ahmida Enneifer (*cf.* François BURGAT, *L'Islamisme au Maghreb*, *op. cit.*), dont la position est voisine de celle défendue par le Libyen Muammar Kadhafi, à savoir qu'il est impossible d'être équitable envers plusieurs épouses et que le sens premier du verset coranique qui traite de la question n'est pas dans la proposition principale (« Épousez... deux, trois ou quatre femmes ») mais bien dans la restriction (« et si vous craignez de ne pas vous montrer justes et équitables, une seule ») qui la suit.

24. Fariba ADELKHAH, « Logique étatique et pratiques populaires : la polysémie du *hijab* chez les femmes islamiques en Iran », art. cité. *Cf.* également Nadine WEIBEL, « Pour un féminisme islamiste », *Passerelles*, n° 3, p. 115.

signifie soumission à un ordre social dans lequel l'homme a un rôle prépondérant [...]. Bien sûr, elle ne va pas jusqu'à contester sa soumission à l'homme puisque la religion le lui ordonne. Mais revendiquer sa soumission directe à Dieu, sans passer par la médiation de l'homme, peut être interprété comme une affirmation de soi, un début d'émergence de la femme en tant qu'individu, dans une société où l'individu lui-même n'en est qu'à ses balbutiements[25]. » « La plus grande contribution des femmes iraniennes islamiques, conclut Fariba Adelkhah, a sans doute été non point tant leur poids numérique que la dimension critique de leur soutien à la révolution et, dans la phase postérieure, leur participation essentielle, depuis l'intérieur du mouvement islamiste, à la reprise du réformisme, le fait que chaque texte est aujourd'hui discuté, contesté et le cas échéant amendé sous la pression de leurs interventions, par un mouvement "féministe" dont l'activisme n'a jamais eu d'égal avant la révolution[26]. »

De fait, l'univers symbolique du « féminisme » islamiste oscille de plus en plus manifestement entre deux univers de référence : « Le mouvement des femmes oscille entre deux registres principaux aujourd'hui : d'un côté, le recours à la symbolique islamique dans une perspective réformiste, de l'autre, les conventions internationales[27]. » De plus en plus explicitement, des passerelles chargées de transfuges se multiplient entre les deux univers de mobilisation : « Cela a été très difficile de convaincre les femmes que je connais de participer à la grande manifestation féministe de mars 1990, expliquait Salima Ghezali, alors rédactrice en chef de l'hebdomadaire algérien bilingue *Nissa*. Les femmes avaient peur de ce que leurs voisins ou leurs époux diraient et cela ne leur paraissaient pas valoir la peine de prendre ce risque. [...] [Eh

25. Fatiha HAKIKI TALAHITE, « Sous le voile, les femmes », art. cité, p. 123.

26. Fariba ADELKHAH, entretien avec l'auteur, Le Caire, avril 1992. « L'hypothèse selon laquelle les femmes islamistes joueraient, dans les mouvements islamistes, un rôle passif sous la domination des hommes et qu'elles y seraient manipulées au profit de l'intégrisme le plus primaire n'est pas convaincante quand on tient compte de la pratique », note pour sa part Nilüfer GÖLE (*Musulmanes et modernes*, *op. cit.*). A titre d'illustration, on rappellera que la première femme élue au Parlement soudanais l'a été sur une liste islamiste, de même que, plus récemment (avril 1992), la première femme à accéder au bureau du puissant syndicat égyptien des médecins. *Cf.* également l'expérience littéraire et politique de l'Irakienne Bint al-Houdâ (Cbilli MALLAT, « Le féminisme islamique de Bint al-Houdâ », *Maghreb-Machreq-Monde arabe*, n° 116, juin 1987, p. 45).

27. Patrick HAENNI, *Le Théâtre d'ombres de l'action féminine : femmes, État et société civile au Maroc*, mémoire pour le DEA de sciences politiques, Paris, 1993

bien], j'ai eu de la peine à le croire, mais toutes ces femmes qui étaient venues à ma manifestation ont échangé leurs banderoles féministes pour des *jilbabs* [long vêtement ample de type iranien] et sont devenues les plus actives supporters du FIS [28]. »

Pour que le processus réformiste reprenne son cours, encore faut-il que l'interventionnisme inconsidéré et maladroit de l'Occident ne vienne pas constamment affirmer une sorte de monopole culturel de l'émancipation de la femme, comme il l'a fait longtemps. Encore faut-il ainsi que la « citadelle islam, comme l'explique Tareq al-Bishri, ne se sente pas assiégée. On n'avance pas quand on est sur la défensive. On ne va pas de l'avant quand on défend ses positions. Or l'essence du débat entre les adeptes du voile et ses détracteurs ne porte pas sur la question de la longueur des vêtements ni sur le fait de couvrir ou non ses cheveux. Il porte ou devrait porter sur la nécessité pour la femme d'accéder à l'éducation et au travail. La mentalité occidentale entend pourtant placer le différend sur le terrain du progrès et de l'arriération. Le *hijab* serait ainsi l'expression du mauvais traitement réservé à la femme, en même temps que le corollaire du sous-développement. Il serait à la fois l'origine et l'expression de l'infériorité de la femme, le fait de n'en point porter devenant à l'opposé le signe du progrès, de l'égalité, de la liberté reconnue. Puisqu'on parle de liberté, le lecteur occidental voudra-t-il bien me croire si je lui dis que personne n'a jamais obligé les femmes de cette génération [des années soixante-dix et quatre-vingt] à porter le voile et que toutes celles qui l'ont fait l'ont fait de manière complètement délibérée. [...] Cette insistance à poser le problème en termes de voile et non en termes d'éducation et de travail correspond en fait à une volonté d'aborder la question sous l'angle des cadres de référence, au lieu d'y voir une simple question sociale méritant discussion. Pour les uns, cette insistance est significative d'une volonté de détrôner un système de référence pour en imposer un autre. Pour les autres, elle exprime le souci de sauvegarder ce cadre de référence de la destruction par l'autre système. Avec la pensée islamique, le désaccord de la pensée

---

28. « Un nombre surprenant de ces femmes [militantes du FIS] étaient liées au mouvement féministe, limité mais actif, avant d'opter pour un militantisme inscrit dans le cadre islamique au lieu de celui symboliquement connecté avec l'Occident » (Catherine ROTH, *Algeria 1993*, Institute of Current World Affairs, 27 juillet 1993).

occidentale n'est pas un désaccord de fond : toutes deux admettent la nature "particulière" de la femme et le fait que cette spécificité justifie que l'on évite à la femme certains travaux. Le différend est d'ordre seulement quantitatif : il porte sur l'inventaire de ces travaux. [...] Mais au lieu d'être posée en termes de controverse, de sujet de discussion — la référence étant l'accès de la femme à l'éducation et à l'enseignement en tant qu'elle-même et la société en tirent bénéfice —, la question est posée pour les musulmans en des termes qui portent atteinte à leurs croyances essentielles. En revanche, pour l'Occident laïque, elle est posée en termes de modèle de comportement, de référence de vie, de jugement de valeur [29] ».

Sur la question de la femme comme sur tant d'autres, le processus réformiste apparu avant l'irruption occidentale a été interrompu par celle-ci et n'a qu'imperceptiblement repris depuis lors. C'est que, sous la menace d'envahissement du système de référents étrangers, la marche réflexive, critique et réformatrice s'est souvent muée en réflexe de conservatisme absolu. « Le problème de la femme, comme tous les autres problèmes que nous posent et notre faiblesse et la volonté de l'autre relèvent de l'acculturation et des séquelles du traumatisme que nous a infligé notre rencontre inégale avec la civilisation puissante voici plus de deux siècles. »

Plus sûrement que dans le dialogue de sourds entre « féministes » et « intégristes » des deux bords de la Méditerranée, la clé de l'articulation entre islamisme et modernisation doit être recherchée dans les dynamiques internes au mouvement islamiste. Dès aujourd'hui, elles recèlent, on va le voir, des perspectives bien moins sombres que ne le laissent penser les analyses dominantes.

---

29. Entretien avec l'auteur, Le Caire, avril 1991, *Égypte-Monde arabe*, n° 7, décembre 1991, p. 102.

12

De la modernité importée à la modernité imposée

« Dans un pays comme l'Algérie, mais aussi en Égypte et en Tunisie, écrit l'historien Benjamin Stora, est engagée la bataille entre, d'une part, les "modernes" qui veulent obtenir un désengagement de l'État, mettre en œuvre de nouveaux modèles de développement, réformer l'agriculture, en finir avec les industries industrialisantes, restructurer enfin de fond en comble la société civile et ses rapports avec l'État, marquant ainsi la fin du populisme et, d'autre part, les islamistes qui proposent comme modèle la vie communautaire du passé [1]. » Est-ce véritablement de cela qu'il s'agit ? L'islamisme manifeste-t-il simplement une résistance des « laissés-pour-compte du développement » au processus de modernisation, voire un blocage et un « retour au passé » ?

Quelle relation entretient-il donc avec ces valeurs dites « de la modernité », et perçues (quand bien même elles sont en fait l'aboutissement d'un long processus d'accumulation où toutes les civilisations, y compris l'Islam, ont joué leur rôle) comme émanant de cet Occident qu'il veut précisément « remettre à distance » ? Même si elle opère surtout à titre symbolique, la restauration de références longtemps absentes des sociétés qu'elles avaient vocation à réguler induit à l'évidence des formes de rupture avec ce que le « progrès », technique mais aussi intellectuel et politique, a apporté à ces sociétés. Ce rejet apparent autorise-t-il pour autant à conclure que l'« essence » de ces valeurs modernes ou plus exactement

1. Benjamin STORA, *Histoire de l'Algérie depuis l'indépendance*, La Découverte, Paris, 2001.

les enjeux concrets qu'elles recouvrent sont systématiquement et durablement menacés ? Démocratie, laïcité, droits de l'homme, accès de la femme à l'univers public et économique, intégration de l'individu et des masses au politique, qui caractérisent communément cette modernité, sont-ils inévitablement condamnés à disparaître du paysage de sociétés « réislamisées » ?

Le nouveau champ de la modernisation

Pour l'heure, la forte composante réactionnelle de la rhétorique islamiste nourrit en tout état de cause de formidables malentendus. La double résonance de la notion de laïcité en terre occidentale ou islamiste en constitue, on l'a vu, un premier exemple éloquent. Lorsqu'elle dénonce la fracture laïque, la revendication islamiste entend-elle vraiment supprimer tout espace d'autonomie à la volonté humaine, proscrire toute possibilité de régler par des lois profanes les questions de la dévolution et de la transmission du pouvoir ou sonner le glas des libertés individuelles ? Entend-elle priver les communautés chrétiennes (qui ont survécu plus de douze siècles sous l'empire de la loi islamique, on l'oublie parfois) de toute garantie ? Dans un débat souvent passionnel, c'est une tout autre hypothèse que nous voulons esquisser maintenant. Pour être la condition même de son efficacité, le registre du rejet sur lequel s'exprime le discours islamiste à l'égard de certaines des valeurs de la modernité n'est pas nécessairement le reflet fidèle de sa véritable logique. Certes, la composante européocentrée de cette modernité et notamment les références historiques qui lui donnent sa légitimité dans la conscience collective sont bien dénoncées par les sociétés du sud de la Méditerranée : le Sud n'écrira pas sa modernité avec la même terminologie historique et symbolique que nous. Le résultat en sera-t-il pour autant l'enterrement des valeurs de la modernité « occidentale » ? Cela reste à démontrer.

Plus vraisemblablement, dans les anciens territoires de la colonisation européenne, s'écarter de cet Occident encore trop proche équivaut moins à le rejeter en bloc qu'à lui *redonner les attributs de l'altérité*, à se *différencier* de lui plus qu'à le renier ; *à rendre possible en fait la réappropriation de tout ou partie de son héritage plus qu'à s'en démarquer*. Les valeurs de la « modernité » sont sans doute moins répudiées par la poussée islamiste qu'entraînées dans le tourbillon de leur réécriture avec les catégories et la terminologie du système symbolique musulman. Plus qu'à la « résistance de la société traditionnelle à la modernisation », *la poussée islamiste participe à l'opposé d'un complexe processus de réconciliation qui contribue davantage à étendre le champ de cette modernisation qu'à en interrompre ou à en perturber la progression.*

Si le « passage de témoin » entre l'Occident et l'Orient, la « transmission » de ce qui, dans l'héritage occidental, a légitimement une portée modernisatrice universelle et n'est pas lié à la seule destinée culturelle de l'Occident, semble avoir à ce jour échoué, c'est peut-être bien en effet parce que la modernisation dans le contexte de l'agression coloniale a été écrite depuis l'extérieur du système symbolique musulman ou dans le meilleur des cas sans lui. La laïcisation volontariste n'ayant jamais pris le temps d'opérer une nécessaire « réécriture » de la modernité aux couleurs de la culture locale, c'est à ce préalable indispensable que — sous le couvert de son discours de refus —, l'alchimie islamiste serait, dans cette hypothèse, en train de participer aujourd'hui.

Pour la majorité des analystes, le repli dogmatique des sociétés musulmanes à l'égard de certains produits de la modernité résulte — ou s'est manifesté — par la « fermeture des portes de l'*ijtihad* » intervenue au Xe siècle. « L'*ijtihad*, rappelle Jacques Berque, c'est l'"effort catégorique" des sociétés musulmanes, à savoir la possibilité pour ses docteurs d'innover en doctrine. Chose considérée jusqu'à une époque récente comme interdite, et qui acculait ces sociétés pratiquement à l'immobilisme. Une situation intenable devant le renouvellement des conditions sociales et les évolutions accélérées du monde. [...] Le monde a pu se métamorphoser, le droit, lui, entendait ne pas suivre. Finalement, ces sociétés se sont trouvées chargées d'un *fiqh* médiéval devant des situations issues de la révolution industrielle, lesquelles subissent aujourd'hui, comme vous savez, des changements de plus en plus accélérés. Situation logiquement intenable, pour autant que, conformément à la thèse musulmane, le Coran soit valable en tous temps et en tous lieux : or n'est-il pas contradictoire de préconiser l'invariabilité de la transformation du temps et la variété des lieux ? Mais nos religionnaires ne sont pas à une contradiction près. Ce qu'ils appellent la *chari'a*, c'est tout bonnement la réification du droit musulman au Xe siècle[2]. »

La dynamique de modernisation avait pourtant repris au XVIIIe siècle, complète pour sa part Tareq al-Bishri[3]. Si l'islam a cessé de se moderniser, c'est peut-être bien parce que les mutations qu'impliquait cette modernisation ont peu à peu cessé d'être perçues par des sociétés traumatisées par l'irruption occidentale comme la manifestation d'une démarche endogène pour être de plus en plus identifiées à l'expression d'une influence étrangère. « Au début du siècle, alors que la confrontation avec l'Occident est déjà douloureuse, une course de vitesse s'engage entre le mouvement de la Nahda et la colonisation ; c'est cette dernière qui gagne », explique fort justement Zakia Daoud. Le prix de cette interruption est que la réforme, c'est-à-dire la « démocratisation politique, le progrès scientifique et technique et la situation de la femme », sera durablement interrompue. « Seul le progrès scientifique et technique, par le biais de la scolarisation, [...] arrivera à transcender les difficultés et à s'imposer pour les élites pendant la colonisation, pour de plus larges masses par la suite. » Le statut de la femme et la démocratisation politique subiront les « aléas d'une modernisation imposée de l'extérieur, d'autant plus que c'est au nom de la réforme que la colonisation prétend s'installer : [...] à chaque fois que la colonisation dira clairement que les femmes sont le pivot de la modernisation, qu'il faut se les acquérir pour que les sociétés maghrébines évoluent, les Maghrébines le paieront d'un recul[4] ».

Bien davantage qu'une quelconque incompatibilité structurelle avec le noyau invariant de la doctrine musulmane, ce sont les circonstances de l'irruption de la modernité en terre arabe qui l'ont donc empêchée d'y prendre racine. C'est le fait qu'elle ait été véhiculée par une culture étrangère, que le matériau de la réforme n'ait pas été issu du tissu islamique local mais au contraire préfabriqué à l'extérieur de son terroir de destination avec des matériaux étrangers. Pour Bishri, « une pensée ne peut se renouveler efficacement que de l'intérieur, à l'aide de sa propre matière ou avec du matériau [intellectuel] extrait de ses composantes de base [...]. Si l'on consi-

---

2. Jacques BERQUE, « Lectures contradictoires du Coran : le figé et l'ouvert », *La Pensée*, n° 299, juillet 1994, p. 69

3. Entretien avec l'auteur, cité.

4. Zakia DAOUD, *Féminisme et politique au Maghreb (1930-1992)*, communication au colloque de l'Association des journalistes européens, Grenade, 1993.

dère l'histoire de la pensée musulmane du point de vue de son aptitude à se réformer et si l'on compare la situation entre 1750-1850 et 1850-1920, on constate que la première période a été marquée par un recul important du sectarisme et du dogmatisme qui avaient un temps prévalu et par le retour — qui avait en l'espèce une portée nettement novatrice — aux sources premières de la pensée islamique que sont le Coran et la Sunna. La première des deux étapes de la rénovation s'est opérée avec des matériaux, des principes, des référents et des méthodes issus de la pensée islamique elle-même, de l'intérieur même du "tissu islamique". Aucune autre pensée adverse en prise avec les dynamiques sociales n'interférait alors avec le processus. Au cours de la seconde étape en revanche, c'est-à-dire depuis 1850 environ [et après], la menace militaire et culturelle de l'Occident était en plein développement et elle allait croître encore au cours des décennies suivantes. C'est dans ce contexte que le conservatisme de la pensée islamique a commencé à se manifester et à se renforcer, sous le double effet de l'attitude d'autodéfense et de résistance, la peur du déracinement et la détermination à préserver l'univers de ses croyances, ses cadres de référence et les sources de sa civilisation. Lorsqu'il lui arrive de faire preuve de dogmatisme, cela vient de cette espèce de hantise du déracinement. C'est une attitude d'autodéfense. Or, qui peut aller de l'avant lorsque toute son énergie est mobilisée par la seule défense du *statu quo* et le maintien des positions ? Nombre de penseurs musulmans [ont été] réformistes jusqu'à ce qu'ils [aient] ressenti l'existence d'un danger menaçant les fondements de leur pensée. Ils ont alors basculé dans le conservatisme. La pensée islamique s'[est mise] sur la défensive et a ignoré ce dont elle pourrait tirer profit ».

La réhabilitation des référents de la culture intuitive, quand bien même elle s'accompagne du rejet de cette modernité importée, ne perturbe donc pas nécessairement l'inscription de l'individu dans la dynamique de modernisation : à des rythmes variables selon la nature des forces sociales qui se l'approprient, très différentes d'un pays à l'autre, elle contribue au contraire à rendre possible cette inscription ou à l'accélérer. Alors que la coupure imposée par le modèle laïque entre la culture intuitive et l'univers public « moderne » limitait la diffusion de ce dernier, la réhabilitation de la terminologie « populaire » aide à restaurer et à accroître la légitimité des vecteurs de la modernisation.

Jusqu'alors, les limites à la diffusion de la modernité étaient multiples et évidentes, y compris dans l'architecture urbaine. Si l'état d'abandon de l'immense réseau des ruelles du Caire contraste avec la bonne tenue des grands axes de la ville, c'est parce que l'État modernisateur « laïque » n'est parvenu à s'affirmer que dans les « avenues » du pouvoir. Dans l'immense réseau des « ruelles » qui constitue la trame du tissu politique, il ne s'est en revanche jamais donné les moyens de dépasser le niveau d'une intervention seulement répressive. Dans son ambition à contrôler la totalité de l'espace public, l'État s'est souvent montré plus habile à interdire des formes de mobilisations perçues comme concurrentes qu'à leur substituer une alternative efficace ; plus habile à détruire le tissu politique infra-étatique qu'à investir réellement l'espace laissé en friche par son intervention ; plus prompt à interdire les réseaux associatifs de quartier, trop vite supposés subversifs, qu'à mettre en place un maillage administratif d'une fonctionnalité équivalente [5].

Mais partout où le réseau associatif islamiste se développe aujourd'hui, des politiques socio-éducatives indubitablement porteuses de modernisation conquièrent des territoires où la modernisation « par le haut » n'avait jamais réussi à prendre pied. La réintroduction de certains des codes de la culture intuitive contribue donc à diffuser les conduites « modernisantes » que l'État n'était pas parvenu à faire naître et avait même discréditées. Bien sûr, cette démarche n'est jamais dépourvue de paradoxes.

Lorsque les militants islamistes de l'université du Caire mettent en 1979 un terme à la mixité des excursions en autobus organisées au bénéfice des étudiants, leur initiative a un double impact. Celui d'abord, que retiendra le regard extérieur, de porter atteinte aux droits de la composante estudiantine qui a intériorisé alors la pratique de la mixité hors mariage. Traumatisante pour un petit nombre, la restauration des codes de l'éthique dominante va paradoxalement donner dans le même temps à toutes celles pour qui la norme de la mixité est très loin d'être banalisée, c'est-à-dire une large majorité, la possibilité d'échapper au cercle des appartenances familiales. A l'inverse, la modernisation volontariste s'était

5. Sur la problématique associative, *cf.* notamment Sarah Ben Nefissa, « Le mouvement associatif égyptien et l'islam : éléments d'une problématique », *Maghreb-Machreq-Monde arabe*, n° 135, janvier 1992, p. 19.

parfois traduite par de nouveaux obstacles à l'accès de la femme à la sphère publique. « La proscription du voile en Iran, en 1936, rappelle Fariba Adelkhah, a dissuadé nombre d'entre elles de quitter leur domicile et on a souvent fait l'hypothèse que la sédentarisation des nomades ou l'urbanisation se sont traduites par une intensification du contrôle social sur la "moitié dangereuse" de la population ou par une déperdition des capacités sociales effectives[6]. » A toutes celles pour qui ce qui se passe « sous le voile » se passe, à bien des égards, « grâce » à lui, cette réconciliation va donner par contraste accès aux bénéfices d'une indiscutable... « modernisation ». La restauration d'une norme « ancienne », qu'on ne s'y trompe pas, n'est pas nécessairement synonyme en effet de retraditionalisation. Ainsi, si un nombre croissant de jeunes couples égyptiens adopte la formule particulièrement austère des mariages organisés par les groupes islamiques, il ne s'agit pas là que de « retour au passé » : la formule leur permet au contraire de s'abstraire de la tradition et de ses contraintes. Pour des milliers de jeunes, elle lève en effet l'insurmontable obstacle financier que dresse aujourd'hui devant leur ambition matrimoniale le respect des formes particulièrement onéreuses du mariage « traditionnel ».

La composante modernisatrice de l'alchimie islamiste peut également être mise en évidence sur le terrain du discours politique : les militants du FIS, confrontés à l'abolition des élections par les militaires, firent paradoxalement plus en quelques mois pour en ancrer la légitimité dans l'imaginaire collectif que tous les « démocrates » algériens réunis au cours des trente années écoulées. « [Ils] expliquèrent alors la supériorité de l'État de droit dans la clarté de langage qui est leur marque de fabrique, note Pierre Guillard[7] ; l'idée démocratique devenait enfin audible pour la masse des Algériens. »

6. Fariba Adelkhah, « La démocratie sous le voile ? », *in* Alain Gresh (sous la dir. de), *Un péril islamiste ?*, Complexe, Bruxelles, 1994.

7. Pierre Guillard, « L'équilibre algérien de demain », *Libération*, 15 janvier 1995. *Cf.* surtout Pierre Guillard, *Ce fleuve qui nous sépare : lettre à l'imam Ali Benhadj*, *op. cit.*

Sur le terrain des pratiques économiques, enfin, la simple adjonction du mot « islamique » au mot « banque » a suffi depuis plusieurs années à décider les paysans de Haute-Égypte ou d'ailleurs à sortir de l'économie de subsistance pour entrer dans un circuit financier d'ampleur nationale. Une construction strictement idéologique, c'est-à-dire la restauration d'une norme non point tant « divine » ou « du passé » qu'évoluant en symbiose avec l'imaginaire social majoritaire, parvient à pousser dans ce cas un acteur économique hors du cercle de ses solidarités primordiales, et à étendre de ce fait le champ de la modernisation. Le régime égyptien ne s'y est d'ailleurs pas trompé, qui a vite vu le danger que recelait une mobilisation économique fonctionnant au détriment des circuits qu'il contrôlait directement, et a préféré, tout en bénéficiant des erreurs manifestes de certains de leurs dirigeants, faire avorter l'expérience des « sociétés islamiques de placement de fonds[8] ».

Le plus souvent, en termes de mobilisation politique cette fois, l'entrée en islamisme peut tout aussi clairement se lire comme une rupture avec les appartenances traditionnelles : les Berbères algériens, par exemple, en adhérant au courant islamiste (où ils sont infiniment plus présents qu'on ne le dit[9]) sortent du ghetto politique dans lequel les enferme au contraire toute instrumentalisation de leur appartenance ethnique. Au Soudan, où le fonctionnement du cadre confrérique des premières mobilisations politiques était très proche du modèle tribal, l'entrée en islamisme équivaut de manière explicite à une rupture des allégeances traditionnelles et donc là encore à une *modernisation*.

Le profil socioprofessionnel des élites islamistes, même s'il est de moins en moins définissable tant leur courant est présent dans tous les compartiments de la société, conforte lui

---

8. *Cf.* Alain ROUSSILLON, « Sociétés islamiques de placement de fonds et "ouverture économique" : les voies islamiques du néo-libéralisme en Égypte », *Dossiers du CEDEJ*, n° 3, 1988. Pour une lecture plus « politique » de l'échec des SIPF, *cf.* Michel GALLOUX, *Économie et religion, le projet financier islamiste*, thèse pour le doctorat d'État (ainsi que *Maghreb-Machreq-Monde arabe*, septembre 1993).

9. Mohammed Saïd, membre fondateur du FIS puis leader du GIA, pour ne nommer que lui, constitue l'un des nombreux exemples infirmant la prétendue dichotomie entre berbéritude et islamisme brandie par les médias français et exploitée par le pouvoir algérien.

aussi l'hypothèse de la « modernisation islamiste ». Le syndicat des ingénieurs, on l'a vu, est l'un des premiers à avoir été conquis par les Frères musulmans égyptiens. Ce ne sont pas, comme on l'a longtemps pensé, les vieux turbans des professionnels de la religion qui fournissent les gros bataillons de l'encadrement mais beaucoup plus souvent l'Université et tout particulièrement ses filières scientifiques : les cadres sont ingénieurs, médecins, avocats ou enseignants et grossissent les rangs d'un éventail d'intellectuels islamistes de plus en plus diversifié [10].

A l'heure où beaucoup confortaient encore la vieille certitude de « l'islam contre l'État-nation », Olivier Carré est de ceux qui ont su très tôt mettre en évidence la résultante politique de toutes ces évolutions : « Le radicalisme islamique, [...] une fois sûr de ses racines, intégrera haut la main — même sans le dire explicitement — le champ moderne du politique. [...] L'État séculier moderne est en passe d'être naturalisé islamique [11]. » La possibilité d'une naissance — endogène cette fois — d'un processus de modernisation bien plus performant que celui initié par la première génération des élites nationalistes n'a certes rien d'inéluctable. Mais elle est au moins aussi vraisemblable que celle — en forme de déroute des libertés — que l'on nous décrit trop systématiquement aujourd'hui comme la seule issue possible de la rencontre entre islam et modernité. Le débat, bien sûr, est loin d'être clos. Mais l'important n'est-il pas précisément que, loin des certitudes péremptoires du regard dominant, ce débat ait à nouveau lieu ? Et que la perspective des « impasses de la modernisation » et autres « régressions » qui bornent encore trop souvent les analyses s'ouvre un tant soit peu sur une autre hypothèse : la protestation islamiste manifeste bien moins le « retour au passé » que réclameraient les « marginaux » des sociétés musulmanes, que les tensions inhérentes à la phase — conflictuelle, douloureuse et contradictoire — que traversent aujourd'hui ces sociétés pour construire leur modernité.

Pour le Nord, le défi de cette fin de siècle consiste dès lors à admettre la remise en cause du quasi-monopole idéologique qu'il avait acquis au cours des deux siècles écoulés. Et d'en

---

10. *Cf.* notamment Malika ZGHAL, « La jeunesse cairote : effets de génération et recomposition du champ intellectuel égyptien » *in* Gilles KEPEL (sous la dir. de), *Exils et royaumes, les appartenances au monde arabo-musulman aujourd'hui*, *op. cit.*, p. 213-233.

11. Olivier CARRÉ, *Radicalismes islamiques*, t. 1, *op. cit.*, p. 17.

mesurer l'exacte portée. Il lui est moins demandé de renier ou même de minimiser son apport à l'histoire en général ou à la pensée politique en particulier que de l'historiciser et de renoncer à son arrogante prétention à l'hégémonie en matière de production du légitime. Il lui est demandé d'admettre que l'histoire des idées ne se résume pas à l'itinéraire de « sous-cultures » de sa périphérie coloniale venues se nourrir de sa science et de sa rationalité [12] et de mettre ce faisant un terme à l'« assimilation de l'être civilisé à l'être occidental [13] ». Il lui est demandé de reconnaître le droit d'une culture du Sud d'articuler la production de ses valeurs à son propre patrimoine historique et d'exprimer ces valeurs en puisant dans un ensemble de référents qui lui soit spécifique. Il lui est demandé de comprendre qu'il ne saurait avoir, *depuis toujours et à jamais, le monopole de l'accès à l'universel.*

Cette évolution culturelle majeure et nécessaire n'est pas pour autant incompatible avec une évaluation précise des perspectives politiques qui s'offrent aujourd'hui aux mouvements et partis islamistes. De ce point de vue, la thèse provocatrice d'Olivier Roy mérite un examen attentif.

L'échec de l'islam politique ?

Les observations précieuses réunies en Iran, en Afghanistan et en Asie centrale par Olivier Roy, à qui la réflexion sur les mouvements islamistes doit tant d'apports fondateurs [14], ont fait en 1992 l'objet d'une mise en perspective que le titre de l'ouvrage, *L'Échec de l'islam politique*, résume bien et dont l'argumentaire rebondit régulièrement dans le débat en cours sur le futur islamiste.

De la part de celui qui est sans doute l'un des premiers à avoir vu se profiler derrière le vacarme des protestations islamistes et le raccourci des lectures occidentales l'architecture plus complexe, moins prédéterminée, plus évolutive et en tout état de cause moins fragile de la « réappropriation culturelle »,

12. *Cf.* Mohammed ARKOUN, *in Connaissance de l'islam*, Syros, Paris, 1992.

13. Selon la formule heureuse de Nilüfer GÖLE : « Derrière ce qui veut paraître un mouvement de protestation politique, on voit se dessiner la genèse d'élites islamiques qui cherchent à mettre fin à l'assimilation de l'être civilisé à l'être occidental » (*Musulmanes et modernes*, *op. cit.*, p. 11).

14. Olivier ROY, *L'Échec de l'islam politique*, Le Seuil, Paris, 1992.

cette posture peut surprendre. Roy ne nie certes pas le potentiel réformiste de la pensée islamiste que ses premiers travaux avaient fort brillamment mis en valeur. Mais, nous dit-il, plus de dix ans se sont écoulés depuis l'acte fondateur de la révolution iranienne et la stérilité de cette première décennie islamiste autorise aujourd'hui à conclure que les promesses de cette pensée n'ont pas été tenues. N'en parlons plus, nous dit-il en quelque sorte. « La révolution islamique est désormais derrière nous », l'islam politique a échoué.

Certes, concède-t-il, la pensée islamiste se veut « rupture avec les problématiques de l'État importé et de la segmentation », certes, elle représente un « dépassement de l'intemporalité de la pensée des oulémas », et elle a noté « avec justesse que laïcité et nationalisme ne sont pas *ipso facto* modernisation ». Et même son « rejet de l'histoire » (qui reste toutefois à établir) et sa référence à la société originelle ne sauraient suffire à la qualifier d'archaïque, puisque « une autre pensée fondamentaliste, la réforme protestante, a été on le sait un des meilleurs instruments d'accès à la modernité économique et politique ». Mais ce beau programme n'a pas été rempli. La pensée islamiste a échoué, parce que, « au terme d'un parcours intellectuel qui s'efforce de penser la modernité, elle rejoint finalement l'“ imaginaire politique islamique” de la tradition et son aporie essentielle : le politique ne peut se fonder que sur la vertu individuelle [15] ». Le modèle proposé « présuppose la vertu des individus », mais « cette vertu ne peut être acquise que si la société est véritablement islamique ». La fusée est retombée, la baudruche s'est dégonflée : ils ont eu dix ans pour devenir ce qu'ils disaient qu'ils étaient et ils ne l'ont pas fait, explique Roy en substance. « La modernité apportée [par les nouveaux intellectuels musulmans] dans la lecture de l'islam s'est épuisée dans l'apologie répétitive, non critique et non démonstrative de l'islam, qui aurait réponse à tous les problèmes du monde moderne. » Cela serait suffisant pour établir un bilan d'échec.

Peut-on vraiment parler au passé, comme d'un processus achevé, de ce « parcours intellectuel qui s'efforce de penser la modernité » ? Peut-on, toute la question est là, construire l'entière catégorie islamiste sur sa composante littéraliste et nier l'existence de tout ce qui n'entre pas dans ce moule ? On ne peut ignorer les circulations qui se développent, plus vite

15. *Ibid.*, p. 42.

qu'on ne le dit (notamment du fait de la formidable *diaspora* qu'alimente un peu partout la répression), entre les deux composantes (et pas nécessairement d'ailleurs les deux extrêmes) « occidentale » et « arabe » de la pensée musulmane. Le noyau dur de la rhétorique islamiste a largement fait la preuve de sa capacité à convaincre — y compris sur le plan électoral — une opinion qui est très loin de s'y reconnaître entièrement. Il existe donc dans la recette des « fous de Dieu » d'autres ingrédients que ceux qu'y voient leurs adversaires. Tout autant que dans les incantations du noyau « intégriste », les clés de la lecture prospective de l'islamisme résident aujourd'hui dans les glissements imperceptibles qui conduisent tant d'acteurs politiques à se réconcilier avec l'univers de la pensée « religieuse » un temps disqualifiée.

« A part la révolution iranienne, l'islamisme n'a pas modifié en profondeur la scène politique du Moyen-Orient », écrit ensuite Olivier Roy. Les régimes de 1980 sont encore là en 1991. « Face à la contestation islamiste, [ils] ont fait preuve de stabilité ; les dirigeants connaissent une grande longévité politique : la décennie quatre-vingt, du Maroc au Pakistan (à l'exception du Liban, du Soudan et de l'Afghanistan), n'a vu disparaître de chefs d'État que par l'usure biologique ou la mort. Tous les autres sont restés en poste tout au long de la décennie. » Les attentats terroristes imputés aux islamistes ont de surcroît fait en dix ans « bien moins de dégâts que ceux de nos terroristes occidentaux, IRA, ETA, bande à Baader, etc. ». Cette évaluation de la « capacité de nuisance » des nouveaux venus sur la scène politique, que l'« efficacité » de la flambée de violence algérienne a d'ores et déjà commencé à mettre à mal, peut-elle être considérée comme définitive ?

Certes, nuance ensuite l'auteur, le mouvement islamiste n'est pas condamné à disparaître. Il pourra encore se développer. Les islamistes pourront même ici et là — en Algérie notamment — arriver au pouvoir un jour. Mais ils ont perdu leur « impulsion d'origine », ils ont évolué. Ils se sont en fait banalisés, pis encore, ils se sont « social-démocratisés [16] ». Impos-

16. « Qu'est-ce qui nous intéresse dans ce mouvement ? Sa nouveauté, l'effet qu'il a produit sur un Occident tétanisé pendant dix ans par la "menace islamique", et enfin son échec. Non pas que l'islamisme disparaisse de la scène politique. Au contraire, du Pakistan à l'Algérie, il se diffuse, se banalise, s'intègre dans le paysage politique, marque les mœurs et les conflits. Il parviendra sans doute au pouvoir en Algérie. Mais il a perdu son impulsion d'origine. Il s'est "social-démocratisé". Il n'offre plus de modèle d'une autre société ou de lendemains qui chantent » (*ibid.*).

sible, sur ce point comme sur beaucoup d'autres, de ne pas suivre Roy dans son analyse. Mais il est plus difficile de le suivre jusque dans sa conclusion : les islamistes auraient perdu d'avance, ils ont échoué avant même d'arriver au but. Ils « n'inventeront aucune société nouvelle. Ce sera l'ordre mondial après la révolution. Le modèle islamique est, pour les riches (l'Arabie Saoudite), la rente plus la *chari'a* et, pour les pauvres (le Pakistan, le Soudan et l'Algérie demain), le chômage et la *chari'a* ». Cette conclusion n'est-elle pas un peu rapide ? S'agit-il de souligner que le discours islamiste n'aurait jamais dû et ne doit toujours pas être pris au pied de la lettre, et ses promesses de lendemains qui chantent, de lapins à cinq pattes ou de croissance à trois chiffres, jamais tenues pour sérieuses ? C'est l'évidence même.

S'agit-il en revanche de prendre en compte le fait que ce noyau littéraliste et « intégriste » de la rhétorique islamiste qui est le produit d'une lecture ahistorique et acritique de la référence religieuse a évolué pour s'inscrire ou pour se diluer dans une dynamique beaucoup plus large de reconstruction identitaire ? Mais ce ne devrait pas être là une surprise. Il était de longue date évident (notamment pour les lecteurs d'Olivier Roy !), que l'« intégrisme » n'était pas le véritable moteur de la mobilisation islamiste et qu'il était à la fois *condamné à* — mais également et surtout *capable de* — évoluer. Il était même perceptible qu'*il avait commencé* à le faire. Et que même si les nécessités du combat politique leur accordent ici et là une pérennité que l'observation ne permet plus de confirmer, les postures intellectuelles les plus caricaturales, les attitudes dogmatiques les plus littéralistes qui ont servi de base à la construction des premiers épouvantails islamistes en Occident appartiennent davantage à l'histoire de ce phénomène qu'à sa réalité du moment ou à son devenir prévisible. Au lieu d'un échec des islamistes, peut-être faudra-t-il dès lors accepter d'y voir un jour celui du regard extérieur qui n'a pas voulu envisager la possibilité de cette évolution quand il ne l'a pas combattue avec acharnement.

L'évolution des « gauches nationalistes »

Parce qu'elle contredit la perception dominante du phénomène, la dynamique « réformiste » ou « moderniste » de l'islamisme a été longtemps sous-estimée, voire occultée, tout comme est généralement négligée la prise en compte des *dynamiques doctrinales et tactiques internes*, qui sont pourtant les paramètres essentiels de l'analyse. Selon des rythmes variables en fonction des contextes nationaux, des mutations sensibles affectent les premiers credos islamistes. Leur trait commun est l'atténuation de la dimension réactionnelle de la rhétorique islamiste, et donc la réduction de la distance entre des univers référentiels (la pensée musulmane classique et l'univers de la modernité politique dite occidentale) dont l'antinomie a été trop vite considérée comme irréductible. En Algérie, la radicalisation politique n'a certes pas mis le processus réformiste au premier rang des dynamiques du FIS, mais les termes employés par Ali Benhadj pour souscrire au pacte de Rome de janvier 1995 témoignent d'une démarche comparable à celle qui anime depuis bien plus longtemps le courant « mère » des Frères musulmans. Derrière le brouillard des discours politiciens et les exigences de la mobilisation partisane, ces évolutions sont partout perceptibles.

Pour une part, l'inconnue de l'avenir islamiste est également déterminée par l'*intelligentsia* laïque. Son attitude a oscillé entre la radicalisation, déjà évoquée, qui a nourri les discours de la composante « éradicatrice » de l'*intelligentsia* algérienne [17]. Mais dans des contextes moins dramatiques, une autre tendance moins tranchée se manifeste également. Du Caire à Rabat, en passant par Gaza [18], « gauches nationalistes » et islamistes s'adressent des signaux qui ouvrent la porte à d'autres perspectives que la guerre ouverte. Les colloques et rencontres tentant de rapprocher les points de vue « nationaliste » et « islamiste » se sont multipliés depuis la fin des années quatre-vingt. Dans les deux camps, l'autocritique est loin d'être absente [19]. Un peu partout en terre arabe, une frac-

17. Dont les pamphlets de Rachid Mimouni et de Rachid Boudjedra illustrent à la fois la teneur et les limites.

18. Les termes de ce débat, qui a donné lieu à diverses pétitions, ont été présentés par Mohammed AL-AHNAF, « Religion et État en Tunisie », *Maghreb-Machreq-Monde arabe*, décembre 1989.

19. Exemple entre cent, l'ouvrage intitulé *Point de vue prospectif sur le mouvement islamiste : lecture autocritique* (Madbouli, Le Caire, 1989). Ses auteurs réfléchissent à ce que le politologue koweitien Abdallah Nafissi identifie comme les « brèches » de la pensée islamiste : l'absence de réflexion méthodologique à long terme, la méconnaissance des méthodes de communication de masse, la sous-estimation des idéologies en vigueur (résultant de la croyance erronée que le courant islamique évolue dans un univers de « vide idéologique » qu'il lui appartiendrait de combler), l'imperméabilité relative du discours islamiste aux mutations de son environnement,

tion de l'*intelligentsia* laïque a entamé un repositionnement sémantique et tactique qui la rapproche sensiblement du terrain de la mobilisation islamiste[20]. Sans doute la réticence à l'interférence directe du sacré dans le politique demeure-t-elle intacte. Mais, confrontées à la perte de crédibilité qui, de l'Union soviétique à Pékin en passant par Cuba, affecte la thématique marxisante, les gauches arabes ont dû chercher de nouveaux ancrages idéologiques. L'effondrement des satellites politiques de l'Union soviétique, le suicide idéologique du régime phare du communisme lui-même, la montée au sein du camp communiste d'une revendication identitaire utilisant fréquemment le langage religieux ont considérablement accéléré la dégradation de leur assise[21]. *Last but not the least*, le ralliement spectaculaire au vocabulaire islamiste de celui qui, à Bagdad, était considéré comme le dernier grand représentant de l'arabisme laïque a marqué une nouvelle étape de cette décomposition.

Sauf à perdre, comme la gauche tunisienne depuis 1991, toute identité oppositionnelle, il est enfin difficile aux héros des premières luttes sociales et politiques du monde arabe de ne pas se dissocier du discours réducteur et des pratiques répressives des régimes au pouvoir à l'égard des islamistes. Il leur est également difficile de refuser de prendre acte de certaines des évolutions de la doctrine et de la pratique d'une partie au moins de ces formations, notamment sur le terrain de la revendication démocratique. Ainsi, une partie des nassériens égyptiens insistent aujourd'hui pour que leur formation soit qualifiée de nassériste « et islamique ». Leurs militants découvrent avec un intérêt non déguisé l'efficacité que donne soudain à leur vieille rhétorique nationaliste quelques points d'appui culturalistes longtemps négligés. Des leaders d'opinion choisissent de réduire les préjugés : « Même si je ne suis pas d'accord avec les islamistes, force est de constater

---

le clanisme, l'incapacité de passer de l'idée de *confrontation* à celle d'*opposition* au pouvoir et le manque de démocratie interne (absence de transparence, confusion des questions religieuses et organisationnelles, manque de respect des droits des membres). *Cf.* également *Le Dialogue nationaliste-religieux*, Centre d'études sur l'unité du monde arabe, Beyrouth, 1989 ; Amrou Abd'al SAMÎ', *Les Islamistes : dialogue sur l'avenir*, Maktabat al tourath al Islamî, Le Caire, 1992 ; ou encore les innombrables débats organisés par la revue *Al-Wasat* (Londres).

20. Par exemple en Tunisie au lendemain de la destitution de Bourguiba. *Cf.* à ce propos le dossier « Religion et État en Tunisie », art. cité.

21. L'un des premiers à en tirer explicitement les conséquences, le Parti communiste tunisien, a fait part en décembre 1989 de sa décision de « refondre son identité », c'est-à-dire de se saborder en tant que parti communiste.

[...] qu'ils sont aujourd'hui le premier parti politique de ce pays et qu'ils ont répondu aux grands problèmes historiques qui se posent à l'Égypte : l'indépendance nationale, la justice sociale et le développement », a déclaré ainsi l'économiste Hossam Aïssa, l'une des figures de la mouvance nassérienne égyptienne[22]. Depuis 1989, sans préjuger des dynamiques internes des partis au pouvoir, un processus d'« islamisation » relative des oppositions légales se poursuit ainsi de manière évidente. Le néo-Wafd égyptien a choisi en 1987 de s'allier avec les Frères musulmans, leur permettant d'opérer leur première percée électorale. En 1989, les héritiers d'Hassan al-Banna ayant choisi de contourner l'interdit électoral en s'alliant au Parti socialiste du travail (dont la tendance islamiste venait de prendre le contrôle), le Wafd n'en a pas moins tenté pour conserver une part du viatique islamiste de convaincre le cheikh Omar Abderrahmane, idéologue de l'organisation Jihad, de courir sous ses couleurs.

De la même manière que les islamistes ont su, pour n'en point laisser le monopole à la gauche, exploiter le filon de la justice sociale un temps sous-estimé, celle-ci ne peut plus laisser à ses principaux adversaires le monopole du filon de la *tradition* : c'est sur la dimension « nationaliste » du recours à la culture locale (et sur le dos du socialisme déchu) que, même s'ils empruntent encore des langages différents, les discours islamistes et nationalistes sont ainsi en passe de se « reconnaître ».

Du côté des islamistes, le fait que le discours nationaliste arabe soit un peu partout contraint de se repositionner par rapport aux repères symboliques de la culture musulmane les amène à nuancer le traditionnel rejet de l'arabisme. La distance qui sépare les deux principales idéologies politiques du monde arabe contemporain tend ainsi à se réduire, esquissant le profil des forces politiques sur lesquelles pourrait se construire à moyen terme la stabilité politique interne des États du sud de la Méditerranée. Les retombées de ce processus en cours ne sont guère prévisibles : c'est en fait dans les situations sociopolitiques très différenciées de chaque pays qu'il faut en observer les diverses formes de décantation.

Pour le reste, c'est-à-dire pour l'essentiel, il est difficile de ne pas être d'accord avec Olivier Roy : en additionnant deux et deux, les islamistes ne feront jamais cinq. Mais si leur

22. *Al-Ahram Weekly*, 1er-7 avril 1993, p. 5.

capacité de mobilisation sociale permet demain de résorber tout ou partie des paralysies administratives et autres blocages politiques qui font que leurs adversaires aujourd'hui au pouvoir ne sont même plus capables de faire seulement quatre, si le puritanisme de leurs militants parvient à restaurer, ne fût-ce que pour un temps, l'étanchéité des canaux de l'action étatique aujourd'hui si manifestement poreux, ce ne serait déjà pas si mal. Et il faudrait peut-être bien alors reparler de cet « échec » de l'islam politique.

13

De A comme Arafat à Z comme Zine Al-Abidîne : la pérennité de la « formule politique arabe »

> *« Pourquoi soutient-on tous les tyrans africains ? », demande au président Chirac le jeune héros intrigué d'une caricature du* Canard enchaîné. *« Leurs peuples ne veulent plus le faire », répond imperturbablement le chef de l'État, « alors, il faut bien que quelqu'un s'en charge ! ».*

Les ingrédients d'une recette liberticide

A l'aube du XXIe siècle, nombre de régimes arabes n'ont toujours pas opéré d'ouverture pluraliste autorisant l'existence d'entités partisanes juridiquement distinctes du parti unique ou dominant (Baas irakien, Front national progressiste syrien), du trône (monarchie saoudienne) ou des « comités populaires » tenant lieu de réceptacle de la « démocratie directe » (Libye [1]). Ailleurs, les ouvertures politiques proclamées (depuis 1962 au Maroc, 1978 en Égypte, 1981 en Tunisie, 1989 en Algérie) restent plus ou moins férocement corsetées par un efficace verrouillage : d'opportunes réformes constitutionnelles mettent les titulaires des « trônes », républicains ou monarchiques, à l'abri d'un changement de majorité parlementaire ; et l'accès des oppositions au jeu parlementaire fait l'objet d'une rigou-

1. Dans la théorie politique jamahiryenne, un principe à valeur constitutionnelle (*« men tahazaba khâna ! »*) assimile la création d'un parti à la « trahison » de l'exercice direct du pouvoir par le peuple à travers ses comités populaires (voir François BURGAT et André LARONDE, *La Libye*, Presses universitaires de France, coll. « Que sais-je ? », Paris, 1996).

reuse sélection. Maroc, Algérie, Tunisie et Égypte continuent ainsi à interdire la plupart des forces politiques réelles, sous des prétextes variables (dont l'interdiction des partis « confessionnels »), d'accéder à la scène légale. Le poids des oppositions légalistes et la crédibilité de leur stratégie dépendent dès lors étroitement de la réponse des États à leurs demandes de participation. Le rôle de l'arbitre étatique, qui peut choisir de « récompenser » les uns en leur accordant de nouvelles ressources ou au contraire participer à leur discrédit, reste donc essentiel.

Or, pour ces régimes, la tentation est grande de convertir la revendication islamiste de représentation en simple menace sécuritaire. S'ils y parviennent, ils peuvent espérer bénéficier des armes et des soutiens occidentaux et leur survie devient moins problématique que sur le délicat terrain de la légalité démocratique. La stratégie adoptée est donc souvent celle du pire. Elle consiste pour les gouvernements et leurs officines de l'ombre à mettre les adeptes modérés de la voie des urnes — qui sont leurs adversaires les plus redoutables — en porte-à-faux vis-à-vis des adeptes radicaux de celle des bombes : la présence de ces derniers contribue en effet à justifier les méthodes — et parmi elles, les lois sur l'état d'urgence — dont les régimes savent ne pouvoir se passer s'ils entendent perdurer.

Dans le cas algérien (mais pas seulement), à l'évidence, la volonté de conférer, par tous moyens, un maximum de visibilité à l'aile la plus radicale du camp islamiste au détriment de toute alternative légaliste est manifeste depuis 1990. Lorsque certaines formations islamistes de second plan sont légalisées (Égypte, Algérie, Maroc), ce n'est que pour mieux masquer l'exclusion des plus encombrantes d'entre elles. Très significativement, ce n'est pas le profil idéologique des candidats à l'agrément, mais bien davantage leur poids politique estimé, qui détermine leur bonne ou mauvaise fortune constitutionnelle.

Depuis 1990, la fin de la « bipolarisation » de l'Occident résultant de la disparition de l'URSS a considérablement réduit la marge de manœuvre des contestataires de tous bords, le soutien russe au camp islamiste — conflit tchétchène et héritage afghan obligent — demeurant très hypothétique. Ce « monolithisme » de l'Occident a accru d'autant les pouvoirs des régimes qui ont su acquérir le soutien de l'administration américaine ou de la France du seul fait de leur supposée « lutte contre le fondamentalisme islamique » ou, dans le conflit du Proche-Orient, de leur soutien à une ligne américaine très favorable au camp israélien.

En marge des contre-offensives idéologiques plus ou moins efficaces de l'« islamisme d'État »[2], les réponses des régimes en place s'articulent ensuite autour d'une identique charpente répressive, souvent très « préventive » et, en tout état de cause, largement disproportionnée par rapport aux exigences sécuritaires réelles nées de la montée en puissance de leurs challengers. Ces anticipations répressives alimentent alors le déplacement du centre de gravité de l'opposition vers son aile la plus radicale, dont les débordements peuvent ensuite « justifier » la répression de la composante légaliste.

Des fraudes, aussi massives qu'insolentes, parachèvent un peu partout ce dispositif constitutionnel et législatif. Depuis 1995, au rythme de plébiscites qui ont consacré autant d'hommes providentiels, la magie de taux de participation aussi élevés qu'« inespérés » a fait, chez nos voisins arabes, fondre les oppositions comme neige au soleil. Semaine après semaine, de puissantes voix médiatiques ont souligné l'ampleur des désaveux que des populations, repenties de leurs égarements passés, auraient ainsi infligés aux opposants de tous bords et tout particulièrement bien sûr aux islamistes ou à tous ceux qui refusent de les criminaliser. Malgré tout ce qui distingue les rives du Nil des collines d'Alger ou de celles de la Cisjordanie occupée, ces échéances électorales réputées « démocratiquement satisfaisantes » selon l'expression du chef de l'État français (à propos des élections présidentielles algériennes de 1995 et de 1999), voire « exemplaires » (dans le cas de la Tunisie), masquent plus de problèmes qu'elles n'en résolvent.

Au rythme des « élections » qui se succèdent, l'épaisseur des malentendus s'accroît sans surprise ; et dans le mur de la désinformation bâti au service de cette pernicieuse stratégie, de plus en plus rares sont les brèches permettant d'éclairer d'un peu de réalisme les processus en cours et la pente dangereuse sur laquelle, irrésistiblement, les relations Nord-Sud sont en train de glisser. Les télévisions et radios occidentales

2. Celles-ci prennent la forme de concessions faites à la fois aux demandes d'« islamisation » symbolique de l'univers public (diffusion télévisée des appels à la prière, codes vestimentaires des représentants de l'État, etc.) et aux auteurs des campagnes critiquant certains intellectuels et écrivains dont ils considèrent la production comme attentatoire à la religion.

sont demeurées, à quelques nuances près, fidèles au credo politique dominant. Celui-ci consiste à exonérer tout dirigeant arabe respectueux du « nouvel ordre international » israélo-américain du respect des droits politiques et humains les plus élémentaires, à absoudre et souvent à taire ses pires débordements répressifs. Depuis l'ébranlement du régime algérien au début des années quatre-vingt-dix, Israël paraît avoir mis tout son poids médiatique et financier et, par États-Unis interposés, une formidable puissance militaire, au service d'un pari dangereux : lier sa sécurité à la pérennisation de régimes arabes privés de tout soutien populaire et, comme tels, trop dépendants de l'Occident pour pouvoir lui refuser quoi que ce soit.

Telle semble être plus que jamais la norme institutionnelle arabe : un pluralisme de façade, accepté comme tel par l'environnement occidental, sert à masquer un verrouillage du système institutionnel s'appuyant sur un niveau particulièrement élevé de répression. De l'impasse politique qui nourrit et légitime toutes les formes de radicalisation débouche inévitablement un certain coefficient de radicalisme idéologique et de contre-violence politique. Cet utile épouvantail « intégriste » permet alors au régime d'entretenir la confusion entre les pratiques de la frange de ses opposants qu'il a lui-même contribué à radicaliser et l'ensemble de l'opposition légaliste, « justifiant » ainsi aux yeux de ses partenaires occidentaux le report éternel de toute ouverture démocratique qui est la clef de sa survie.

L'Algérie jusqu'à la caricature

En Algérie, l'opacité durable de la crise est venue du fait que les communicateurs du régime ont réussi à faire confisquer la représentation de la société tout entière par ses deux marges idéologiques extrêmes. Les généraux d'Alger ont pu longtemps brandir ainsi aux yeux du monde une double marionnette : les « intégristo-terroristes », d'une part, les « laïco-éradicateurs » (dont ils initiaient en fait chacun des mouvements), d'autre part. Une poignée de « laïques » intransigeants (dont quelques « féministes d'État » bien loin de représenter le combat des femmes de leur société[3]) furent ainsi « exportés », voire installés à demeure, dans les capitales européennes. A grands ren-

3. Sur l'itinéraire des plus médiatisées d'entre elles, voir notamment : Louisa

forts de slogans exploitant les vieilles peurs occidentales de l'Islam, ils eurent pour mission d'accréditer l'idée fallacieuse que la guerre conduite par les militaires était une lutte « pour les femmes » ou pour la défense des valeurs chères à l'Occident (laïcité, démocratie, modernité). Ils le firent avec d'autant plus d'efficacité que la symbiose entre les différentes familles politiques françaises et la petite partie de la société algérienne qui est aujourd'hui au pouvoir est particulièrement forte.

Le régime et ses alliés laïques ont une connaissance intime des schémas de pensée des Français, de leurs peurs, de leurs sympathies et de leurs ignorances. Devant la communauté juive, ils savent très à propos brandir le spectre du nazisme, devant les communistes ou les francs-maçons l'étendard de la laïcité, celui du féminisme devant les femmes, de la création devant les artistes, quand bien même leurs engagements passés et présents sur tous ces terrains sont aux antipodes de leurs discours d'exportation.

En face des acteurs de cette (brillante) supercherie démocratique, de préférence en noir et blanc, on trouve d'opaques groupes armés, le cas échéant fabriqués sur mesure, aussi « archaïques » que « barbus » et aussi « arabophones » qu'« obscurantistes » Antithèses absolues des modernes « féministes laïques » et autres « intellectuels exilés » des soirées parisiennes, ils manient dans une impunité quasi totale une violence sans limite[4]. Il ne reste plus au régime qu'à faire identifier la majorité de la population algérienne à ses quelques émissaires « modernes » et toute son opposition islamiste aux horreurs des groupes armés. Le discours de ses communicateurs (« Il n'y a pas de différences entre le GIA et le FIS », « Il n'existe pas d'islamistes modérés », « Nous menons le même combat que vous dans vos banlieues », etc.) y parvient avec une remarquable facilité. Comment l'environnement français en particulier, occidental en général, pourrait-il alors imaginer une solution autre que purement répressive ? Le tour est ainsi joué. Vue depuis la rive occidentale, la répression bestiale que mènent des militaires corrompus pour se maintenir

---

HANOUNE, *Une autre voix pour l'Algérie*, La Découverte, Paris, 1996. Sur les terribles malentendus de leur perception par une partie de l'*establishment* académique occidental, voir : Abbas AROUA, *Horroris Causa : féminisme à l'ère de la Sainte Éradication*, préface de Marie-Blanche Tahon, Hoggar, Genève, 2000.

4. A la fin de l'année 1999, sur 104 cas d'assassinats d'étrangers et 70 de journalistes, le régime n'est pas parvenu une seule fois à faire reconnaître par l'appareil judiciaire de façon crédible un prévenu comme véritablement responsable du crime qu'on lui avait attribué.

au pouvoir disparaît comme par enchantement derrière un clivage terriblement mensonger : la nouvelle guerre d'Algérie opposerait une société laïque, francophone et assumant l'héritage occidental à un monstre islamique refusant de reconnaître toute personne qui n'aurait pas le même discours que lui.

Les résultats de l'élection présidentielle algérienne du 16 novembre 1995 ont donné au général Liamine Zéroual un score suffisamment élevé (61,34 %) pour lui épargner les affres d'un second tour, mais aussi suffisamment faible, à l'aune de celui de ses homologues arabes, pour pouvoir prétendre être crédible. Le vrai résultat était bien sûr la relégitimation triomphante de la junte aux yeux des Occidentaux. Elle fut d'autant plus bruyamment proclamée, au lendemain du scrutin, qu'elle correspondait à l'ardent souhait des destinataires réels de ce « message des urnes » algériennes, qui se soucièrent peu de savoir que le clan le plus visible n'était pas nécessairement celui qui gouvernait[5].

Le débat sur les chiffres de cette élection présidentielle notoirement truquée a rapidement perdu, il est vrai, de son acuité. Bien vite, c'est en quelque sorte le « vainqueur des urnes » lui-même qui a révélé le poids réel des pourcentages proclamés lors de son élection et la nature — politique ou seulement policière — de la victoire qu'il avait remportée. La timidité de ses premières déclarations, la pâleur du premier remaniement ministériel, la rapidité avec laquelle s'est creusée la distance entre ses promesses de réconciliation et l'immobilisme du système ont vite confirmé une réalité que les chantres de la « victoire de la démocratie » n'avaient pas voulu regarder en face : les dividendes électoraux du réputé vainqueur des urnes ne pesaient pas lourd face à la toute-puissance du système — formidablement étranger aux exigences du pluralisme — qui l'avait fait élire. La *vox populi* n'avait donc en aucune manière affecté le rapport de forces entre celui qui se disait — et était sans doute réellement — favorable au dépassement de la logique éradicatrice et les maîtres de cette vaste manipulation politique, médiatique et policière qui l'avait fait roi.

Six mois plus tard, la triple offensive médiatique, politique

5. Sous les yeux de Michèle Cotta et les caméras de France 2, l'auteur de ces lignes garde en mémoire les sarcasmes du parlementaire Yves Bonnet, si sûr alors du flagrant démenti que les urnes algériennes venaient, selon lui, une fois de plus, d'infliger aux islamistes.

et militaire du régime avait montré ses limites. Au lendemain de la trêve bien réelle signée avec l'Armée islamique du salut, les confessions télévisées des « repentis [6] », supposés avoir par milliers vidé le camp armé de ses troupes, apparurent en revanche à ceux qui voulaient bien se souvenir que ces techniques avaient déjà été maintes fois utilisées, comme l'une des innombrables campagnes de désinformation des officines du général Mohammed « Tewfik » Médiène (patron du DRS). Le 27 novembre 1995, moins de quatre ans après l'assassinat de son prédécesseur Mohammed Boudiaf, qui avait lui aussi surestimé l'autonomie dont il disposait à l'égard de ses commanditaires, le meurtre du général Boutighane [7], l'un des proches de Liamine Zéroual, servit vraisemblablement à lui rappeler le sort qui guette en Algérie les grands commis de l'armée chaque fois qu'ils sont tentés de prendre trop au sérieux leur rôle de président de la République.

Ce « message » allait être suivi de bien d'autres : pendant près de trois ans les tensions entre les clans du pouvoir (celui formé par Liamine Zéroual et son conseiller le général Betchine, d'un côté, ceux des généraux « janviéristes » — auteurs du coup d'État de janvier 1992 —, de l'autre) ont ainsi été accompagnées d'épisodes sanglants. Le sommet fut atteint lors des effroyables massacres de masse de l'automne 1997, dont il est hautement probable qu'ils relèvent d'une « planification par tout ou partie du commandement militaire dans le cadre d'un conflit avec le clan présidentiel [8] ». Zéroual finit par jeter l'éponge et préféra ne pas conduire à terme son mandat (il s'éclipsa en septembre 1998).

Ni l'élection d'Abdelaziz Bouteflika, le 15 avril 1999, ni, une nouvelle fois, la faiblesse relative de son score (60 % seulement) n'ont le moindrement renouvelé les règles du système : les « 60 % » de Bouteflika, que l'on ne s'y trompe pas, appartiennent bien à la même catégorie que les 99 % de son homologue Ben Ali. Derrière le trompe-l'œil de la rhétorique de la « concorde civile » (approuvée massivement par

---

6. On a de bonnes raisons de penser aujourd'hui que la plupart de ces « repentis » étaient en fait des éléments du DRS (l'ex-Sécurité militaire) infiltrés dans les maquis qu'ils étaient chargés de radicaliser (voir notamment Habib SOUAÏDIA, *La Sale Guerre*, La Découverte, Paris, 2001).

7. « Par le GIA » comme l'« accréditera » l'inévitable communiqué publié par le bulletin *Al Ansar* de Stockholm.

8. François GÈZE et Salima MELLAH, « Crimes contre l'humanité », postface à l'ouvrage de Nesroulah YOUS, *Qui a tué à Bentalha ? Algérie, chronique d'un massacre annoncé*, La Découverte, Paris, 2000, p. 281.

référendum le 16 septembre 1999), qui devait en théorie déboucher sur la réconciliation nationale et la réintégration politique du FIS, le régime a persisté dans son refus de laisser aux institutions une chance de jouer un rôle autre que formel. Si changement il y a eu, celui-ci s'est manifesté dans le style et dans la personnalité du mandataire choisi par les militaires pour gérer leurs intérêts et non point dans une hypothétique remise en cause de leurs méthodes.

Comme chacun de ses prédécesseurs, Abdelaziz Bouteflika a eu très vite la tentation de priver ceux qui l'avaient placé au pouvoir de leurs ressources. Comme Chadli Bendjedid, Mohammed Boudiaf ou Liamine Zéroual en leur temps, il a rêvé — dans des scrutins qui n'avaient pourtant de populaires que le nom — de se purifier du péché de sa cooptation par l'appareil militaire, pour pouvoir, le cas échéant, lui survivre. Mais, sans surprise, Abdelaziz Bouteflika a lui aussi très vite pris conscience des risques d'une telle ambition. Il savait fort bien que de telles impertinences avaient vite coûté leur emploi à ses prédécesseurs et même, dans le cas de Boudiaf, la vie. Sa marge de manœuvre réside dans le fait que le pouvoir militaire a conscience de sa difficulté croissante à pérenniser la formule brutale qui a fait jusqu'alors sa fortune et qu'il est averti du danger de recourir une fois encore aux solutions extrêmes de la déposition ou de l'assassinat de son mandataire présidentiel, face à une opinion publique internationale un peu moins aveugle que par le passé.

Des « parias de la démocratie »...

En Égypte également, le « verdict des urnes » est réputé avoir infligé le 29 novembre 1995 une nouvelle défaite aux « adversaires de la démocratie ». Le régime du président Moubarak est parvenu en effet à ramener son opposition parlementaire à un niveau presque aussi symbolique qu'en Tunisie[9]. Comme à peu près partout ailleurs dans la région, sur les rives du Nil, on l'a dit, la plus importante formation d'opposition, les Frères musulmans, est interdite d'existence juridique

9. Dans ce pays, depuis les élections législatives de 1994, où l'opposition, toutes formations confondues, n'a recueilli que... 2,27 % des voix, celle-ci ne doit sa présence au Parlement qu'à une disposition législative, adoptée pour crédibiliser la rupture théorique avec le système du parti unique. En vertu de cette règle, l'opposition se voit en effet attribuer dix-neuf sièges quels que soient ses résultats...

depuis plus de quarante-cinq ans et son accès au jeu électoral doit passer par le détour de quelques candidatures « indépendantes ». Cette première barrière juridique se révélant d'année en année plus fragile, le régime n'a pas craint d'en ajouter d'autres.

En 1995, une loi est tout d'abord venue renforcer l'arsenal répressif visant les journalistes et amputer gravement la liberté d'une presse écrite qui constituait l'un des rares espaces où la référence au vocabulaire démocratique faisait un tant soit peu sens. Après les coups portés à l'institution syndicale, ce sont ensuite d'autres « oasis » de pluralisme, les municipalités et les facultés, qui, parce qu'elles attestaient trop régulièrement de la propension des citoyens à choisir de « mauvais » candidats, ont bénéficié de ces étonnantes mesures de « promotion de la démocratie » : en Égypte, doyens de facultés et maires ne sont plus élus mais nommés désormais par le pouvoir central.

Renouant avec la tradition nassérienne un temps suspendue par Sadate, le régime a poursuivi en tournant son formidable appareil répressif (entre 45 000 et 50 000 prisonniers politiques en 1995) contre la composante légaliste du courant islamiste : cinquante de leurs leaders ont été arrêtés à la fin de l'année 1995 [10]. Comme tout cela risquait de ne pas suffire, plusieurs milliers de leurs sympathisants ont été emprisonnés quelques jours ou même seulement quelques heures avant le scrutin législatif, qui, dès lors, a pu se dérouler « comme prévu ».

Une fois n'est pas coutume, quelques correspondants de la presse écrite eurent en revanche la probité de décrire cet étonnant système qui avait tant d'années échappé à la sagacité de leurs prédécesseurs : « Embarrassé, le président du bureau se tait », rapporte ainsi Patrick Angevin [11]. « Devant lui, le vieux Maamoun Hodeibi, porte-parole des Frères musulmans, tempête comme un diable. Le candidat islamiste veut savoir comment plus d'un millier d'électeurs égyptiens ont pu voter entre 8 heures 30 et 10 heures dans un bureau qui ne compte que 678 inscrits. Pour toute réponse, il y aura l'intervention musclée d'un représentant du conseil municipal, épaulé par un officier de la Sécurité d'État et quelques policiers. [...] Une heure plus tard, cinq autobus se rangent devant une autre école

10. Un bon nombre d'entre eux, dont 'Issam al-Ariane, secrétaire général élu du syndicat des médecins, ont ensuite été condamnés à des peines de travaux forcés.

11. Du quotidien *Ouest-France*, qui se démarque souvent de ses confrères parisiens par le sérieux de son traitement de l'actualité arabe.

de Dokki. Trois cents fonctionnaires en descendent dans un désordre joyeux. Nul besoin d'isoloir, ils clament haut et fort soutenir la "candidate Amal Osman", accessoirement ministre des Affaires sociales. La plupart d'entre eux n'habitent pas Dokki, mais la loi permet de choisir : on vote sur le lieu de travail ou au domicile. L'administration, qui a choisi pour eux, a organisé le déplacement. "Je ne fais pas campagne contre Amal Osman, lance un Hodeibi désabusé, mais contre son ministère, la police et l'État tout entier." Car Madame le ministre ne détient pas la palme des électeurs migrateurs : son collègue des Sports a inscrit 25 000 employés de son ministère dans sa propre circonscription. [...] Dans toutes les circonscriptions où un candidat islamiste a une chance, l'accès aux bureaux de vote a été interdit à ses représentants. »

Là aussi, la formule a connu une grande pérennité : la loi d'exception a été reconduite sans discontinuer. La même manipulation de candidats du pouvoir se faisant élire sous l'étiquette indépendante avant de retourner dans le giron du parti gouvernemental (Parti national démocratique, PND) a atténué la visibilité de l'effondrement de ce dernier lors des législatives d'octobre-novembre 2000. La relative percée des candidats proches des Frères musulmans a permis aux observateurs de renouveler leurs grilles de lecture sans nullement, est-il besoin de le préciser, mettre en danger l'inusable « victoire » du régime. Plus sérieusement, lors des réélections successives du chef de l'État, le Parlement n'a jamais souhaité lui opposer de challenger.

Ailleurs qu'en Algérie et en Égypte, les termes du débat politique ne sont pas structurellement différents : derrière la façade pluraliste, les forces politiques réelles continuent à se voir refuser la reconnaissance légale (hormis peut-être au Yémen, au Liban et au Koweït [12]). Les élections (à l'exception peut-être de celles du Liban) ne servent donc pas à désigner les gouvernants mais seulement la qualité et le nombre des opposants que ceux-ci entendent tolérer pour les besoins d'une démocratisation qui demeure surtout cosmétique.

Le score « exemplaire » du président tunisien Zine Al-Abidîne Ben Ali, élu en 1989 avec 99,27 % des suffrages puis réélu à l'identique en 1994 (99,91 %) et en 1999 (99,44 %),

12. Fatiha DAZI-HENI, « Des processus électoraux engagés dans les monarchies du Golfe : les cas du Koweit et du Qatar », *Monde Arabe Maghreb Machrek*, n° 168, avril-juin 2000, p. 76-88.

résume à lui seul, mieux que tout commentaire, la qualité des dynamiques politiques tunisiennes. Les deux candidats de l'« opposition » avaient alors appelé unanimement à voter pour… le « meilleur candidat » qu'aucun des deux n'estimait être. Plus radicalement encore, le Libyen Mouammar Kadhafi n'a pas eu besoin pour sa part d'élections pour se maintenir à la tête de l'« État des masses » pendant plus de vingt-deux ans et il semble flirter comme beaucoup d'autres avec l'idée d'une succession familiale.

Au Maroc, l'alternance qui a permis en 1998 à l'opposition socialiste de diriger le gouvernement est à considérer avec une grande circonspection, tant les fondements du pouvoir monarchique et ses prérogatives essentielles demeurent hors de portée des moyens d'action extrêmement restreints de ce gouvernement. La transition née du décès d'Hassan II, le 23 juillet 1999, est pour sa part encore trop récente pour autoriser une appréciation péremptoire. Mais on voit mal comment, une fois épuisés les remèdes cosmétiques de la période de l'état de grâce, le nouveau roi Mohammed VI pourrait échapper, sans renouveler l'État en profondeur, aux contradictions évidentes que lui décrit sans détour Abdessalam Yassine, leader de l'association islamiste semi-clandestine Justice et bienfaisance, dans sa vigoureuse adresse : « La toile de fond dont hérite le jeune et sympathique souverain (que l'engouement du moment ne doit pas leurrer) est la gabegie générale, la misère pour beaucoup, le confort criard pour quelques-uns, la corruption comme moyen d'administrer et de gouverner, le tripatouillage des élections comme institutions et pratiques démocratiques. Bref, la ratatouille makhzenienne […]. Le makhzen hassanien n'est pas près de rendre l'âme. Quand on a pris le pli et contracté le virus de la corruption et de la fourberie propres à l'administration makhzen, haute et basse, on ne renonce pas facilement aux prébendes, aux intrigues et aux complots. L'épuration d'une administration corrompue sera possible une fois le “grand acte” accompli, la régénération d'un système vieilli envisageable, l'organisation d'une solidarité sociale basée sur le développement et l'emploi et non sur la seule charité publique et privée [13]. »

Dans ce contexte régional, le relatif libéralisme libanais doit

13. Mémorandum « A qui de droit », Rabat Salé, 14 novembre 1999. Sur le courant islamiste au Maroc, voir notamment Mohamed TOZY, *Monarchie et islam politique au Maroc*, Presses de Sciences Po, Paris, 1999.

être souligné puisqu'il a permis, lors des élections législatives de l'été 2000, à l'ensemble des forces politiques, Hezbollah inclus, de prendre place dans le jeu parlementaire et au pouvoir suprême de changer pacifiquement de main. En 2000 également, le président du Yémen réunifié a en revanche innové en choisissant de confier à un membre de son propre parti la mission impossible de crédibiliser la dimension pluraliste et concurrentielle des « premières élections présidentielles dans la péninsule Arabique[14] ». Le Yémen fait toutefois exception à la règle de l'exclusion des grandes formations islamistes telle que l'appliquent le Maroc, la Tunisie, la Libye, l'Égypte, la Syrie, l'Irak, etc. Toutes les forces politiques réelles ont la possibilité de participer à la compétition électorale, quelles que soient les réserves, évidentes, que l'on puisse avoir sur la régularité de celle-ci.

En matière de longévité, les leaders républicains du monde arabe n'ont enfin plus grand-chose à envier à leurs homologues monarchiques. Le Syrien Hafedh Al Assad a emprunté ainsi à ses homologues marocain et jordanien la recette dynastique qui permet d'assurer sa survie à travers sa descendance non point seulement politique mais plus sûrement… familiale : en réussissant à assurer la cooptation de son fils Bachar « dans l'enthousiasme populaire » à la tête du parti Baas et de l'État syrien, l'ex-dictateur syrien (décédé le 10 juin 2000) semble être parvenu à fonder la première république héréditaire. L'exemple pourrait faire école : de Sanaa à Tripoli en passant par Le Caire et Bagdad, d'autres candidats sont désormais sur les rangs.

… aux « damnés de la paix »

> « *Ils nous ont laissé une boîte de sardines appelée Gaza. Un os décharné appelé Jéricho. Et un hôtel nommé Palestine, sans toit ni charpente. Ils ont laissé un corps dévertébré et une main sans doigts. Nous avions tant rêvé d'une paix verte, d'une lune blanche, d'une mer bleue, d'un château altier. Et nous nous sommes retrouvés soudain dans une poubelle.* »
>
> Nizar Qabbani

---

14. Voir François BURGAT, « Les élections présidentielles au Yémen », *Maghreb-Machreq Monde arabe*, La Documentation française, juillet 2000. Sur le courant islamiste au Yémen, voir : François BURGAT, « Les islamistes yéménites entre universalisme et spécificité », *in* Franck MERMIER, Udo STEINBACH et Rémy LEVEAU (éd.), *Le Yémen contemporain*, Karthala, Paris, 1999.

En 1996, après les « adversaires de la démocratie », ce sont les « ennemis de la paix » qui ont connu dans les urnes une cinglante défaite.

La « paix historique » des accords d'Oslo 1 avait irrésistiblement montré, avec la mise en œuvre des accords du Caire et de Taba (Oslo 2), un visage que les téléspectateurs français n'eurent pas le droit de découvrir pendant longtemps : « La mise en œuvre de l'accord du Caire a [pourtant] permis très vite de vérifier la pertinence des analyses les plus pessimistes [...] de la "Déclaration des principes sur des arrangements intérimaires d'autonomie" signée à Washington le 13 décembre 1993 [15]. »

Il revenait en effet à Oslo 2 de donner une traduction concrète à la déclaration de principe (« La terre contre la paix ») sur laquelle la crédibilité du processus de paix avait été fondée. Dans la foulée du « Gaza et Jéricho d'abord », il fut en réalité procédé à un découpage de la Cisjordanie en trois zones territoriales dites A, B et C. La zone C correspond au domaine réservé de l'armée israélienne et des colons. Elle est interdite d'accès à tout Palestinien. Elle recouvre 70 % des territoires occupés depuis 1967. La zone B, dite de souveraineté mixte, englobe les villages de la périphérie des agglomérations et concerne 20 % des terres. Elle demeure elle aussi sous contrôle militaire israélien direct. La zone A, enfin, est dite zone de « souveraineté palestinienne ». Cette souveraineté s'exerce bien sûr dans les limites étroites d'un pouvoir de nature plus municipal qu'étatique dont est exclue toute prérogative en matière de défense et de relations extérieures (et notamment tout débouché vers un pays arabe voisin). L'armée israélienne conserve ensuite la possibilité d'y exercer un droit de poursuite à l'encontre de tout suspect ou considéré comme tel.

Enfin, ces parcelles de territoire classées A ne sont pas nécessairement d'un seul tenant. Elles englobent fréquemment — à Bethléem et Hébron notamment — des enclaves de statut B et C. Les colonies israéliennes peuvent aujourd'hui

15. Jean-François LEGRAIN, « Qu'est-ce qui fait courir Rabin ? », *Al Arabi*, Le Caire, 21 août 1995. Celui-ci ajoutait : « Multipliant les négociations de sous-accords partiels, l'État hébreu n'a fait que reporter les échéances, soumettant périodiquement à de nouvelles conditions et introduisant de nouvelles étapes susceptibles d'être subdivisées en plusieurs phases, elles-mêmes renvoyant à un morcellement sans cesse accru du territoire et à une multiplication discriminante des statuts personnels. Pareille mise en œuvre renvoie à une constante avérée de la politique israélienne vis-à-vis des Palestiniens : le contournement systématique de leurs revendications nationales. »

communiquer entre elles grâce à un formidable réseau routier contournant les agglomérations des zones A et B et elles constituent de ce fait un ensemble homogène. Il n'en est rien pour les zones de souveraineté palestinienne qui n'ont pour leur part aucune cohérence puisqu'elles demeurent parfaitement coupées les unes des autres et que la circulation entre elles peut être à tout moment interrompue. La somme des petites superficies enclavées classées A, déjà restituées aux Palestiniens ou destinées à l'être dans le cadre de l'accord d'Oslo 2, représente donc un peu moins de 10 % des territoires occupés depuis 1967.

Sans surprise, le « faux partage » d'Oslo — condamné comme tel jusque dans les vers du grand poète Nizar Qabbani — a conforté la conviction populaire selon laquelle celui-ci n'était pas un accord honorable mais bien un traité de capitulation qu'avait concédé, au lendemain de la guerre du Golfe, une OLP déchirée par les divisions internes, affaiblie par le lâchage financier de ses alliés arabes et l'effondrement de son protecteur soviétique, concurrencée par l'« intérieur » à la suite de l'Intifada et par la poussée de la génération islamiste.

Lorsque, le 20 janvier 1996, se déroule l'élection « triomphale » du Conseil palestinien et de son chef Yasser Arafat, il nous sera toutefois demandé de considérer que le taux élevé de participation à un scrutin boycotté par l'opposition et la victoire sans surprise du candidat quasi unique [16] a en quelque sorte fait disparaître cette formidable déception au profit d'une victoire de la « démocratie » et de la « paix ». L'adhésion populaire avait-elle vraiment cautionné les termes d'un accord exigeant des Palestiniens de tourner la page de 1948 sans aucunement exiger d'Israël de tourner celle de 1967, qui permet à l'État hébreu d'ignorer le sort de millions de réfugiés et de milliers de prisonniers politiques, d'expulser par d'innombrables moyens les Arabes de Jérusalem annexée et, derrière le paravent du « courage de faire la paix avec des terroristes », de poursuivre en fait, en matière de colonisation, une insolente politique du fait accompli ? La violence aussi extrême que prévisible des attaques suicides du Mouvement de la résistance islamique (Hamas) en février 1996 (visant militaires et civils, colons de Cisjordanie et habitants de Tel-Aviv) est venue illus-

16. Une femme vétéran de la lutte nationaliste s'était, de son propre aveu, dévouée pour éviter à Arafat l'embarras de la candidature unique.

trer les limites de cet unanimisme supposé de la victoire des « amis de la paix ».

Comme un peu partout ailleurs dans la région, la génération politique islamiste en Palestine exprime les attentes, les impatiences ou les désarrois, identitaires ou nationalistes, mais tout autant politiques qu'économiques, d'une large partie de la population. Dès le 20 janvier 1996, dans l'une des plus imposantes manifestations jamais vues, plus de cent mille habitants de Gaza avaient ainsi voulu saluer la mémoire de l'« ingénieur » activiste du Mouvement de la résistance islamique Yahia Ayache [17], assassiné par le Mossad. Tous n'appartenaient pas au mouvement Hamas : membres de la gauche et islamistes, mais aussi chrétiens et musulmans étaient venus saluer la mémoire de celui qui pensait que la résistance armée gardait toute son importance dans le vieux combat contre un occupant israélien peu soucieux de se souvenir qu'il avait employé les mêmes méthodes lorsqu'il s'était agi pour lui de « libérer sa terre de l'occupation militaire » britannique. Le 28 août 2001, lors des funérailles d'Abu Ali Mustapha, leader du FPLP fondé par le chrétien Georges Habache, aucun islamiste n'a manqué à l'appel. C'est donc un curieux raccourci que persistent à emprunter nos « informations » télévisées lorsqu'elles s'obligent à faire rimer le respect des clauses les plus léonines d'Oslo 2 avec « démocratie » et « laïcité » et taxent d'« intégrisme » la moindre velléité d'en dénoncer l'hypocrisie [18].

L'élection d'Ehoud Barak en mai 1999 n'a pas permis un instant d'entretenir l'illusion de la disparition des malentendus hérités d'Oslo. L'élection de Sharon et la seconde Intifada, dite des « mosquées », lancée le 28 septembre 2000 ont ensuite accéléré un processus de radicalisation bilatérale qui était largement prévisible. Plus encore que la flambée de violence de 1996, la seconde Intifada est à l'évidence portée par la société palestinienne tout entière, toutes nuances politiques confondues. La rhétorique des « extrémistes du Hamas » est bel et bien devenue ainsi, à peu de choses près, celle de toutes les familles du paysage politique palestinien. Cette unanimité

---

17. Chanté aujourd'hui par Ziad Rahbanî, le fils de la chanteuse libanaise (chrétienne) Fayrouz dans *Le Téléphone d'Ayache*.

18. Le discours télévisé épouse souvent sans nuances les représentations d'une seule des parties en conflit : la guerre de 1967 a permis de « libérer » Jérusalem, expliquait ainsi en direct de la ville sainte le présentateur du journal de vingt heures de France 2, au lendemain de l'assassinat du Premier ministre Itzhak Rabin par un extrémiste juif, le 4 novembre 1995.

retrouvée dans la dénonciation de l'intransigeance israélienne a montré que cette violence n'était pas le fait d'une dérive idéologique de la composante extrémiste de l'opposition palestinienne « opposée à la paix », mais bien une conséquence inévitable des limites méprisables de cet « écrasement de la résis tance palestinienne » un temps déguisé en paix.

Sharon et Ben Ali, même combat ?

D'Alger à Gaza en passant par Tunis et Le Caire mais aussi par Paris, les mêmes pirouettes rhétoriques permettent aujourd'hui de désigner les « poseurs de bombes » à la vindicte mondiale et offrent la possibilité aux acteurs du processus militaro-médiatique, à la fois interne et international, qui les produit, d'échanger de bruyantes absolutions [19]. Au lendemain des attentats suicides de février 1996, bouclant ainsi la boucle de l'imposture, la « féministe d'État » algérienne Khalida Messaoudi est venue en Israël lancer sur les ondes un « appel au monde libre » à s'unir contre le « terrorisme » pour « sauver la paix ». Quelques jours plus tard, en compagnie de Boris Eltsine et des ambassadeurs de quelques-uns des régimes les plus répressifs de la planète, le représentant d'une junte algérienne passée maître dans la manipulation de la terreur alla, à son tour, revêtir à Charm al-Cheikh la tunique des bien-pensants *peace makers* pour dénoncer « le terrorisme qui menace la paix ». Sur les bords de la mer Rouge, les incantations de cette « journée historique » du 13 mars 1996 tentèrent ainsi d'accréditer la thèse formidablement hypocrite d'une violence politique qui serait étrangère aux « courageux congressistes » et n'appartiendrait qu'à leurs opposants ou aux quelques États de la région n'ayant pas encore cédé totalement aux exigences des puissants de l'heure, ou — à l'instar de l'Irak — n'ayant pas encore été, par ONU interposée, écrasés par eux.

Une fois de plus, les engrenages terrifiants qui fabriquent non point tant les bombes que les individus qui arrivent un jour à croire nécessaire et légitime de les manier, y compris au prix de leur propre vie, sont ainsi demeurés à l'abri de toute énergie investigatrice. Les médias occidentaux sont restés

---

19. Voir François BURGAT, « La recette du poseur de bombes », *Libération*, octobre 1995 (texte reproduit en annexe, p. 290).

fort discrets sur le long tunnel de violences et d'humiliations qui, de contrôles en interdictions, de mensonges médiatiques en manipulations électorales, d'arrestations en internements, de tortures en exécutions sommaires ou en massacres collectifs, à Alger ou à Naplouse, a produit les monstres politiques capables de s'immoler pour leur cause. Est-ce vraiment la paix que des éditoriaux unanimistes nous ont ainsi invités à « sauver », ou seulement les privilèges des plus forts et leur étonnante capacité à monopoliser dans les médias du monde le vocabulaire du Bien et les manières du Juste pour masquer la réalité plus triviale de leur victoire militaire ? Est-ce vraiment la paix qu'est venue « conforter » la caravane médiatique de la très fondatrice conférence de Charm al-Cheikh ou seulement les victoires médiatico-policières de leurs principaux participants ?

« La paix sur toi, ô Salima[20] ! »

Que le « Pacte national », signé à Sant'Egidio en janvier 1995 entre les opposants laïques et islamistes à la junte algérienne, ait très mal résisté à l'ostracisme conjoint de l'Occident et des régimes arabes ne fait pas de doute. Lors des élections présidentielles algériennes de novembre 1995, en interdisant sur son territoire « toute manifestation liée à la campagne électorale algérienne », la France a pris sa part dans le bâillonnement des signataires de ce « Pacte de Rome », privés de la moindre tribune internationale alors que les antennes des chaînes françaises demeuraient plus hospitalières que jamais aux « artistes » et « intellectuels » « démocrates », « en lutte contre l'intégrisme » et « le fascisme ».

Mais, face à la radicalisation meurtrière des régimes et des groupes extrémistes qu'ils fabriquent, la dynamique « reconstructrice » attestée à Sant'Egidio n'en indique pas moins, en Algérie et dans bien d'autres États de la région, la grande porte de sortie de la crise. La principale note d'espoir réside peut-être bien aujourd'hui dans le fait que cette dynamique, qui restaure la communication entre les gauches nationalistes et les islamistes, constitue chaque jour — envers et contre tout

20. « *As-Salâm aleikum ia Salîma !* » : titre de l'éditorial de l'un des bulletins du FIS (*Al-Qadhia*) saluant Salima Ghezali, rédactrice en chef de l'hebdomadaire *La Nation*, cheville ouvrière médiatique du « Pacte national » de Rome.

lavage médiatique de cerveau — la plus sensible des forces motrices internes aux oppositions arabes. La violence des amalgames médiatiques qui tentent partout d'enfermer la résistance à l'ordre régional ou mondial dans le seul registre du « terrorisme » a paradoxalement accéléré un peu partout, un rapprochement de longue date déjà perceptible entre les gauches nationalistes laïques et les parias « intégristes » de l'heure.

Une lente mais évidente recomposition du champ politique arabe est ainsi en train de s'opérer. Aux deux extrêmes, elle voit s'isoler le camp de l'intolérance. Les « islamistes traditionalistes », enfermés dans la seule rhétorique religieuse et hostiles à toute communication avec les nationalistes arabes de la génération nassérienne, y font face au noyau bien connu des éradicateurs « laïco-assimilationnistes » de plus en plus clairement identifiés aux politiques répressives des régimes militaires. Entre ces deux marges, les nationalistes « arabo-musulmans » jettent de plus en plus manifestement en direction des « islamo-modernistes » des passerelles idéologiques et politiques qui contribuent à rendre toujours plus illégitime la logique éradicatrice des régimes[21].

D'un bout à l'autre du monde arabe, les exemples de cette reconstruction se multiplient. Mais ces « nuances » de la scène arabe ne semblent pas encore être parvenues à l'oreille des grands de ce monde. Pourtant, un subtil équilibre entre démocrates ne garantirait-il pas un accès aussi sûr aux ressources, minières ou pétrolières, que la pérennité de vieilles dictatures fragilisées par leur manque d'assise populaire ? Aux yeux de l'Occident, il semble bien que ce ne soit pas le cas, tant celui-ci semble aujourd'hui tarder à vouloir ouvrir la moindre brèche dans les certitudes de sa « lutte contre l'intégrisme ».

L'impasse répressive

Si l'opinion publique internationale tarde à reconnaître à l'opposition islamiste une quelconque légitimité politique, les ressources des régimes autoritaires n'ont pas moins commencé à s'user. Ailleurs que dans les urnes ou dans les espaces ins-

21. Mohamed Taleb, entretiens avec l'auteur et « Jalons vers une modernité arabo-islamique », *Études théologiques et religieuses*, tome 71, n° 1, 1996, p. 47. Voir aussi, tout particulièrement, l'ensemble de l'œuvre du philosophe égyptien Hassan Hanafi.

titutionnels du politique, quelques espaces de libéralisation se sont construits et renforcés. Parallèlement au développement des associations, des mobilisations féministes (lorsqu'elles parviennent à échapper à l'étreinte mortelle des régimes ou à la sympathie envahissante des opinions occidentales) ou des luttes professionnelles (écrasées en Tunisie, revigorées en Algérie), c'est peut-être l'essor irrésistible d'un réseau d'information radiotélévisé transnational, infiniment plus crédible que la voix monocorde des États, qui en constitue l'expression la plus spectaculaire.

Dans le champ clos des espaces étatiques, sous les couleurs trompeuses d'un faux pluralisme (Algérie, Tunisie) ou sans même cette fiction-là (Libye), la mainmise des États sur la presse est demeurée étonnamment forte. A l'opposé, la naissance et le formidable écho de la chaîne qatarie Al Jazîra ont constitué un moment fondateur de la libéralisation de la parole politique et de la mise à mal du monopole étatique. La crise provoquée par les événements du 11 septembre 2001 a achevé de crédibiliser à l'échelle mondiale le rôle de cette chaîne, relayée désormais par plusieurs concurrentes. Le lent développement du réseau Internet dans le monde arabe, bien qu'encore trop souvent limité à l'élite et source de nouvelles formes de contrôle par les régimes[22], participe lui aussi de cette dynamique. Les opposants, islamistes inclus, l'ont très vite compris et les maladroites contre-offensives des régimes n'ont nulle part permis d'étouffer ces nouvelles voix. Ici et là, l'époque de la chape de plomb semble bien avoir pris fin.

En Tunisie, l'accumulation des témoignages commence — en termes de communication tout au moins — à faire vaciller le trône du successeur de Bourguiba[23]. « La rage contenue du régime face aux déclarations du juge Mokhtar Yahiaoui,

22. Les services de sécurité de la plupart des pays disposent en effet aujourd'hui d'un instrument de contrôle d'une efficacité sans précédent sur toutes les correspondances privées. La plupart d'entre eux sont par ailleurs capables d'accéder sans difficulté non seulement aux correspondances de leurs opposants réputés, mais aussi à toutes les informations contenues sur les disques durs des ordinateurs de n'importe quel usager du « grand réseau » (voir notamment : Jean GUISNEL, *Guerres dans le cyberespace. Services secrets et Internet*, La Découverte, Paris, 1997).

23. Ce que l'ouvrage pourtant solidement documenté de Ahmed Manaï (*Supplice tunisien. Le jardin secret du général Ben Ali*, La Découverte, Paris, 1995) n'avait pas réussi dans l'opinion publique française, ceux de Jean-Pierre Tuquoi et Nicolas Beau (*Notre Ami Ben Ali,* La Découverte, Paris, 1999 [nouvelle édition, coll. « Poches/Essais », 2002]) puis de Taoufik Ben Brik (*Une si douce dictature*, La Découverte, Paris, 2000), promu par la longue grève de la faim du journaliste, sont parvenus à le faire. Le dictateur tunisien commence à être reconnu comme tel.

qui a fait voler en éclats l'un des piliers de la propagande officielle concernant la prétendue indépendance de la justice, après les coups de boutoir successifs assénés par le corps des avocats, a révélé, en juillet 2001, le désarroi des autorités face à ce qu'on peut appeler le "réveil" de la société civile[24]. »

Quant à l'Algérie, l'étau médiatique se resserre inexorablement autour de la responsabilité des forces de sécurité algériennes dans la montée de la violence. Après le fondateur *Qui a tué à Bentalha ?* de Nesroulah Yous[25], en octobre 2000, la junte algérienne a dû répondre aux terribles accusations de *La Sale Guerre* de l'ex-lieutenant Habib Souaïdia[26], en février 2001 : « J'ai vu des collègues brûler vif un enfant de quinze ans. J'ai vu des militaires massacrer des civils et faire passer ces crimes pour ceux des terroristes. J'ai vu des colonels assassiner, de sang-froid, de simples suspects. J'ai vu des officiers torturer, à mort, des islamistes. J'ai vu trop de choses. Je ne peux pas me taire. Ce sont là des raisons suffisantes pour briser le mur du silence. » Ces pages confirmaient d'anciennes révélations et notamment celles du Mouvement algérien des officiers libres[27].

Au début du mois d'août 2001, sur les antennes de la désormais célèbre chaîne Al Jazîra, Lahbib Samraoui, haut responsable des services secrets militaires au début des années quatre-vingt-dix, a porté un dernier coup particulièrement spectaculaire à la rhétorique d'une violence seulement « islamique ». Il a tout d'abord donné les preuves de l'implication des services secrets dans la création de l'un des principaux noyaux agissants du GIA. Il a ensuite révélé que cette manipulation de la violence « islamique » avait déjà été employée dix ans plus tôt avec l'un des prédécesseurs du GIA, le Mouvement islamique armé dirigé par A. Chebouti, le successeur de M. Bouyali. Il a également dévoilé la responsabilité des services secrets dans la fabrication de ces communiqués particulièrement agressifs des leaders successifs du GIA sur lesquels bon nombre de spécialistes européens crurent si longtemps pouvoir fonder leur interprétation du conflit[28]. Iné-

24. Kamel JENDOUBI, « Course de vitesse en Tunisie », *Le Monde diplomatique*, octobre 2001.

25. Nesroulah YOUS, *Qui a tué à Bentalha ?*, *op. cit.*

26. Habib SOUAÏDIA, *La Sale Guerre*, *op. cit.*, p. 36.

27. Ce mouvement s'exprime principalement à travers un site Internet : www.anp.org.

28. Voir, par exemple, Gilles KEPEL, « Le GIA à travers ses publications », *Pouvoirs*, n° 86, 1988, p. 64-87.

luctablement, le voile des manipulations en tous genres a commencé à être levé.

En dépit de cela, la stratégie américano-israélienne (avec laquelle la diplomatie de la France, sur les cendres des nuances gaulliennes, se confond chaque jour plus étroitement) ne cesse d'être plus royaliste que le roi et plus « anti-islamiste » que les populations directement concernées. Elle aboutit à défendre partout le *statu quo* politique arabe et à figer ainsi les plus légitimes dynamiques oppositionnelles dans le seul ciment de la répression. Faut-il souligner les limites à moyen terme d'une telle stratégie, qui débouche sur une véritable fossilisation des élites au pouvoir au détriment de toute régénération des systèmes existants ?

S'agissant de l'État d'Israël, son différend initial avec l'environnement arabe était un temps « limité » aux conditions du partage de la terre de Palestine qui lui a permis de voir le jour. A ce premier contentieux, cet État en a irrésistiblement ajouté un second, d'une tout autre ampleur : par États-Unis interposés, l'État hébreu est désormais directement identifié à la répression pratiquée massivement par des régimes qui ne survivent que grâce à l'aide économique et militaire reçue pour prix de leur caution à la « paix israélienne ». Cherchant à limiter le nombre de ses ennemis, Israël en a depuis dix ans augmenté chaque jour le nombre et la détermination.

A mesure que la diplomatie occidentale se cantonne dans cette unique logique de la perfusion par tous moyens des élites au pouvoir, d'Alger à Riadh en passant par Le Caire et Tunis, la légitimité des régimes tend à se restreindre chaque jour un peu plus à un cocktail à terme très explosif : au nom de la sécurité d'Israël ici, de la « sauvegarde de la démocratie » et de la « modernité » là, d'intérêts trivialement économiques partout, répression féroce à l'intérieur, perfusion financière (et médiatique) occidentale à l'extérieur prennent irrésistiblement la place de toute forme de régulation politique.

Pour des millions de citoyens de la rive sud de la Méditerranée, l'intervention des États-Unis mais tout autant celle de l'Union européenne tendent ainsi à s'identifier de plus en plus étroitement à l'absolutisme des régimes qui les oppriment. Au Caire, l'homme de la rue considère souvent que l'immense prison discrètement construite par le régime dans le désert oriental a été « payée par les Américains ». Avec les « hélicoptères français », livrés à la junte algérienne en pleine campagne d'écrasement militaire du FIS, le syndrome de la « prison américaine » a depuis son équivalent maghrébin. Le message terriblement unilatéral que diffusent nos antennes parachève le plus souvent la rupture que creuse cette non-communication. « La djellaba, la calotte et la barbe se sont substituées au nez crochu, à la redingote et au chapeau, tandis que l'inévitable bombe à la mèche allumée tient lieu d'incisives ensanglantées et de doigts crochus. La gangrène (islamiste) n'est que la version réactualisée de la peste (juive) tandis que la pieuvre immonde continue à enserrer de ses tentacules le monde civilisé [29]. »

Où donc cette formule tronquée, qui conduit à rendre illégitime toute une génération politique et tend à identifier l'apport du partenariat occidental à la seule répression, est-elle en train de nous mener ? Arrêtons de nommer « suffrage universel » ce simulacre dont on crédite des « citoyens » passés sous les fourches caudines de la guerre psychologique, économique, voire de la guerre tout court. La distance que nous laissons se creuser entre le « légal-institutionnel » et le « réel » politique dans le monde de nos voisins arabes est porteuse de dangereuses schizophrénies politiques plus que de paix et de stabilité. A confondre trop systématiquement les perspectives et les trompe-l'œil, l'observation et la méthode du docteur Coué, l'information radiotélévisée et le *lobbying* politique, les pousses fragiles de la démocratie et les épines de scrutins tronqués jusqu'à en perdre leur sens, nous couvrons nos propres yeux d'un voile autrement plus dangereux que tous les tchadors : celui de la désinformation.

29. Jean-François LEGRAIN, *Le Monde*, 13 mars 1996.

Postface à l'édition de 2002

> « *Communiquer avec une modernité occidentale bien du Nord, "montée" et "remontée" contre l'Islam, relève de l'impossible lorsqu'on porte la barbe, qu'on parle de Dieu et que l'on vient du Sud.* »
>
> Abdessalam Yassine [1]

> « *Je trouve insupportable l'interrogation permanente qui laisse entendre que le pouvoir algérien pourrait être responsable des massacres.* »
>
> Max Gallo [2]

Cette nouvelle édition de *L'Islamisme en face* nous invite à la relecture de réflexions et de conclusions publiées pour la première fois, en langue française, en 1995 (et seulement partiellement actualisées dans la réédition de 1996). Les tragiques enchaînements ayant suivi les événements du 11 septembre 2001 ont plus que jamais relancé la spirale de l'incompréhension, en des termes que la préface de la présente édition a tenté de clarifier. Pour le reste, en sept années, que sont les islamistes devenus ? Ont-ils vraiment « perdu la bataille » ? Se sont-ils réellement transformés au point de ne plus mériter leur nom ? Des thèses ont convergé pour les dire « sur le déclin », voire « dépassés ». Nous serions ainsi entrés dans l'ère du « postislamisme ». La foudre qui s'est abattue sur New York et Washington le 11 septembre a fait perdre à ces trajectoires de recherche un peu de leur crédibilité. Comme toujours dans ce domaine où notre discours sur l'autre nous parle tout autant de nous, les étiquettes et les mots ont leur

1. *Islamiser la modernité*, al-Ofok Impressions, 1998, p. 13.
2. *L'Événement du Jeudi*, 22 au 28 janvier 1998, p. 90.

importance. Qui a réellement évolué ? Les islamistes ou le discours de ceux qui ont fait profession d'en parler ?

Pour mettre à jour un ouvrage écrit pour l'essentiel il y a près de sept années, trois grands types d'évolutions méritaient d'être soulignés et articulés. Les évolutions politiques rappelées dans le chapitre 13 attestent globalement d'une permanence des régimes du Maghreb et du monde arabe, qui est avant tout le fruit de leur autoritarisme persistant. Reste à évoquer d'abord les évolutions internes aux mouvements islamistes, qu'ils soient au pouvoir (notamment en Iran et au Soudan) ou, le plus souvent, dans l'opposition. Ces évolutions sont d'ordre tactique, mais également doctrinal. Le vieux clivage entre les groupes « jihadiens » (partisans de l'« action directe » et donc hermétiques au légalisme) et la grande famille « fériste » des héritiers d'Hassan Al Banna persiste. La supériorité quantitative de ces derniers s'affirme en même temps que devient manifeste une adhésion, de moins en moins restrictive, aux exigences de la démocratie parlementaire. Mais la visibilité de ces évolutions est inversement proportionnelle à leur importance : plus que jamais, ce sont les adeptes minoritaires de l'action directe ou, s'agissant du conflit palestinien, de la résistance armée, qui confisquent l'entière visibilité des courants islamistes.

Ceux-ci sont demeurés l'objet d'une certaine fascination de la part des institutions de recherche occidentales. La thèse qui présente l'islamisme comme un phénomène d'ordre seulement pathologique est demeurée longtemps dominante. Les clivages académiques s'expriment de façon d'autant plus vive, que, participant à l'interprétation de crises où l'Occident se sent plus particulièrement impliqué, ils sont très largement relayés par les médias de masse. C'est le cas du décryptage de la guerre civile algérienne et du conflit israélo-arabe, où les islamistes, enfermés dans le prisme de leur seule identité religieuse, continuent à se voir refuser par le regard politico-académique dominant la qualité d'acteurs politiques légitimes. Il convient donc enfin d'interroger les évolutions de la perception académique occidentale : si la persistance de la construction analogique de « trois intégrismes » (chrétien, juif, musulman) continue d'occulter les phénomènes de domination Nord-Sud, la référence au « postislamisme » n'est pas, à son tour, exempte de non-dits.

Les itinéraires islamistes entre réformisme et action directe

Derrière le rideau médiatique qui met en avant les courants islamistes partisans de l'action directe, la réalité est plus complexe. De fait, il est difficile d'enfermer sept années d'évolution sous un qualificatif, une tendance ou une appréciation unique sans hypothéquer l'importance que nous avons donnée dans ce livre à la diversité des expressions contemporaines des retrouvailles entre islam et politique.

Une grande diversité d'expressions

En matière tactique et stratégique, de l'Égypte des Frères musulmans au Liban du Hezbollah, les parcours des opposants islamistes sont très logiquement affectés par la topographie des lieux de la politique, variable d'un pays à l'autre. Au cours de la décennie 1990-2000, la « rivière islamiste » s'est trouvée en situation d'occuper des espaces de nature et d'ampleur très différentes. Que l'on en juge : alors que le Parti (tunisien) de la « Renaissance » (Ennahda) ne disposait pour se déployer que des seuls communiqués de son leadership en exil à Londres (ainsi que de la publication de ses réflexions réformistes, souvent importantes), le parti turc Refah voyait son leader accéder, ne serait-ce que fugitivement (de juin 1996 à juin 1997), à la tête d'un gouvernement de coalition. Le FIS algérien, sous les coups de la répression et de toutes les manipulations, a dû partager sa stratégie entre les concessions de ceux qui tenaient à assurer leur survie sur le territoire national et une conscience critique réfugiée dans l'exil vers l'Allemagne, la Belgique, la Grande-Bretagne ou les États-Unis, elle-même divisée.

A l'opposé, le Hezbollah libanais s'est trouvé pour sa part en situation de relancer, de dynamiser et de faire triompher une lutte nationaliste armée contre l'occupation israélienne du sud du pays tout en s'affirmant dans un tissu politique confessionnel qui n'a pas d'équivalent au Proche-Orient[3]. Le Hezbollah bénéficiait, il est vrai, d'une tolérance de la part de

3. En s'abstenant notamment de tout débordement revanchard contre les miliciens pro-israéliens de l'armée du Liban Sud puis en acceptant, lors des élections législatives de septembre 2000, de s'allier avec son rival affaibli Amal, il a pu faire la démonstration d'une maturité politique dont il a sans surprise reçu les dividendes électoraux.

l'État libanais que son homologue palestinien, le Hamas, à l'instar de la plupart des autres formations islamistes de la région, s'est toujours vu refuser. Au Yémen, au Koweït et en Jordanie, d'autres ont goûté au confort d'une opposition conciliante égayée de quelques parcelles de reconnaissance accordées par le pouvoir.

Dans l'ordre politique international, la résistance tchétchène contre les Russes, les percées victorieuses du Hezbollah et les avancées tactiques du Hamas contre l'occupation militaire israélienne du Sud du Liban ou de la Cisjordanie sont désormais reléguées au second plan par les attaques contre les intérêts américains attribuées aux réseaux d'Oussama Ben Laden. Le langage des armes n'épuise nullement pourtant le registre des modes d'expression des islamistes sur la scène internationale : Internet et les nouveaux médias audiovisuels transnationaux constituent le terrain d'une autre confrontation, plus pacifique mais pas nécessairement moins efficace, avec les fondements idéologiques de la domination américaine ou des politiques étrangères de l'Europe dans le monde arabe.

Dans les ordres politiques internes, s'il faut oser dégager une tendance générale, on dira que tous les grands courants « centristes » répondent avant tout au verrouillage de la scène politique légale et à la spirale répressive par un attentisme réaliste et prudent. Même si des passerelles subsistent, surtout dans l'ordre international, ils poursuivent par ailleurs leur entreprise de démarcation vis-à-vis des groupes jihadiens, avec qui la fracture idéologique et tactique perdure. L'usage de la force relève selon les cas d'un choix délibéré ou bien, le plus souvent, d'une trajectoire de réaction à la violence de l'environnement. Un tout petit nombre d'acteurs entendent faire usage de la contrainte pour imposer le respect de certaines normes sociales [4] : les Talibans afghans, leur moralisme tatillon et leurs atteintes répétées aux droits les plus universellement reconnus des femmes, en constituent l'archétype. Qu'il soit (en Égypte) ou non (au Yémen ou au Liban) un exutoire à une interdiction d'accéder à la scène politique légale, le repli sur un rigorisme néo-salafite a fait partie également des modes d'action de certains segments du courant islamiste [5].

4. Voir le chapitre 5.

5. Au Yémen, de la part d'un courant longtemps associé au pouvoir et qui semble réticent à entrer de nouveau dans l'opposition, l'impossibilité ou peut-être seulement la crainte de s'en prendre à l'État s'est parfois traduite par des offensives peu glorieuses contre des intellectuels, au nom de leur apostasie supposée. Dans son roman

En Égypte, l'affaire pitoyable du philosophe Nasr Abu Zayd a là encore montré le plus sombre des visages des courants pourtant dits « légalistes », à moins qu'il ne s'agisse de piètres manœuvres de l'« islamisme d'État » [6].

La violence est ensuite maniée, mais dans un tout autre contexte, par ceux qui, dans les ordres internes ou sur la scène internationale, abandonnent les postures légalistes après s'être convaincus de leur inefficacité. Cette violence-là, qui n'a rien de particulièrement « islamique », entre dans la vaste catégorie d'une violence politique qui pourrait être exprimée et légitimée par n'importe quel autre lexique. La violence d'Oussama Ben Laden (qui semble bien avoir été, en Arabie Saoudite, membre des Frères musulmans avant d'embrasser la rhétorique de l'action armée) relève à l'évidence de cette catégorie-là. Appartiennent à cette même catégorie tous ceux qui ont pu, dans la tourmente des campagnes répressives, se sentir légitimement menacés, y compris d'élimination physique. Cette posture essentiellement réactive est particulièrement présente dans le cas algérien, face à la formidable violence que déploient l'État et ses soutiens internationaux.

Dans le petit nombre de cas où ils sont au pouvoir, une fois faite la part de la massive propagande hostile à leur égard, les islamistes n'ont aucunement conduit, ni au Soudan ni en Iran, leurs concitoyens à la faillite économique ou politique prédite par leurs adversaires [7]. Ils ont en revanche dû faire face à un sérieux affaiblissement de leurs ressources idéologiques, tant est grande la distance qui sépare la force utopique d'un discours d'opposition des exigences d'un programme

---

célèbre *Sanaa, ville ouverte* (trad. Luc Baldit, Edifra, Paris-Beyrouth, 1989), l'écrivain Muhammad 'Abd Al Wali, décédé depuis plusieurs années, prêtait à son héros une phrase d'exaspération envers Dieu — accusé de l'avoir abandonné. Les auteurs de la revue qui avait republié des extraits de ce texte ont fait l'objet d'une plainte judiciaire. L'affaire Marcel Khalifa au Liban, accusé d'avoir mis en musique un verset du Coran dans « Je suis Joseph mon père », a alimenté une identique dérive.

6. Ceux qui ont voulu interdire à Nasr Abu Zayd de demeurer marié à une musulmane, du fait de son apostasie supposée, n'appartiennent à aucune formation d'opposition. Voir les travaux de Baudouin Dupret (CEDEJ, Le Caire) et notamment, *Au nom de quel droit. Répertoires juridiques et référence religieuse dans la société égyptienne musulmane contemporaine*, Maison des sciences de l'homme, coll. « Droit et Société », Paris, 2000.

7. Depuis le coup d'État de juin 1989 qui l'a amené au pouvoir, le régime soudanais du général Bachir a entrepris un processus d'institutionnalisation qui s'est achevé au mois de mars 1996 par la tenue d'élections législatives et présidentielles. Celles-ci n'ont toutefois pas amélioré son image, même si le poids de l'embargo politique et financier occidental, l'instrumentalisation de l'opposition en exil et les soutiens occidentaux à la rébellion du Sud le placent dans une attitude défensive qui n'est pas complètement injustifiée.

d'action gouvernemental — surtout lorsque celui-ci doit être mis en œuvre dans un environnement international (et même, dans le cas du Soudan, régional) particulièrement hostile. Dans le cas de l'Iran, plus clairement encore que dans celui du Soudan, cette usure s'est traduite par une accélération de dynamiques réformatrices perceptibles dans l'ensemble du courant.

L'islamisation de la modernité

A l'intérieur des courants légalistes, les crispations de la « vieille garde » des Frères musulmans (égyptiens notamment) contrastent avec des démarches explicitement réformistes (dans une autre composante de ces mêmes Frères égyptiens, chez Rached Ghannouchi, Abdesallam Yassine[8] mais également chez Adel Hussein[9], Fathi Yakan ou le chiite Hussein Fadlallah). Il est malheureusement impossible d'en faire ici un inventaire raisonnablement documenté. Du Tunisien Rached Ghannouchi franchissant depuis son exil londonien le pas symbolique du rejet du principe de la condamnation à mort des apostats[10] jusqu'aux petits pas du parti Wasat égyptien à la recherche d'une intégration plus explicite des chrétiens à la dynamique culturelle et politique du courant islamiste, les exemples sont nombreux de cette lente réconciliation de l'islam oppositionnel avec des valeurs libérales un temps rejetées au nom de leur identification avec la déculturation coloniale.

Que l'on ne s'y trompe pas, la modernité occidentale n'est certes pas acceptée inconditionnellement : il s'agit avant tout, selon la formule que le Marocain Abdessalam Yassine a été l'un des premiers à employer, de l'« islamiser » en y réaffirmant avec force la place de la référence divine et, face à une modernisation débridée, l'exigence d'une meilleure prise en compte du garde-fou des valeurs morales. « Quitte à essuyer les quolibets [...] des incrédules modernes », Abdessalam Yassine entend bien ainsi continuer à « parler de Dieu et de vie dernière [...] à une modernité assourdie par le tapage

8. *Islamiser la modernité*, *op. cit.*

9. Le 15 mars 2001, Adel Hussein est décédé au Caire des suites d'une hémorragie cérébrale.

10. Des branches d'Ennahda ont également évolué dans le sens d'une démarche réformatrice : voir par exemple Salah Karkar, *Al-Harakat al-islamiya wa ishkaliat al-Nahda*, S.E. France, 1998.

moderne, aveuglée par le miroitement de l'image colorée, éblouie par les flashs instantanés, séduite par la magie des autoroutes électroniques, abasourdie par l'éclatement du monde virtuel [11] ».

En marge d'un inaccessible terrain politique, les enjeux sociaux continuent à constituer un terroir important de la dialectique régime/oppositions islamistes. L'« islamisation par le bas » de l'univers associatif et éducatif et des institutions de la société civile se poursuit : elle touche en fait tous les espaces d'action sociale ou économique collective susceptibles d'échapper au moins partiellement au verrouillage juridique et administratif de l'État (syndicats, unions professionnelles et estudiantines, structures éducatives, centres de recherche, clubs sportifs, associations humanitaires ou d'entraide, ligues de défense des droits de l'homme mais également cercles de magistrats, unions de professions libérales et secteur bancaire). Les vecteurs de la mobilisation sont à la fois traditionnels (mosquées, pèlerinage, porte-à-porte, cercles, etc.) et, de plus en plus souvent, modernes (cassettes audio et vidéo, programme de TV, bulletins, fax, pages web, etc.) ou novateurs (mariages collectifs destinés à alléger les contraintes financières des candidats à la vie conjugale). Ces formes d'action extrapolitiques connaissent depuis quelques années un développement particulièrement significatif et tout aussi multiforme. La multiplication des centres de recherche et d'études, le bourgeonnement des associations humanitaires régionales ou internationales à référent islamique et l'investissement systématique du réseau Internet en constituent l'une des toutes premières expressions.

Le champ clos des systèmes politiques arabes n'est plus le seul terroir d'évolution de l'islamisme. Pour contourner les blocages en tous genres de leurs sociétés d'origine, bon nombre de militants islamistes choisissent également les voies de l'exil. Et les sociétés européennes ne sont plus seulement le miroir que laissent entrevoir les nouvelles technologies de la communication. Elles sont devenues très directement parties prenantes au destin de l'islamisme.

11. *Islamiser la modernité*, *op. cit.*, p. 8.

Dans le contexte des tourmentes politiques algérienne, égyptienne, tunisienne ou même marocaine, l'émigration est devenue une réalité islamiste d'une grande banalité. Non point tant l'Afghanistan que l'Europe (la Grande-Bretagne, la Suède, l'Allemagne, la Belgique et la Suisse notamment), les républiques musulmanes de l'ex-URSS, mais également les États-Unis et le Canada, l'Indonésie et la Malaisie [12] ainsi que, dans une moindre mesure, certaines parties du monde arabe (Soudan, Yémen, Maroc) sont devenus des destinations de la diaspora islamiste.

Les attaques récentes des réseaux Ben Laden risquent de faire plus que jamais pressentir chez tout immigrant ayant appartenu à un courant islamiste, voir dans tout jeune musulman de France, un terroriste attendant son heure. La réalité, n'en déplaise aux amateurs de ces amalgames aussi meurtriers que le mal qu'ils entendent dénoncer, est pourtant tout à fait différente. D'où et pourquoi viennent ceux des immigrants « islamistes » qui n'appartiennent pas aux commandos d'Oussama Ben Laden ?

La dynamique de l'exil, lorsqu'elle n'est pas banalement motivée par des circonstances économiques ou familiales, est avant tout le produit de considérations sécuritaires : le départ des militants est d'abord le moyen d'échapper à la répression. S'il ne débouche pas obligatoirement et partout sur une exportation de l'activisme politique et encore moins sur cette « exportation de la lutte armée » qui constitue aujourd'hui le prisme déformant de l'approche du phénomène, il n'en a pas moins sur l'évolution des mouvements concernés des conséquences de tous ordres, politiques et stratégiques, mais également, consciemment ou non, intellectuelles et idéologiques. Les islamistes, depuis le début des années quatre-vingt-dix, paient le formidable prix, en termes d'éclatement et de dispersion, que payèrent à partir de 1948, puis à nouveau à partir de 1967, les exilés palestiniens. Mais ils ont également commencé à recueillir une contrepartie, non moins impres-

12. A l'écart des turbulences méditerranéennes, la Malaisie musulmane tend à jouer un rôle significatif dans les échanges idéologiques au sein du monde musulman en général, entre les courants islamistes en particulier. L'université islamique de Kuala Lumpur fait appel assez largement aux savoirs arabes, notamment — mais pas seulement — à ceux de la diaspora d'opposition. De nombreux étudiants (algériens, tunisiens, etc.), dont certains ont fui la répression, viennent également y étudier.

sionnante, à leurs épreuves : celle de l'ouverture intellectuelle et de la force relationnelle que procurent à terme, comme cela a été le cas pour la diaspora palestinienne, la multiplication des ancrages nationaux, des relations, des contacts et des expériences humaines, linguistiques, idéologiques auxquels, *volens nolens*, l'exil les a exposés.

Ces évolutions tactiques et stratégiques, mais également doctrinales, confortent globalement la thèse d'une sorte de lente « banalisation » des courants islamistes à mesure que la dynamique de « réappropriation » ou de « réarticulation culturelle » des compartiments universels de la modernité marginalise les groupuscules littéralistes (*harfi*) et confirme l'expression et l'affirmation « islamique » — fût-elle lente et contradictoire — de formes de libéralisation politique (justice sociale, protection des libertés individuelles et collectives, défense des minorités, institutionnalisation des mécanismes de transmission du pouvoir) et de modernisation sociale (notamment le renforcement de l'accès de la femme à la sphère publique, qu'elle soit professionnelle ou politique) que ne renieraient pas nécessairement les familles politiques dites « laïques ».

Les mutations du regard médiatique et académique occidental

Dans la lecture des dynamiques politiques du monde musulman, une « idéologisation » excessive a longtemps privilégié le discours des acteurs islamistes au détriment de la substance de leurs comportements et de leurs pratiques. Dans le décryptage de la vie politique égyptienne, algérienne ou tunisienne, les médias et parfois certains segments de l'appareil académique persistent encore jusqu'à aujourd'hui à se réjouir des « victoires » que, par un subtil mélange de contre-mesures idéologiques ici, de « reprises en main » juridiques et constitutionnelles ailleurs, de terreur policière et de manipulation médiatique un peu partout, les régimes dits « laïques », si discrédités et si autoritaires soient-ils, continuent de remporter sur une inusable « menace intégriste ». Des contre-lectures assez vigoureuses s'expriment toutefois également, prenant plus largement en compte la dimension identitaire que strictement religieuse du phénomène et mettant en avant sa nature dynamique et évolutive, l'importance de son expression légaliste et la responsabilité évidente des régimes dans la montée de la violence.

Judaïsme, christianisme, islam : les pièges de l'analogie entre les « trois intégrismes »

Pour décrypter les turbulences politiques du monde arabe, le comparatisme (entre « réislamisation », « rejudaïsation » et « rechristianisation ») peut évidemment se révéler instructif. Mais la perspective strictement analogique sur laquelle il débouche trop souvent fonctionne en réalité comme un redoutable trompe-l'œil. La dénonciation incantatoire et indifférenciée de « tous les intégrismes » masque le refus de prendre en compte des réalités plus ambivalentes et des revendications moins illégitimes que leur lecture par le prisme de la religion ne le laisse apparaître. Cette interprétation minimise en effet la dimension profane de la revendication islamiste, qui sert pourtant à véhiculer des demandes plus largement culturelles ou politiques (nationalistes ou même « démocratiques ») que strictement religieuses.

Le parallélisme gomme ensuite et surtout l'impact essentiel du déséquilibre conflictuel entre le Nord « judéo-chrétien » et le Sud « musulman » et les multiples effets de domination qui en découlent (entre le Nord et le Sud, voire au sein même des sociétés du Nord, vis-à-vis des communautés musulmanes). Ces effets devraient au contraire être au cœur de l'analyse.

Il occulte enfin les différences structurelles entre les environnements politiques respectifs des acteurs musulmans, chrétiens ou juifs. Dans le monde arabe en particulier, la génération islamiste joue en fait dans les ordres interne (arabes), régional (conflit israélo-arabe) ou mondial (mise en cause de l'ordre économique et politique occidental en général, américain en particulier) un rôle non seulement plus vaste mais en tout état de cause très éloigné de celui des acteurs issus des mouvements de « rechristianisation » ou de « rejudéisation ».

Le dénominateur commun des environnements politiques où évoluent les islamistes est marqué par l'absence de toute possibilité d'alternance politique par voie institutionnelle ou même seulement de toute participation parlementaire crédible. La nouvelle génération islamiste appartient de plus à celui des ensembles géopolitiques qui, au sein du « nouvel ordre » régional et mondial, évolue du mauvais côté du rapport des forces. A l'inverse, les « *Born again Christians* » et autres « hommes en noir » de l'orthodoxie chrétienne ou juive se trouvent dans des systèmes politiques qui (pour autant que l'on ne fasse pas partie d'une minorité ethnique ou confessionnelle) offrent de réelles garanties démocratiques. De façon beaucoup plus déterminante encore, ils se situent, à l'échelle régionale et mondiale, du « bon côté » du rapport de domination.

« Tel-Aviv-Alger : un même combat contre les fous de Dieu », titrait un hebdomadaire français au lendemain de l'assassinat du ministre israélien Itzhak Rabin par un « jeune fondamentaliste juif ». Qu'« explique »-t-on vraiment lorsqu'on assimile Ygal Amîr aux opposants armés à la junte algérienne ? D'un côté, un étudiant privilégié d'un pays riche et démocratique a choisi le recours à la violence pour défendre une cause (son hostilité à toute forme de compromis territorial avec les victimes d'une occupation militaire) que les institutions représentatives de son pays auraient parfaitement pu relayer. D'un autre côté, la composante radicalisée (et largement manipulée, ce qui est un autre problème) d'un puissant mouvement populaire a opté pour la lutte armée contre une indéboulonnable dictature qui, en la privant de sa victoire électorale, venait d'exprimer l'étendue de son mépris pour tout mécanisme de représentation.

La rassurante proximité des modes d'action des divers « intégristes » autoriserait ainsi à s'abstenir de toute prise en compte du caractère parfaitement dissemblable des processus qui les produisent. Dans l'explication des ratés du processus de paix israélo-arabe, la « concurrence de deux fondamentalismes », juif et musulman, tient encore trop de place, et ce au détriment du rappel de la donnée essentielle que constitue jusqu'à ce jour... la persistante occupation militaire d'un camp par l'autre.

Explicitation de l'échec d'Oslo et radicalisation de la politique israélienne, embargos sur le Soudan, l'Afghanistan et l'Irak, écrasement des autonomistes tchétchènes, débordements de la riposte médiatique et militaire aux attentats du 11 septembre : en sept années, tous les malentendus qu'engendre le processus de domination Nord-Sud ne se sont pas résorbés : ils se sont de toute évidence exacerbés. Voilà bien quelques raisons de lire prudemment désormais ces appels généreux à lutter « contre tous les intégrismes ».

Si la rhétorique de rupture prônée par la stratégie d'Oussama Ben Laden devait trouver certains échos chez les musulmans vivant en Europe ou en Occident, encore faudrait-il se souvenir que les mécanismes de domination qui radicalisent sans surprise une partie des acteurs politiques du monde arabe n'épargnent pas le tissu des sociétés « judéo-chrétiennes » réputées démocratiques et libérales.

En 1995 déjà, sur la toile de fond de la guerre civile algérienne et dans des conditions qui ne sont toujours pas encore totalement éclaircies (ne serait-ce que parce que les donneurs d'ordres n'ont jamais pu être identifiés avec certitude et encore moins arrêtés), quelques dizaines de jeunes musulmans français (dont un petit nombre étaient des Français « de souche ») se sont identifiés à la lutte de l'opposition islamiste algérienne au point d'adopter, en son nom, des conduites de rupture avec leur environnement national.

Ces faits inquiétants ont en fait révélé un malaise qui, notamment à l'heure des journaux et autres magazines télévisés, est bien présent chez une partie au moins des musulmans vivant en Occident lorsque s'élève contre leurs appartenances culturelles et religieuses un pernicieux discours de discrédit. Ce malaise naît de la dichotomie qui se crée entre la perception d'une situation conflictuelle où un acteur se sent plus ou moins directement impliqué (par exemple en tant qu'Algérien, Arabe ou musulman) et la gestion politique de cette crise ainsi que sa représentation médiatique. Certains étudiants maghrébins pas particulièrement intégristes en venaient parfois à évoquer le « mal au doigt » qu'ils avaient « attrapé à force de zapper » pour ne pas avoir à subir la teneur des programmes d'information relatifs à telle ou telle dynamique oppositionnelle, en Algérie mais également en Tunisie, en Égypte ou même au Soudan ou se rapportant à certains conflits, notamment la guerre du Golfe, impliquant des Arabes ou des musulmans. Exploitation de la peur de l'Autre, instrumentalisation unilatérale de l'émotion, disparition du « vieux » racisme ethnique antiarabe à la seule condition que s'y substitue son avatar antimusulman : la couverture de la violence dite « islamique » par nos envoyés spéciaux relève le plus souvent d'une recette bien malsaine.

De surcroît, pour les musulmans d'Occident, la domination et la violence symboliques ne sont pas seulement de l'ordre du discours : le traitement sécuritaire du « danger islamique » les met en œuvre très concrètement. Si indispensable soit-elle, la lutte contre le terrorisme a conduit constamment à ignorer la violence que subissent les milliers de destinataires « par assignation » de nos plans « vigipirates » et de leurs inévitables débordements. Qui prend le temps de mesurer les traumatismes engendrés par cette « recherche agressive du renseignement » au sein de cette « communauté de 50 000 intégristes » qu'un influent ex-ministre de l'Intérieur français assure avoir réussi à identifier ?

Ces « coups de pied dans la fourmilière islamiste » qui donnent lieu depuis 1995 à des perquisitions où des Corans sont brandis devant les caméras de télévision comme autant de pièces à conviction, ces appels publics à utiliser « les moyens que le droit réprouve pour combattre le terrorisme qui réprouve le droit » expliquent pourquoi certains des écrits les plus radicaux pourraient bel et bien venir un jour, en réponse à d'aussi efficaces sollicitations, de Sarcelles et de Bradford autant que d'Alger ou de Kaboul [13]. Seule une analyse s'ancrant dans la prise en compte de ces mécanismes de domination, dont je pense avoir montré qu'ils sont au cœur de la réaction islamiste, peut donc à nos yeux aller à l'essentiel. Pourtant, une telle approche est encore loin d'être partagée par l'ensemble de la communauté scientifique occidentale.

Les non-dits du « déclin islamiste »

En simplifiant quelque peu, on pourrait résumer la production académique sur l'islamisme, en France comme dans l'univers anglo-saxon, à deux grandes familles [14]. L'une, qui a sans doute été la plus médiatisée, a pris appui, pour

---

13. Jocelyne CESARI, *Musulmans et Républicains. Les jeunes, l'islam et la France*, Complexe, Bruxelles, 1998. Dans *L'Islam des jeunes* (Flammarion, Paris, 1997), Farhad Khosrokhavar écrit pour sa part à propos de l'émergence d'un islamisme radical dans le tissu social français : « Certaines conduites que l'on aura tendance à qualifier d'islamistes, ou même d'islamistes radicales, sont en fait des réactions à une réalité sociale, économique et culturelle qui s'écarte de plus en plus des normes édictées par l'idéal républicain. [...] Une part de la charge de défi de l'islam des jeunes qui transgressent les normes de l'espace public provient de cette assignation à la différence qu'a prescrite la société avant qu'ils ne la revendiquent et ne l'amplifient à leur tour par le recours au religieux sous une forme ostentatoire. L'islam "provocateur" est alors une forme de protection de soi contre le racisme et toutes les formes d'ostracisme que subissent les jeunes dans la vie quotidienne ; excédés, au nom d'une différence cette fois sacralisée, ils peuvent opter pour un racisme inversé à l'égard de la société, *opposant au racisme des dominants celui des dominés, cette fois au nom des religieux* » (souligné par moi).

14. Qu'il est hasardeux de vouloir « personnifier », bon nombre d'auteurs ayant insensiblement évolué de la première vers la seconde.

construire l'explication de la totalité du phénomène, sur son expression la plus radicale (dont l'une des manifestations les plus notoires a été l'assassinat du président Sadate). L'autre, que l'auteur de ces pages a très tôt voulu faire sienne, a mis l'accent sur la dimension culturelle, identitaire et nationaliste du phénomène, nuançant sa portée strictement religieuse, considérant comme relativement marginale sa composante extrémiste et dénonçant par-dessus tout l'hypothèse de son antinomie réputée avec les dynamiques de modernisation sociale et de libéralisation politique [15].

Après une longue période de divergence, l'expertise académique a commencé à se rassembler autour de quelques principes explicatifs de base. Ainsi, l'importance quantitative des courants islamistes et leur relative centralité dans le spectre idéologique des oppositions arabes ne sont plus guère discutées. Les visions purement « monistes » du phénomène étant de plus en plus difficiles à argumenter, il en va de même de ces antinomies simplificatrices — opposant l'islamisme à la modernité ou à la démocratie — qui avaient trop longtemps été érigées en passage obligé de toute entreprise d'interprétation. Cette évolution est accélérée par le fait que non seulement la production occidentale mais également celle de la première génération des auteurs arabes laïques — qui ne s'en distinguait pas substantiellement — sont en passe de perdre le monopole de la représentation académique du phénomène [16].

Le rapprochement entre les deux grandes approches académiques occidentales de l'islamisme résulte ensuite d'une évolution paradoxale, qui a pour prix l'intensification de querelles terminologiques. Pour la plus médiatisée d'entre elles, le phénomène islamiste serait désormais « en déclin » voir « dépassé » et l'ère du « postislamisme » serait ainsi venue. Échec ou « dépassement » de l'islamisme résulteraient de l'impuissance des divers courants à triompher des régimes dictatoriaux qu'ils combattent ; cet échec serait amplifié ou à tout

15. En matière économique — la démonstration a été faite que, dès les années quatre-vingt —, la pensée des Frères musulmans était loin d'être incompatible avec la dynamique de modernisation. Voir notamment Bjorn UTVIK, *Independence and Development in the Name of God. The Economic Discourse of Egypt's Islamist Opposition 1984-1990*, Faculty of Arts, Acta Humaniora, University of Oslo, 2000. Sur le terrain du droit, les travaux de Baudouin Dupret ont démontré l'extrême plasticité de la « loi islamique » et donc, pour les analystes, le danger d'une utilisation simplificatrice de cette référence : *Au nom de quel droit, op. cit.*

16. Voir notamment l'ensemble des travaux de Tareq Ramadan déjà cités, ainsi qu'Alain GRESH et Tariq RAMADAN, *L'Islam en question*, Actes Sud, Arles, 2000.

le moins mis en évidence par l'isolement social dans lequel leur recours privilégié à la violence est supposé les avoir enfermés. Ceux d'entre eux qui auraient survécu à cette débâcle auraient été condamnés à la « social-démocratisation » et, comme tels, s'étant reniés, ils ne mériteraient plus leur appellation.

La mise en évidence des limites de cette vision passe par le rappel de sa généalogie. Délaissant la féconde problématique fondatrice d'une « réappropriation culturelle de la modernité » pressentie à propos de l'Afghanistan [17], Olivier Roy a dressé par la suite le constat de l'« échec de l'islam politique [18] » avant de proposer la perspective de son dépassement par le « postislamisme [19] ». La problématique de l'« échec », qui avait pour effet bénéfique de consigner la « mort » politique du noyau littéraliste des courants islamistes œuvrant à une stricte et illusoire « domination du religieux sur le politique », puis celle du « postislamisme » ont constitué à bien des égards les deux points d'appui de la thèse du « déclin » énoncée au début de l'an 2000, notamment par Gilles Kepel [20].

Pour l'auteur de *Jihâd, expansion et déclin de l'islamisme*, la perception fondatrice du phénomène s'était d'abord appuyée sur l'étude de sa composante radicale, personnifiée par les assassins du président Sadate [21]. Après avoir longtemps fluctué au rythme des évolutions supposées des stratégies du courant (« par le haut » puis « par le bas », puis une nouvelle fois, avec l'arrivée du FIS algérien, « par le haut »), son approche s'est élargie à une universelle « revanche de Dieu » où les hommes en noir du judaïsme orthodoxe et les *free men* américains des sociétés du Nord se trouvaient assimilés aux masses populaires de la réaction islamiste du Sud [22]. Gilles Kepel a ensuite fait sienne la thèse du « postislamisme » en lui donnant toutefois une assise explicative plus spécifiquement sociale : d'un bout à l'autre du monde musulman, trans-

---

17. Olivier ROY, *L'Afghanistan : islam et modernité politique*, Seuil, Paris, 1985.

18. Olivier ROY, *L'Échec de l'islam politique*, Seuil, Paris, 1992.

19. Olivier ROY, « Le postislamisme », *Revue des mondes musulmans et de la Méditerranée*, n° 85-86, p. 9-30.

20. Gilles KEPEL, *Jihâd. Expansion et déclin de l'islamisme*, Gallimard, Paris, 2000 ; Antoine BASBOUS, *L'Islamisme, une révolution avortée ?*, Hachette Littératures, Paris, 1999.

21. Gilles KEPEL, *Le Prophète et Pharaon. Les mouvements islamistes dans l'Égypte moderne*, La Découverte, Paris, 1984 (nouvelle édition : Seuil, Paris, 1993).

22. Gilles KEPEL, *La Revanche de Dieu*, Seuil, Paris, 1992.

cendant largement les particularismes nationaux, c'est une identique alliance entre la « bourgeoisie pieuse » et la « jeunesse déshéritée » qui aurait, au cours des années soixante-dix et quatre-vingt, permis l'affirmation politique des courants islamistes. A l'aube du XXIe siècle, de l'Algérie jusqu'à l'Afghanistan, ce serait l'éclatement tout aussi généralisé de cette alliance fondatrice qui expliquerait un irrésistible « déclin » du courant tout entier. A l'origine de cette démission de la bourgeoisie se trouverait sa peur face à la dérive violente de la jeunesse déshéritée.

Les tenants de cette thèse nous révèlent-ils une véritable évolution en profondeur de la réalité politique du monde musulman ou se sont-ils seulement décidés à renouveler la terminologie qu'ils emploient pour en rendre compte ? Si, dans la perception occidentale de l'islamisme, un glissement sémantique devait permettre d'améliorer la communication avec ce courant politique, qui est en fait loin d'avoir disparu, cette évolution devrait être considérée comme salutaire. Mais peut-être ne faut-il pas attendre davantage de cette nouvelle terminologie. Car les circonstances qui ont, d'un côté comme de l'autre de la mer Méditerranée, nourri la réaction islamiste, ainsi que les débordements et autres malentendus qui lui sont liés, sont encore devant nous. Quelle que soit la dénomination qu'on leur donne et la vitalité que l'on veut ou non leur reconnaître, les « néo » ou « post » islamistes continuent en effet à fournir les gros bataillons de la contestation des ordres politiques arabes ou de l'ordre régional palestino-israélien.

Échec idéologique ?

Les études empiriques font en effet cruellement défaut pour fonder la crédibilité et, surtout, l'universalité, d'un « déclin » islamiste généralisé, d'autant plus difficile à démontrer qu'il fait peu de cas de la persistante diversité des situations nationales. Il est certain que les islamistes ne sont que rarement parvenus au pouvoir, que la force de mobilisation liée à la réintroduction du lexique musulman dans le discours politique ira nécessairement en s'amenuisant et que les groupes radicaux n'occupent pas, on le savait depuis longtemps, le centre du spectre de ce courant. Il est cependant non moins avéré que le constat homogène du « déclin » aboutit en réalité à attribuer pour l'heure à la supériorité policière voire militaire des régimes le statut d'une victoire *idéologique* sur leurs opposants.

La littérature de l'échec et de l'« effondrement des islamistes » n'est en fait pas nouvelle. Depuis 1992 et le coup d'État des militaires algériens, on ne compte plus le nombre des segments « sains » des sociétés arabes ou/et musulmanes (femmes, soufis, Kabyles, armée, jeunes, démocrates, etc.) qui étaient sur le point, nous expliquait-on régulièrement, de rayer les islamistes de la carte politique algérienne et arabe. Prenons tout de même un tant soit peu appui sur les faits. Si le Refah turc est presque réduit au silence, n'oublions pas que c'est avant tout du fait de son interdiction judiciaire, intervenue à un moment où sa montée en puissance — et non son recul comme l'ont bien montré les élections locales qui ont suivi —, en même temps que son légalisme persistant, inquiétait le clan des militaires turcs et leurs soutiens américains. Il en va de même du Hamas en Palestine qui évolue sous les tirs croisés des services de sécurité palestinien et israélien, mais a tout de même vu sa lecture de l'impasse des accords d'Oslo consacrée par les faits et intégrée dans la rhétorique d'Arafat. Le Hezbollah libanais jouit d'une forte légitimité dans et hors du Liban, toutes confessions confondues — le Premier ministre français a pu le vérifier en Palestine[23]. Au Maroc, les défilés islamistes continuent à mobiliser une franche majorité de la population féminine. Et la démonstration pourrait être étendue à une bonne partie du paysage politique régional.

Pour que l'on puisse parler d'un effacement des islamistes, en tant que forces d'opposition, il faudrait de toute façon parvenir à démontrer que s'y sont substituées d'autres forces politiques, notamment « laïques », qui feraient preuve d'une capacité de mobilisation supérieure. Or nous sommes loin d'un tel état de fait, *a fortiori* si l'on se hasarde à le généraliser à l'ensemble de la planète. Dans la contestation des ordres politiques internes, tout comme d'ailleurs dans la résistance face à l'intransigeance israélienne, les islamistes continuent imperturbablement à fournir à la fois le fer de lance et le gros des troupes.

La thèse du déclin a pour autre conséquence d'aboutir à

23. Où ses propos sur le « terrorisme » du principal acteur de la résistance libanaise à l'occupation israélienne lui ont valu d'être malmené par les étudiants de l'université de Bir Zeit, au mois de février 2000.

conforter une représentation de la distribution de la violence parfaitement condamnable Gilles Kepel nous avait invités à prendre la mesure de la continuité que l'assassinat de Boudiaf « par les islamistes » introduisait selon lui dans la logique d'action mise en évidence dans *Le Prophète et Pharaon*. Or on n'ignore aujourd'hui quasiment aucun détail des circonstances de l'assassinat de ce président jugé trop entreprenant par les généraux « laïques » qui l'avaient placé au pouvoir. La thèse d'un quasi-monopole islamiste de la violence illégitime, qui aurait coupé les descendants d'Hassan Al Banna de leur base populaire, est infirmée non seulement par les révélations (au demeurant prévisibles) des officiers dissidents algériens mais par de multiples témoignages qu'il serait dangereux de vouloir trop longtemps ignorer. Tous ceux qui ne considèrent pas comme « obscène[24] » la recherche objective de la responsabilité des crimes commis en Algérie ou ailleurs ont aujourd'hui les moyens de déconstruire l'itinéraire de la « montée en violence » de la crise algérienne en particulier, des scènes politiques arabes en général, et de connaître l'étendue et la sophistication des manipulations grâce auxquelles cette violence a pu prendre une telle ampleur.

Cette répartition unilatérale des responsabilités, cautionnée par un petit nombre d'intellectuels français, est bien loin de connaître la même fortune sur le terrain, algérien, égyptien ou autre, dans ou hors des rangs des bourgeois, pieux ou non, ou chez n'importe lesquels de leurs compatriotes. Tant que des élections crédibles n'auront pas été organisées pour en mesurer la réalité, personne ne saurait à tout le moins s'aventurer à ériger la « peur de la bourgeoisie pieuse à l'égard de la dérive violente de la jeunesse déshéritée » en principe explicatif.

Le paradoxe de ce très médiatisé « dépassement » de l'islamisme est qu'il ne fait sens que si l'on accepte de prendre au pied de la lettre les lectures, tronquées selon nous, de ceux qui le proclament aujourd'hui. Pour rendre compte du réel politique arabe, la thèse du dépassement a besoin de l'épouvantail que ses auteurs, fût-ce au terme d'approches diffé-

24. Selon la formule du philosophe français André Glucksmann. Début 1998, à l'instar de Bernard-Henri Lévy, André Glucksmann s'est rendu en Algérie. Après avoir effectué ce qu'ils ont considéré comme une enquête sur le terrain, ils se sont employés à conforter dans les médias la thèse gouvernementale de l'absence d'implication des autorités dans les grands massacres de civils. Pierre Bourdieu a dénoncé avec talent cette attitude dans « Les intellectuels négatifs », *loc. cit.*

rentes, ont eux-mêmes construit en restreignant le phénomène à son expression littéraliste et radicale, épouvantail à bien des égards aussi virtuel que l'est aujourd'hui la mise en scène de sa disparition. « Ils ne sont pas ce que l'on avait dit qu'ils étaient », « Ils ne sont pas devenus ce que nous avions dit qu'ils allaient devenir » : cela suffit donc à énoncer leur « échec » ou leur « déclin ». La tonalité triomphaliste et parfois revancharde des écrits qui nous annoncent leur « échec » ou leur « dépassement » montre par ailleurs que l'émergence d'une modernité qui ne soit plus perçue comme l'imposition unilatérale d'un modèle civilisationnel unique n'est pas encore à l'ordre du jour de notre relation avec notre vieil *alter ego* musulman. Or c'est là l'une des premières conditions de l'atténuation de la réaction islamiste et du penchant ethnocentriste occidental dont, pour l'essentiel, elle s'est longtemps nourrie.

De nouveaux islamistes ou de nouveaux politologues ?

Dans la foulée de la thèse de l'« échec de l'islam politique », le dépassement de l'islamisme est en effet censé résulter également d'une sorte d'incapacité des militants à suivre la voie tracée par la lettre de leur discours. Obligés de se rallier au camp de la démocratie, ils se seraient en quelque sorte reniés[25]. Dès lors qu'ils acceptent d'inscrire leur action dans le cadre d'un État-nation, qu'ils défendent les ambitions de cet État ou qu'ils réconcilient le lexique islamique avec les valeurs de la modernité, les islamistes ne mériteraient plus leur nom. Tel est bien le message que, chacun à leur manière, nous adressent aujourd'hui les promoteurs du postislamisme.

A tous ceux qui ont penché pour l'idée que — dans leur « substance » même — les dynamiques de « réislamisation » et de modernisation n'étaient pas nécessairement et systématiquement antinomiques, les termes de cette affirmation posent un double problème. Celui du caractère tardif de l'identification de ces conduites modernes bien sûr, mais plus encore le fait qu'elles soient considérées comme autant de signes d'une rupture substantielle dans l'évolution du phénomène. Même si la lettre du discours des acteurs islamistes tenait expressé-

25. « Non pas que l'islamisme disparaisse de la scène politique. [...] Mais il a perdu son impulsion d'origine. Il s'est "social-démocratisé » (Olivier Roy, *L'Échec de l'islam politique, op. cit.*).

ment à s'en démarquer, les germes de cette modernité étaient en effet perceptibles dans la matrice même du phénomène et attestés de longue date par une large fraction des observateurs académiques[26]. Les hommes et les femmes que l'on nous décrit aujourd'hui comme des acteurs « ne méritant plus la dénomination d'islamistes » ressemblent en fait étrangement à ceux que d'autres auteurs ont décrits de longue date comme étant de parfaites expressions du phénomène.

Dans certains cas, les *nouveautés* censées illustrer le passage à l'ère du « postislamisme » avaient été désignées comme étant constitutives de l'essence même du phénomène. La fin de l'islamisme algérien résulterait ainsi de la transformation du Front islamique du salut en un courant « islamo-nationaliste[27] »... à l'instar d'un certain nombre d'autres partis islamistes, dont le Hezbollah libanais, pourtant créé en réaction à l'occupation israélienne du Liban en 1982 ! Les disciples d'Abassi Madani sont-ils vraiment « devenus » nationalistes ou bien n'est-ce pas cette soif d'une revanche culturelle du Sud, bien plus qu'une hypothétique « revanche de Dieu » qui a servi depuis toujours de carburant à leur mobilisation[28] ?

Les femmes iraniennes ont-elles vraiment attendu l'an 2000 pour être capables de manier des représentations sociales « combinant explicitement l'islam et les valeurs de la modernité[29] » ou bien ces dynamiques de la « Révolution sous le voile », qui nous ont en fait été de longue date décrites avec brio[30], n'étaient-elles pas concomitantes des premières années de la Révolution ? Pourquoi prétendre alors, au risque d'enfoncer des portes déjà largement ouvertes, y découvrir quelque chose d'inédit qui attesterait de l'ère du « postislamisme » ? Comment la « dictature des mollahs » fondée par

---

26. Outre John ESPOSITO, *Islam : the Straight Path*, Oxford University Press, New York, 1998, voir : John ENTELIS, *Islam, Democracy and the State in North Africa*, Indiana University Press, Bloomington, 1997 ; Graham FULLER, *Algérie : l'intégrisme au pouvoir*, Banon, Paris, 1997 ; Augustus Richard NORTON (ed.), *Civil Society in the Middle East*, E. J. Brill Leiden, New York, 1995 (2 volumes). Voir aussi : Baudouin DUPRET, « La problématique du nationalisme dans la pensée islamique contemporaine. Introduction », *Revue Égypte-Monde arabe*, n° 15-16, Le Caire, 1993.

27. Olivier ROY, « Le postislamisme », *loc. cit.*, p. 88.

28. François BURGAT, « Les héritiers islamistes », *Libération*, octobre 1988 (« Rebonds ») ; « Des fellaghas aux intégristes », *Le Monde*, 3 janvier 1991 (« Débats »).

29. Nouchine Yavari D'HELLENCOURT, « Le féminisme postislamiste en Iran », *Revue des mondes musulmans et de la Méditerranée*, n° 85-86, p. 99.

30. Fariba ADELKHAH, *Être moderne en Iran*, Karthala, Paris, 1998.

Khomeiny a-t-elle réussi à accoucher d'un système institutionnel qui a permis aux électeurs iraniens de renvoyer leurs maîtres — président et députés — dans leurs foyers, performance qu'aucun système réputé « laïque » (hormis peut-être celui du Liban, au demeurant... confessionnel) n'a à ce jour réussi à accomplir à l'échelle de toute une région ? La réconciliation du lexique musulman avec la modernisation sociale et la libéralisation politique n'a-t-elle commencé qu'à l'aube du troisième millénaire ou bien était-elle déjà perceptible dans la nature même de la réaction islamiste ?

A défaut de lever ces ambiguïtés, qui ne sont pas seulement terminologiques, on risque de laisser subsister de sérieux malentendus dans l'analyse d'une composante encore importante des scènes politiques arabes. Si la modernité du courant islamiste lui était inhérente dès sa phase constitutive, le retrait soudain du label « islamiste » aux représentants de sa présente génération ressemble alors à la simple mise en cohérence *a posteriori* entre une fragile construction académique et une réalité sociale qui aurait eu l'insolence de refuser de s'y conformer. Ce ne sont pourtant pas « les islamistes qui se sont proclamés utopistes, pavant de la sorte la voie de leur échec en tant que tels et de leur conversion en idéologues conservateurs utopistes », souligne lui aussi Baudouin Dupret. « Ce sont bien les chercheurs qui leur ont imputé collectivement et globalement ce projet pour pouvoir, en fin de parcours, conclure à leur échec. En ce sens, il n'y a d'échec que de la science politique[31]. »

Bien sûr, pour les islamistes aussi bien que pour les régimes

31. Baudouin DUPRET, « Avec une touche de nuance : à propos de Gilles Kepel *Jihad, expansion et déclin de l'islamisme* » (à paraître). « Qu'a-t-on gagné à rapporter la multiplicité des dynamiques observables localement à une phénoménologie unique ? Ceci renvoie, par ailleurs, à un problème similaire à celui que posait la thèse d'Olivier Roy (*L'Échec de l'islam politique*). On a le sentiment, en effet, que les deux auteurs imputent un projet révolutionnaire à des mouvements politiques, affirment le constat de ce qu'ils n'ont pas réussi dans les objectifs qu'ils s'étaient assignés et en concluent à leur échec. Ce faisant, toutefois, ils perdent de vue deux choses, me semble-t-il. D'abord, que le projet révolutionnaire n'était peut-être pas tant celui de ces mouvements — à l'exception d'un petit nombre d'entre leurs représentants — que celui qu'ils prêtaient à ces mouvements. D'autre part, que Paul Ricœur a bien montré ce mécanisme par lequel toute utopie, par définition projetée dans l'avenir, nécessairement progressiste et révolutionnaire, a vocation à se transformer en idéologie, par définition tournée vers un passé, nécessairement conservatrice et institutionnalisée (*L'Idéologie et l'utopie*). Mais ce ne sont pas les islamistes qui se sont proclamés utopistes, pavant de la sorte la voie de leur échec en tant que tels et de leur conversion en idéologues conservateurs. Ce sont bien les chercheurs qui leur ont imputé collectivement et globalement ce projet pour pouvoir, en fin de parcours, conclure à leur échec. En ce sens, il n'y a d'échec que de la science politique. »

qu'ils combattent, l'usure du temps se fera sentir chaque jour davantage. Le pouvoir mobilisateur que procure la réconciliation entre la modernisation exprimée par la terminologie occidentale et la culture indigène « intuitive », parce qu'il est de nature réactionnelle, ne durera pas éternellement. La force utopique de cette réintroduction dans le discours politique d'un lexique « endogène » ira donc inexorablement en s'affaiblissant, tout particulièrement lorsque, comme en Iran ou au Soudan, elle sera portée par des élites devant assumer conjointement l'exercice du pouvoir. Les jeunes hooligans iraniens [32] et la jeunesse désabusée et désorientée de l'Arabie des Saoud [33] attestent aujourd'hui de l'ampleur des adaptations que devront consentir les régimes qui ont cru pouvoir interférer sur le mode autoritaire avec les fragiles mécanismes de la foi religieuse. Il est ainsi évident qu'il y aura un jour place pour l'expression d'une histoire « postislamiste ». Mais nous n'en sommes encore pas là.

Après l'islamisme

Longtemps marginalisé par l'hégémonie culturelle occidentale, coloniale et postcoloniale, le recours privilégié à un lexique islamique, pour déstabiliser les élites issues de la génération nassériste ou baassiste qui s'accrochent aujourd'hui au pouvoir, est loin d'avoir perdu son efficacité. Le rythme de l'intégration de cette génération d'acteurs politiques à la scène légale dépendra moins de son évolution « idéologique » que de la pratique des régimes. Ces derniers auront ainsi, de ce point de vue, les opposants islamistes « qu'ils mériteront ». Seules des ouvertures démocratiques effectives permettront sans doute d'achever d'ancrer cette génération des oppositions dans le giron légaliste et institutionnel où une large majorité d'entre eux sont prêts à évoluer. C'est cette inéluctable participation au pouvoir qui, en amenant militants et théoriciens à se confronter aux exigences de la mise en œuvre pratique de leurs projets, verra très vraisemblablement les héritiers d'Hassan Al Banna perdre irrésistiblement une partie de la

32. Depuis le début de l'année 2001, les autorités iraniennes, vingt années après la révolution de 1980, sont confrontées, à la sortie des rencontres de football, à des contestations violentes et anarchistes comparables à celle des hooligans britanniques.

33. En Arabie, le malaise de la jeunesse est de plus en plus manifestement perceptible, même si la presse étrangère est encore loin d'en rendre compte.

force qui résulte actuellement du coefficient utopique de leur discours de mobilisation.

Pour diminuer les tensions sur le terrain des relations Nord-Sud, il faudrait avant tout que l'Occident accepte de regarder en face les exigences d'une moralisation lucide des méthodes qu'il emploie pour « défendre ses intérêts » dans toute une région du monde. Pour qu'un vocabulaire autre qu'islamique serve à exprimer cette résistance à la domination arrogante d'un camp par l'autre, c'est-à-dire pour que les ressources mobilisatrices de la réaction à l'hégémonie culturelle occidentale commencent à s'épuiser, il faudrait aussi que la panoplie symbolique de la culture musulmane ait pleinement repris son rôle dans la production de la modernité universelle.

Cela requiert bon nombre d'évolutions des comportements, tant chez les acteurs de la rive musulmane que de la part de cet Occident *alter ego* et repoussoir qui est au cœur de leur identité politique. Le dépassement de l'islamisme passe par l'émergence d'une modernité consensuelle, construite par des acteurs capables, pour accepter le dénominateur commun de la modernité, de s'extraire de l'univers de leurs appartenances intuitives, religieuses, culturelles ou tribales. Il faut donc qu'une lente alchimie permette à cette modernité de ne plus être perçue, au Sud, comme l'imposition unilatérale d'un modèle civilisationnel unique et allogène. Au Nord, il nous faudra admettre que les valeurs considérées comme communes à l'humanité, mais également que certains apports à la pensée universelle puissent être exprimés ici et là avec des matériaux et/ou légitimés par des références empruntées à des histoires ou à des cultures autres que la seule culture occidentale.

Sur la rive du Sud musulman, ce dépassement implique encore d'éviter le piège d'une réaction à l'ethnocentrisme occidental, qui fait parfois prendre aux islamistes — lorsqu'ils adoptent une attitude de rejet automatique et irraisonné des valeurs ou des principes qu'ils considèrent comme étant liés à la culture occidentale — le travers même qu'ils reprochent aux Occidentaux. En jetant le « bébé de la modernisation » avec l'« eau du bain de l'acculturation coloniale », un compartiment au moins des acteurs de la dynamique de « réislamisation » entretient une confusion dangereuse : elle amalgame la substance de valeurs (la justice sociale, le droit des minorités, le droit pour la femme d'évoluer dans l'espace public professionnel ou politique, etc.) bien plus souvent communes qu'on ne veut le croire, avec l'appareillage symbolique, tiré des histoires respectives, avec toutes leurs spécificités, qui sert à légitimer ces valeurs dans les consciences individuelles ou collectives des acteurs.

Cette pernicieuse méprise n'est pas nouvelle. Kemal Atatürk l'avait faite en sens inverse lorsqu'il avait cru devoir imposer, pour rendre sa modernisation irrésistible, une forme de casquette à visière alors répandue en Europe au détriment du fez porté traditionnellement dans son pays. Une partie au moins de la rhétorique développée en France — dans un contexte certes très différent — contre le port du *hidjab* à l'école appartient à cette même catégorie, prouvant que la réaction islamiste que provoque ce dysfonctionnement de la communication interculturelle a encore quelques « belles » perspectives devant elle.

La réponse aux plus récentes expressions de la violence « islamique » ne pourra donc pas être seulement militaire ou policière. Elle devra être politique, on l'a déjà dit. Elle devra être également culturelle. « Notre camp », c'est-à-dire celui de Bush puisqu'il est interdit de ne pas en faire partie, n'est pas exempt des défauts de celui de Ben Laden. A quelque prudence verbale près, les deux chefs de guerre ont en effet en commun une même vision dichotomique du monde. La dangereuse maxime « tous ceux qui ne sont pas avec moi sont contre moi » l'exprime fort bien. A la rhétorique de la « Croisade » (contre les musulmans) « répond » donc sans surprise le *Jihad* (contre les chrétiens). *Quid* du droit de chacun d'entre nous de dépasser les frontières de notre appartenance culturelle, religieuse ou tribale ? Pourtant, tout comme un Occidental devrait avoir le droit d'être considéré par un musulman comme autre chose qu'un certain nombre de kilos de viande à convertir à tout prix, un musulman ne devrait pas avoir à cesser toute pratique de sa religion pour ne plus être considéré comme autre chose qu'un obscurantiste.

Tous ceux qui sont convaincus qu'il existe au contraire un universel commun et que l'on peut, dans le respect des convictions et des appartenances de chacun, et malgré la diversité de ces appartenances, partager les repères et les exigences du respect de quelques grandes valeurs humanistes, tous ceux-là devront faire entendre leur voix avec vigueur. Vaste programme. Mais l'urgence n'attend pas.

Sanaa, octobre 2001

Annexe

La recette du poseur de bombes*

Il faut traquer impitoyablement les poseurs de bombes. Police et justice l'ont fait avec détermination et on a pu penser un temps, mais à tort, que le réseau responsable de ces crimes avait été démantelé. Pour éviter que l'apparition d'autres réseaux ne rende sans cesse caducs les succès de nos policiers, il est devenu urgent de nous atteler maintenant au démantèlement d'une autre filière, plus redoutable encore . non pas celle qui fabrique les bombes mais celle qui fabrique les poseurs de ces horribles engins de mort. A Paris ou à Alger, cette enquête-là ne conduit pas que dans les banlieues.

Comment donc fabrique-t-on un poseur de bombes ? Prenez un pays — l'Algérie — auquel nous unissent des « liens historiques et humains importants ». Encouragez bruyamment la « marche vers la démocratie » de « nos-amis-algériens ». Mais lorsque le premier scrutin libre de l'histoire indépendante de ce pays donne une franche victoire à un parti dont le vert vous paraît déroger aux trois couleurs de nos intérêts, soutenez sans vergogne le coup d'État militaire qui met un terme à l'expérience. Fermez les yeux sur les milliers d'arrestations. Fermez les oreilles aux cris des milliers de torturés. Dès que se manifeste en revanche l'inévitable réaction à la campagne d'extermination des militants du parti vainqueur des urnes, et *a fortiori* dès lors que les méthodes de ces derniers se mettent à emprunter à la barbarie de celles du pouvoir, retrouvez votre vigilance et commencez à dénoncer vigoureusement la « barbarie intégriste ».

Accrochez-vous désormais à un double credo fort simple

* Texte paru dans *Libération*, 30 octobre 1995 (« Rebonds »).

l'« intégrisme » est soluble dans la « démocratie » et l'« aide économique ». Pour la démocratie, vous soutiendrez donc tout interlocuteur capable de déclarer en souriant devant une caméra de télévision qu'il instaurera la démocratie dès lors qu'il aura débarrassé le pays de tous les islamistes. Pour l'aide économique, versez sans compter la manne européenne dans les poches des plus corrompus de nos « amis algériens ».

« Nos amis algériens »

Par-delà politique et finance, l'essentiel va se jouer sur le terrain médiatique. Les règles du traitement de l'information en provenance d'Algérie sont élémentaires : à la faveur de l'état d'urgence, un arrêté a été imposé par la junte militaire à la presse algérienne, lui interdisant sous peine de lourdes sanctions la « diffusion de toute information à caractère sécuritaire non inscrite dans le cadre d'un communiqué officiel ou d'un point de presse ». Considérez que ce décret s'applique en France, tout spécialement aux journaux télévisés et aux radios nationales de grande audience.

L'objectif est en fait assez simple : il s'agit de cantonner la représentation des modes d'action du camp islamiste à la seule violence aveugle contre des civils innocents et sympathiques, que l'on prendra soin de désigner pour ce faire par leur appartenance professionnelle ou familiale. Gardez en revanche présentes à l'esprit les particularités physiologiques des « islamistes armés » que les forces de sécurité « abattent » par centaines. Sachez d'abord que leurs portraits s'accommodent mieux du noir et blanc que de la couleur. Sachez aussi qu'ils naissent par parthénogenèse ou scissiparité et qu'ils n'ont donc de ce fait ni mère, ni père, ni enfants pour les pleurer.

Les « islamistes armés » n'ont pas davantage de profession, surtout pas « intellectuelle ». Le directeur de l'Institut de mathématiques de l'université d'Alger est-il malencontreusement laissé en vie — et donc à même de témoigner — après avoir été torturé bestialement pendant plusieurs semaines par les forces de sécurité ? A son témoignage, ou aux centaines d'autres de ce calibre, préférez le sujet tout monté que vous offre généreusement la chaîne nationale algérienne, haut en couleurs et en émotions, sur les intrépides baigneuses du Club des Pins « résistant à la montée de l'intégrisme ».

Viendriez-vous à disposer de témoignages de policiers attestant l'étendue de la manipulation de la violence, la pratique de l'assassinat de ses propres policiers par le régime, la constitution de bandes criminelles financées par le pouvoir, proscrivez la diffusion de telles incongruités médiatiques. Si le camp des vainqueurs du scrutin parvient à contourner vos défenses audiovisuelles en faisant par exemple éditer un ouvrage reproduisant le témoignage de plusieurs centaines de victimes de la torture d'État[1], faites-en interdire la diffusion en soulignant qu'il constitue une « incitation à la haine ».

Parallèlement, repérez en Algérie ou simplement dans le tissu de l'immigration algérienne récente ou ancienne la minorité la plus extrémiste et la plus opposée à toute forme de communication et de dialogue avec le camp des vainqueurs du scrutin. Baptisez-la « société civile » et accordez-lui table ouverte dans vos émissions politiques mais plus encore culturelles, littéraires, sportives, etc., de sorte que sa représentativité soit à peu près inversement proportionnelle à celle qui est la sienne dans sa société d'origine et aussi peu respectueuse que possible de la diversité d'opinions de la communauté immigrée. Tenez éloigné tout représentant ou avocat du camp islamiste susceptible de provoquer dans l'opinion autre chose qu'un violent sentiment de répulsion ou plus largement tout individu sympathique, surtout s'il est de sexe féminin, hostile à la politique d'éradication physique du parti des vainqueurs du scrutin.

Soyez vigilants : un champion du monde du 1 500 mètres peut cacher un sympathisant du FIS. Un militant du FIS peut cacher un professeur de musique, un sorbonnard ou un amoureux de La Fontaine. Veillez au respect de quelques conventions terminologiques essentielles : un journaliste de la minorité éradicatrice s'appelle un « journaliste courageux ». L'expression « journaliste islamiste » ou « presse islamiste » n'a en revanche pas de raison d'être, non point parce que cette presse a été intégralement interdite en août 1992, mais parce que les islamistes sont « contre les journalistes » et même « contre la culture ».

Soyez enfin prêts à réagir à toute initiative intempestive de « nos-amis-algériens », dont chacun sait que la maturité politique laisse quelque peu à désirer. Les principaux partis

1. *Livre blanc sur la répression en Algérie*, Hoggar, Plan les Ouates, Suisse, 1995.

de l'opposition parviennent-ils donc, au prix de courageuses concessions réciproques, à s'entendre sur les termes de leur cohabitation future pour restaurer la paix civile dans leur pays ? Concédez quelques couacs approbateurs de votre ministre des Affaires étrangères (qu'il s'empressera d'oublier dès qu'il sera Premier ministre), puis, plus sérieusement, faites moquer par votre homme fort du moment les signataires du traité en question en les accusant d'angélisme et de naïveté, eux et le petit nombre de vos compatriotes qui auraient le mauvais goût de vouloir les approuver.

Les possibilités de remboursement du régime viennent-elles à souffrir de l'ampleur des dépenses liées à la répression ? N'hésitez pas : rééchelonnez généreusement sa dette. Vous ferez payer ainsi à la génération suivante... la facture des moyens que vous donnez à la présente pour la réprimer (en rémunérant grassement par exemple des milices municipales) et se maintenir ainsi au pouvoir par la violence !

Mohamed et Charles

Continuez donc à vendre des hélicoptères et autres fourgons aux forces de l'ordre de « nos-amis-algériens ». Vous en fait-on la remarque ? Faites observer en conservant votre sérieux qu'il ne s'agit là que d'hélicoptères civils. Expédiez en revanche au Burkina-Faso tous ceux qui seraient tentés d'envoyer dans la même direction, mais aux vainqueurs du scrutin cette fois, ne fût-ce que des médicaments, ou qui auraient seulement le double tort de s'appeler Mohamed et de faire de la situation algérienne une lecture un tant soit peu différente de celle de Charles. Pour plus de sûreté, repérez parmi ceux qui s'appellent Mohamed quelques adeptes de la pensée de Charles et faites-en les uniques « représentants » reconnus de tous ceux qui s'appellent Mohamed. Veillez à ce qu'aucun des détresses, désarrois et autres écœurements que produit votre aveuglement politique ne puisse jamais s'exprimer ailleurs qu'au fond des caves de vos banlieues, à l'abri vigilant de tout objectif et de tout micro susceptibles de les répercuter. Voilà : le dispositif est en place.

Les résultats se font-ils attendre ? N'ayez crainte ! Pour tous ceux — ils sont nombreux autour de la Méditerranée — qui redoutent davantage les millions de bulletins de vote de la composante modérée de leur opposition (qui démontreraient l'étendue de leur discrédit) que les bombes et les assassinats de sa périphérie extrémiste (dont ils ont tant besoin pour capitaliser le soutien de l'Occident), il existe de multiples manières d'accélérer le cours des choses.

Index

Table

II. LES ISLAMISTES ET LA VIOLENCE

Dans la même collection

Littérature et voyages

Fadhma Amrouche, *Histoire de ma vie.*

Taos Amrouche, *Le grain magique.*

Ibn Batûtta, *Voyages* (tome 1).

Ibn Batûtta, *Voyages* (tome 2).

Ibn Batûtta, *Voyages* (tome 3).

Louis-Antoine de Bougainville, *Voyage autour du monde.*

René Caillié, *Voyage à Tombouctou* (tome 1).

René Caillié, *Voyage à Tombouctou* (tome 2).

James Cook, *Relations de voyage autour du monde.*

Hernan Cortés, *La Conquête du Mexique.*

Homère, *L'Odyssée.*

Jean-François de Lapérouse, *Voyage autour du monde sur* l'Astrolabe *et* la Boussole.

Bartolomé de Las Casas, *Très brève relation de la destruction des Indes.*

Louis-Sébastien Mercier, *L'an 2440, rêve s'il en fut jamais.*

Louis-Sébastien Mercier, *Le tableau de Paris.*

Louise Michel, *La Commune, histoire et souvenirs.*

Martin Nadaud, *Léonard, maçon de la Creuse.*

Mongo Park, *Voyage dans l'intérieur de l'Afrique.*

Lady M. Montagu, *L'islam au péril des femmes.*

Marco Polo, *Le devisement du monde, le livre des merveilles* (tome 1).

Marco Polo, *Le devisement du monde, le livre des merveilles* (tome 2).

Mémoires de Géronimo.

Inca Garcilaso de la Vega, *Commentaires royaux sur le Pérou des Incas* (tome 1).

Inca Garcilaso de la Vega, *Commentaires royaux sur le Pérou des Incas* (tome 2).

Inca Garcilaso de la Vega, *Commentaires royaux sur le Pérou des Incas* (tome 3).

Essais

Mumia Abu-Jamal, *En direct du couloir de la mort.*

Rochdy Alili, *Qu'est-ce que l'islam ?*

Benjamin Stora, *La gangrène et l'oubli.*
Pierre Vidal-Naquet, *Algérie : les crimes de l'armée française.*
Michel Wieviorka, *Une société fragmentée ?*
Michel Wieviorka, *Le racisme, une introduction.*

Sciences humaines et sociales

Louis Althusser, *Pour Marx.*
Jean-Loup Amselle et Elikia M'Bokolo, *Au cœur de l'ethnie.*
Paul Bairoch, *Mythes et paradoxes de l'histoire économique.*
Étienne Balibar et Immanuel Wallerstein, *Race, nation, classe.*
Yves Bénot, *Massacres coloniaux, 1944-1950.*
Bernadette Bensaude et Isabelle Stengers, *Histoire de la chimie.*
Philippe Breton et Serge Proulx, *L'explosion de la communication.*
Philippe Breton, *La parole manipulée.*
Yves Clot, *Le travail sans l'homme ?*
Serge Cordellier, *La mondialisation au-delà des mythes.*
Mike Davis, *City of Quartz. Los Angeles, capitale du futur.*
Alain Desrosières, *La politique des grands nombres.*
François Dosse, *L'empire du sens.*
François Dosse, *Paul Ricœur.*
Mary Douglas, *De la souillure.*
Florence Dupont, *L'invention de la littérature.*
Jean-Pierre Dupuy, *Aux origines des sciences cognitives.*
Patrice Flichy, *Une histoire de la communication moderne.*
François Frontisi-Ducroux, *Dédale.*
Yvon Garlan, *Guerre et économie en Grèce ancienne.*
Peter Garnsey et Richard Saller, *L'Empire romain. Économie, société, culture.*
Jacques T. Godbout, *L'esprit du don.*
Anne Grynberg, *Les camps de la honte.*
E.J. Hobsbawm, *Les bandits.*
Camille Lacoste-Dujardin, *Des mères contre les femmes.*
Yves Lacoste, *Ibn Khaldoun.*
Bernard Lahire (sous la dir. de), *Le travail sociologique de Pierre Bourdieu.*
Bruno Latour, *Nous n'avons jamais été modernes.*
Bruno Latour, *Pasteur : guerre et paix des microbes.*

Bruno Latour et Steve Woolgar, *La vie de laboratoire*.

Prosper-Olivier Lissagaray, *Histoire de la Commune de 1871*.

Geoffrey E.R. Lloyd, *Pour en finir avec les mentalités*.

Georg Lukacs, *Balzac et le réalisme français*.

Armand Mattelart, *L'invention de la communication*.

Armand Mattelart, *La communication-monde : histoire des idées et des stratégies*.

Armand Mattelart, *Histoire de l'utopie planétaire*.

Gérard Mendel, *La psychanalyse revisitée*.

Élisée Reclus, *L'homme et la Terre*.

Roselyne Rey, *Histoire de la douleur*.

Maxime Rodinson, *Peuple juif ou problème juif ?*

André Sellier, *Histoire du camp de Dora*.

Jean-Charles Sournia, *Histoire de la médecine*.

Jean-Pierre Vernant, *Mythe et pensée chez les Grecs*.

Jean-Pierre Vernant, Pierre Vidal-Naquet, *Mythe et tragédie en Grèce ancienne,* (tome 1).

Jean-Pierre Vernant, Pierre Vidal-Naquet, *Mythe et tragédie en Grèce ancienne,* (tome 2).

Michel Vovelle, *Les Jacobins*.

Max Weber, *Économie et société dans l'Antiquité*.

C. Wright Mills, *L'imagination sociologique*.

La Découverte/Poche

BUSSIÈRE CAMEDAN IMPRIMERIES
GROUPE CPI

Composition Facompo, Lisieux
Impression réalisée sur Cameron
à Saint-Amand-Montrond (Cher)
en janvier 2002.
Dépôt légal : janvier 2002.
N° d'impression : 020035/1.
Imprimé en France